똑! 소리나게 배워보는

포토샵 CS3

장경숙, 고성민, 홍성대 지음

속전 속결

YoungJin.com Y.
영진닷컴

포토샵 CS3

Copyright ⓒ 2012 by Youngjin.com Inc.
10F. Daeryung Techno Tower 13th, Gasan-dong Geumcheon-gu Seoul Korea
All rights reserved. No part of this book may be reproduced or transmitted in any form or by any means, electronic or mechanical, including photocopying, recording or by any information storage retrieval system, without permission from Youngjin.com Inc.

저작권법에 의하여 한국 내에서 보호를 받는 저작물이므로 무단전재와 무단복제를 금합니다.

이 책에 언급된 모든 상표는 각 회사의 등록 상표입니다.
또한 인용된 사이트의 저작권은 해당 사이트에 있음을 밝힙니다.

ISBN : 978-89-314-3663-1

만든 사람들
집필 : 징경숙, 고성민, 홍성대
기획 : 기획1팀
총괄 : 김태경
진행 : 강성진, 리트머스
북디자인 : 디자인허브

이 책을 구입하신 독자 분들께 먼저 감사하다는 말을 전합니다.

포토샵 CS3는 포토샵 10 버전으로 필자가 처음 접했던 2.5 버전에 비하면 상당히 많이 변했고 덩치도 커졌습니다. 그러나 그 기본 구조는 크게 변하지 않았기 때문에 예전 버전의 사용자들도 조금만 살펴보면 금새 익숙해질 수 있다는 면에서 어도비가 일관성 있게 지켜오는 인터페이스에 대해 고맙게 생각합니다. 1990년 1.0 버전 이후 18년의 세월이 흐른 지금 포토샵은 일반 워드 프로그램처럼 대중적으로 자리 잡았습니다. 간단한 사진 합성 보정을 비롯하여 DTP, 웹 디자인, 멀티미디어, 영화 특수 효과 등 모든 부분에 광범위하게 사용되고 있으며, 심지어 요즘은 각 학교나 대학에서 교과 과목으로 채택하여 배우는 필수 과목이기도 합니다.

10년 넘게 강단에서 포토샵 사용자들과 직접적으로 접촉해왔고, 초보자 및 중급자들을 위한 책을 여러 권 집필했던 경험을 통해 필자는 사용자들이 어떤 부분을 어려워하는지 따라서 그런 부분들을 어떻게 이해시켜야 하는지 잘 알게 되었습니다. 속전속결 포토샵 CS3는 초보 사용자들을 중급단계 이상으로 끌어 올리는 가이드와 같은 역할을 하는 도서로서, 스스로 혼자서 학습을 할 수 있도록 기본 개념을 이해시키고 예제를 통하여 따라하기를 실습해본 후 다음 단계에서 혼자서 해볼 수 있는 예제들을 준비했습니다. 마무리 단계에서는 핵심이 되는 내용들을 다시 한번 정리해주고 종합적인 실습 예제들을 통해 자신이 학습한 내용을 테스트 할 수 있습니다.

아무리 잘 쓰인 책이라도 시간과 정성을 들이지 않고서는 무용지물이 될 수밖에 없으며 자신의 지식으로 얻을 수 없습니다. 쉽게 얻은 것은 쉽게 사라진다는 것을 마음속에 명심하고 여러 번 책 내용을 반복 학습하여 진정한 자신의 지식으로 가지게 되길 바랍니다.

마지막으로 이 책이 나오기까지 도와주신 부천대학 세무회계과 교수님들과 학생들, 중앙대학교 첨단 영상대학원 FMA 연구실 교수님과 연구원들, 영진닷컴 식구들, 오렌지페이퍼의 김지연 팀장님, 사랑하는 가족들께 감사드리며 모두 건강하고 행복하시길 바랍니다.

대표 저자 장경숙

PREVIEW

포토샵 CS3의 다양한 기능에 대해서 Chapter로 나누어 설명합니다. 각 Chapter마다 세부 기능을 Section으로 나누어 구성하였으며, Chapter별로 핵심 정리와 종합 실습 코너를 두어 학습한 내용을 다시 한 번 정리하고 응용할 수 있도록 하였습니다.

Chapter

기능과 주제에 따라 Chapter로 나누어 설명합니다. 해당 Chapter에서 배울 핵심적인 내용을 미리 학습할 수 있도록 소개하였습니다.

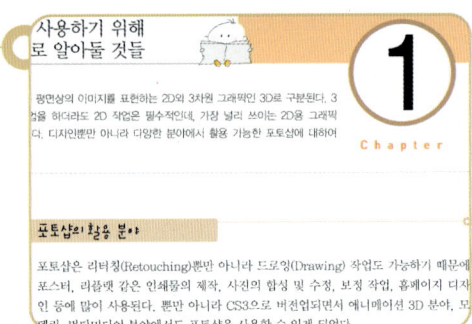

Section

세부적인 기능을 Section으로 구성하였습니다. 어떤 기능을 학습하게 될지 알아두기 코너를 통해 간단하게 살펴보고 시작합니다.

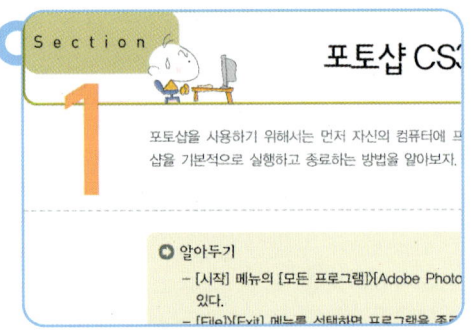

따라하기

구체적인 내용을 단계별로 따라해 볼 수 있도록 순서대로 구성하였습니다. 한 단계씩 따라하다 보면 완성된 결과물을 얻을 수 있을 것입니다.

혼자해보기

따라하기에서 익힌 내용을 바탕으로 사용자가 직접 예제를 풀어봅니다. HINT에 있는 내용을 참고하면서 반복 및 심화 학습을 합니다.

Tip

본문 내용 중에서 알아두어야 할 기능이나 용어들을 소개합니다.

HINT

혼자해보기의 예제를 작업할 때 필요한 참고 내용을 담았습니다.

핵심정리

Chapter에서 학습한 핵심적인 내용을 정리해 놓았습니다. 학습 과정에서 놓쳐서는 안될 중요한 사항을 정리하였으므로 다시 한 번 체크해 봅니다.

종합실습

Chapter에서 배운 내용에 대한 응용 능력을 높이기 위해 실습 문제를 풀어봅니다. HINT의 내용을 참고하여 지금까지 학습한 내용을 종합적으로 활용해 봅니다.

CONTENTS

Chapter 1
포토샵 시작을 위한 준비   11

학습 포인트   포토샵을 사용하기 위해 기본적으로 알아둘 것들   12

Section 1	포토샵 CS3 실행하고 종료하기	16
Section 2	포토샵 CS3의 화면 살펴보기	19
Section 3	이미지 불러오기와 새 문서 만든 후 저장하기	31
Section 4	원하는 크기와 위치 맞춰 이미지 보기	38
Section 5	작업 환경 설정과 작업 내용 되돌리기	43

핵심정리   49
종합실습   51

Chapter 2
다양한 선택 툴 이용하여 효과적으로 범위 지정하고 활용하기   53

학습 포인트   원하는 대로 범위 지정하고 변경하기   54

Section 1	도형 모양으로 선택 영역 만들고 이동하기	58
Section 2	선택 영역에 다양한 효과 적용하기	63
Section 3	올가미 툴로 이미지 자유자재로 선택하기	70
Section 4	같은 색상 단번에 선택하기	75
Section 5	선택 영역 깔끔하게 수정하기	80
Section 6	필요한 만큼만 이미지 잘라내기	86

핵심정리   91
종합실습   93

Chapter 3
이미지를 감쪽같이 복원하고 복제하기   95

| 학습 포인트 | 이미지 복원 및 복제에 사용되는 툴 | 96 |

Section 1	이미지 복원하기	99
Section 2	이미지 색상만 변경하기	103
Section 3	이미지 복제하기	106

핵심정리   112
종합실습   113

Chapter 4
페인팅과 리터칭으로 이미지를 섬세하게 수정하기   115

| 학습 포인트 | 색상 선택과 페인팅 및 리터칭 관련 기능 파악하기 | 116 |

Section 1	색상 선택하여 칠하기	119
Section 2	이미지 한 번에 채색하기	125
Section 3	브러시 툴과 연필 툴로 칠하기	132
Section 4	히스토리 브러시와 지우개 툴 사용하기	138
Section 5	리터칭 툴로 이미지 수정하기	146

핵심정리   152
종합실습   153

Chapter 5
문자와 도형으로 새로운 이미지 생성하기   155

| 학습 포인트 | 문자와 도형의 벡터 이미지 만들기 | 156 |

CONTENTS

Section 1	펜 툴로 패스 만들기	160
Section 2	문자 입력하기	172
Section 3	도형 툴로 다양한 도형 만들기	181

핵심정리 188
종합실습 189

Chapter 6
이미지 변형 및 보정하기   191

학습 포인트   다양한 이미지 보정하기   192

Section 1	색상 모드 이용하기	195
Section 2	이미지 보정 명령으로 톤 보정하기	200
Section 3	이미지 보정 명령으로 색상 변경하기	206
Section 4	기타 보정 명령 이해하기	215
Section 5	이미지와 캔버스 크기 변경하고 회전하기	223

핵심정리 231
종합실습 233

Chapter 7
레이어 이용하여 이미지 손쉽게 다루기   235

학습 포인트   레이어 이해하고 활용하기   236

Section 1	레이어의 기본 사용하기	239
Section 2	레이어 스타일 활용하기	245
Section 3	다양한 방법으로 레이어 활용하기	253
Section 4	여러 개의 레이어 손쉽게 관리하기	261

핵심정리 269
종합실습 271

Chapter 8
채널로 포토샵의 고수되기   273

| 학습 포인트 | 채널 이해하고 활용하기 | 274 |

Section 1   알파 채널 사용하기   276
Section 2   색상 채널과 스폿 채널 사용하기   282

핵심정리   286
종합실습   287

Chapter 9
화려한 필터로 포토샵의 재미 맛보기   289

| 학습 포인트 | 다양한 필터 활용하기 | 290 |

Section 1   특수한 기능의 필터 사용하기   294
Section 2   포토샵에서 제공하는 기본 필터 알아보기 1   304
Section 3   포토샵에서 제공하는 기본 필터 알아보기 2   316

핵심정리   326
종합실습   327

Chapter 10
포토샵 CS3 Extended의 웹&멀티미디어 기능 알아보기   329

| 학습 포인트 | 웹용 이미지와 3D, 무비에 관련된 기능 | 330 |

Section 1   웹 이미지 만들기   334
Section 2   3D 모델링, 동영상 수정하기   344

핵심정리   352
종합실습   354

CHAPTER

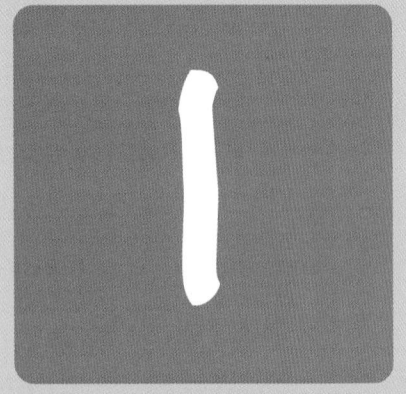

Section 1　포토샵 CS3 실행하고
　　　　　종료하기
Section 2　포토샵 CS3의
　　　　　화면 살펴보기
Section 3　이미지 불러오기와
　　　　　새 문서 만든 후
　　　　　저장하기
Section 4　원하는 크기와
　　　　　위치 맞춰 이미지 보기
Section 5　작업 환경 설정과
　　　　　작업 내용 되돌리기

포토샵 시작을 위한 준비

포토샵을 본격적으로 공부하기 전에 포토샵의 활용 분야, 용어 등을 먼저 살펴본 후 포토샵의 실행 방법, 인터페이스, 툴, 팔레트의 특징을 알아 본다.

포토샵을 사용하기 위해 기본적으로 알아둘 것들

Chapter 1

컴퓨터 그래픽은 평면상의 이미지를 표현하는 2D와 3차원 그래픽인 3D로 구분된다. 3차원 그래픽 작업을 하더라도 2D 작업은 필수적인데, 가장 널리 쓰이는 2D용 그래픽 도구가 포토샵이다. 디자인뿐만 아니라 다양한 분야에서 활용 가능한 포토샵에 대하여 알아보자.

01 포토샵의 활용 분야

포토샵은 리터칭(Retouching)뿐만 아니라 드로잉(Drawing) 작업도 가능하기 때문에 포스터, 리플랫 같은 인쇄물의 제작, 사진의 합성 및 수정, 보정 작업, 홈페이지 디자인 등에 많이 사용된다. 뿐만 아니라 CS3로 버전업되면서 애니메이션 3D 분야, 모델링, 멀티미디어 분야에서도 포토샵을 사용할 수 있게 되었다.

광고 인쇄물

영화 포스터

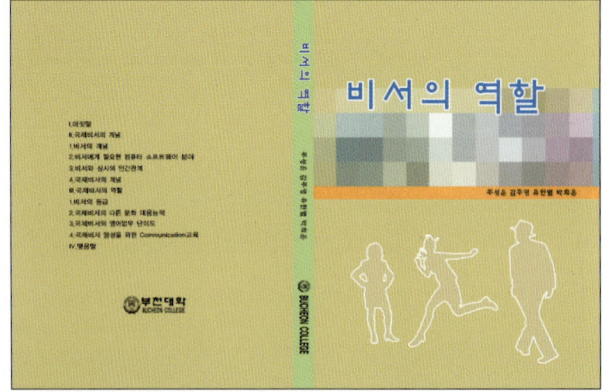
책 표지

사진 수정

이미지 합성

문자 디자인

3D 맵핑 소스

Chapter 1. 학습 포인트

▲ 웹디자인

02 포토샵을 이해하기 위한 기본 용어

● 비트맵(Bitmap)과 벡터(Vector) 방식 이해하기

그래픽 이미지를 표현하는 방식은 크게 비트맵 이미지와 벡터 이미지로 구분할 수 있다. 포토샵에서 다루는 대부분의 이미지는 비트맵 이미지이며, 문자 입력 도구와 도형 도구 등으로 만들어지는 이미지는 벡터 방식을 사용한다.

▲ 비트맵(Bitmap) - 확대하면 네모난 픽셀이 보인다.

▲ 벡터(Vector) - 확대해도 선이 깨끗하다.

❶ 비트맵(Bitmap) 방식 : 우리가 다루는 대부분의 이미지는 픽셀(Pixel)의 조합으로 이루어진 비트맵(Bitmap) 방식이다. 즉, 요즘 많이 사용하는 디지털 카메라로 촬영한 이미지와 스캔한 이미지도 비트맵 방식의 이미지이다.

- 비트맵 이미지는 정사각형의 픽셀(Pixel)로 구성되어 있다.
- 사진이나 회화 이미지를 표현하는 데 적합하다.
- 깊이 있는 색조와 부드러운 질감, 자연스러움을 표현하는 데 적합하다.
- 이미지의 크기를 변경하면 질이 손상된다.
- 해상도에 의해 파일 용량이 달라진다.

❷ 벡터(Vector) 방식 : 좌표(x, y)에서 베지어 곡선으로 이미지를 만들기 때문에 아무리 확대나 축소를 해도 선명도가 떨어지지 않고 클립아트와 같은 단순한 이미지를 만들기에 적합하다.
- 베지어 곡선(점과 점사이 선)으로 이미지를 구성한다.
- 글자, 로고, 캐릭터 디자인에 적합하다.
- 선과 면이 깔끔하고 정돈되어 있다.
- 축소 확대해도 이미지의 질에 영향을 주지 않는다.
- 이미지를 변형해도 해상도를 고려할 필요가 없다.

● **해상도(Resolution)에 대한 이해**

앞서 비트맵과 벡터 이미지를 비교할 때 언급했던 해상도(Resolution)란 단위면적당 픽셀 수를 의미하는데, 이것이 포토샵에서 이미지의 질을 좌우한다. 해상도의 단위는 PPI(Pixel Per Inch)를 사용한다.

웹용 이미지는 보통 72PPI(Pixels Per Inch)를 사용하는데 가로, 세로 1인치의 사각형에 72×72개의 픽셀, 즉 5,184개의 픽셀로 구성되고, 출력 이미지는 보통 300PPI를 사용하는데 가로, 세로 1인치의 사각형에 300×300개의 픽셀, 즉 90,000개의 픽셀로 구성되어 더 세밀하게 이미지를 표현할 수 있다. 포토샵에서 화면에 나타나는 이미지의 실제 크기는 모니터 해상도에 좌우되는데, 모니터 해상도보다 이미지의 해상도가 높으면 이미지가 실제보다 더 크게 표시된다.

인쇄 매체의 출력 품질은 고정된 크기 안에 얼마나 많은 점이 존재하느냐에 따라 달라진다. 즉, 동일한 공간에 존재하는 점의 개수에 따라 다른 것이다. 정리하자면 고해상도 이미지일수록 출력했을 때는 더 세밀하게 보이고 모니터에 표시되었을 때는 더 크게, 즉 화면 공간을 더 많이 차지하게 된다.

● **픽셀**

픽셀(Pixel)은 Picture Element를 줄인 말로 비트맵 이미지의 최소 단위를 가리킨다. 포토샵에서 이미지를 최대로 확대하면 보이는 사각형이 바로 픽셀이다.

Section 1 포토샵 CS3 실행하고 종료하기

포토샵을 사용하기 위해서는 먼저 자신의 컴퓨터에 프로그램이 설치되어 있어야 한다. 설치된 포토샵을 기본적으로 실행하고 종료하는 방법을 알아보자.

> ● 알아두기
> - [시작] 메뉴의 [모든 프로그램]>[Adobe Photoshop CS3]을 선택하면 포토샵을 실행할 수 있다.
> - [File]>[Exit] 메뉴를 선택하면 프로그램을 종료할 수 있다.
> - 바탕 화면에 바로 가기 아이콘을 만들면 더블클릭하여 프로그램을 실행할 수 있다.

따라하기 01 포토샵 실행하고 종료하기

포토샵 CS3를 실행하고 종료하여 보자.

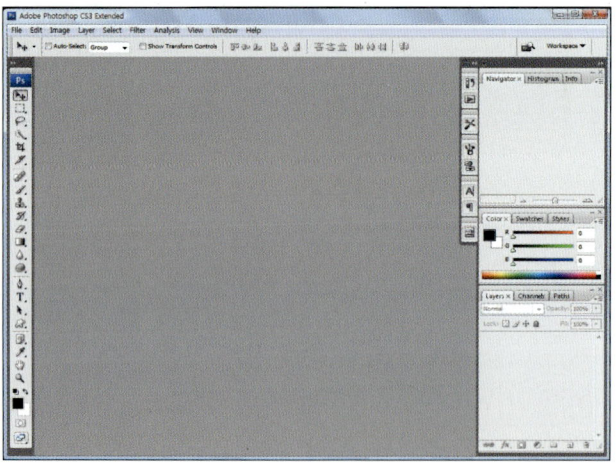

❶ 윈도우 [시작] 메뉴의 [모든 프로그램]>[Adobe Photoshop CS3]를 선택하여 실행한다.

❷ 포토샵 CS3가 실행되면서 포토샵 실행 로고가 나타났다 사라진 후 [Welcome] 창이 나타나면 [Close] 버튼을 클릭하여 창을 닫는다.

❸ 그림처럼 포토샵 초기 화면이 나타난다.

❹ 왼쪽에 툴, 오른쪽에 팔레트, 상단에 메뉴와 옵션 바가 보인다.

❺ [File]>[Exit] 메뉴를 선택하여 프로그램을 종료한다.

포토샵 CS3 트라이아웃 버전 tip +

포토샵 CS3의 정품이 없는 사용자는 시험 버전을 설치하여 사용할 수 있다. 부록 CD의 [프로그램] 폴더에 시험 버전의 설치 파일이 수록되어 있으니 필요한 경우에는 실행하여 설치한다. 이 버전은 정품과 똑같지만 30일 동안만 사용할 수 있으므로 계속해서 사용하려면 인터넷이나 전화를 통해 정품을 구입하고 시리얼을 인증 받아야 한다.

포토샵 CS3를 설치하기 위한 시스템 요구사항 tip +

하드웨어	Windows	Macintosh
운영체제	Intel Pentium 4, Intel Centrino, Intel Xeon 또는 Intel Core Duo (또는 호환) 프로세서	PowerPC G4 또는 G5 또는 멀티코어 Intel 프로세서
CPU	Microsoft Windows XP(서비스 팩 2) 또는 Windows Vista(인증된 32비트 버전)	Mac OS X v.10.4.8
RAM	512MB RAM / 64MB 비디오 RAM	512MB RAM / 64MB 비디오 RAM
HDD	1GB의 하드디스크 여유 공간 (설치 시 추가 여유 공간 필요)	2GB의 하드디스크 여유 공간 (설치 시 추가 여유 공간 필요)
VGA	16비트 비디오 카드가 장착된 1024×768 모니터 해상도	16비트 비디오 카드가 장착된 1024×768 모니터 해상도
기타	– DVD-ROM 드라이브/정품 인증을 위한 인터넷 또는 전화 연결 – 멀티미디어 기능에 필요한 QuickTime 7 소프트웨어 – Adobe Stock Photos 및 광대역 인터넷 연결	

01 혼자해보기 바탕 화면에 포토샵 바로 가기 아이콘을 등록한 후 이를 이용해 프로그램을 실행하여 보자.

HINT | Ctrl 을 누른 채 [시작] 메뉴의 [모든 프로그램]>[Adobe Photoshop CS3]를 선택하여 바탕 화면으로 드래그하면 바로 가기 아이콘이 만들어진다. 이 아이콘을 더블클릭하면 포토샵이 실행된다.

02 혼자해보기

열려있는 포토샵을 종료하여 보자.

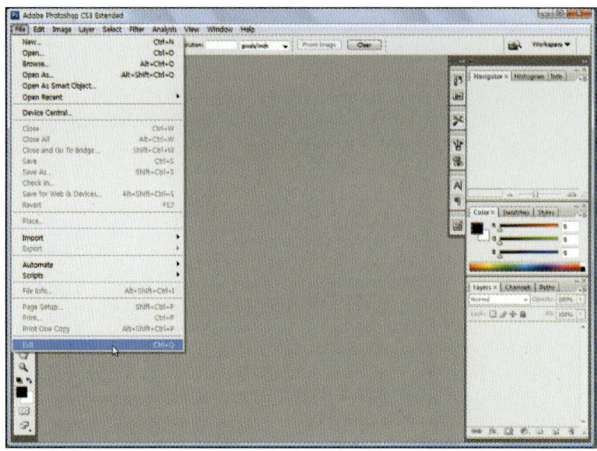

HINT | [File]〉[Exit] 메뉴를 선택하거나 [닫기] 버튼( )을 클릭하여 종료한다.

03 혼자해보기

포토샵을 실행한 후 최대화 버튼과 최소화 버튼을 이용하여 창을 넓히고 다시 줄여 보자.

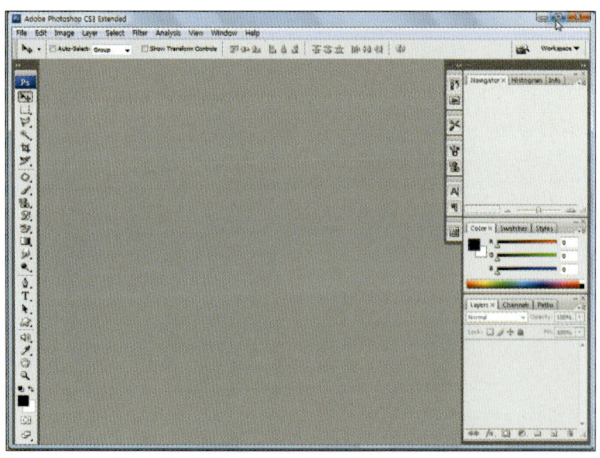

HINT | 포토샵 창의 오른쪽 상단의 버튼을 클릭하여 크기를 조절한다.

Section 2

포토샵 CS3의 화면 살펴보기

그래픽 작업의 필수 도구인 포토샵이 어떻게 구성되어 있는지 살펴본다. 복잡한 구조를 가진 프로그램인 만큼 어떤 구조로 이루어졌는지 꼼꼼하게 둘러보고 눈에 익숙하게 만들자.

> **알아두기**
> - 포토샵은 메뉴 바, 옵션 바, 툴박스, 작업창, 팔레트로 구성되어 있다.
> - 포토샵의 툴박스에는 보이는 툴 외에도 숨어 있는 툴이 있다. 팔레트도 화면에 보이는 것 외에 수많은 종류가 있는데, 포토샵 CS3에서는 팔레트 버튼이 생겨 화면상에서 팔레트를 쉽게 불러오거나 숨길 수 있다.

01 포토샵의 초기 화면 살펴보기

❶ **메뉴 바** : File, Edit, Image, Layer, Select, Filter, View, Window, Help 메뉴에서 다양한 명령을 실행할 수 있다.

❷ **옵션 바** : 툴박스에서 선택한 도구에 대한 세부적인 옵션 사항을 설정할 수 있다.

❸ **툴박스** : 이미지 편집 시 자주 사용하는 도구를 모아 놓은 곳이다.

❹ **이미지 작업 창** : 작업하려는 이미지를 보여주는 창이다. 이미지 작업 창의 상단에

는 파일의 이름, 보기 배율, 이미지 모드가 표시된다. 작업창 하단에서는 보기 비율을 수정할 수 있고 삼각 버튼을 클릭하여 각종 정보 표시를 할 수 있다.

❺ **팔레트** : 도구와 연계되어 좀 더 향상된 작업을 할 수 있도록 도와주는 곳으로, 유사한 기능을 가진 팔레트끼리 모여 있다.

❻ **확장 버튼** : 버튼을 이용해 팔레트를 펼쳐 사용하거나 다시 숨길 수 있다. 포토샵의 작업 공간을 효율적으로 사용할 수 있도록 해주는 새로운 기능이다.

❼ **최소화, 최대화, 닫기** : 포토샵 프로그램 창을 최소화/최대화하거나 종료한다.

❽ **Workspace** : 사용자의 작업 환경에 맞추어 팔레트를 보여주거나 위치를 조절해준다. 사용자가 작업 공간을 저장할 수도 있다.

❾ **브리지(Go to Bridge)** : 이미지 파일을 불러오거나 검색, 정보를 볼 수 있으며 중요한 파일은 라벨 표시를 할 수도 있다.

02 포토샵의 툴박스 살펴보기

툴박스의 도구는 각 기능을 상징하는 아이콘 모양으로 구성되어 있다. 각 도구 위에 마우스 포인터를 가져가면 도구의 이름 및 영문 바로 가기 키가 툴 팁으로 나타나며, 도구를 클릭하면 선택된다. 숨겨져 있는 도구를 선택할 경우에는 도구를 잠시 동안 누르고 있거나 마우스 오른쪽 버튼으로 클릭하여 확장 도구를 표시한 뒤 선택하면 된다. 툴박스 상단의 두 개의 삼각 버튼을 클릭하여 이전 버전처럼 툴박스를 두 열로 사용할 수 있다.

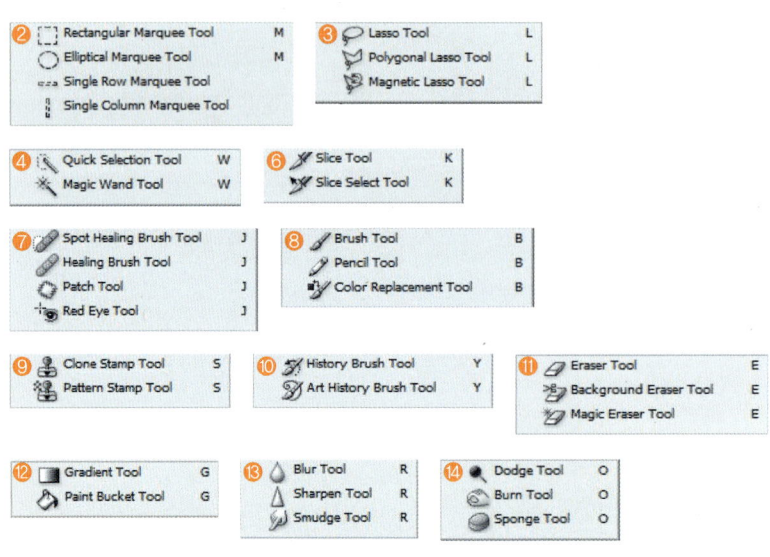

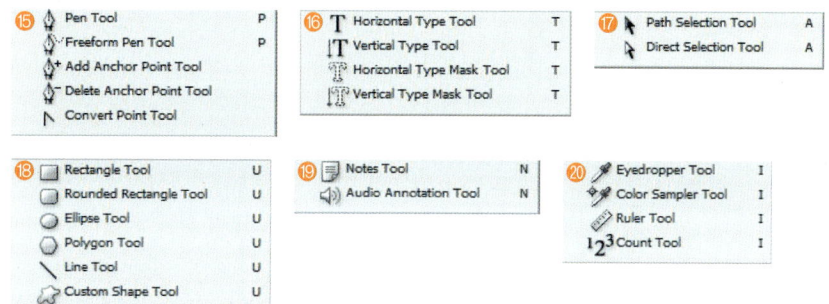

- ❶ 이동 툴(Move Tool) : 선택 영역이나 레이어, 가이드를 이동한다.
- ❷ 기본 선택 툴
  - 사각 선택 툴(Rectangular Marquee Tool) : 사각형 모양으로 선택 영역을 만든다.
  - 원형 선택 툴(Elliptical Marquee Tool) : 정원이나 타원형의 선택 영역을 만든다.
  - 가로줄 선택 툴(Single Row Marquee Tool) : 1픽셀의 가로로 선택 영역을 만든다.
  - 세로줄 선택 툴(Single Column Marquee Tool) : 1픽셀의 세로로 선택 영역을 만든다.
- ❸ 올가미 툴
  - 올가미 툴(Lasso Tool) : 자유 곡선으로 선택 영역을 만든다.
  - 다각형 올가미 툴(Polygonal Lasso Tool) : 직선을 연결하며 다각형 형태로 선택 영역을 만든다.
  - 자석 올가미 툴(Magnetic Lasso Tool) : 이미지의 경계에 마우스를 대면 자석처럼 달라붙어 선택 영역을 만든다.
- ❹ 자유 선택 툴
  - 퀵 선택 툴(Quick Selection Tool) : 그림을 그리듯이 드래그하여 선택한다.
  - 마술봉 툴(Magic Wand Tool) : 클릭한 부분의 색과 비슷한 색상을 선택 영역으로 지정한다.
- ❺ 자르기 툴(Crop Tool) : 이미지에서 선택 영역만 남기고 나머지는 잘라 없앤다.
- ❻ 분할 툴
  - 슬라이스 툴(Slice Tool) : 웹에서 로딩 속도를 줄이기 위하여 이미지를 분할한다.
  - 슬라이스 선택 툴(Slice Select Tool) : 분할된 슬라이스를 선택하거나 이동한다.
- ❼ 이미지 복구 및 복원 툴
  - 스팟 힐링 브러시 툴(Spot Healing Brush Tool) : 얼굴의 점 같이 작은 흠을 복구한다.
  - 힐링 브러시 툴(Healing Brush Tool) : 텍스추어의 질감을 유지한 채로 손상

된 이미지를 복구한다.
- 패치 툴(Patch Tool) : 손상된 선택 영역의 이미지를 대치할 이미지에 놓고 온전하게 복구한다.
- 레드 아이 툴(Red Eye Tool) : 적목 현상이 나타난 사진을 복구한다.

⑧ 브러시 툴
- 브러시 툴(Brush Tool) : 붓으로 그리듯이 칠한다.
- 연필 툴(Pencil Tool) : 가장자리가 거친 선을 칠한다.
- 색상 변환 툴(Color Replacement Tool) : 색상을 변경한다.

⑨ 도장 툴
- 도장 툴(Clone Stamp Tool) : 이미지를 복제하여 칠한다.
- 패턴 도장 툴(Pattern Stamp Tool) : 패턴으로 칠한다.

⑩ 히스토리 브러시 툴
- 히스토리 브러시 툴(History Brush Tool) : History 팔레트에서 저장된 상태로 복원하여 칠해진다.
- 아트 히스토리 브러시 툴(Art History Brush Tool) : 히스토리 브러시 툴과 비슷하지만 회화적인 느낌을 추가하여 칠해준다.

⑪ 지우개 툴
- 지우개 툴(Eraser Tool) : 이미지를 지운다.
- 배경 지우개 툴(Background Eraser Tool) : 드래그하는 영역을 지워 배경색으로 만든다. 단, 레이어 상태에서는 투명하게 만든다.
- 마술 지우개 툴(Magic Eraser Tool) : 미술봉 툴과 같이 선택하는 동시에 영역을 지워 투명하게 만든다.

⑫ 그레이디언트 툴
- 그레이디언트 툴(Gradient Tool) : 색상 사이에서 점진적인 혼색을 만든다.
- 페인트통 툴(Paint Bucket Tool) : 전경색이나 패턴으로 칠한다.

⑬ 리터칭 툴 1
- 블러 툴(Blur Tool) : 이미지를 흐리게 한다.
- 샤픈 툴(Sharpen Tool) : 경계선을 또렷하게 만든다.
- 스머지 툴(Smudge Tool) : 손가락으로 문지르듯이 이미지의 픽셀을 밀리게 한다.

⑭ 리터칭 툴 2
- 닷지 툴(Dodge Tool) : 이미지를 밝게 한다.
- 번 툴(Burn Tool) : 이미지를 어둡게 만든다.
- 스펀지 툴(Sponge Tool) : 이미지의 채도를 높이거나 낮춘다.

⑮ 펜 툴
- 펜 툴(Pen Tool) : 클릭이나 드래그하며 앵커 포인트를 연결하여 패스를 만든다.
- 자유 형태 펜 툴(Free form Pen Tool) : 자유롭게 드래그하는 대로 패스가

만들어진다.
- ⊙ 포인트 추가 툴(Add Anchor Point Tool) : 패스 위에 앵커 포인트를 추가하여 패스를 수정한다.
- ⊙ 포인트 삭제 툴(Delete Anchor Point Tool) : 필요 없는 앵커 포인트를 삭제한다.
- ⊙ 변환 툴(Convert Point Tool) : 패스를 변경한다.

⑯ 문자 툴
- ⊙ 가로 문자 툴(Horizontal Type Tool) : 가로로 문자를 입력한다.
- ⊙ 세로 문자 툴(Vertical Type Tool) : 세로로 문자를 입력한다.
- ⊙ 문자 마스크 툴(Horizontal Type Mask Tool) : 가로로 문자를 입력하고 문자 경계를 선택 영역으로 만든다.
- ⊙ 세로 문자 마스크 툴(Vertical Type Mask Tool) : 세로로 문자를 입력하고 문자 경계를 선택 영역으로 만든다.

⑰ 패스 선택 툴
- ⊙ 패스 선택 툴(Path Selection Tool) : 패스를 선택한다.
- ⊙ 패스 직접 선택 툴(Direct Selection Tool) : 패스를 이동하거나 부분적으로 선택하여 패스를 수정한다.

⑱ 도형 툴
- ⊙ 사각형 툴(Rectangle Tool) : 사각형을 만든다.
- ⊙ 둥근 사각형 툴(Rounded Rectangle Tool) : 모서리가 둥근 사각형을 만든다.
- ⊙ 원형 툴(Ellipse Tool) : 정원이나 타원을 만든다.
- ⊙ 다각형 툴(Polygon Tool) : 다각형이나 별 모양을 만든다.
- ⊙ 선 툴(Line Tool) : 선이나 화살 모양을 만든다.
- ⊙ 사용자 정의 도형 툴(Custom Shape Tool) : 옵션 바의 [Shape]을 통해 다양한 도형을 만든다.

⑲ 주석 툴
- ⊙ 노트 툴(Notes Tool) : 이미지에 메모 창 같은 주석을 달아준다.
- ⊙ 음성 주석 툴(Audio Annotation Tool) : 이미지에 음성 주석을 달아준다.

⑳ 이미지 정보 툴
- ⊙ 아이드로퍼 툴(Eyedropper Tool) : 색을 추출하여 전경색으로 설정한다.
- ⊙ 컬러 샘플러 툴(Color Sampler Tool) : 클릭한 부분의 색상을 4번까지 추출하여 비교한다.
- ⊙ 자 툴(Ruler Tool) : 거리, 위치 및 각도를 측정한다.
- ⊙ 카운트 툴(Count Tool) : 이미지 위에 클릭하여 순서대로 숫자 표시를 한다.

㉑ ⊙ 손바닥 툴(Hand Tool) : 창 내에서 이미지를 드래그하여 보이게 한다.
㉒ ⊙ 돋보기 툴(Zoom Tool) : 이미지를 확대한다. Alt 와 함께 사용하면 축소한다.
㉓ ⊙ 기본색(Default Foreground and Background Colors) : 클릭하면 전경색은 검정으로, 배경색은 흰색으로 설정된다.

㉔ 색상 전환(Switch Foreground and Background Colors) : 클릭하면 전경색과 배경색을 바꾸어준다.

㉕ 전경색/배경색(Set foreground color/Set background color) : 전경색과 배경색을 지정하고 표시한다.

㉖ 퀵마스크 변환 모드(Edit in Quick Mask Mode) : 포토샵을 실행했을 때의 표준 모드에서 이미지를 선택할 수 있는 퀵마스크 모드로 변환된다.

㉗ 화면 편집 모드(Change Screen Mode) : 표준 스크린 모드, 풀 스크린 메뉴 모드, 풀 스크린 모드가 실행된다.

03 효과적인 이미지 작업을 위한 팔레트 둘러보기

포토샵의 팔레트는 유사한 기능을 하는 것끼리 모여 있어 효율적인 이미지 작업이 가능하다. 포토샵에서 사용되는 모든 팔레트는 [Window] 메뉴에서 불러오거나 닫을 수 있다.

❶ Navigator 팔레트 : 이미지를 확대, 축소하고 원하는 부분으로 이동하여 표시한다.

❷ Histogram 팔레트 : 이미지의 색상 정보를 막대그래프의 형태로 표시한다.

❸ Info 팔레트 : 이미지에서 마우스가 위치하고 있는 곳의 색상 값, 각도, 좌표를 나타낸다.

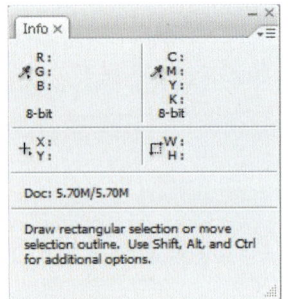

❹ Color 팔레트 : 색상을 혼합하여 선택할 수 있다.

❺ Swatches 팔레트 : 자주 사용하는 색상을 팔레트에 만들어 두었다가 사용할 수 있다.

❻ Styles 팔레트 : 미리 만든 레이어 스타일을 도형과 글자에 적용한다.

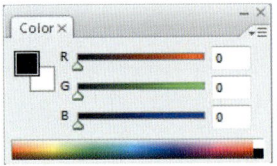
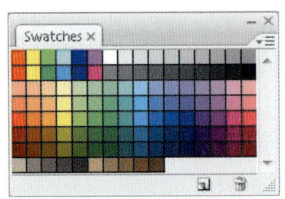

❼ Layers 팔레트 : 레이어를 관리하고 편집한다.

❽ Channels 팔레트 : 채널을 편집하고 관리한다.

❾ Paths 팔레트 : 펜 툴로 만든 패스를 저장하고 관리한다.

❿ History 팔레트 : 작업 과정을 단계별로 저장해 주고 원하는 부분으로 되돌릴 수 있다.

⓫ Actions 팔레트 : 단순하게 반복되는 작업을 녹화하여 다른 파일에서 자동으로 실행할 수 있다.

⓬ Tool Presets 팔레트 : 툴의 옵션 사항을 미리 저장하여 필요할 때 사용한다.

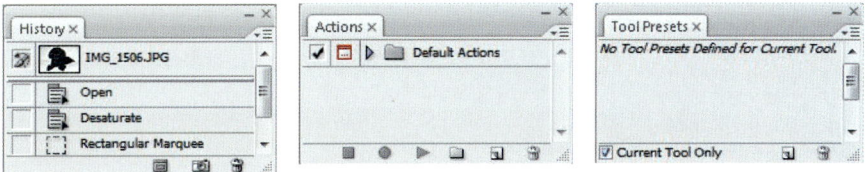

⓭ Brushes 팔레트 : 브러시의 속성을 설정한다.

⓮ Clone Source 팔레트 : 복제할 소스를 다섯 개까지 저장하여 두고 필요할 때 사용할 수 있다.

⓯ Character 팔레트 : 문자의 크기, 자간 등 속성을 설정한다.

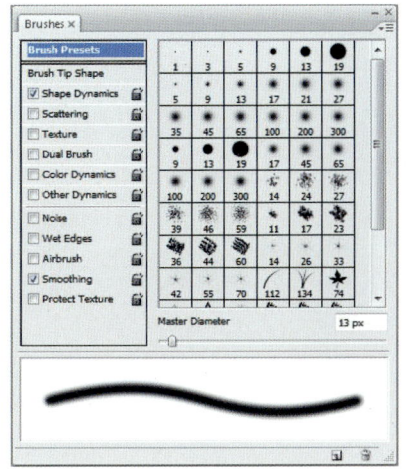
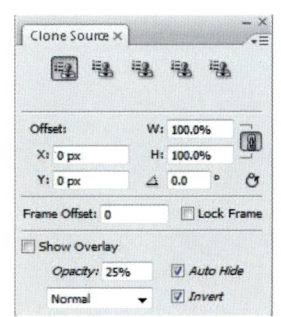
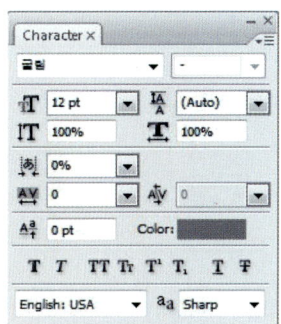

⓰ Paragraph 팔레트 : 문장과 단락의 속성을 설정한다.

⓱ Layer Comps 팔레트 : 하나의 파일 안에 여러 레이어의 조합을 저장하여 보다 효율적으로 관리할 수 있다.

⓲ Animation 팔레트 : Animation의 해당 프레임을 보여주며 시간을 조절한다.

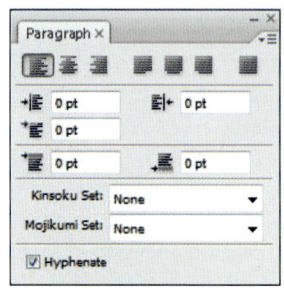
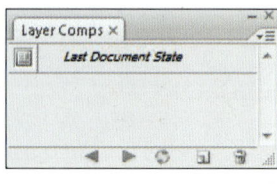
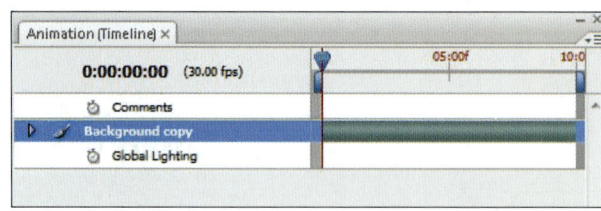

따라하기 01 포토샵의 숨은 툴 선택하기

툴박스 초기 화면에서는 보이지 않는 원형 선택 툴을 선택하여 보자.

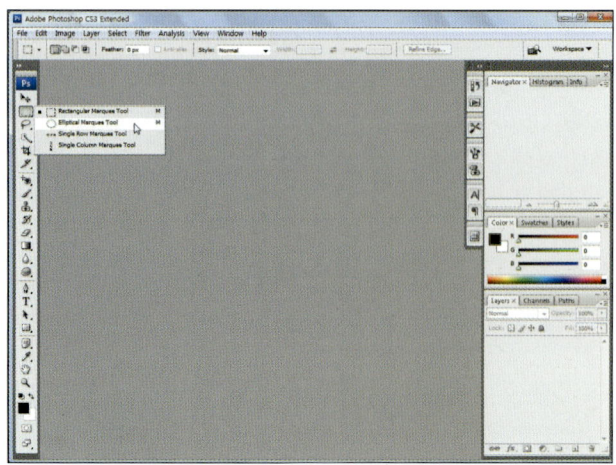

❶ 툴박스의 사각 선택 툴(▢)을 클릭한 채 잠시 기다리면 숨어 있는 툴들이 확장되어 나타난다.

❷ 두 번째 있는 원형 선택 툴(◯)을 클릭하여 선택한다.
❸ 상단의 옵션 바도 원형 선택 툴의 옵션으로 변경된 것을 확인할 수 있다.

바로 가기 키로 툴 선택하기 tip ➕

자주 사용하는 툴의 바로 가기 키는 미리 외워두었다가 영문 입력 모드에서 누르면 쉽게 툴을 선택할 수 있다. 마우스 커서를 툴에 대고 잠시 있으면 영문 바로 가기 키가 보인다.

툴박스가 사라졌을 때 tip ➕

작업을 하다가 실수로 툴박스가 사라졌을 때는 Tab 을 눌러 확인해보자.
- Tab : 툴박스와 모든 팔레트를 한꺼번에 숨기거나 표시한다.
- Shift + Tab : 모든 팔레트를 한꺼번에 숨기거나 표시한다.

따라하기 02 옵션 바의 변경한 설정값을 기본값으로 변경하기

원형 선택 툴의 옵션 바 설정을 변경하고 기본값으로 다시 되돌려 보자.

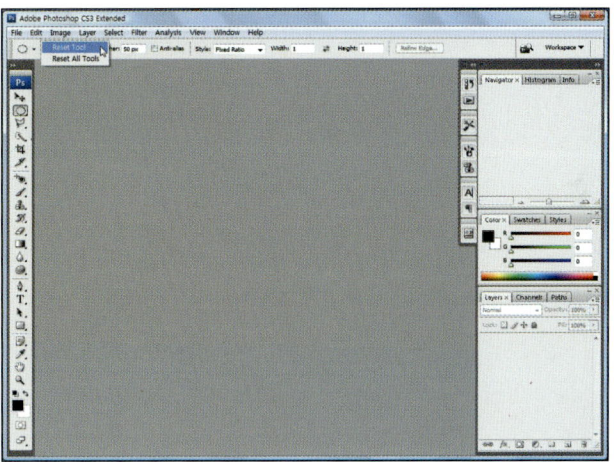

❶ 원형 선택 툴(◯)을 선택한다.
❷ 옵션 바의 [Feather]를 '50', [Anti-alias]는 체크 해제, [Style]은 'Fixed Ratio'로 설정하여 옵션을 변경한다.

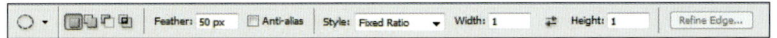

Section 2. 포토샵 CS3의 화면 살펴보기 27

❸ 옵션 바 앞쪽의 툴 모양이 표시된 부분에서 마우스 오른쪽 버튼을 클릭하고 [Reset Tool]을 클릭한다. 해당 선택 툴의 옵션이 기본 값으로 설정된다.

모든 툴의 옵션을 기본으로 변경하기 tip ➕

앞의 과정에서 [Reset All Tools]를 선택하면 툴박스의 모든 툴의 옵션값이 기본값으로 변경된다. 이 책의 모든 예제에서는 툴의 기본 옵션값에서 수치를 변경하므로 작업 중간에 옵션이 변경되어 혹시 따라하기가 진행이 안 된다면 툴 옵션값을 기본값으로 변경한다.

따라하기 03 팔레트의 기본 사용법 알아보기

팔레트를 사용하는 기본적인 방법을 알아 보자.

❶ 화면 오른쪽에서 [Swatches]의 제목 탭을 클릭하여 Swatches 팔레트가 보이게 한다.
❷ [Swatches]의 제목 탭을 포토샵 창의 중앙으로 드래그하여 위치를 따로 옮겨보자.
❸ 팝업 메뉴 버튼(▼≣)을 클릭하고 [Web Safe Colors]를 선택한다.

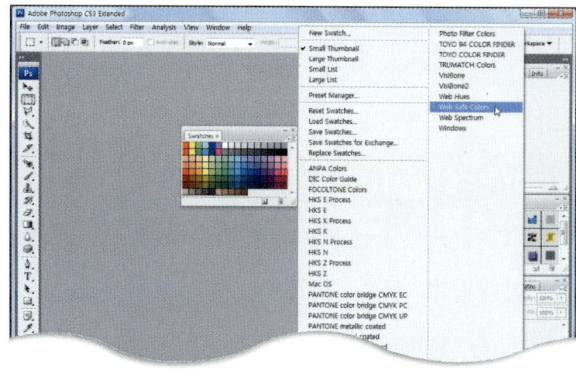

❹ Web Safe Colors를 대치하겠느냐는 메시지 창이 나타나면 [Append] 버튼을 클릭하여 현재 색상에 새로운 색상을 추가한다.

> **팔레트를 기본값으로 변경하기** tip ➕
>
> Swatches 팔레트의 팝업 메뉴 버튼(▼≡)을 클릭하여 메뉴가 나타나면 [Reset Swatches]를 선택한다. 팔레트의 위치를 초기 상태로 변경하려면 [Window]〉[Workspace]〉[Reset Palette Locations] 메뉴를 클릭한다.

01 혼자해보기

한 줄 툴박스를 전 버전의 형태인 두 줄 툴박스로 변경하여 보자.

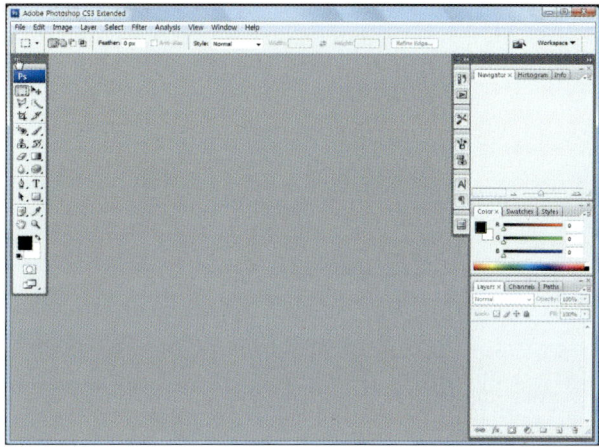

HINT | 툴박스 상단의 삼각 버튼을 더블클릭하면 툴이 가로로 두 개씩 보이면서 툴박스의 세로 길이가 줄어든다.

02 혼자해보기

바로 가기 키를 이용하여 다각형 올가미 툴을 선택하여 보자.

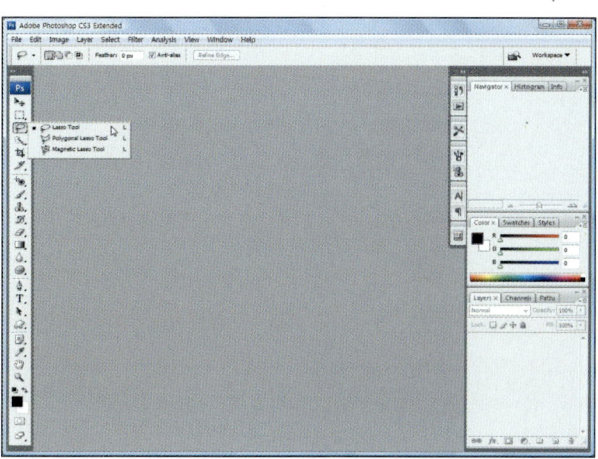

HINT | 툴박스에서 올가미 툴(🅿)을 선택하고 잠시 있으면 숨은 툴과 영문 L이 보인다. 올가미 툴의 영문 입력 모드가 L인 것을 확인할 수 있다. [Shift]를 누른 채 다시 [L]을 누르면 숨은 툴이 차례대로 선택된다.

Section 2. 포토샵 CS3의 화면 살펴보기

03 혼자해보기

팔레트 버튼을 이용하여 숨어 있는 Character 팔레트를 불러와 보자.

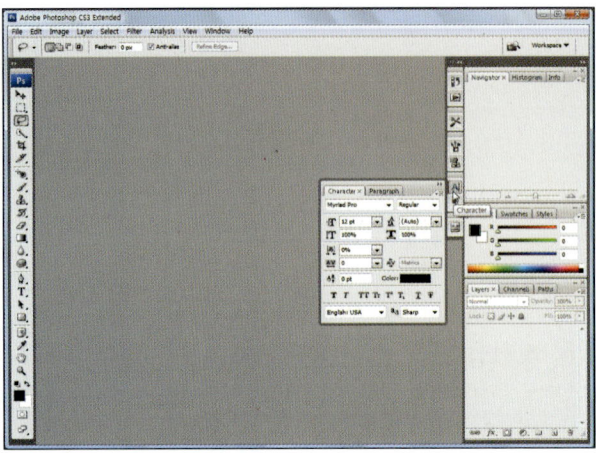

HINT | 화면 오른쪽 팔레트 버튼에서 [Character] 버튼(A)을 클릭하면 Character 팔레트가 보이고 다시 클릭하면 가려진다.

04 혼자해보기

Swatches 팔레트를 기본 값으로 변경하여 보자.

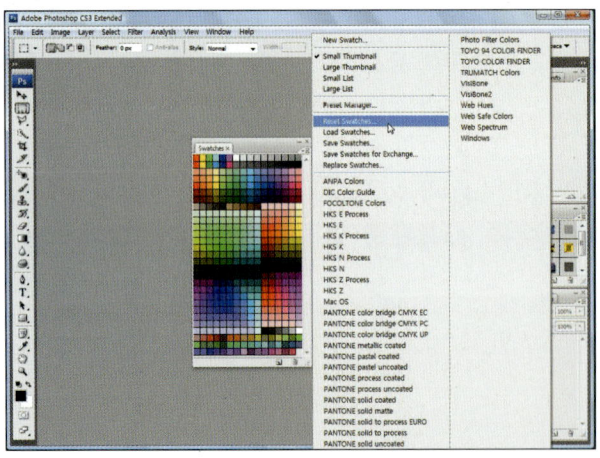

HINT | Swatches 팔레트의 팝업 메뉴 버튼(▼≡)을 클릭하여 메뉴가 나타나면 [Reset Swatches]를 선택한다. 현재 컬러에 기본 색상을 대치하겠느냐는 메시지가 나타나면 [OK] 버튼을 클릭하여 기본 색상만 나타나게 한다.

Section 3 | 이미지 불러오기와 새 문서 만든 후 저장하기

포토샵은 주로 이미지를 불러와서 작업을 하게 되므로 이미지를 불러오는 다양한 방법에 대해서 알아본다. 또한, 새로운 이미지를 만들기 위해서 새로운 작업창을 만들고 작업 후 저장하는 방법도 알아보자.

○ 알아두기
- 이미지를 불러오기 위해서는 [File]〉[Open] 메뉴를 선택한다.
- 새로운 작업창을 만들기 위해서는 [File]〉[New] 메뉴를 선택하고 창의 크기, 해상도, 색상 모드, 배경색을 설정한다.
- 파일을 저장하기 위해서는 [File]〉[Save] 메뉴를 선택한다. 다른 이름으로 저장하려면 [File]〉[Save as] 메뉴를 선택한다.

따라하기 01 | 파일 불러오기

[File]〉[Open] 메뉴를 이용하여 '챕터1_샘플\Rander.jpg' 이미지를 불러와 보자.

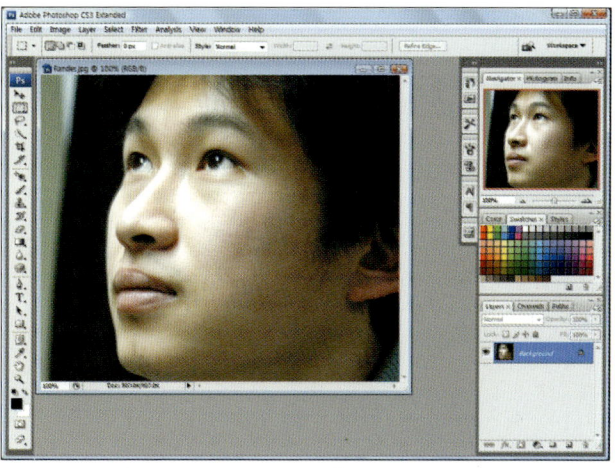

❶ [File]〉[Open] 메뉴를 선택한다.

❷ [Open] 대화상자가 나타나면 부록 CD에서 '챕터1_샘플/Rander.jpg' 파일을 선택하고 [열기] 버튼을 클릭한다.

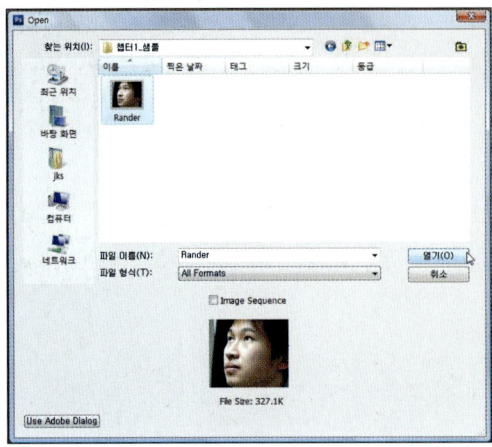

❸ 포토샵 창에 'Rander.jpg' 파일이 불러와진다.
❹ 아무 작업을 하지 않은 채 파일을 닫으려면 [File]〉[Close]를 선택한다.

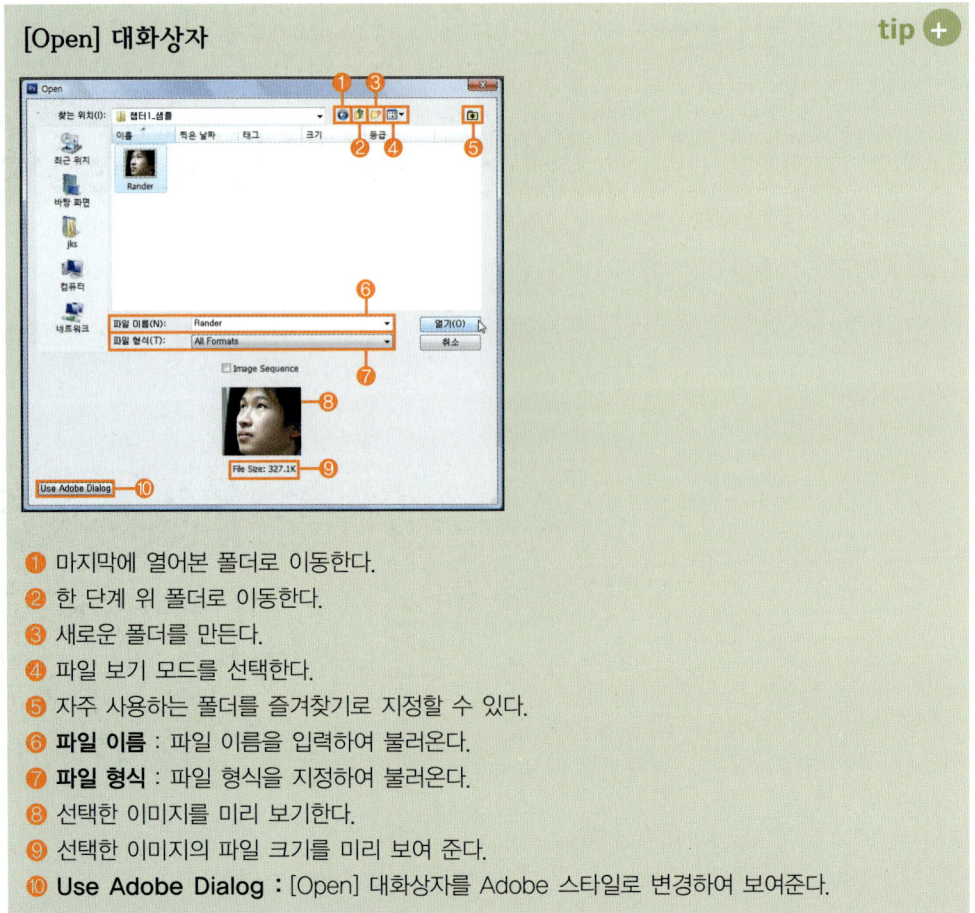

[Open] 대화상자　　　　　　　　　　　　　　　tip ➕

❶ 마지막에 열어본 폴더로 이동한다.
❷ 한 단계 위 폴더로 이동한다.
❸ 새로운 폴더를 만든다.
❹ 파일 보기 모드를 선택한다.
❺ 자주 사용하는 폴더를 즐겨찾기로 지정할 수 있다.
❻ **파일 이름** : 파일 이름을 입력하여 불러온다.
❼ **파일 형식** : 파일 형식을 지정하여 불러온다.
❽ 선택한 이미지를 미리 보기한다.
❾ 선택한 이미지의 파일 크기를 미리 보여 준다.
❿ **Use Adobe Dialog** : [Open] 대화상자를 Adobe 스타일로 변경하여 보여준다.

다양한 방법으로 파일 열기 tip

- [File]>[Open] 메뉴를 선택한다.
- [File]>[Open Recent] 메뉴를 선택하면 최근에 열었던 이미지들이 나열되어 쉽게 이미지를 불러올 수 있다.
- 포토샵 창의 회색 공간을 더블클릭하면 [Open] 대화상자가 나타난다.
- [File]>[Browse] 메뉴를 실행하거나 브리지 버튼()을 클릭하면 [Bridge] 창을 불러와서 이미지를 쉽게 열거나 체계적으로 관리할 수 있다.

[Bridge] 창

따라하기 02 새로운 작업창 만들기

가로 600pixels, 세로 400pixels, 해상도는 72pixels/inch, 배경색은 흰색, 이름은 '작업1' 이라는 파일의 새 창을 만들어 보자.

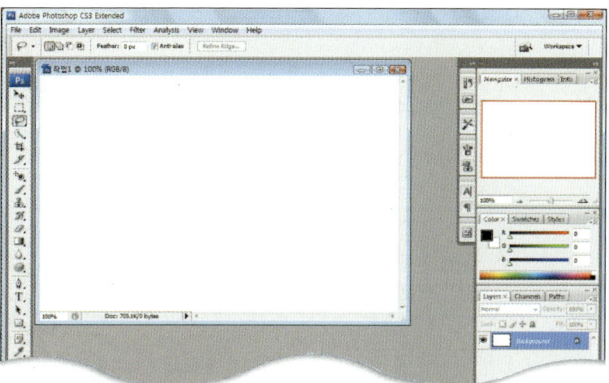

❶ [File]>[New] 메뉴를 선택한다.
❷ [New] 대화상자의 [Name]에 '작업1' 이라고 입력한다.

Section 3. 이미지 불러오기와 새 문서 만든 후 저장하기

❸ [Width]의 설정값은 '600', [Height]의 설정값은 '400'으로 입력하고 단위는 'pixels'를 설정한다.

❹ 해상도 설정을 위해 [Resolution]은 '72'로 입력하고 단위는 'pixels/inch'로 설정한다.

❺ [Color Mode]는 'RGB Color', [Background Contents]는 'White'로 선택한 후 [OK] 버튼을 클릭한다.

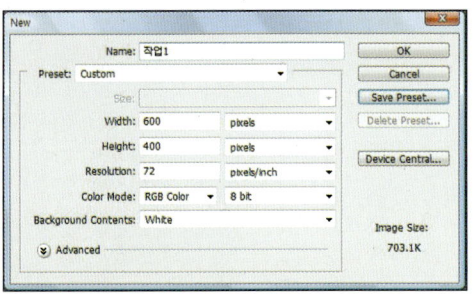

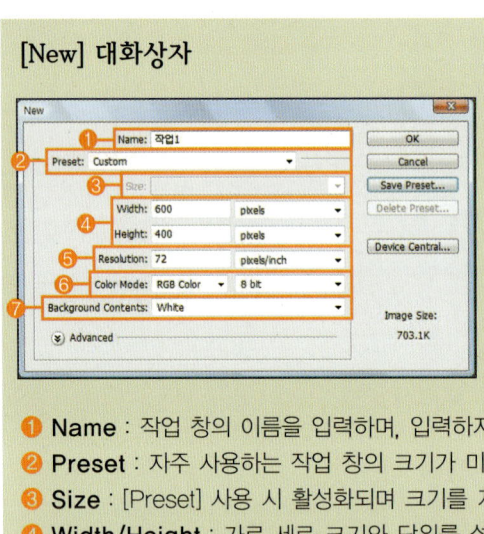

[New] 대화상자 tip +

❶ **Name** : 작업 창의 이름을 입력하며, 입력하지 않으면 Untitled-1로 지정된다.
❷ **Preset** : 자주 사용하는 작업 창의 크기가 미리 저장되어 있다.
❸ **Size** : [Preset] 사용 시 활성화되며 크기를 지정할 수 있다.
❹ **Width/Height** : 가로 세로 크기와 단위를 설정한다.
❺ **Resolution** : 해상도를 설정한다. 웹용 이미지를 만들 때는 72pixels/inch를 사용하고, 인쇄를 목적으로 하는 경우에는 300pixels/inch를 설정한다.
❻ **Color Mode** : 색상 모드를 설정한다.
  - Bitmap : 순검정과 순흰색만 사용할 수 있다.
  - Grayscale : 회색톤의 음영을 사용할 수 있다.
  - RGB Color : Red/Green/Blue를 가산 혼합하여 빛의 색상 1670만 색상을 표현할 수 있다.
  - CMYK Color : Cyan/Magenta/Yellow/Black을 감산 혼합하여 인쇄용 색상을 표현할 수 있다.
  - Lab Color : 하나의 휘도(Luminance)와 두 개의 채색 요소(a : Green to Red, b : Blue to Yellow)로 구성된 색상이다.
❼ **Background Contents** : 이미지의 배경색을 설정한다.
  - White : 배경을 흰색으로 채운다.
  - Background Color : 툴박스에 지정되어 있는 배경색과 같은 색으로 배경을 채운다.
  - Transparent : 배경을 투명한 레이어로 만든다.

따라하기 03 작업창 저장하기

앞에서 만든 작업창에 브러시 툴을 이용하여 간단히 이미지를 만들어 보고 저장하여 보자.

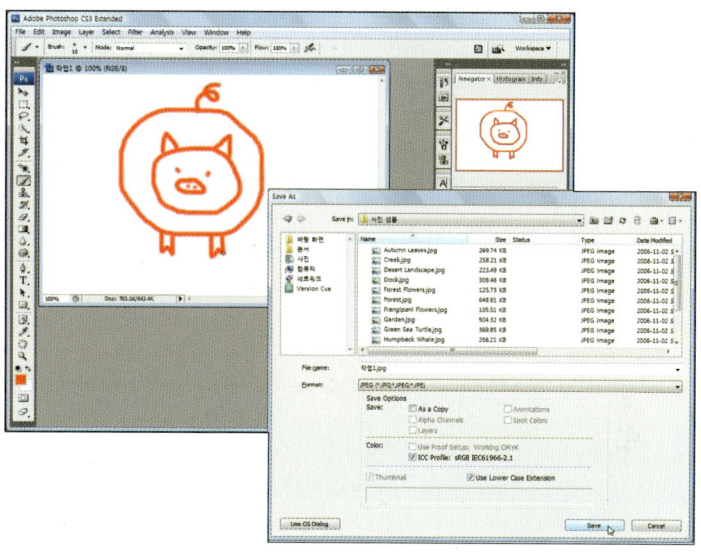

❶ 툴박스에서 브러시 툴(   )을 선택하고 옵션 바에서 브러시 프리셋 피커(   )를 클릭하여 [Master Diameter]를 '10' 으로 설정한다.

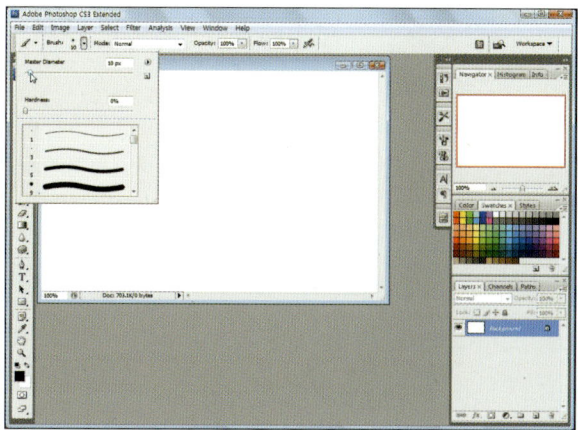

❷ [Swatches] 탭을 클릭하여 팔레트를 보이게 하고 붉은 색을 선택한다.
❸ 이미지 창에 마우스를 드래그하여 돼지를 그린다.
❹ 이미지를 저장하기 위해 [File]>[Save As] 메뉴를 실행하여 이미지를 저장할 폴더를 선택한 후 [파일 이름]과 [Format]을 확인하고 [저장] 버튼을 클릭한다.

Section 3 . 이미지 불러오기와 새 문서 만든 후 저장하기

포토샵으로 저장할 수 있는 파일 포맷

포토샵은 상당히 많은 파일 포맷을 지원하고 있어 타 프로그램과 원활한 호환성을 가지고 있다. 이미지 작업이 끝나면 [File]-[Save]나 [Save as] 메뉴로 파일 포맷을 설정할 수 있다.

❶ **Photoshop (*.PSD;*.PDD)** : 포토샵 파일의 초기 포맷으로 레이어, 패스, 알파 채널을 그대로 유지하고 이미지의 손상 없이 자동으로 파일 크기를 압축하며 저장한다.

❷ **BMP (*.BMP;*.RLE;*.DIB)** : DOS와 윈도 호환용 컴퓨터를 위한 비트맵 포맷으로 PC에서 사용되는 기본적인 그래픽 포맷이다.

❸ **CompuServe GIF (*.GIF)** : GIF는 웹용 이미지 포맷에 많이 사용되는데, 애니메이션을 지원하며 투명한 영역을 저장할 수 있고 압축 비율은 좋은 편이나 256색상(8비트)밖에 지원하지 않는다.

❹ **Photoshop EPS (*.EPS)** : EPS는 벡터 이미지나 비트맵 이미지에서 사용할 수 있는 포맷으로 일러스트레이터(Illustrator), 페이지메이커(Pagemaker), 익스프레스(QuarkXpress) 등의 편집 프로그램으로 파일을 보낼 때 사용된다. 인쇄용으로 사용하기 때문에 CMYK 모드로 변환하고 저장한다.

❺ **JPEG (*.JPG;*.JPEG;*.JPE)** : 뛰어난 압축률로 인터넷에서 가장 많이 사용하는 포맷이다. 압축률이 높을수록 파일의 용량은 작아지지만 이미지의 품질이 떨어진다.

❻ **Photoshop PDF (*.PDF;*.PDP)** : Photoshop PDF는 어도비사의 아크로뱃(Adobe Acrobat)이라는 전자 문서 작성 프로그램을 지원하기 위한 포맷으로 운영체제에 상관없이 문서를 읽을 수 있도록 해준다. PDF 이미지는 아크로뱃 리더로 읽을 수 있고 벡터 방식으로 출력되기 때문에 선명한 결과물을 얻을 수 있다.

❼ **Photoshop Raw (*.RAW)** : 픽셀의 정보를 바이트의 열로 구성하여 시스템에 유동적으로 사용할 수 있는 파일 포맷이다.

❽ **PICT File (*.PCT, *.PICT)** : 매킨토시의 표준 그래픽 포맷이다. RGB 이미지를 PICT 포맷으로 저장할 때 16비트나 32비트 색상을 선택할 수 있고 32비트 설정 시 JPEG 압축이 가능하다.

❾ **PNG (*.PNG)** : PNG는 GIF처럼 투명 이미지를 만들 수 있고 8비트 또는 JEPG처럼 24비트로도 저장할 수 있다. 이미지의 손상이 없고 압축률도 좋은 편이다.

❿ **TIFF (*.TIF,*.TIFF)** : TIFF는 EPS와 마찬가지로 편집 프로그램에서 사용하기 위해 개발되었다. 매킨토시와 IBM PC, 워크스테이션 등의 이미지 파일 저장용으로 많이 사용하고 거의 모든 그래픽 소프트웨어가 이 포맷을 지원한다.

01 혼자해보기

가로 680pixels, 세로 420pixels, 해상도는 72pixels/inch, 배경색은 투명, 이름은 '작업2'인 파일의 새 창을 만들어 보자.

HINT | [File]>[New] 메뉴를 선택하여 [Name]에 '작업2'라고 입력하고 [Width]는 '680', [Height]는 '420', 단위는 'pixels'를 설정한다. [Resolution]은 '72'로 입력하고 단위는 'pixels/inch'로 설정한다. [Color Mode]는 'RGB Color', [Background Contents]는 'Transparent'로 선택한 후 [OK] 버튼을 클릭하면 창이 만들어진다.

02 혼자해보기

앞에서 만든 작업 창에 브러시 툴을 이용하여 이미지를 만들어 보고 저장하여 보자.

HINT | 툴박스에서 브러시 툴( )을 선택하고 옵션 바에서 브러시 프리셋 피커( )를 클릭하여 [Master Diameter]를 '20'으로 설정한다. [Swatches] 탭을 클릭하여 팔레트를 보이게 하고 갈색을 선택한다. 이미지 창에 마우스를 드래그하여 강아지를 그린 후 저장하기 위해 [File]>[Save As] 메뉴를 선택한다.

Section 4. 원하는 크기와 위치 맞춰 이미지 보기

이미지 작업을 하다보면 작업창을 확대하거나 축소해서 봐야 할 경우가 생긴다. 이미지의 보기 배율을 조정할 때는 돋보기 툴이나 Navigator 팔레트를 사용한다.

◯ 알아두기

- 이미지의 보기 배율을 확대하기 위해서는 돋보기 툴을 선택하여 클릭하거나 드래그한다. `Alt`를 누른 채 클릭하면 축소하여 볼 수 있다.
- 확대되어 가려진 이미지는 손바닥 툴을 이용하여 직접 보고 싶은 부분을 드래그하거나 Navigator 팔레트의 빨간 테두리로 초점을 맞춰 볼 수 있다.

따라하기 01 | 돋보기 툴을 이용하여 이미지 확대하여 보기

'챕터1_샘플\역광.jpg' 파일을 불러온 후 돋보기 툴로 이미지를 확대하여 보자.

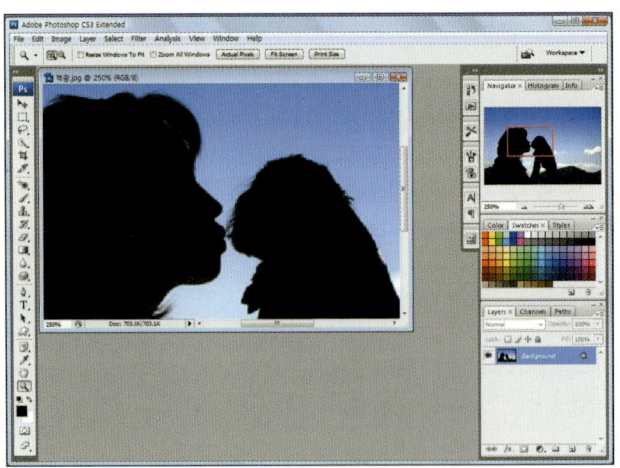

❶ 툴박스에서 돋보기 툴(🔍)을 선택한다.
❷ 집중적으로 보고 싶은 부분을 드래그하여 확대한다.

돋보기 툴의 옵션 바

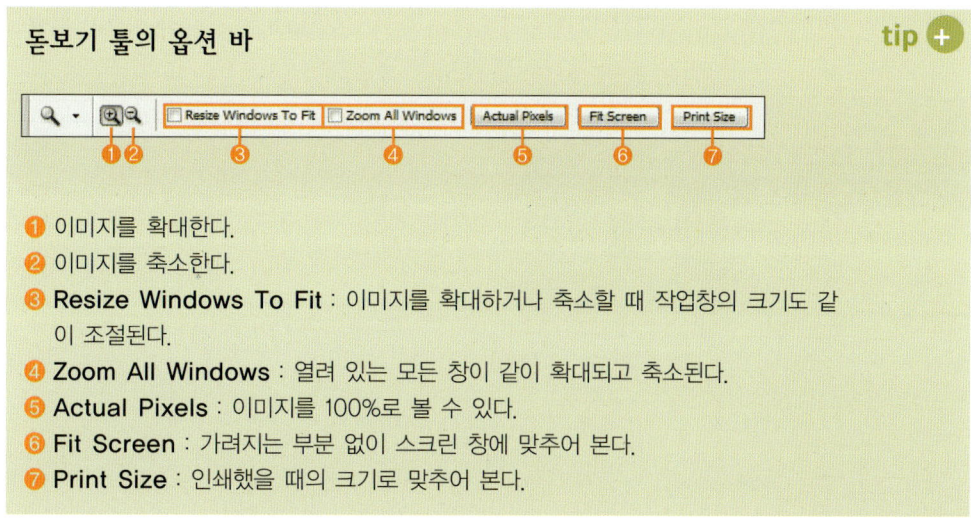

① 이미지를 확대한다.
② 이미지를 축소한다.
③ **Resize Windows To Fit** : 이미지를 확대하거나 축소할 때 작업창의 크기도 같이 조절된다.
④ **Zoom All Windows** : 열려 있는 모든 창이 같이 확대되고 축소된다.
⑤ **Actual Pixels** : 이미지를 100%로 볼 수 있다.
⑥ **Fit Screen** : 가려지는 부분 없이 스크린 창에 맞추어 본다.
⑦ **Print Size** : 인쇄했을 때의 크기로 맞추어 본다.

돋보기 툴을 축소 툴로 변경

돋보기 툴을 선택하면 마우스 커서가 확대 돋보기 모양(🔍)으로 변하고, Alt 를 누르면 축소 돋보기 모양(🔍)으로 변경되어 클릭하면 이미지가 축소되어 비율이 줄어든다.

따라하기 02 확대되어 가려진 부분 보기

'역광.jpg' 파일을 다시 불러와서 확대한 후 가려진 부분까지 모두 보이도록 설정하여 보자.

❶ Navigator 팔레트의 Zoom In 버튼(　)을 클릭하여 이미지를 확대한다.

❷ 툴박스의 손바닥 툴(　)을 선택하고 가려진 부분을 드래그하여 본다.

❸ Navigator 팔레트의 빨간 테두리 안쪽 부분이 포토샵 이미지 창에 보이는 부분이다. 빨간 테두리를 드래그하여 보고 싶은 부분으로 이동하여 보자.

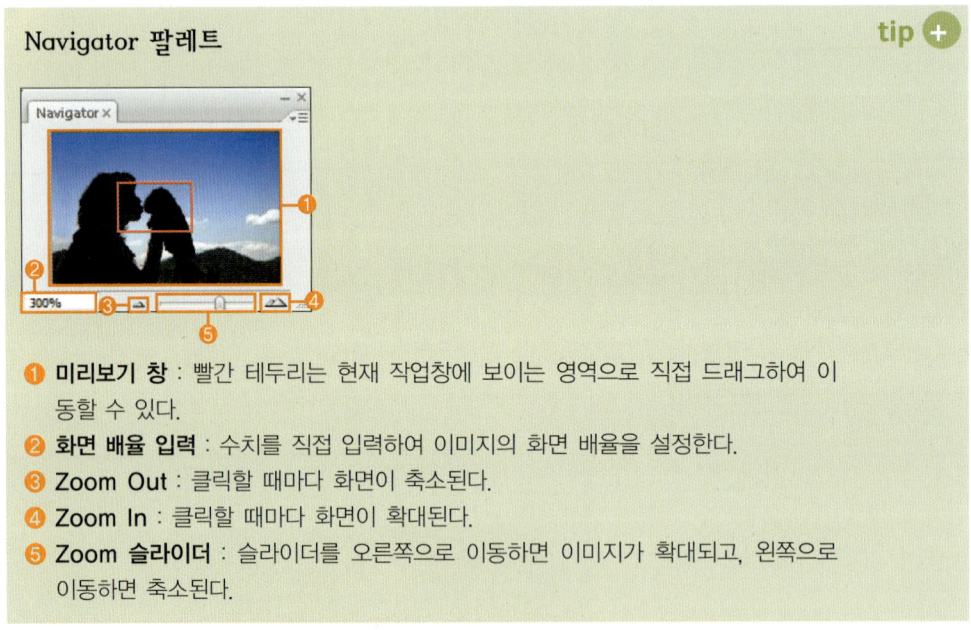

tip ➕

Navigator 팔레트

❶ **미리보기 창** : 빨간 테두리는 현재 작업창에 보이는 영역으로 직접 드래그하여 이동할 수 있다.
❷ **화면 배율 입력** : 수치를 직접 입력하여 이미지의 화면 배율을 설정한다.
❸ **Zoom Out** : 클릭할 때마다 화면이 축소된다.
❹ **Zoom In** : 클릭할 때마다 화면이 확대된다.
❺ **Zoom 슬라이더** : 슬라이더를 오른쪽으로 이동하면 이미지가 확대되고, 왼쪽으로 이동하면 축소된다.

tip ➕

확대/축소/손바닥 툴의 바로 가기 키

다른 툴로 이미지 작업 시 확대/축소/화면 이동 등이 필요하면 바로 가기 키를 사용하여 편리하게 실행할 수 있다.

- 확대 돋보기 툴 : Ctrl + Spacebar
- 축소 돋보기 툴 : Alt + Ctrl + Spacebar
- 손바닥 툴 : Spacebar

01 혼자해보기 '챕터1_샘플\징검다리.jpg' 파일을 불러온 후 돋보기 툴로 이미지를 확대하여 보자.

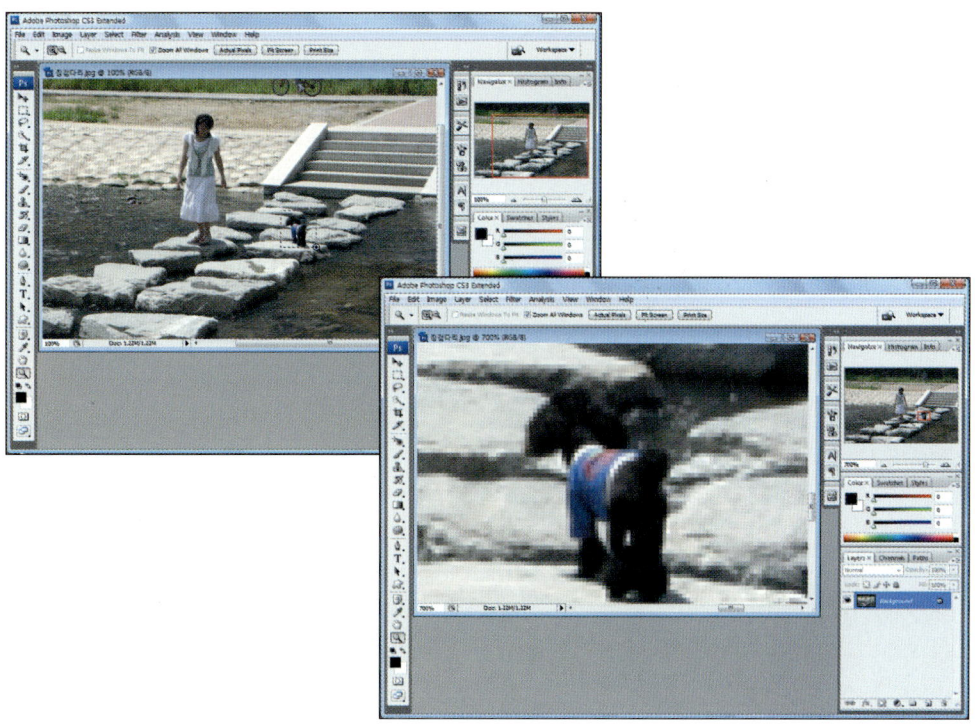

HINT | 툴박스에서 돋보기 툴( )을 선택하여 집중적으로 보고 싶은 부분을 드래그하여 확대한다.

02 혼자해보기 앞에서 불러와 확대한 '징검다리.jpg' 파일에서 가려진 부분을 보이도록 설정하여 보자.

HINT | 툴박스의 손바닥 툴( )을 선택하고 가려진 부분을 드래그한다. Navigator 팔레트의 Zoom Out 버튼을 클릭하여 화면을 축소하고 빨간 테두리를 드래그하여 보고 싶은 부분으로 이동하여 보자.

03 혼자해보기 '챕터1_샘플\역광.jpg' 파일을 불러온 후 이미지를 축소하여 보자.

HINT | 툴박스에서 돋보기 툴( )을 선택하고 마우스 커서를 이미지 창으로 이동한다. Alt 를 누른 채 클릭하면 이미지가 축소되어 비율이 줄어든다. 또한, 다른 툴이 선택되어 있더라도 Alt + Ctrl + Spacebar 를 누르면 축소 돋보기 툴로 변경되는데 이때 클릭하면 이미지 창을 축소할 수 있다.

04 혼자해보기 앞에서 불러온 이미지를 포토샵 윈도우 창에 맞추어 크기를 늘려 보자.

HINT | 툴박스에서 손바닥 툴( )을 더블클릭하면 포토샵의 이미지가 윈도우에 맞추어 크기가 조절된다.

Section 5

작업 환경 설정과 작업 내용 되돌리기

작업하는 이미지의 용도가 웹용인지 인쇄용인지 아니면 기타 애니메이션과 같은 것인지에 따라 사용자 편의에 맞는 작업 환경을 구축할 수 있다. 본격적인 작업에 앞서 각자의 취향에 맞게 작업 환경을 설정하는 방법과 작업 중 실수를 했을 경우를 대비하여 실행 내용을 되돌리는 방법을 알아본다.

◯ 알아두기

- [Preferences] 대화상자에서 포토샵 작업 환경을 설정할 수 있다.
- 작업 중 실수하여 전 단계로 되돌아가려면 [Undo] 명령을 사용하고, [Undo] 명령을 취소하고 싶을 때는 [Redo] 명령을 실행한다. 여러 단계의 작업 취소에는 [Step Backward]와 [Step Forward] 명령을 사용한다.
- 작업 단계는 총체적으로 History 팔레트에서 관리할 수 있다.

따라하기 01 마우스 커서의 모양 변경하기

브러시 툴의 커서 모양을 변경하여 보자. 커서 모양의 확인을 위해 우선 새 창을 만들고 시작한다.

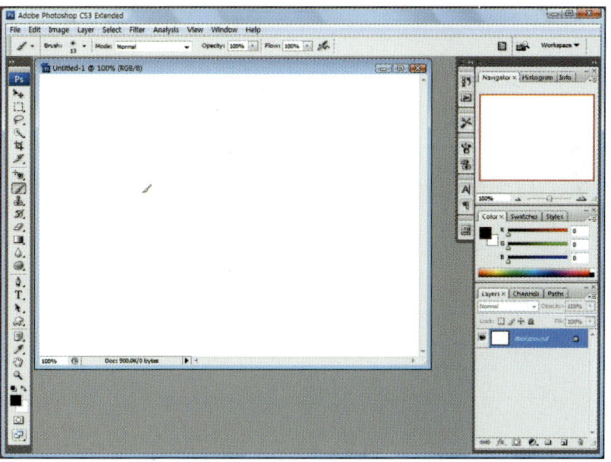

❶ [File]>[New] 메뉴를 선택한 후 [Width]는 '640pixels', [Height]는 '480pixels', [Resolution]은 '72pixels/inch', [Color Mode]는 'RGB Color', [Background Contents]는 'White'로 설정하고 [OK] 버튼을 클릭하여 새 창을 만든다.

❷ 툴박스에서 브러시 툴(　)을 선택하고 이미지 창으로 이동하면 기본적으로 동그란 커서 모양(　)으로 보인다.

❸ [Edit]〉[Preferences]〉[Cursors] 메뉴를 실행한 후 [Paint Cursors]에서 'Standard'를 선택하고 [OK] 버튼을 클릭한다.

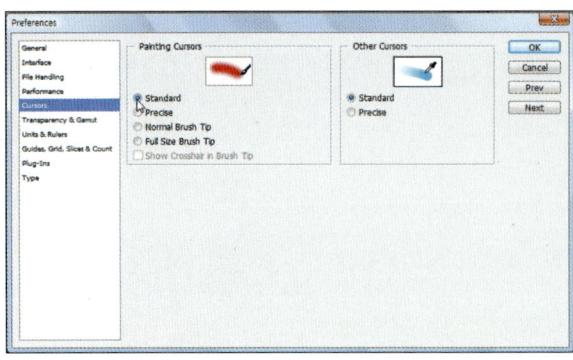

❹ 이미지 창으로 마우스 커서를 이동하면 브러시 모양으로 변경된 것을 확인할 수 있다.

[Preferences] 대화상자 tip ➕

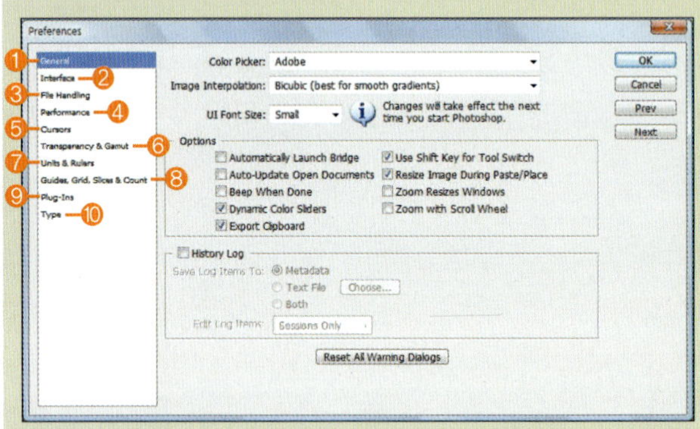

❶ **General** : 포토샵의 일반 환경을 설정한다.
❷ **Interface** : 툴과 메뉴, 팔레트의 색상이나 팁이 보이는 등의 인터페이스에 관련된 설정을 한다.
❸ **File Handling** : 파일 저장, 압축, 최근 파일을 몇 개까지 나타나게 할 것인지를 설정한다.
❹ **Performance** : 메모리, 캐시 할당 설정과 History 팔레트의 작업 목록 개수를 설정한다.
❺ **Cursors** : 브러시의 커서 모양 등을 설정한다.
❻ **Transparency & Gamut** : 레이어의 투명을 나타내는 패턴을 지정하고 Gamut의 색상을 설정한다.
❼ **Units & Rulers** : 포토샵에서 사용하는 측정단위를 설정한다.
❽ **Guides, Grid, Slices & Count** : 가이드, 그리드, 슬라이스의 색상과 스타일을 설정한다.
❾ **Plug-Ins** : 플러그인의 폴더를 설정한다.
❿ **Type** : 글꼴의 미리보기 크기를 설정하고 글꼴을 영문으로 보는 등 문자와 관련된 옵션을 설정한다.

따라하기 02 [Undo] 명령으로 작업 취소하기

'챕터1_샘플\현과홍.jpg' 파일을 불러와서 간단하게 필터를 적용해 본 후 [Undo] 명령을 이용하여 작업을 되돌려 보자.

❶ [Image]>[Adjustments]>[Posterize] 메뉴를 선택하여 대화상자가 나타나면 [Levels]를 '10'으로 설정하고 [OK] 버튼을 클릭한다.

❷ [Filter]>[Pixelate]>[Crystallize] 메뉴를 선택하여 [Cell Size]를 '10'으로 설정하고 [OK] 버튼을 클릭한다.

❸ [Edit]>[Undo Crystallize] 메뉴를 선택하여 작업 전의 상태로 되돌린다.

❹ 다시 마지막 상태로 되돌아오려면 [Edit]>[Redo Crystallize] 메뉴를 선택한다.

❺ Ctrl+Z를 누르면 [Undo]와 [Redo] 명령을 반복한다.

> **Step Backward와 Step Forward** tip+
>
> [Edit]>[Step Backward] 메뉴를 선택하여 실행한 명령 횟수만큼 초기 상태로 되돌릴 수 있다. 반대로 [Edit]>[Step Forward]는 실행한 명령 횟수만큼 되돌릴 수 있다.

따라하기 03 History 팔레트를 이용하여 작업 되돌리기

'챕터1_샘플\카미.jpg' 파일을 불러와서 간단한 필터를 적용해본 후 History 팔레트를 이용하여 작업을 되돌려 보자.

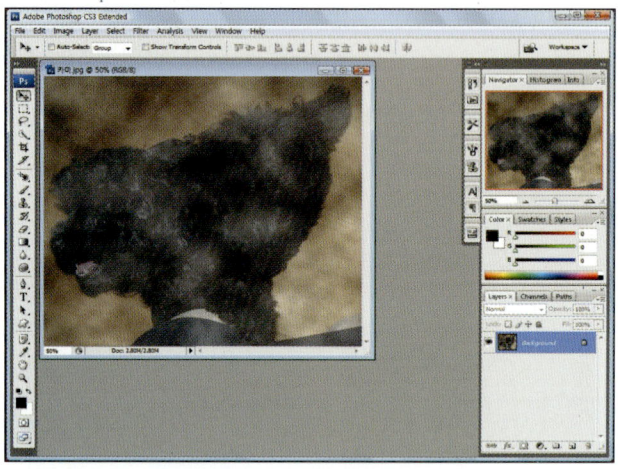

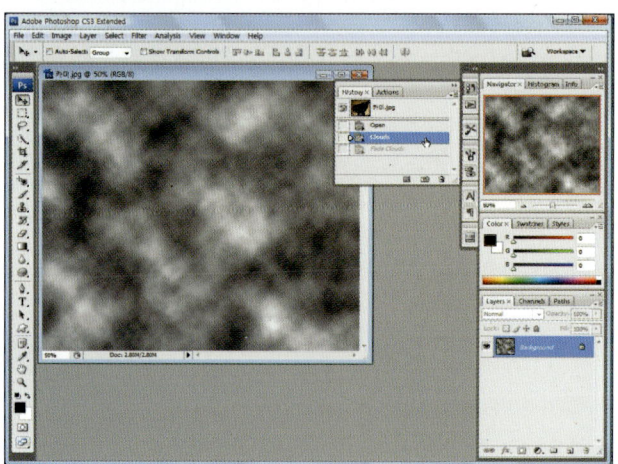

❶ 툴박스에서 전경색이 검정, 배경색이 흰색인 기본값으로 설정되어 있는지 확인한다.
❷ [Filter]>[Render]>[Clouds] 메뉴를 선택하여 이미지에 구름 효과를 적용한다.
❸ 필터의 투명도를 조절하기 위해 [Edit]>[Fade Clouds] 메뉴를 실행하여 대화상자가 나타나면 [Fade]의 [Opacity]를 '50%'로 설정하고 [OK] 버튼을 클릭한다.
❹ [History] 버튼( )을 클릭하여 History 팔레트가 나타나면 작업 과정이 기록된 것을 확인할 수 있다.
❺ 기록된 작업 단계를 클릭하면 해당 단계로 되돌아갈 수 있다. 여기서는 앞 단계로 되돌아가본다.

01
혼자해보기

'챕터1_샘플\빨간타일.jpg' 파일을 불러와서 간단한 작업을 한 후 작업을 처음으로 되돌려 보자.

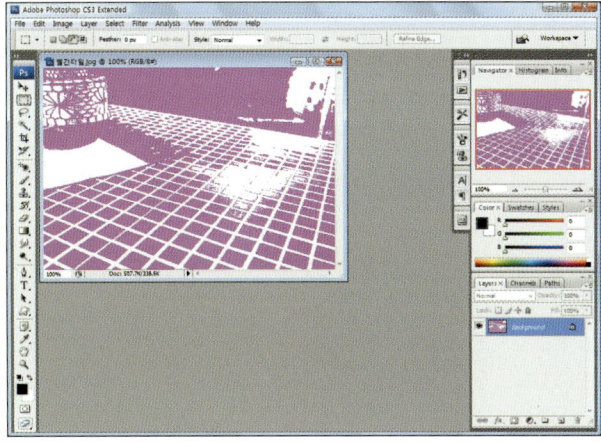

HINT | [Image][Adjustments]>[Threshold] 메뉴를 선택하여 대화상자가 나타나면 [Threshold Levels]를 '135'로 설정하고 [OK] 버튼을 클릭한다. [Image>[Adjustments]>[Hue/Saturation] 메뉴를 선택하여 먼저 [Colorize]를 체크한 후 [Hue]를 '310', [Saturation]을 '100', [Lightness]를 '50'으로 설정하고 [OK] 버튼을 클릭한다. [Edit]>[Step Backward] 메뉴를 두 번 실행하여 작업 전의 상태로 되돌린다.

02 혼자해보기

앞의 예제에서 작업 후의 단계로 다시 돌아간 후 History 팔레트를 불러와서 두 단계 전의 상태로 되돌려 보자.

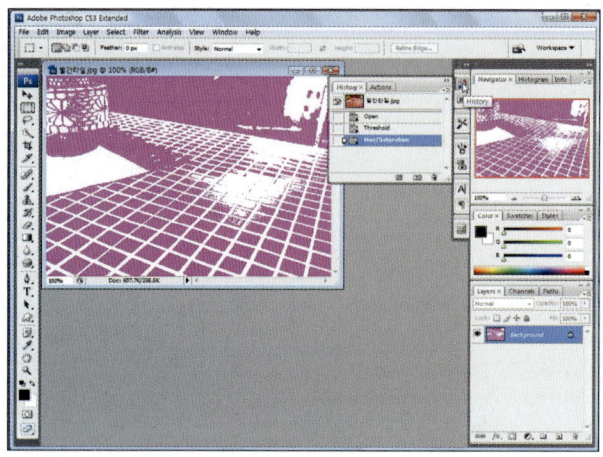

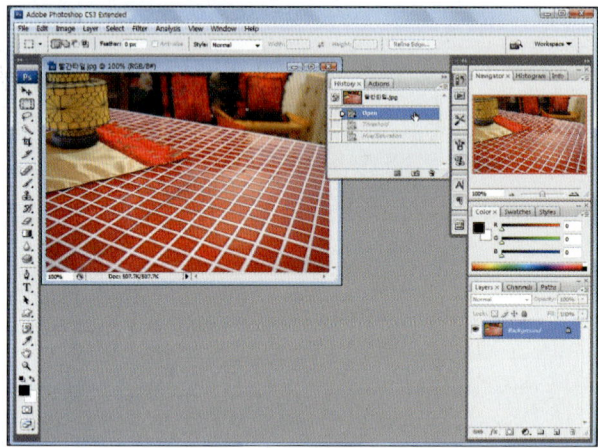

HINT | [Edit]>[Step Forward] 메뉴를 두 번 실행하여 다시 작업한 이미지로 돌아간다. [Window]>[History] 메뉴를 선택하거나 [History] 버튼( )을 클릭하여 History 팔레트를 불러온 후 두 단계 전의 목록을 선택한다.

핵심정리 summary

1. 포토샵 실행하고 종료하기
- [시작] 메뉴의 [모든 프로그램]>[Adobe Photoshop CS3]를 선택하면 포토샵이 실행된다.
- 바탕 화면에 바로 가기 아이콘을 만들어 포토샵을 빠르게 실행할 수 있다
- 포토샵에서 만든 파일을 더블클릭하여 포토샵의 실행과 동시에 파일을 열 수 있다.
- [File]>[Exit] 메뉴를 선택하면 포토샵이 종료된다.

2. 포토샵의 화면 구조 살펴보기
- 포토샵은 크게 메뉴 바, 옵션 바, 툴박스, 작업창, 팔레트로 구성되어 있다.
- 포토샵에서 사용되는 모든 팔레트는 [Window] 메뉴에서 불러오거나 닫을 수 있다.
- 포토샵에서 Tab 을 누르면 툴박스와 모든 팔레트를 한꺼번에 숨기거나 표시한다.
- 포토샵에서 Shift + Tab 을 누르면 모든 팔레트를 한꺼번에 숨기거나 표시한다.

3. 포토샵의 설정값 기본으로 변경하기
- 옵션 바 왼쪽의 툴 아이콘을 오른쪽 마우스 버튼으로 클릭하고 [Reset All Tools]를 선택하면 모든 툴의 옵션값이 기본으로 변경된다.
- Swatches 팔레트에서 색상을 추가하거나 삭제하여 변경하였더라도 팝업 메뉴의 [Reset Swatches]를 선택하면 기본값으로 변경된다.
- 팔레트의 위치를 기본값으로 변경하려면 [Window]>[Workspace]>[Reset Palette Locations] 메뉴를 클릭한다.

4. 이미지 불러오기와 새 문서 만든 후 저장하기
- 이미지를 불러오기 위해서는 [File]>[Open] 메뉴를 선택한다.
- 새로운 작업창을 만들기 위해서는 [File]>[New] 메뉴를 선택하고 창의 크기, 해상도, 색상 모드, 배경색을 설정한다.
- 파일을 저장하기 위해서는 [File]>[Save] 메뉴를 선택하는데 만약 다른 이름으로 저장하려면 [File]>[Save as] 메뉴를 선택한다.

핵심정리 summary

5. **이미지의 확대/축소와 이동하기**
   - 이미지의 보기 배율을 확대하기 위해서는 돋보기 툴을 선택하여 클릭하거나 드래그 한다. Alt를 누른 채 클릭하면 축소하여 볼 수 있다.
   - 확대되어 가려진 이미지는 손바닥 툴로 이동하여 볼 수 있고 Navigator 팔레트의 빨간 테두리를 이동하여 볼 수도 있다.

6. **작업 되돌리기**
   - 작업 중 실수하여 전 단계로 되돌아가려면 [Undo] 명령을 사용하고, [Undo] 명령을 취소하고 싶을 때는 [Redo] 명령을 실행한다.
   - 작업 중 실수하여 여러 번 전 단계로 되돌아가려면 [Step Backward] 명령을 여러 번 실행하여 전 단계로 가고, [Step Forward] 명령으로 다시 되돌아 올 수 있다.

7. **포토샵에서 사용되는 용어**
   - 픽셀(Pixel)은 비트맵 이미지의 최소 단위다. 이미지를 최대한 확대하면 사각형의 픽셀이 보인다.
   - 해상도(Resolution)란 단위면적당 픽셀 수를 의미하는데, 고해상도 이미지일수록 픽셀 수가 많고 출력했을 때 더 세밀하게 보이지만 파일 용량이 크다.
   - 비트맵(Bitmap) 방식은 픽셀(pixel)의 조합으로 이루어진 이미지 방식으로 요즘 많이 사용하는 디지털 카메라로 촬영한 이미지와 스캔한 이미지도 비트맵 방식의 이미지이다.
   - 벡터(Vector) 방식은 베지어 곡선으로 이미지를 만들어 아무리 확대나 축소를 해도 이미지의 선명도가 떨어지지 않으므로 클립아트와 같은 단순한 이미지를 만들기에 적합하다.

종합실습 e_x_e_r_c_i_s_e

'챕터1_샘플\만세.jpg' 파일을 불러온 후 이미지를 자세히 작업하기 위해 확대한다. 브러시 툴과 Swatches 팔레트를 이용하여 그림처럼 이미지를 꾸민 후에 '만만세.tif' 파일로 저장하여 보자.

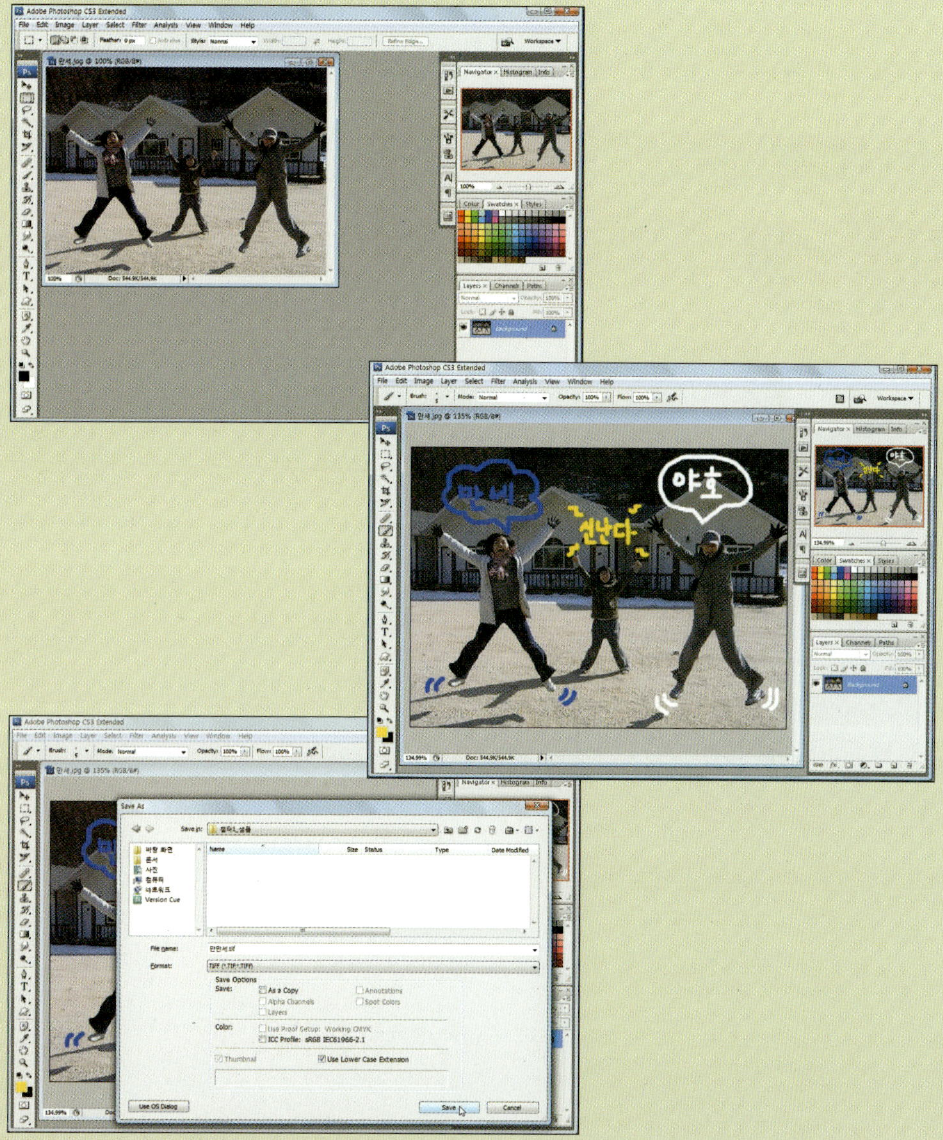

HINT | ❶ 이미지 파일 불러오기 : [File]〉[Open]
❷ 이미지 확대하여 작업하기 : Navigator 팔레트의 Zoom In 버튼(△) 클릭
❸ 브러시 크기 설정하기 : 브러시 프리셋 피커(▽)를 클릭하여 설정
❹ 색상 설정하기 : Swatches 팔레트
❺ 저장하기 : [File]〉[Save As]

Chapter 1. 종합 실습 51

CHAPTER 2

Section 1   도형 모양으로 선택 영역 만들고 이동하기
Section 2   선택 영역에 다양한 효과 적용하기
Section 3   올가미 툴로 이미지 자유자재로 선택하기
Section 4   같은 색상 단번에 선택하기
Section 5   선택 영역 깔끔하게 수정하기
Section 6   필요한 만큼만 이미지 잘라내기

다양한 선택 툴 이용하여 효과적으로 범위 지정하고 활용하기

포토샵에서 이미지 작업을 하려면 먼저 선택 영역을 지정하는 방법을 알아야 한다. 이미지 전체에 작업하는 경우보다는 원하는 영역을 선택하여 그 곳만 수정하는 경우가 많기 때문이다. 이번 Chapter에서는 툴박스의 툴을 중심으로 이미지를 선택하는 여러 방법에 대하여 알아본다.

원하는 대로 범위 지정하고 변경하기

Chapter 2

이미지를 보정하거나 변형할 때 먼저 원하는 영역을 선택하는 작업이 선행되어야 한다. 포토샵에서는 다양한 선택 도구와 메뉴를 제공하고 있는데 어떤 경우에 어떤 도구와 메뉴를 사용해야 효과적일지 알아보자.

01 이미지를 선택하는 도구

● 사각이나 원형, 가로/세로로 한 줄 선택하기

사각이나 원형 또는 한 줄, 한 열로 이미지를 선택할 때는 다음과 같은 툴을 사용한다.

사각 선택 툴

원형 선택 툴

가로줄 선택 툴

세로줄 선택 툴

● 자유 선택 툴

올가미(Lasso) 툴은 사용자의 의도에 따라 직접 이미지를 선택할 때 사용하고, 다각형 올가미(Polygonal Lasso) 툴은 직선의 형태로 클릭하며 선택하기 때문에 각진 이미지 작업 시 유용하다. 색상 차이가 심해 윤곽이 분명한 이미지는 자석 올가미(Magnetic Lasso) 툴을 사용한다.

올가미 툴

다각형 올가미 툴

자석 올가미 툴

● 색상으로 구별하여 선택하기

퀵 선택(Quick Selection) 툴로 이미지에 그리듯이 드래그하면 같은 색상들이 선택된다. 마술봉(Magic Wand) 툴은 색상 차이를 이용해 비슷한 색상을 가진 이미지를 단번에 선택할 때 사용한다.

퀵 선택 툴

마술봉 툴

● 패스를 이용한 선택

펜(Pen) 툴로 사용자가 직접 클릭이나 드래그를 하여 패스를 만든 후 Paths 팔레트에 저장하여 필요할 때마다 불러와 사용할 수 있다. 패스를 만드는 방법이 까다로울 수 있지만 실무에서 많이 사용하므로 꾸준한 연습을 통해 익혀두어야 한다. 패스를 이용하면 이미지의 크기를 변형하거나 JPG 파일로 압축 저장해도 패스가 사라지지 않는다는 장점이 있다.

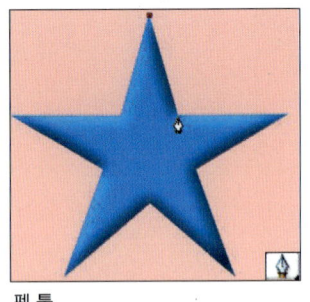
펜 툴

● 퀵 마스크(Quick Mask) 모드에서의 섬세한 선택

툴박스를 이용해 일반적인 작업 환경인 표준(Standard) 모드에서 퀵 마스크(Quick Mask) 모드로 전환한 뒤 브러시 툴을 선택한다. 원하는 부분을 칠하고 표준 모드로 되돌아오면 드래그한 영역이 선택 영역으로 지정된다. 동물의 털이나 머리카락과 같이 세밀한 부분을 선택할 때 유용하다.

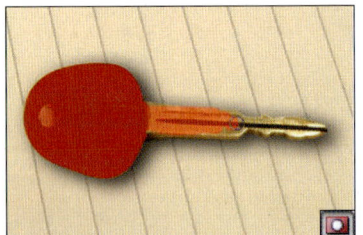
퀵 마스크 모드

02 선택과 관련된 메뉴

선택과 관련된 메뉴는 [Select] 메뉴에 집중되어 있다. 선택 도구와 연계하여 사용하면 더욱 편리하다.

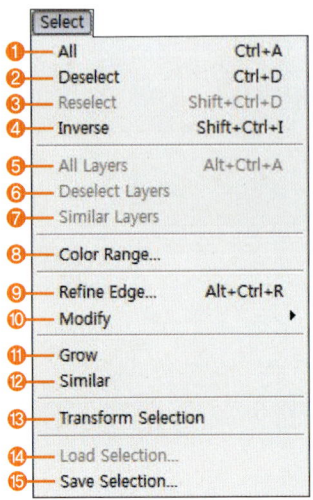

Chapter 2. 다양한 선택 툴 이용하여 효과적으로 범위 지정하고 활용하기

❶ All : 이미지 전체를 선택한다.

❷ Deselect : 현재 선택되어 있는 상태를 취소한다.

❸ Reselect : 방금 전에 취소한 선택 영역을 다시 선택한다.

❹ Inverse : 선택 범위를 반전한다. 현재 선택되어 있는 범위는 선택이 취소되고, 선택되어 있지 않았던 범위가 선택된다.

❺ All Layers : 모든 레이어를 선택하여 활성화한다.

❻ Deselect Layers : 선택된 레이어를 해제한다.

❼ Similar Layers : 같은 속성을 가진 레이어를 선택한다.

❽ Color Range : 선택 영역을 색상에 따라 구분할 수 있고, 미리 보기 창을 통해 선택 영역을 확인하면서 [Fuzziness]와 스포이트를 이용해 더 세밀하게 선택할 수 있다.

❾ Refine Edge : 대화상자를 이용하여 세밀하게 선택 영역을 수정한다.

❿ Modify : 현재 선택되어 있는 영역을 수정하는 명령으로 다음과 같은 하위 명령이 포함되어 있다.

- Border : 현재 선택되어 있는 영역의 가장자리를 따라 새로운 선택 영역을 만든다.
- Smooth : 선택 영역을 부드럽게 만든다.
- Expand : 선택 영역을 확장한다.
- Contract : 선택 영역을 축소한다.
- Feather : 현재 선택되어 있는 영역의 Feather 값을 다시 설정한다.

⓫ Grow : 마술봉 툴의 [Tolerance]에 영향을 받아 선택 영역을 확장한다.

⓬ Similar : 선택한 범위와 유사한 픽셀을 [Tolerance]의 범위 안에서 선택한다.

⓭ Transform Selection : Transform 기능을 이용하여 선택 영역을 변경한다.

⓮ Load Selection : 저장한 선택 영역을 불러온다.

⓯ Save Selection : 선택한 영역을 저장한다.

Section 1. 도형 모양으로 선택 영역 만들고 이동하기

사각 선택 툴의 확장 툴은 원형 선택 툴과 1픽셀의 가로선이나 세로선으로 영역을 선택하는 툴로 구성되어 있다. 옵션 바를 통하여 선택 영역을 추가 및 삭제하거나 교차할 수 있으며, 선택 모양을 여러 방법으로 설정할 수 있다. 또한, 이동 툴을 사용하면 선택한 영역을 원하는 대로 자유롭게 옮길 수 있다.

> ● 알아두기
> - 선택하려는 이미지의 모습에 따라 사각, 원형 선택 툴을 이용하여 선택 영역을 지정한다.
> - 선택 영역을 이동할 때는 선택 툴을 사용하고, 선택한 이미지를 이동할 때는 이미지가 선택된 상태에서 이동 툴을 사용한다.

따라하기 01 사각 모양을 선택할 때는 사각 선택 툴

'챕터2_샘플\사각선택툴.jpg' 파일을 불러온 후 시계의 사각부분을 선택하고 이동하여 보자.

❶ 툴박스에서 사각 선택 툴(□)을 클릭한 후에 시계 이미지의 왼쪽 상단에서 드래그하여 시계의 윤곽을 선택한다.

❷ 툴박스에서 이동 툴(🔃)을 선택한 후에 선택 영역의 안을 클릭하고 우측 상단으로 드래그하여 이동한다.

❸ 드래그한 만큼 이미지가 이동하고 원래 자리에는 배경색이 남는다.

선택 툴의 옵션바 tip+

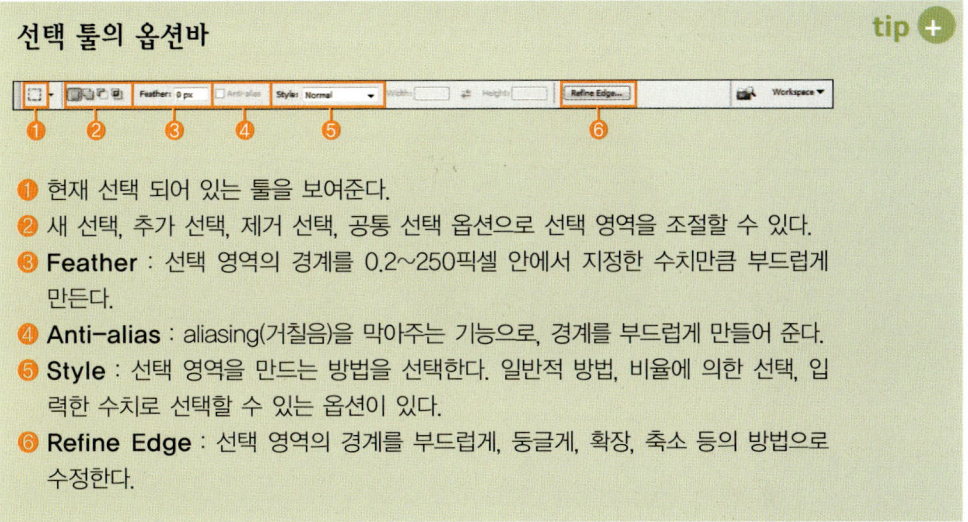

❶ 현재 선택 되어 있는 툴을 보여준다.
❷ 새 선택, 추가 선택, 제거 선택, 공통 선택 옵션으로 선택 영역을 조절할 수 있다.
❸ **Feather** : 선택 영역의 경계를 0.2~250픽셀 안에서 지정한 수치만큼 부드럽게 만든다.
❹ **Anti-alias** : aliasing(거칠음)을 막아주는 기능으로, 경계를 부드럽게 만들어 준다.
❺ **Style** : 선택 영역을 만드는 방법을 선택한다. 일반적 방법, 비율에 의한 선택, 입력한 수치로 선택할 수 있는 옵션이 있다.
❻ **Refine Edge** : 선택 영역의 경계를 부드럽게, 둥글게, 확장, 축소 등의 방법으로 수정한다.

따라하기 02 원으로 선택할 때는 원형 선택 툴

'챕터2_샘플\원형선택툴.jpg' 파일을 불러온 후 원을 정확히 선택하여 보자.

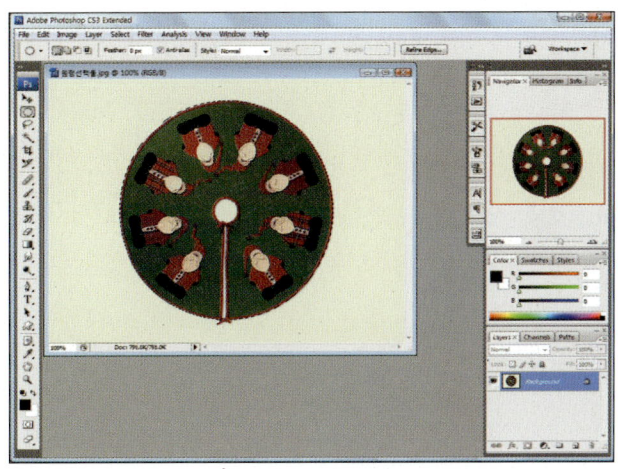

❶ 툴박스에서 원형 선택 툴(⭕)을 클릭한 후에 이미지의 윤곽을 드래그하여 선택한다.

Section 1. 도형 모양으로 선택 영역 만들고 이동하기   59

❷ 원형이 의도한 대로 선택이 되지 않는다면 선택 영역의 크기를 수정하기 위해 [Select]>[Transform Selection] 메뉴를 선택한다.

❸ 사각형 모양의 바운딩 박스의 모서리 점을 드래그하여 원형에 맞추고 영역 안을 더블클릭한다.

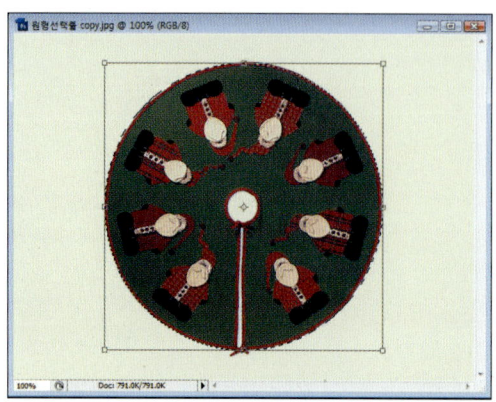

선택 영역의 해제 tip +

선택 영역을 해제하려면 선택 영역 밖을 클릭하거나 [Select]>[Deselect] 메뉴를 선택한다. 또는 바로 가기 키 Ctrl+D를 눌러도 된다.

원형 선택 툴의 기능키 tip +

- Shift 를 누른 채 드래그하면 정원으로 만들 수 있다. 이때 기능키보다 마우스를 먼저 떼야 한다.
- Alt 를 누른 채 드래그하면 외곽에서부터 시작되지 않고 중심에서부터 원을 만들 수 있다. 이때도 기능키보다 마우스를 먼저 떼야 한다.
- Shift + Alt 를 누르면 중심에서 정원을 만들 수 있다.
- 사각 선택 툴도 같은 기능키를 사용한다.

| 따라하기 | 03 | 가로줄/세로줄 선택 툴 사용하기 |

'챕터2_샘플\가로세로선.jpg' 파일을 불러온 후 가로줄 선택 툴과 세로줄 선택 툴을 이용하여 선택 영역을 교차하면서 추가하여 보자. 가로줄 선택 툴과 세로줄 선택 툴을 사용하면 1픽셀만 선택되어 선택된 영역이 화면에서 잘 구분되지 않을 수 있으므로 이미지를 확대해보면서 작업한다.

 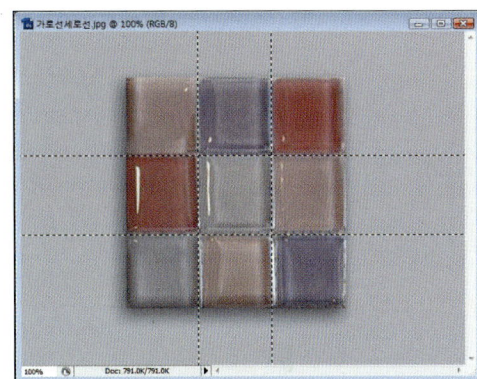

❶ 툴박스에서 가로줄 선택 툴( )을 선택하고 이미지의 가로 줄을 클릭한다.

❷ Shift 를 누른 채 이미지의 또 다른 가로 줄을 클릭하면 선택 영역이 더해지는 것을 확인할 수 있다.

❸ 세로줄을 추가하기 위해 툴박스에서 세로줄 선택 툴( )을 선택한 후에 Shift 를 누른 채 이미지의 세로 줄을 클릭한다.

❹ Shift 를 누른 채 또 다른 세로줄 이미지를 클릭한다.

기능키로 선택 영역 추가/삭제하기

- Shift +드래그 : 드래그할 때마다 선택 영역이 추가된다. 옵션 바의 추가 선택 버튼( )과 같다.
- Alt +드래그 : 선택 영역에서 드래그한 영역이 제외된다. 옵션 바의 제거 선택 버튼( )과 같다.
- Shift + Alt +드래그 : 선택 영역과 드래그한 영역 중 공통인 부분만 선택한다. 옵션 바의 공동 선택 버튼( )과 같다.

01 혼자해보기 '챕터2_샘플\수납장.jpg' 파일을 불러온 후 선택 영역을 추가하거나 제거하면서 수납장의 창을 선택하여 보자. 바로 가기 키를 이용하거나 옵션 바의 선택 모드를 이용하여 선택 영역으로 지정하여 보자.

> **HINT** | 툴박스에서 사각 선택 툴( )을 클릭한다. 옵션 바의 추가 선택 버튼( )을 클릭하여 활성화되면 드래그할 때마다 선택 영역이 추가되고, 제거 선택 버튼( )을 클릭하여 활성화되면 선택 영역에서 드래그한 영역이 제외된다. Alt + Ctrl + Z 를 누르면 되돌아가고 싶은 만큼 실행을 취소할 수 있으므로 선택 영역을 되돌리고 싶으면 눌러서 다시 시작한다.

02 혼자해보기 '챕터2_샘플\구슬.jpg' 파일을 불러온 후 구슬을 선택하고 여러 개를 복사하여 보자.

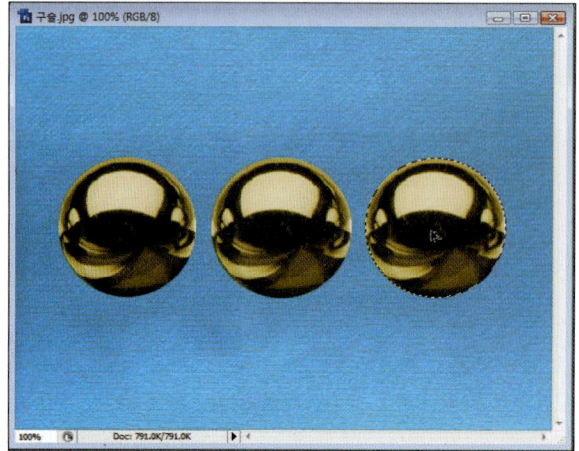

> **HINT** | 구슬이 정원이므로 툴박스에서 원형 선택 툴( )을 선택하고 Alt 와 Shift 를 누른 채 중심에서부터 드래그한 후 마우스에서 손을 먼저 떼고 키보드에서 손을 뗀다. 툴박스에서 이동 툴( )을 선택하고 Alt 를 누른 채 드래그하면 복사된다.

Chapter 2 . 다양한 선택 툴 이용하여 효과적으로 범위 지정하고 활용하기

Section 2. 선택 영역에 다양한 효과 적용하기

선택한 영역에 색상을 칠하고 활용하는 방법에 대하여 알아보자. 선택한 영역의 윤곽이 정확해야 범위 안에서만 색상이나 효과가 적용이 되므로 정확하게 영역을 선택하는 연습을 많이 해야 한다. 또한, 선택 영역을 다른 이미지로 이동하는 방법도 알아보자.

> **◯ 알아두기**
> - 선택 범위를 지정하지 않고 명령을 실행하면 전체 범위를 선택 영역으로 간주하고 그 효과가 적용된다.
> - 사각형 모양의 바운딩 박스의 모서리 점을 드래그하여 선택 영역의 크기를 변경할 수 있고, Ctrl을 이용하면 자유롭게 꼭지점을 이동하여 변경할 수 있다.
> - 다른 툴이 선택되어 있는 상태에서 Ctrl을 누르면 바로 이동 툴로 전환되고 Ctrl을 놓으면 다시 원래 툴로 돌아온다.
> - 선택 영역이 지정된 상태에서 [Refine Edges] 대화상자를 활용할 수 있다.

따라하기 01 선택 영역의 색상 변경하기

'챕터2_샘플\액자.jpg' 이미지를 불러온 후 액자 틀 안의 사각 영역을 드래그하여 선택하고 [Image]>[Adjustment]>[Hue/Saturation] 메뉴를 이용하여 색상을 변경하여 보자.

❶ 툴박스에서 사각 선택 툴(□)을 클릭하고 액자 안을 드래그하여 선택한다.

❷ 선택 영역 안의 색상을 변경하기 위해 [Image]〉[Adjustment]〉[Hue/Saturation] 메뉴를 선택한 후 대화상자가 나타나면 [Hue]의 값을 '-80'으로 설정하여 색상을 분홍으로 변경하고 [OK] 버튼을 클릭한다.

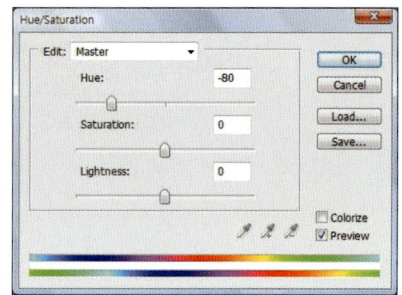

❸ Ctrl+D를 눌러 선택 영역을 해제한다.

❹ [Image]〉[Adjustment]〉[Hue/Saturation] 메뉴를 선택한 후 대화상자가 나타나면 [Saturation]의 값을 -50으로 설정하여 채도를 낮추고 [OK] 버튼을 클릭한다.

따라하기 02 바운딩 박스로 선택 영역의 크기 변경하기

'챕터2_샘플\간판세로.jpg' 이미지를 사각 선택 툴로 선택한 후 [Select]〉[Transform Selection] 메뉴를 실행하여 선택 영역의 크기를 수정하여 보자.

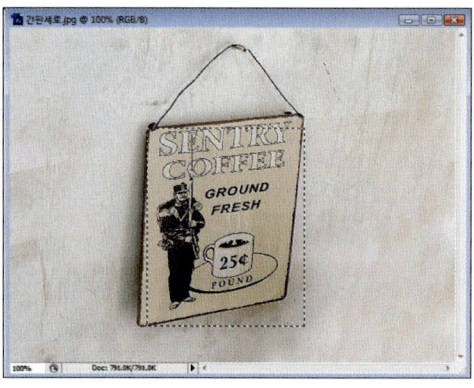 

❶ 툴박스에서 사각 선택 툴( )을 선택한 후에 간판을 드래그하여 선택한다.

❷ [Select]〉[Transform Selection] 메뉴를 선택하여 바운딩 박스가 나타나면 Ctrl을 누른 채 각각의 모서리점을 원하는 위치로 드래그하여 꼭지점에 맞춘다.

❸ 원하는 대로 수정이 되었으면 Enter를 눌러 실행하거나 선택된 사각 영역 안을 더블클릭한다.

❹ 원본으로 되돌리기 위해 [File]〉[Revert] 메뉴를 선택한다.

따라하기 **03** 선택 영역의 이미지 변경하기

[Edit]>[Free Transform] 메뉴를 실행하여 이미지의 실제 영역을 변경하여 보자.

❶ 툴박스에서 사각 선택 툴(□)을 클릭한 후에 간판을 드래그하여 선택한다.

❷ [Edit]>[Free Transform] 메뉴를 선택하여 바운딩 박스가 나타나면 Ctrl 을 누른 채 각각의 모서리점을 사다리꼴 모양에서 직사각형이 되도록 드래그하여 맞춘다.

❸ 사각 영역 안을 드래그하면 이미지를 이동할 수 있고 바운딩 박스의 선을 이동하면 가로나 세로로 이동시킬 수 있다. 원하는 대로 수정이 되었으면 Enter 를 눌러 실행하거나 선택된 사각 영역 안을 더블클릭한다.

이미지 변형하기 tip

이미지의 크기를 변경하거나 회전, 반사하려면 [Edit]-[Free Transform] 메뉴를 선택하거나 바로 가기 키인 Ctrl + T 를 눌러 바운딩 박스가 나타나게 한다. 바운딩 박스가 있는 상태에서 이미지의 안쪽 아무 부분이나 드래그하면 이미지를 이동할 수 있고, 이미지가 아닌 선택 영역만 변형하려면 [Select]-[Transform Selection] 메뉴를 실행한다.

❶ 회전 포인트 : 조절점의 바깥쪽으로 이동하면 회전 포인트로 바뀐다.

❷ 높이 변환 포인트 : 높이를 조절할 수 있으며, 안쪽으로 중심 포인트를 지나 조정하면 상하가 바뀐다.

❸ 너비 변환 포인트 : 너비를 조절할 수 있으며, 안쪽으로 중심 포인트를 지나 조정하면 좌우가 바뀐다.

❹ 전체 크기 변환 포인트 : 조절점에 대면 크기를 확대하거나 축소할 수 있는 포인트로 바뀐다.

❺ 중심 포인트 : 중심 포인트를 변경하면 크기나 회전이 중심 포인트의 기준으로 변경된다.

따라하기 04 [Feather] 명령을 이용하여 선택 영역 부드럽게 만들기

'챕터02_샘플/정현.jpg' 파일을 불러온 후 선택 영역을 부드럽게 처리하는 [Feather] 명령을 이용하여 배경이 자연스럽게 흐려지도록 만들어 보자.

❶ 툴박스에서 원형 선택 툴(○)을 선택한 후 옵션 바의 [Feather]를 '30px'로 입력하고 이미지에 드래그하여 타원을 만든다.

❷ Delete 를 누르면 선택 영역이 지워지면서 배경색으로 부드럽게 채워진다.

❸ [Edit]>[Undo] 메뉴를 선택하거나 Ctrl + Z 를 눌러 전 단계로 되돌린다.

❹ [Select]>[Inverse] 메뉴를 선택하여 선택 영역을 반대로 하고 Delete 를 눌러 배경색으로 채운다.

❺ 배경색이 다른 색으로 설정된 경우 그 색상으로 채워진다. Alt + Delete 를 누르면 전경색으로 채워진다.

[Feather] 적용하기

[Feather] 명령을 적용하면 선택 범위의 외곽이 마치 물이 번지는 것처럼 부드럽게 처리되는데, 픽셀 단위로 0.2~250 사이의 값을 입력할 수 있으며 숫자가 커질수록 부드러워지는 범위가 넓어진다. 선택 툴의 옵션 바에서 [Feather]의 값을 미리 설정하고 선택 영역을 지정하는 방법과 선택 영역을 먼저 지정하고 [Select]〉[Modify]〉[Feather] 메뉴로 [Feather]를 지정하는 방법이 있다.

따라하기 05 이동 툴로 이미지 이동하기

'챕터2_샘플\홍콩.jpg, 홍콩2.jpg' 파일을 불러온 후 여자 이미지를 홍콩 파일의 빈 곳에 배치하여 보자.

❶ 툴박스에서 퀵 선택 툴( )을 클릭하고 '홍콩2.jpg' 파일에서 여자 이미지를 드래그하면서 선택한다. 원하지 않은 영역을 선택하였다면 Alt 를 누른 채 드래그하여 선택 영역을 축소하거나 Shift 를 누른 채 선택 영역을 확장한다.

❷ 툴박스에서 이동 툴( )을 선택하고 여자 이미지의 선택 영역 안을 클릭하여 '홍콩.jpg' 파일로 드래그한다.

❸ 여자 이미지를 축소하기 위해 이동 툴( )의 옵션 바에서 [Show Trans- form Controls]를 체크한다. 이미지에 바운딩 박스가 나타나면 정비례로 줄이기 위해 Shift 를 누른 채 모서리 점을 이미지 안쪽으로 드래그하여 크기를 축소한다.

❹ [Show Transform Controls]의 체크를 해제하고 적당한 위치로 드래그하여 완성한다.

이동 툴의 옵션 바   tip +

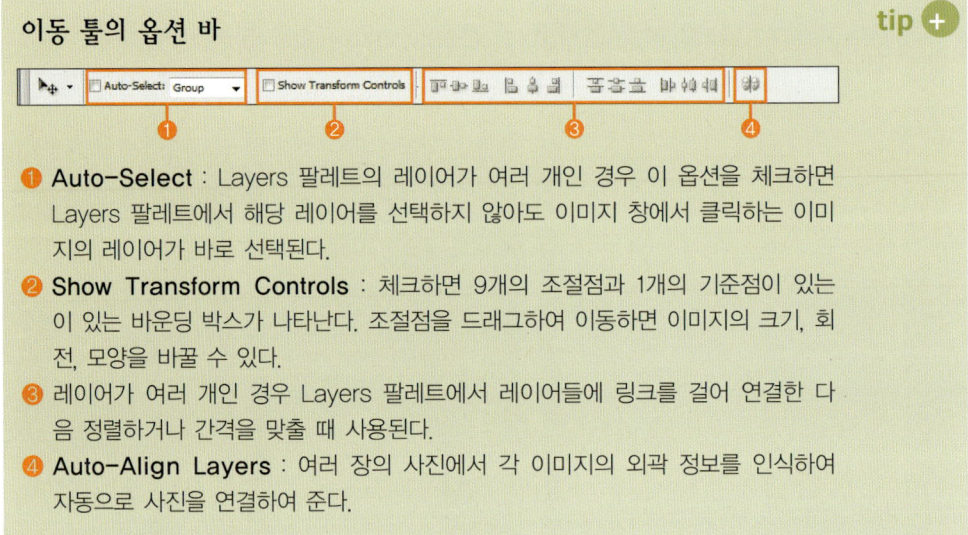

❶ **Auto-Select** : Layers 팔레트의 레이어가 여러 개인 경우 이 옵션을 체크하면 Layers 팔레트에서 해당 레이어를 선택하지 않아도 이미지 창에서 클릭하는 이미지의 레이어가 바로 선택된다.

❷ **Show Transform Controls** : 체크하면 9개의 조절점과 1개의 기준점이 있는 이 있는 바운딩 박스가 나타난다. 조절점을 드래그하여 이동하면 이미지의 크기, 회전, 모양을 바꿀 수 있다.

❸ 레이어가 여러 개인 경우 Layers 팔레트에서 레이어들에 링크를 걸어 연결한 다음 정렬하거나 간격을 맞출 때 사용된다.

❹ **Auto-Align Layers** : 여러 장의 사진에서 각 이미지의 외곽 정보를 인식하여 자동으로 사진을 연결하여 준다.

01 혼자해보기

'챕터2_샘플\여러구슬.jpg' 파일을 불러온 후 구슬을 선택하고 색상을 변경하여 보자.

HINT | 원형 선택 툴( )로 구슬을 선택하고 [Image][Adjustment][Hue/Saturation] 메뉴를 실행하여 색상을 변경한다. 선택 영역을 수정하기 위해 [Select][Transform Selection] 메뉴를 이용한다.

02 혼자해보기

'챕터2_샘플\귀걸이.jpg' 파일을 불러온 후 귀걸이의 배경이 부드럽게 흐려지도록 만들어 보자.

HINT | 사각 선택 툴(□)을 선택하고 옵션 바에서 [Feather]를 '50px'로 설정한 후 이미지에서 드래그하여 선택 영역을 만든다. [Select]-[Inverse] 메뉴를 실행하여 선택 영역을 반대로 하고 Alt + Delete 를 눌러 전경색인 검정을 채운다.

03 혼자해보기

'챕터2_샘플\마루.jpg, 구두.jpg' 파일을 불러온 후 구두 이미지를 마룻바닥의 빈곳에 배치하여 보자.

HINT | 툴박스에서 퀵 선택 툴(🖌)을 클릭하고 구두 이미지를 드래그하면서 선택한다. 툴박스에서 이동 툴(▸⊕)을 선택하여 마룻바닥의 빈곳으로 구두 이미지를 드래그하여 이동한다. 이동 툴 옵션 바에서 [Show Transform Controls]를 체크하여 바운딩 박스가 나타나면 안쪽으로 드래그하여 크기를 축소한다.

Section 3. 올가미 툴로 이미지 자유자재로 선택하기

도형의 모양에 맞게 선택할 수 있는 이미지는 앞에서 배운 도형 모양의 선택 툴을 사용하고 모양이 조금씩 맞지 않을 때는 바운딩 박스를 이용하여 선택 영역을 수정하였다. 이번에는 도형 모양 선택 툴을 사용하기 어려운 자유로운 형태의 이미지를 선택하는 방법을 알아본다. 올가미 툴과 확장 툴을 이용하면 이미지를 직접 클릭하거나 드래그하여 자유롭게 선택할 수 있다.

> **알아두기**
> - 올가미 툴은 불규칙적인 이미지 형태를 자유롭게 드래그하여 선택하는 툴이다.
> - 다각형 올가미 툴은 각이 진 이미지를 선택할 때 효과적이다.
> - 자석 올가미 툴은 이미지의 명도 차이를 이용해서 선택 영역을 지정할 수 있는 툴로서, 이미지의 경계에 마우스를 대기만 하면 자석처럼 자동으로 달라붙으면서 선택된다.

따라하기 01 올가미 툴로 이미지 선택하기

'챕터2_샘플\생쥐.jpg' 파일을 불러온 후 올가미 툴을 이용하여 선택하고 복사한 후 색상을 변경하여 보자.

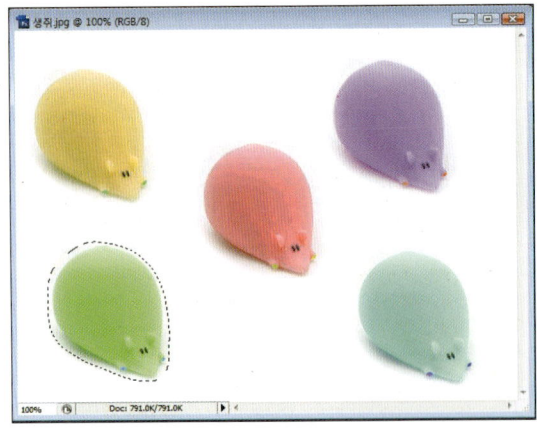

❶ 툴박스에서 올가미 툴(♀)을 선택한 후 옵션 바의 [Feather]를 '10px'로 입력하고 이미지에 둥글게 드래그하여 쥐를 선택한다.

❷ 툴박스에서 이동 툴(▶♣)을 선택하고 Alt 를 누른 채 빈곳으로 드래그하여 이동하면 이미지가 복사된다.

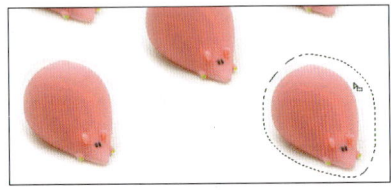

Chapter 2. 다양한 선택 툴 이용하여 효과적으로 범위 지정하고 활용하기

❸ 선택 영역 안의 색상을 변경하기 위해 [Image]〉[Adjustment]〉[Hue/Saturation] 메뉴를 선택한 후 대화상자가 나타나면 [Hue]의 값을 '180'으로 설정하고 [OK] 버튼을 클릭한다.

❹ 복사한 다른 이미지도 각각 선택하여 색상을 변경한다.

올가미 툴의 옵션 바 tip +

올가미 툴과 다각형 올가미 툴의 옵션은 같다.

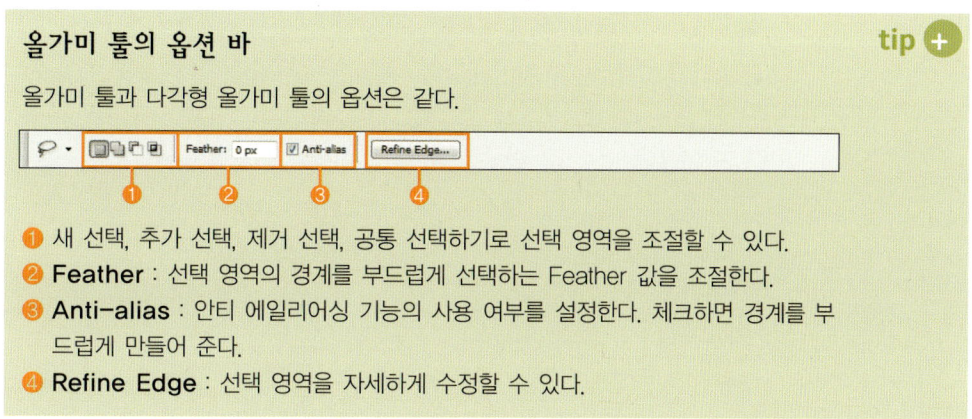

❶ 새 선택, 추가 선택, 제거 선택, 공통 선택하기로 선택 영역을 조절할 수 있다.
❷ **Feather** : 선택 영역의 경계를 부드럽게 선택하는 Feather 값을 조절한다.
❸ **Anti-alias** : 안티 에일리어싱 기능의 사용 여부를 설정한다. 체크하면 경계를 부드럽게 만들어 준다.
❹ **Refine Edge** : 선택 영역을 자세하게 수정할 수 있다.

따라하기 02 다각형 올가미 툴로 이미지 선택하고 선택 영역 저장하기

'챕터2_샘플\우편함.jpg' 파일을 불러온 후 직선 올가미 툴을 이용하여 우편함 이미지를 선택하여 보자. 지정한 선택 영역은 저장했다가 다시 불러와서 사용할 수도 있다.

❶ 툴박스에서 다각형 올가미 툴(⌐)을 선택한 후 이미지의 모서리 점을 차례차례 클릭하여 빨간 지붕을 먼저 선택 영역으로 지정한다.

❷ 선택 영역을 추가하기 위해 Shift 를 누른 채 나머지 부분도 선택하여 처음 클릭한 지점까지 되돌아온다.

❸ [Select]〉[Save Selection] 메뉴를 선택한 후 [Save Selection] 대화상자의 [Name]에 '우편함영역'이라고 입력하고 [OK] 버튼을 클릭한다.

❹ [Select]〉[Deselect] 메뉴를 선택하여 선택 영역을 해제한다.

❺ [Select]〉[Load Selection] 메뉴를 선택한 후 [Load Selection] 대화상자에서 [Channel]이 '우편함영역'인 것을 확인하고 [OK] 버튼을 클릭하면 저장했던 선택 영역을 불러올 수 있다.

따라하기 03 | 자석 올가미 툴로 이미지 선택하기

'챕터2_샘플\채소.jpg' 파일을 불러온 후 자석 올가미 툴을 이용하여 이미지를 선택한다. 이미지 선택 후에는 선택 영역을 제외한 나머지 영역의 채도를 제거하여 흑백으로 만들어 보자.

❶ 툴박스에서 자석 올가미 툴(P)을 선택하고 채소 이미지에서 시작할 지점을 클릭한다. 그리고 윤곽을 따라 계속 이동하면 자동으로 기준선이 생성된다.

❷ 원하지 않은 곳으로 이동하면 Delete 를 눌러 기준점을 제거하고 전 단계로 되돌아간다. 다시 윤곽 가까이 이동하면 기준점이 생기면서 선이 나타난다.

❸ 시작 지점까지 마우스를 계속 이동한 후 클릭하면 선택 영역이 만들어진다.

❹ [Select]〉[Inverse] 메뉴를 선택하여 선택 영역을 반전한다.

❺ [Image]〉[Adjustment]〉[Desaturate] 메뉴를 클릭하여 채도를 완전히 제거한다.

❻ Ctrl + D 를 눌러 선택 영역을 해제한다.

자석 올가미 툴의 옵션 바 tip ➕

자석 올가미 툴 사용 도중 Caps Lock 을 누르면 마우스 포인터의 모양이 원 모양으로 변경되어 감지 영역을 쉽게 확인할 수 있다.

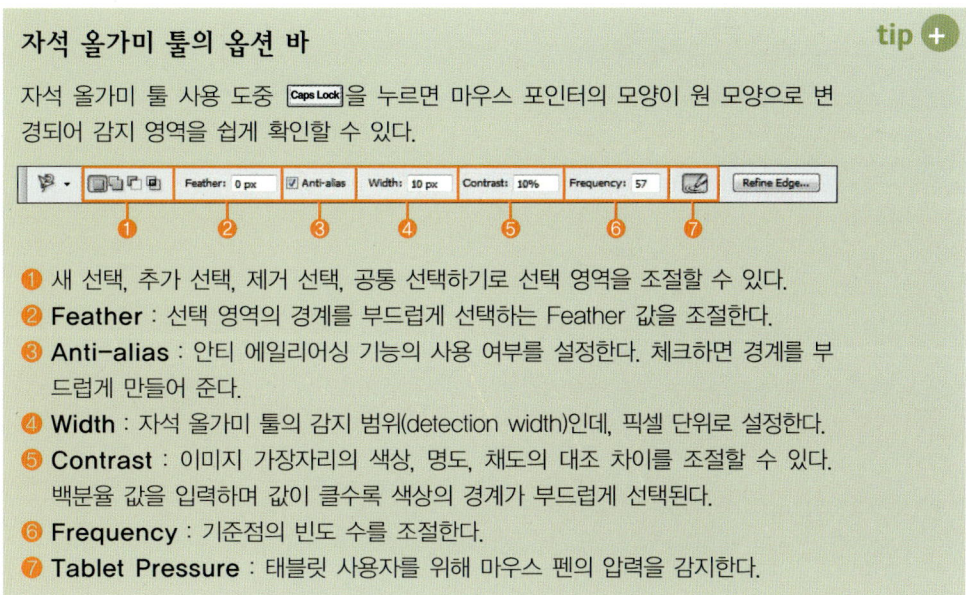

❶ 새 선택, 추가 선택, 제거 선택, 공통 선택하기로 선택 영역을 조절할 수 있다.
❷ **Feather** : 선택 영역의 경계를 부드럽게 선택하는 Feather 값을 조절한다.
❸ **Anti-alias** : 안티 에일리어싱 기능의 사용 여부를 설정한다. 체크하면 경계를 부드럽게 만들어 준다.
❹ **Width** : 자석 올가미 툴의 감지 범위(detection width)인데, 픽셀 단위로 설정한다.
❺ **Contrast** : 이미지 가장자리의 색상, 명도, 채도의 대조 차이를 조절할 수 있다. 백분율 값을 입력하며 값이 클수록 색상의 경계가 부드럽게 선택된다.
❻ **Frequency** : 기준점의 빈도 수를 조절한다.
❼ **Tablet Pressure** : 태블릿 사용자를 위해 마우스 펜의 압력을 감지한다.

01 혼자해보기 '챕터2_샘플\귀걸이2.jpg' 파일을 불러온 후 귀걸이를 선택하고 색상의 밝기와 대비를 변경하여 선명하게 보정하여 보자.

HINT | 자석 올가미 툴( )을 선택하고 옵션 바에서 [Feather]를 '10px'로 설정한 후 귀걸이 이미지에서 클릭하고 이동하면서 선택 영역을 만든다. Shift 를 누른 채 선택 영역을 추가한 후 [Image]>[Adjustment]>[Brightness/Contrast] 메뉴를 선택하여 [Brightness]를 '30', [Contrast]를 '20'으로 설정하고 [OK] 버튼을 클릭한다.

02 혼자해보기 '귀걸이2.jpg'의 예제를 원본으로 돌리기 위해 [File]>[Revert] 메뉴를 실행한 후 다각형 올가미 툴을 이용하여 귀걸이를 선택하고 선택 영역을 저장하여 보자.

HINT | 다각형 올가미 툴( )로 귀걸이의 각진 부분은 클릭하고 도중에 곡선이 나오면 Alt 를 누른 채 드래그하여 올가미 툴( )로 변경해 선택한다. 선택 영역을 저장하려면 [Select]>[Save Selection] 메뉴를 선택하여 [Name]에 이름을 입력하고 [OK] 버튼을 클릭한다.

Section 4． 같은 색상 단번에 선택하기

마술봉 툴은 클릭을 통하여, 퀵 선택 툴은 클릭이나 드래그를 통하여 이미지를 빠르게 선택할 수 있는데 색상의 차이가 분명한 이미지에 효과적으로 사용할 수 있다. [Color Range] 명령은 대화상자를 이용하여 이미지에서 샘플 색상을 클릭하거나 선택 색상을 설정하여 선택 영역을 지정할 수 있다.

○ 알아두기
- 마술봉 툴은 옵션 바에 있는 [Tolerance] 값의 영향을 받으며, 선택할 이미지를 클릭하면 클릭한 픽셀의 색상과 유사한 색상을 선택 범위로 만들어 준다.
- 퀵 선택 툴은 그림을 그리듯이 드래그하면서 이미지를 선택한다.
- [Color Range] 명령은 대화상자를 통하여 [Fuzziness]의 값으로 선택 영역을 확장할 수 있다.

따라하기 01 | 마술봉 툴로 이미지 단번에 선택하기

'챕터2_샘플\코스모스.jpg' 파일을 불러온 후 마술봉 툴로 코스모스 꽃잎을 선택하고 반전하여 배경을 흐리게 만들어 보자.

① 툴박스에서 마술봉 툴( )을 선택하고 코스모스를 클릭하여 선택 영역을 만든다. Shift 를 누른 채 클릭하면 선택 영역을 추가할 수 있으므로 자동으로 선택이 되지 않은 부분도 꼼꼼하게 선택하여 본다.

② [Select]>[Inverse] 메뉴를 선택하여 선택 영역을 반전한다.

❸ [Filter]>[Blur]>[Gaussian Blur] 메뉴를 선택하여 [Radius]를 '5'로 설정하고 [OK] 버튼을 클릭한다.

❹ Ctrl + D 를 눌러 선택 영역을 해제한다.

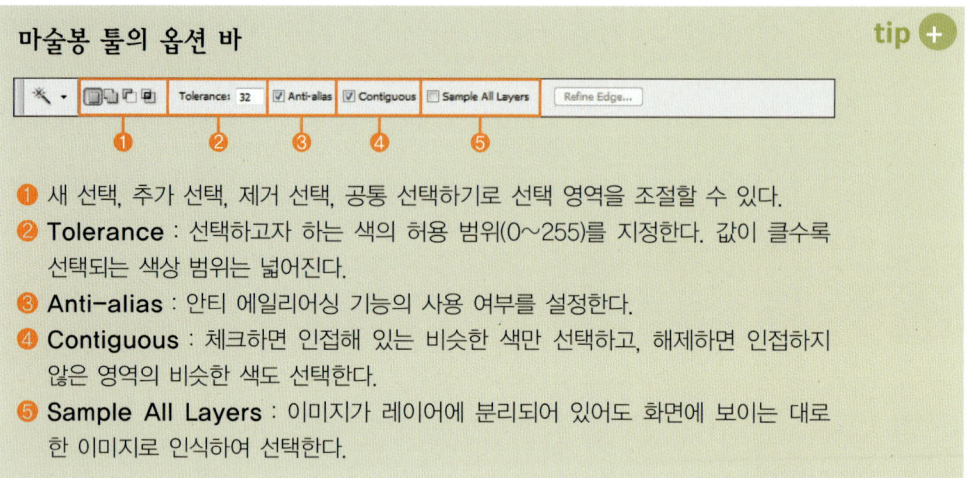

마술봉 툴의 옵션 바 tip ➕

❶ 새 선택, 추가 선택, 제거 선택, 공통 선택하기로 선택 영역을 조절할 수 있다.
❷ **Tolerance** : 선택하고자 하는 색의 허용 범위(0~255)를 지정한다. 값이 클수록 선택되는 색상 범위는 넓어진다.
❸ **Anti-alias** : 안티 에일리어싱 기능의 사용 여부를 설정한다.
❹ **Contiguous** : 체크하면 인접해 있는 비슷한 색만 선택하고, 해제하면 인접하지 않은 영역의 비슷한 색도 선택한다.
❺ **Sample All Layers** : 이미지가 레이어에 분리되어 있어도 화면에 보이는 대로 한 이미지로 인식하여 선택한다.

따라하기 02 퀵 선택 툴로 이미지 빠르게 선택하고 복사하기

'챕터2_샘플\꼬마자동차.jpg' 파일을 불러온 후 빨간 자동차를 퀵 선택 툴로 선택하고 복사한다. 브러시 크기를 작게 하면 더욱 정교하게 작업할 수 있다.

❶ 툴박스에서 퀵 선택 툴(🖌)을 클릭하고 빨간 자동차를 드래그하면서 선택한다.
❷ 원하지 않은 영역을 선택하였다면 옵션 바에서 🖌 옵션을 클릭하고 이미지에서 드래그하여 제거한다. 🖌 옵션은 선택 영역을 추가할 때 사용한다.

❸ [Edit]>[Copy] 메뉴를 선택하여 자동차 선택 영역을 클립보드에 저장한다.

❹ [Edit]>[Paste] 메뉴를 선택하여 클립보드에 저장한 자동차 이미지를 붙인다.

❺ 툴박스에서 이동 툴( )을 선택하여 복사한 이미지를 빈 공간으로 이동한다.

퀵 선택 툴의 옵션 바 tip

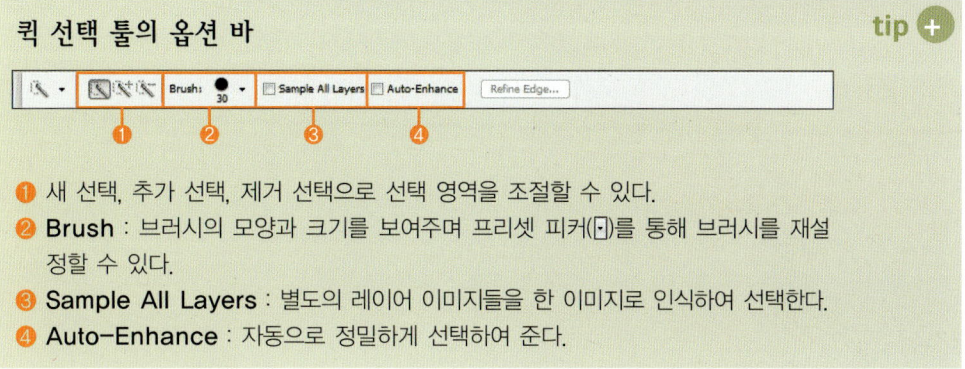

❶ 새 선택, 추가 선택, 제거 선택으로 선택 영역을 조절할 수 있다.
❷ **Brush** : 브러시의 모양과 크기를 보여주며 프리셋 피커( )를 통해 브러시를 재설정할 수 있다.
❸ **Sample All Layers** : 별도의 레이어 이미지들을 한 이미지로 인식하여 선택한다.
❹ **Auto-Enhance** : 자동으로 정밀하게 선택하여 준다.

따라하기 03 [Color Range] 명령으로 이미지 선택하고 색상 변경하기

'챕터2_샘플\계산기.jpg' 파일을 불러온 후 노란색상의 계산기를 연한 초록색으로 바꾸어 보자.

❶ [Select]>[Color Range] 메뉴를 클릭하여 대화상자가 나타나면 [Selection]이 선택되어 있는지 확인하고 이미지 창에서 노란색 부분을 클릭한다. 선택한 노란색 부분이 대화상자의 미리 보기 부분에 흰색으로 나타난다.

❷ [Fuzziness]의 값을 '170'으로 올리면 흰색 영역이 증가되어 선택 영역이 확장된다. [OK] 버튼을 클릭하여 실행한다.

Section 4 . 같은 색상 단번에 선택하기

❸ 노란 부분이 덜 선택되었다면 툴박스의 올가미 툴(　)을 이용하여 꼼꼼하게 모두 선택한다.

❹ 선택 영역이 설정된 상태에서 [Image]〉[Adjustment]〉[Hue/Saturation] 메뉴를 선택한 후 [Hue]의 값을 '30'으로 설정하고 [OK] 버튼을 클릭한다.

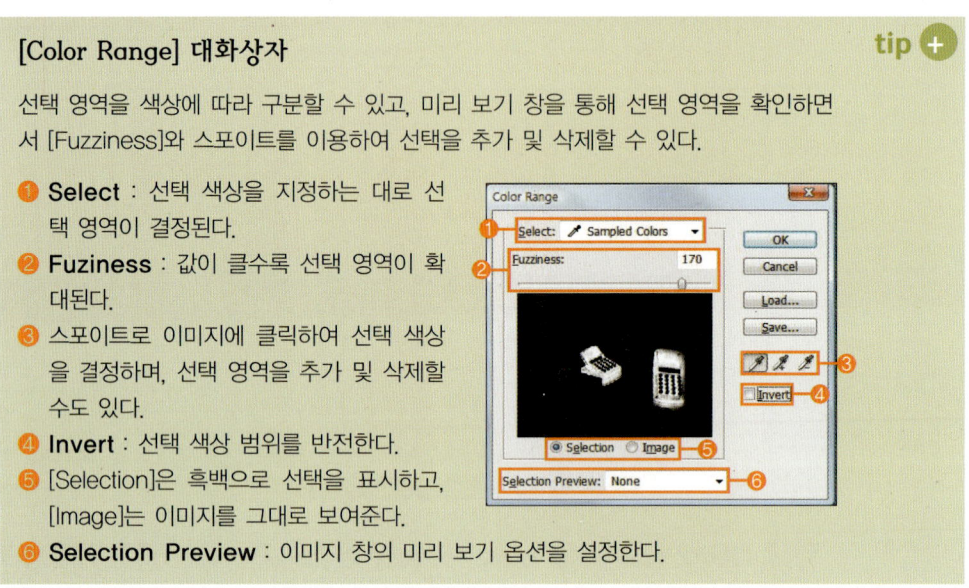

[Color Range] 대화상자

선택 영역을 색상에 따라 구분할 수 있고, 미리 보기 창을 통해 선택 영역을 확인하면서 [Fuzziness]와 스포이트를 이용하여 선택을 추가 및 삭제할 수 있다.

❶ **Select** : 선택 색상을 지정하는 대로 선택 영역이 결정된다.
❷ **Fuziness** : 값이 클수록 선택 영역이 확대된다.
❸ 스포이트로 이미지에 클릭하여 선택 색상을 결정하며, 선택 영역을 추가 및 삭제할 수도 있다.
❹ **Invert** : 선택 색상 범위를 반전한다.
❺ [Selection]은 흑백으로 선택을 표시하고, [Image]는 이미지를 그대로 보여준다.
❻ **Selection Preview** : 이미지 창의 미리 보기 옵션을 설정한다.

01 혼자해보기 '챕터2_샘플\팀샘.jpg' 파일을 불러온 후 배경을 퀵 선택 툴로 선택하고 흐리게 처리하여 아웃 포커싱 효과를 내보자.

HINT | 퀵 선택 툴(　)로 배경을 드래그하면서 선택한다. 경계를 부드럽게 하기 위해 [Select]〉[Modify]〉[Feather] 메뉴를 선택한 후 [Feather Radius]를 '5pixels'로 설정하고 [OK] 버튼을 클릭한다. 배경이 선택된 상태에서 [Filter]〉[Blur]〉[Gaussian Blur] 메뉴를 실행하여 [Radius]를 '100pixels'로 설정하고 [OK] 버튼을 클릭한다.

02 혼자해보기

'팀샘.jpg'의 예제를 원본으로 돌리기 위해 [File]>[Revert] 메뉴를 실행한 후 올가미 툴을 이용하여 빨간 모자를 선택하고 초록 색상으로 변경하여 보자.

HINT | 올가미 툴(　)로 빨간 모자를 클릭하여 선택한다. 선택 영역이 설정된 상태에서 [Image]>[Adjustment]>[Hue/Saturation] 메뉴를 선택한 후 [Hue]를 '100', [Lightness]를 '-50'으로 설정하고 [OK] 버튼을 클릭한다.

03 혼자해보기

'챕터2_샘플\자태.jpg' 파일을 불러온 후 초록 색상의 한복의 채도와 밝기를 낮추어 보자.

HINT | [Select]>[Color Range] 메뉴를 클릭하여 대화상자가 나타나면 초록 부분을 선택하고 [Fuzziness]의 값을 '200'으로 설정한다. [Select]>[Modify]>[Feather] 메뉴를 실행한 후 [Feather Radius]를 '5'로 설정하여 선택 영역을 부드럽게 처리하고, [Image]>[Adjustment]>[Hue/Saturation] 메뉴를 선택한 후 [Saturation]를 '-60', [Lightness]를 '-30'으로 설정하고 [OK] 버튼을 클릭한다.

Section 5 선택 영역 깔끔하게 수정하기

선택 영역을 지정한 후 일정한 패턴으로 변화를 주고 싶을 때 사용할 수 있는 명령을 알아보자. 툴을 사용하여 일일이 손으로 수정하지 않아도 명령에 의해 자동으로 선택 영역을 수정할 수 있다.

> ● 알아두기
> - [Refine Edge] 대화상자에서는 여러 가지 미리 보기를 통해 선택 영역의 반경, 대비, 둥글기, 흐리기, 확장, 축소 등을 한꺼번에 수정할 수 있다.
> - [Modify] 명령을 이용하면 선택 영역에 두께를 만들거나 확장, 둥글기, 축소, 흐리기 등을 수정할 수 있다.
> - [Glow] 명령은 선택 영역을 확장하되 색상이 다른 영역은 선택하지 않고, [Similar] 명령은 인접하지 않은 파일 내의 같은 색상을 선택한다.

따라하기 01 [Refine Edge] 대화상자로 선택 영역 변경하기

'챕터2_샘플\쥬얼리.jpg' 파일을 불러온 후 사각의 외곽 영역을 부드럽게 하여 크리스털 효과를 적용하여 보자.

❶ 툴박스에서 사각 선택 툴(□)을 선택하고 이미지에서 사각으로 드래그한다.

❷ 사각 선택 툴의 옵션 바에서 [Refine Edge]를 클릭하여 대화상자가 나타나면 [Radius]를 '10px', [Smooth]를 '50', [Feather]를 '20'으로 설정하고 [OK] 버튼을 클릭한다.

❸ 선택 영역의 외곽으로 필터 효과를 적용하기 위해 [Select]>[Inverse] 메뉴를 선택하여 선택 영역을 반전한다.

❹ [Filter]>[Pixelate]>[Crystallize] 메뉴를 실행한 후 [Cell Size]를 '20'으로 설정하고 [OK] 버튼을 클릭한 후 Ctrl+D를 눌러 선택 영역을 해제한다.

[Refine Edge] 대화상자

선택 영역의 반경, 대비, 둥글기, 흐리기, 축소/확장의 옵션을 설정하여 세밀하게 이미지를 선택할 수 있다.

❶ **Radius** : 선택 영역 윤곽의 반경 영역을 설정한다.
❷ **Contrast** : 선택 영역 윤곽의 대비를 설정한다.
❸ **Smooth** : 선택 영역 윤곽이 모서리인 경우 둥글게 설정한다.
❹ **Feather** : 선택 영역 윤곽을 부드럽게 처리한다.
❺ **Contract/Expand** : 선택 영역의 축소와 확장을 설정한다.
❻ 미리 보기를 설정한다.

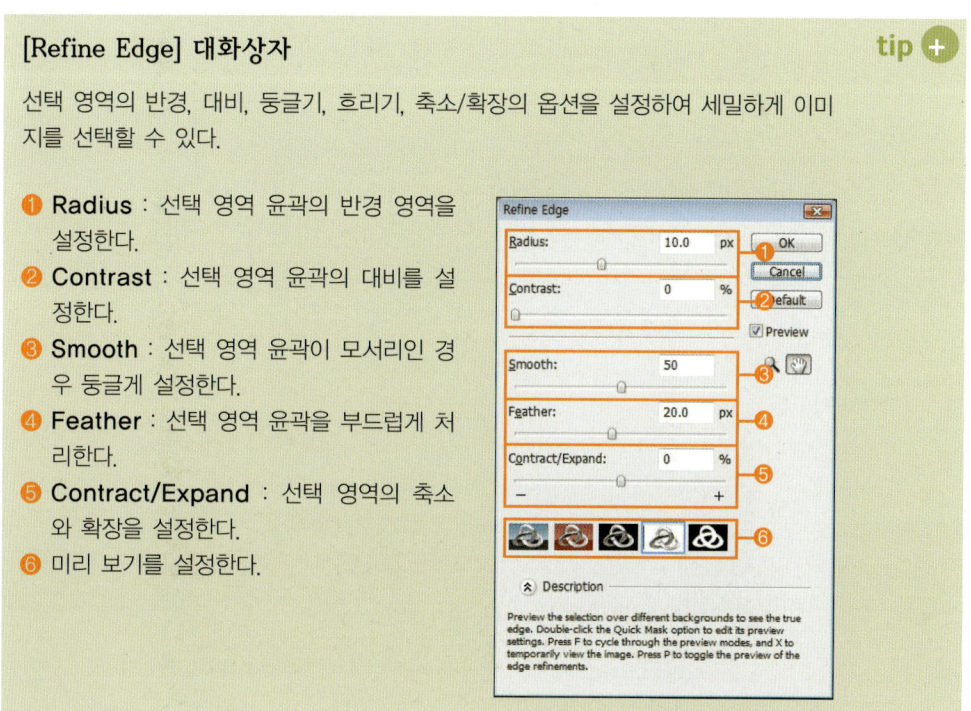

따라하기 02 [Modify] 명령으로 선택 영역의 테두리 만들기

'챕터2_샘플\크리스탈.jpg' 파일을 불러온 후 크리스탈 이미지의 윤곽을 선택하고 흰색을 채워 발광 효과를 만들어 보자.

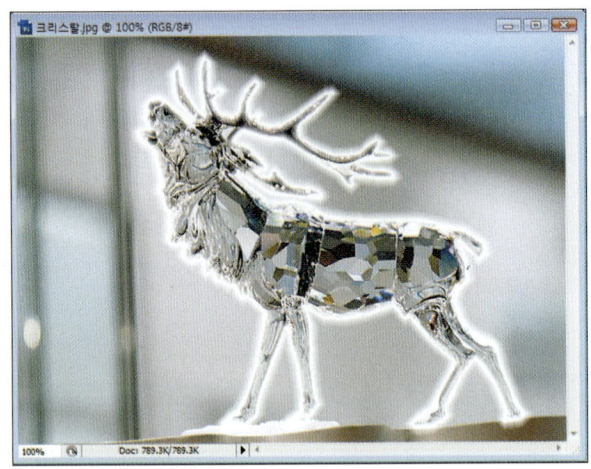

❶ 툴박스에서 다각형 올가미 툴(📐)을 선택하고 이미지의 외곽을 클릭하면서 선택 영역을 지정한다. 각진 부분은 클릭하여 선택하고, 도중에 곡선이 나오면 [Alt]를 눌러 올가미 툴(🔲)로 변경하여 드래그한다.

❷ [Select]〉[Modify]〉[Border] 메뉴를 선택한 후 [Width]를 '10pixels'로 입력하고 [OK] 버튼을 클릭한다.

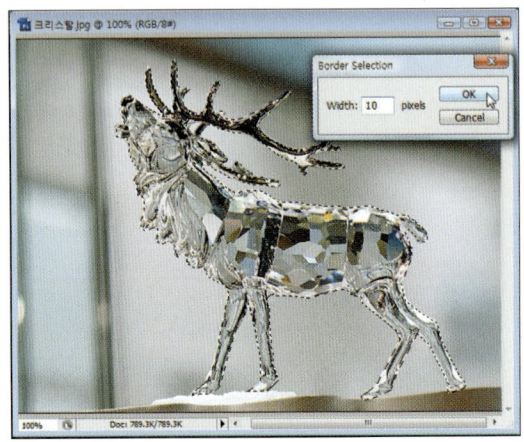

❸ 배경색이 흰색인 것을 확인하고 [Delete]를 눌러 채운다. 만약 배경색이 흰색이 아니라면 [D]를 눌러 기본값으로 변경한 후 [Delete]를 누른다.

따라하기 03 [Grow], [Similar] 명령으로 선택하기

'챕터02_샘플\꽃.jpg' 파일을 불러온 후 분홍 꽃을 선택하여 채도를 높여보도록 하자.

❶ 툴박스에서 마술봉 툴( )을 선택하고 분홍 꽃을 클릭하면서 선택한다.

❷ 선택 영역을 확장하기 위해 [Select]>[Glow] 메뉴를 선택한다. 선택 영역이 확장된 것을 확인할 수 있다.

❸ 경계를 넘어 다른 꽃들도 선택하기 위해 [Select]>[Similar] 메뉴를 선택한다.

❹ 선택 영역을 부드럽게 하기 위해 [Select]>[Modify]> [Feather] 메뉴를 선택하고 대화 상자가 나타나면 '20'을 입력한 후 [OK] 버튼을 클릭한다.

❺ [Image]>[Adjustment]>[Hue/Saturation] 메뉴를 선택한 후 [Saturation]의 값을 '50'으로 설정하고 [OK] 버튼을 클릭한다.

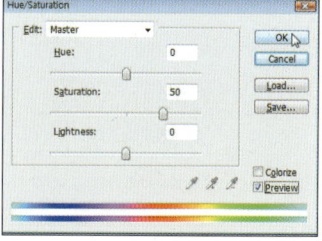

Section 5. 선택 영역 깔끔하게 수정하기

[Modify]와 [Grow], [Similar] 명령

[Modify]와 [Grow], [Similar] 명령은 현재 선택되어 있는 범위를 수정하는 메뉴이다.

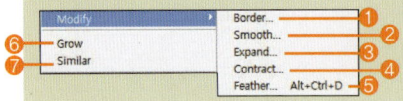

① **Border** : 선택한 범위를 두 줄로 선택하여 두께를 설정할 수 있다.
② **Smooth** : 선택한 범위의 윤곽을 둥글릴 수 있다.
③ **Expand** : 선택한 범위를 입력한 픽셀로 확장하여 선택할 수 있다.
④ **Contract** : 선택한 범위를 입력한 픽셀로 축소하여 선택할 수 있다.
⑤ **Feather** : 선택한 범위의 윤곽을 부드럽게 처리할 수 있다.
⑥ **Grow** : 선택한 범위를 인접한 영역까지 확장하여 선택할 수 있다.
⑦ **Similar** : 선택한 범위를 인접하지 않은 경계를 넘어서까지 선택할 수 있다.

---

01 혼자해보기 '챕터2_샘플\튜울립.jpg' 파일을 불러온다. 이미지의 윤곽을 선택하고 두께를 '20 Pixels'로 만든 후 크레파스 느낌이 나도록 질감 효과를 적용해 보자.

HINT | 마술봉 툴( )로 배경을 클릭하여 선택한 후 선택 영역을 반전하기 위해 [Select]>[Inverse] 메뉴를 실행한다. [Select]>[Modify]>[Border] 메뉴를 실행한 후 [Width]를 '20pixels'로 설정하여 윤곽에 두께를 만든다. [Filter]>[Pixelate]>[Pointillze] 메뉴를 실행한 후 [Cell Size]를 '5'로 설정하고 [OK] 버튼을 클릭한다.

02 혼자해보기

'챕터2_샘플\여무용수.jpg' 파일을 불러온 후 옷 이미지를 선택 영역으로 설정하고 색상을 변경하여 보자.

HINT | 툴박스에서 마술봉 툴( )을 선택하고 옷을 클릭하여 선택 영역으로 지정한다. [Select]〉[Grow] 메뉴를 실행하면 선택 영역이 확장되는데, 옷 전체가 어느 정도 제대로 선택될 때까지 여러 번 [Grow] 명령을 실행한다. 올가미 툴( )로 선택 영역을 수정하고 [Image]〉[Adjustment]〉[Hue/Saturation] 메뉴를 실행한 후 [Hue]의 값을 변경하여 옷의 색상을 바꾼다.

03 혼자해보기

'챕터2_샘플\미용.jpg' 파일을 불러온다. 인물의 윤곽을 부드럽게 선택한 후 확장하고 반전하여 픽셀레이트(Pixelate) 효과를 만들어 보자.

HINT | 툴박스에서 올가미 툴( )을 선택하고 인물을 드래그하여 선택 영역으로 지정한 후 옵션 바에서 [Refine Edge]를 클릭한다. 대화상자가 나타나면 [Radius]를 '10px', [Contrast]를 '0', [Smooth]를 '50', [Feather]를 '30', [Contract/Expand]를 '100' 으로 설정하고 [OK] 버튼을 클릭한다. [Select]〉[Inverse] 메뉴를 선택하여 선택 영역을 반전한다. [Filter]〉[Pixelate]〉[Color Halftone] 메뉴를 실행한 후 [Max. Radius]를 '8' 로 설정하고 [OK] 버튼을 클릭한다.

Section 6 필요한 만큼만 이미지 잘라내기

전체 이미지에서 원하는 만큼만 이미지를 잘라내려면 자르기 툴을 사용하거나 [Image]>[Tim] 메뉴를 이용한다. [Tim] 명령은 웹용 이미지에 자주 사용되는데 배경이 투명해야 적용된다.

> ◐ 알아두기
> - 자르기 툴을 선택하고 이미지에 드래그하여 바운딩 박스가 나타나면 확대/축소, 회전하면서 이미지를 자를 수 있다.
> - [Reveal All] 명령은 창의 크기가 작아 가려진 이미지를 한눈에 확인하고 싶을 때 사용한다. 창의 크기도 같이 커진다.
> - [Trim] 명령을 실행하면 선택 영역의 모양대로 이미지가 잘라진다.

따라하기 **01** 자르기 툴로 이미지 자르기

'챕터2_샘플\반지.jpg' 파일을 불러온 후 이미지의 가로, 세로가 '600pixels'이 되도록 잘라 보자.

❶ 툴박스에서 자르기 툴()을 선택한 후 옵션 바에서 [Width]와 [Height]를 '600px', [Resolution]을 '72 pixels/inch'로 설정한다.

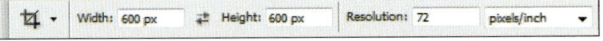

❷ 자르기 툴(🔲)로 이미지에서 반지 상자가 다 포함되도록 드래그한 후 Enter 를 누르거나 바운딩 박스 안을 더블클릭하면 명령이 실행된다. 이미지의 상단이 좁혀지면서 잘려진 것을 확인할 수 있다.

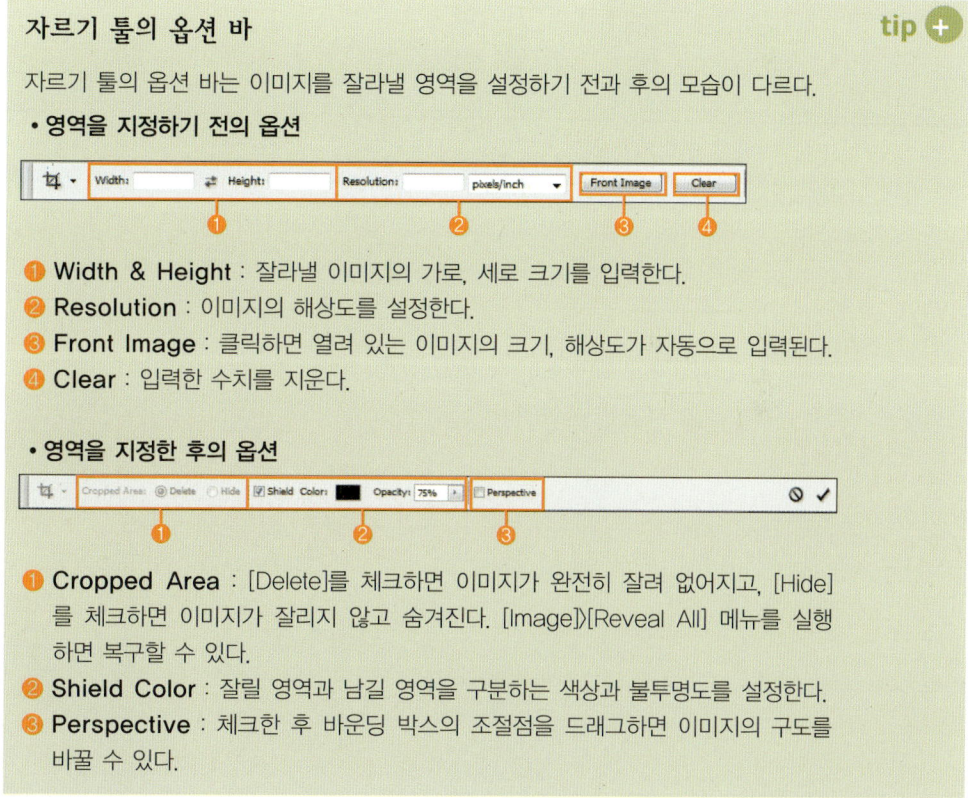

자르기 툴의 옵션 바

자르기 툴의 옵션 바는 이미지를 잘라낼 영역을 설정하기 전과 후의 모습이 다르다.

• 영역을 지정하기 전의 옵션

❶ **Width & Height** : 잘라낼 이미지의 가로, 세로 크기를 입력한다.
❷ **Resolution** : 이미지의 해상도를 설정한다.
❸ **Front Image** : 클릭하면 열려 있는 이미지의 크기, 해상도가 자동으로 입력된다.
❹ **Clear** : 입력한 수치를 지운다.

• 영역을 지정한 후의 옵션

❶ **Cropped Area** : [Delete]를 체크하면 이미지가 완전히 잘려 없어지고, [Hide]를 체크하면 이미지가 잘리지 않고 숨겨진다. [Image]>[Reveal All] 메뉴를 실행하면 복구할 수 있다.
❷ **Shield Color** : 잘릴 영역과 남길 영역을 구분하는 색상과 불투명도를 설정한다.
❸ **Perspective** : 체크 후 바운딩 박스의 조절점을 드래그하면 이미지의 구도를 바꿀 수 있다.

따라하기 02 구도 잡아 이미지 자르기

'챕터2_샘플\미니.jpg' 파일을 불러온다. 자르기 툴을 이용하여 이미지의 구도를 아래에서 잡아 팔등신처럼 보이게 잘라 보자.

❶ 툴박스에서 자르기 툴(￦)을 클릭하고 이미지를 드래그하여 선택한다.
❷ 옵션 바에서 [Perspective]를 체크한 후 바운딩 박스의 상단 모서리 점을 바깥쪽으로 드래그하여 사다리 모양으로 만든다.
❸ 다른 한쪽도 바깥으로 드래그한다.

❹ Enter 를 누르거나 바운딩 박스 안을 더블클릭하면 명령이 실행되어 이미지의 상단이 좁혀지면서 잘려진다.

Chapter 2 . 다양한 선택 툴 이용하여 효과적으로 범위 지정하고 활용하기

| 따라하기 03 | **[Reveal All]과 [Trim] 명령으로 가려진 이미지 보이게 하고 잘라내기** |

'챕터2_샘플\반지1.psd' 파일을 불러온 후 가려진 부분의 이미지를 모두 보이게 한 후 원하는 부분만 잘라 보자.

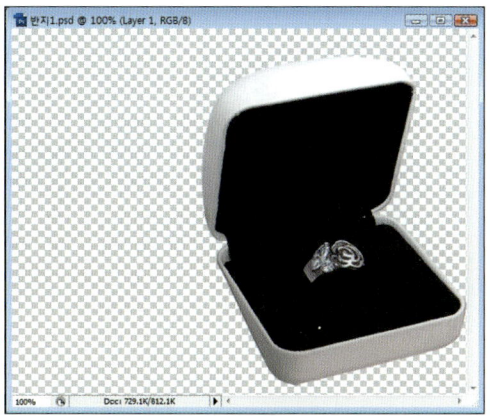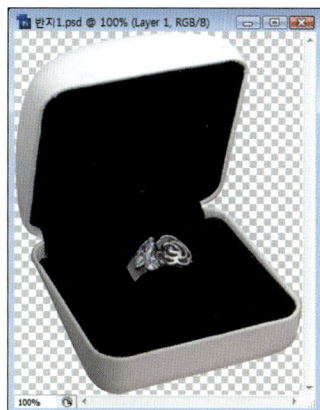

❶ 툴박스에서 이동 툴( )을 선택하여 창에 가리게 우측으로 이동하여 보자.

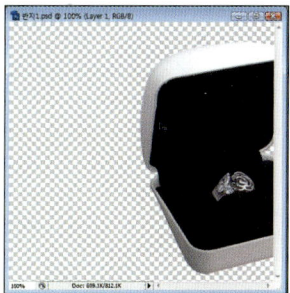

❷ [Image]>[Reveal All] 메뉴를 선택하면 이미지의 배경이 확장되면서 가려진 이미지가 보인다.

❸ [Image]>[Trim] 메뉴를 실행하고 대화상자가 나타나면 [Transparent Pixels]를 선택하고 [OK] 버튼을 클릭한다.

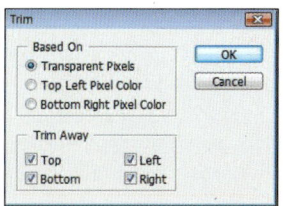

[Trim] 대화상자

❶ **Transparent Pixels** : 투명한 픽셀을 기준으로 자른다.
❷ **Top Left Pixels Color** : 왼쪽 위 픽셀 컬러를 기준으로 자른다.
❸ **Bottom Right Pixel Color** : 오른쪽 아래의 픽셀 컬러를 기준으로 자른다.
❹ **Trim Away** : 체크한 부분의 방향이 잘려진다.

Section 6 . 필요한 만큼만 이미지 잘라내기

01 혼자해보기 'ᅤ챕터2_샘플\간판.jpg' 파일을 불러온 후 이미지가 바로 세워져 보이게 잘라내어 보자.

HINT | 자르기 툴( )로 이미지를 드래그한 후에 옵션 바에서 [Perspective]를 체크하고 조절점을 이용하여 사각의 면이 수평이 되게 드래그하여 맞춘다. 이미지가 잘려지면 시계 반대 방향으로 90°돌리기 위해 [Image]〉[Rotate Canvas]〉[90°CCW] 메뉴를 실행하여 이미지를 회전한다.

02 혼자해보기 'ᅤ챕터2_샘플\건담.jpg' 파일을 불러온 후 가로 29cm, 세로 17cm, 해상도가 72pixels/inch인 이미지로 잘라 보자.

HINT | 툴박스에서 자르기 툴( )을 선택하고 옵션 바에서 설정값을 입력한 후 바운딩 박스 안을 더블클릭한다.

핵심정리 s u m m a r y

1. 선택 툴을 이용하여 선택 영역 만들기
- 초기 버전부터 사용되던 기본 선택 툴에는 사각 선택 툴, 원형 선택 툴, 올가미 툴, 마술봉 툴이 있다.
- 사각 선택 툴과 원형 선택 툴은 Shift 를 누른 채 드래그하면 정사각형, 정원으로 만들 수 있다.

2. 선택 영역 다양하게 설정하고 활용하기
- 선택 툴 옵션 바의 New selection(새 선택), Add to selection(추가 선택), Subtract from selection(제거 선택), Intersect with selection(공통 선택) 옵션을 이용하여 선택 영역을 조절할 수 있다.
- 선택 툴의 [Feather] 옵션은 선택 범위의 외곽을 마치 물이 번지는 것처럼 부드럽게 만들어 주는데 [Select]>[Modify]>[Feather] 메뉴로도 같은 효과를 만들 수 있다.
- 이동 툴은 주로 이미지를 이동할 때 사용하는 툴로 이미지를 직접적으로 이동할 때 사용한다.
- 어떤 툴이 선택되어 있더라도 Ctrl 을 누르면 이동 툴로 바뀌어 이미지를 이동할 수 있다.

3. 올가미 툴을 이용하여 자유로운 선택 영역 만들기
- 올가미 툴은 마우스를 드래그하여 자유롭게 이미지를 선택하는 툴이다. 마우스 버튼을 클릭한 상태에서 한 번에 드래그해야 하기 때문에 이미지를 섬세하게 선택하기는 어렵다.
- 다각형 올가미 툴은 각이 진 이미지를 선택할 때 효과적이며 선택 도중 Delete 를 누르면 기준선이 차례대로 지워지고 Esc 를 누르면 모두 지워진다.
- 자석 올가미 툴은 이미지 가장자리의 색상, 즉 이미지의 명도 차이를 이용해서 선택 영역을 지정할 수 있는 툴로서 이미지의 경계에 마우스를 대기만 하면 자석처럼 자동으로 달라붙으면서 선택된다.

4. 색상으로 이미지 선택하기
- 마술봉 툴은 옵션 바의 [Tolerance]의 수치에 영향을 받으며, 선택할 이미지를 클릭하면 그 곳의 픽셀의 색상과 유사한 색상을 선택 범위로 만들어준다.
- 퀵 선택 툴은 그림을 그리듯이 이미지를 드래그하면서 선택할 수 있다.
- [Color Range] 명령은 선택 영역을 색상에 따라 구분할 수 있고, 미리 보기 창을

핵심정리 summary

통해 선택 영역을 확인하면서 [Fuzziness]와 스포이트를 이용하여 선택을 추가 및 삭제할 수 있다.

5. 선택 영역 변경하기
- 선택 영역의 반경, 대비, 둥글기, 흐리기, 확장, 축소 등을 변경하려면 [Refine Edge] 대화상자를 이용한다.
- 선택 영역이 선택된 상태에서 [Modify] 명령을 이용하면 선택 영역에 두께를 만들거나 확장, 둥글기, 축소, 흐리기를 적용할 수 있다.
- [Glow] 명령은 선택 영역을 확장하고, [Similar] 명령은 파일 내의 같은 색상을 선택 하여 준다.

6. 이미지 잘라내기
- 이미지에서 불필요한 외곽 영역을 자르거나 구도를 다시 잡을 때 자르기 툴을 드래그하여 사용한다.
- [Reveal All] 명령은 이미지가 창에서 가려진 이미지를 보이게 하면서 캔버스 크기까지 늘어난다.
- [Trim] 명령은 선택 영역이 지정된 상태에서 명령을 하면 선택 영역으로 이미지가 잘라진다.

종합실습 e_x_e_r_c_i_s_e

'챕터02_샘플\은색액자.jpg, 사진.jpg, 명호.jpg' 파일을 불러온다. 사진의 흰 종이에 맞추어 액자의 틀과 인물 사진을 불러와서 다음과 같이 합성하여 보자.

 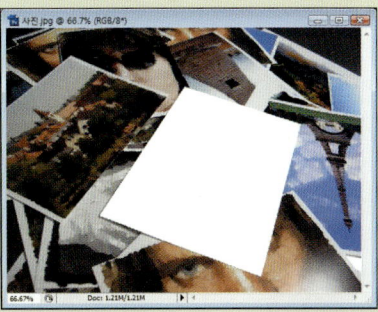 

HINT
① 이미지 파일 불러오기 : [File]〉[Open]
② 액자의 외곽 선택하기 : 사각 선택 툴
③ 액자 복사하기 : 이동 툴로 액자를 '사진' 이미지로 이동
④ 액자를 흰색 종이에 맞추어 변형하기 : [Edit]〉[Free Transform], Ctrl
⑤ 은색 액자의 흰 여백을 제거하기 : 다각형 선택 툴
⑥ '명호' 이미지를 '사진' 이미지로 이동 : 이동 툴
⑦ 명호 이미지를 액자 안에 맞추어 변형하기 : [Edit]〉[Free Transform], Ctrl

CHAPTER 3

Section 1 이미지 복원하기
Section 2 이미지 색상만 변경하기
Section 3 이미지 복제하기

이미지를 감쪽같이 복원하고 복제하기

포토샵에서는 사진이나 이미지를 복원 또는 복제하는 툴을 여러 가지 제공한다. 크게 3가지로 분류해보면 이미지를 복원하는 힐링 브러시 툴과 점을 제거하는 스팟 힐링 브러시 툴 그리고 영역을 대치하여 복원하는 패치 툴을 먼저 묶어 이미지 복원 툴, 복제하는 도장 툴과 패턴을 복제하는 패턴 도장 툴을 묶어 복제 툴, 마지막으로 색상을 변경하여 복원하는 레드 아이 툴과 색상 교체 툴을 묶을 수 있다.

이미지 복원 및 복제에 사용되는 툴

Chapter 3

포토샵의 복원 관련 툴은 매우 유용한 기능으로, 대부분 간단한 방법으로 이미지를 수정할 수 있다. 점이나 주름 헤진 청바지, 적목 현상이 일어난 이미지도 간단하게 클릭이나 드래그를 하면서 원본 이미지에 가깝게 수정할 수 있다.

01 이미지를 복원하는 툴

포토샵의 복원 툴에는 스팟 힐링 브러시 툴, 힐링 브러시 툴, 패치 툴, 레드 아이 툴 등이 있는데, 얼굴의 잡티나 점, 주름 등을 지우거나 손상된 이미지를 원상태로 만들 때 효과적이다.

❶ **점을 제거할 때** : 얼굴의 점을 제거할 때는 스팟 힐링 브러시 툴()을 사용한다.

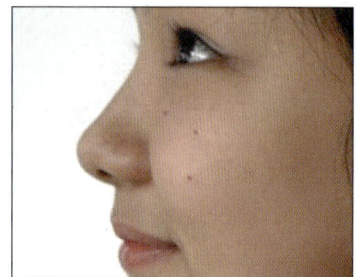
원본 이미지

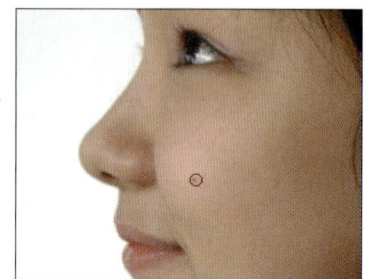
스팟 힐링 브러시 툴로 수정한 이미지

❷ **주름진 피부, 얼룩진 사진 등을 복원할 때** : 복원할 곳을 선택 영역으로 드래그하여 사용하는 패치 툴( )과 브러시로 칠하면서 복원하는 힐링 브러시 툴( )이 있다.

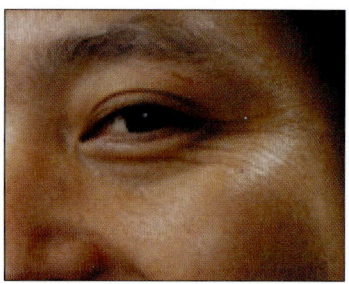
원본 이미지

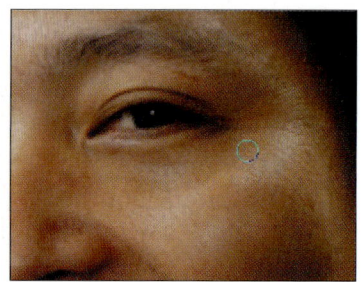
힐링 브러시 툴로 수정한 이미지

원본 이미지   패치 툴로 수정한 이미지

02 색상을 변경하는 툴

색상을 변경하는 툴에는 레드 아이 툴과 색상 교체 툴이 있는데, 레드 아이 툴은 붉은 적목 현상을 제거하고 색상 교체 툴은 색상이 있는 이미지를 변경한다.

❶ **적목 현상의 이미지를 복원할 때** : 어두운 곳에서 촬영한 사진에 자주 나타나는 적목 현상은 레드 아이 툴(󰂊)을 사용하여 복원한다.

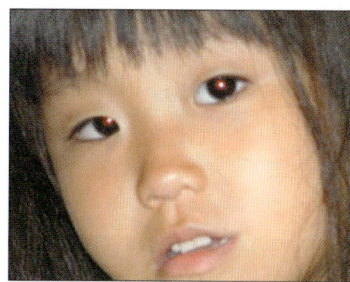 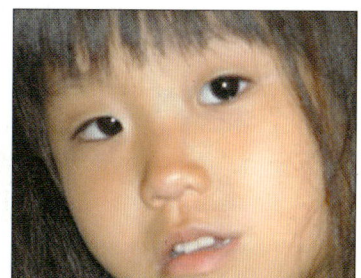

원본 이미지   레드 아이 툴로 수정한 이미지

❷ **색상을 교체할 때** : 순검정과 순흰색을 제외하고 회색이나 색상이 있는 이미지에 색상 교체 툴(󰂊)로 드래그하면 색상을 변경할 수 있다.

원본 이미지   색상 교체 툴로 수정한 이미지

03 이미지를 복제하는 툴

이미지를 복제하는 툴에는 도장 툴과 패턴 도장 툴이 있는데, 이미지를 그대로 복제해 주므로 사진 편집 할 때 없어서는 안 될 유용한 툴이다.

❶ **이미지를 그대로 복제할 때** : 쌍둥이처럼 이미지를 그대로 복제할 때는 도장 툴(🔲)을 사용한다.

원본 이미지

도장 툴로 복제한 이미지

❷ **패턴으로 등록한 이미지를 복제할 때** : 사각으로 선택한 영역을 [Edit]>[Define Pattern] 메뉴로 등록하면 패턴으로 등록된다. 패턴 도장 툴(🔲)을 사용하여 등록한 패턴을 이미지에 복제할 수 있다.

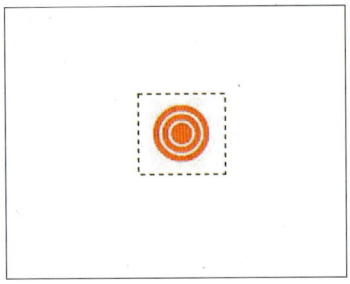
원본 이미지

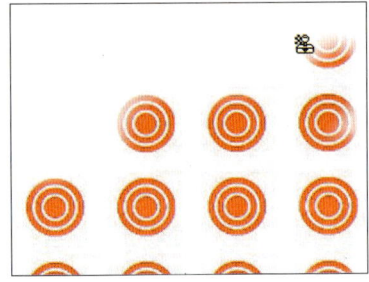
패턴 도장 툴로 복제한 이미지

Section 1. 이미지 복원하기

스팟 힐링 브러시 툴과 힐링 브러시 툴, 패치 툴은 그림자와 빛, 텍스추어를 보존하면서 복제를 하기 때문에 먼지, 주름, 흠집을 제거하기에 적합하다.

> **알아두기**
> - 스팟 힐링 브러시 툴은 점과 같은 작은 흠을 주변의 질감으로 복원할 때 사용한다.
> - 힐링 브러시 툴은 Alt 를 누른 채 이미지를 클릭하여 샘플로 설정한 후 손상된 이미지에 클릭이나 드래그하면서 복원한다.
> - 패치 툴은 선택 영역을 지정한 후 복원하려는 이미지로 드래그하여 사용한다.

따라하기 01 스팟 힐링 브러시 툴로 점 제거하기

'챕터3_샘플\미니2.jpg' 파일을 불러온 후 확대하여 보면서 점을 제거하여 보자.

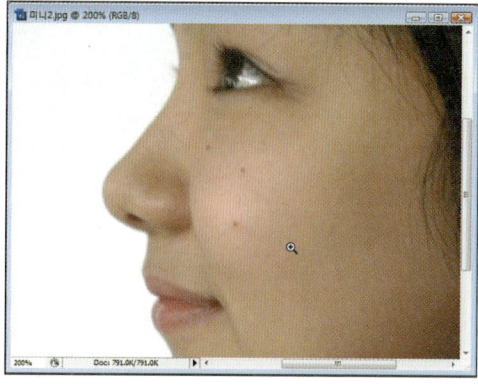
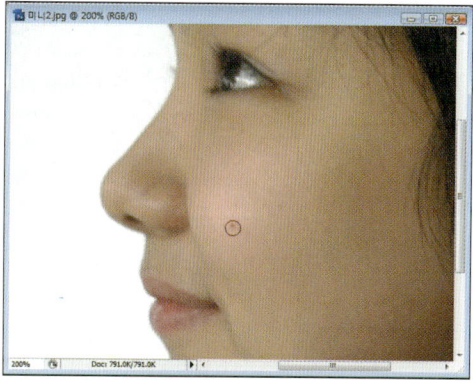

❶ 이미지를 확대하여 보기 위해 툴박스에서 돋보기 툴(🔍)을 선택하여 이미지 중앙에 한 번 클릭한다. 이미지가 200%로 확대되어 보인다.

❷ 스팟 힐링 브러시 툴(✏)을 선택하고 옵션 바의 브러시 프리셋 피커(▪)를 누른 후 [Diameter]를 '10'으로 설정하여 브러시 크기를 축소한다. 작은 점을 자연스럽게 없애기 위해서는 브러시 크기를 점보다 약간 크게 해야 한다.

❸ 점 부분을 클릭하여 지운다.

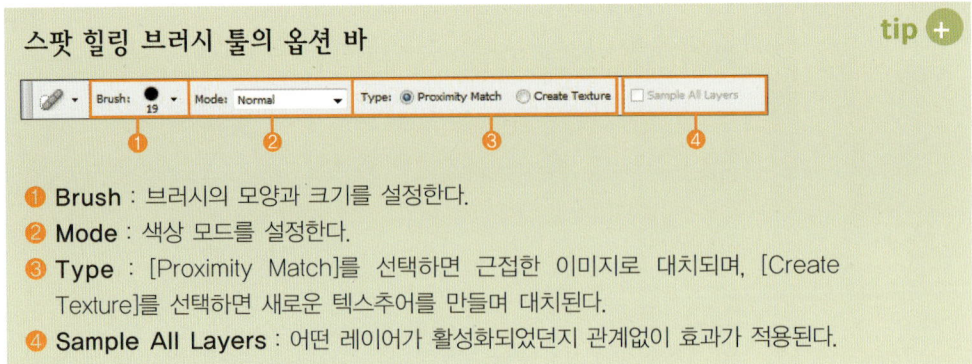

스팟 힐링 브러시 툴의 옵션 바 tip

① **Brush** : 브러시의 모양과 크기를 설정한다.
② **Mode** : 색상 모드를 설정한다.
③ **Type** : [Proximity Match]를 선택하면 근접한 이미지로 대치되며, [Create Texture]를 선택하면 새로운 텍스추어를 만들며 대치된다.
④ **Sample All Layers** : 어떤 레이어가 활성화되었던지 관계없이 효과가 적용된다.

따라하기 02 힐링 브러시 툴로 텍스추어 복원하기

'챕터3_샘플\주름.jpg' 파일을 불러온 후 확대하여 보면서 주름을 제거하여 보자.

① 이미지를 확대하여 보기 위해 툴박스에서 돋보기 툴( )을 선택하여 이미지의 중앙에 한 번 클릭한다. 이미지가 200%로 확대되어 보인다.

② 힐링 브러시 툴( )을 선택하고 옵션 바의 프리셋 피커( )를 클릭한다. [Diameter]를 '10'으로 설정하여 브러시 크기를 축소하고 [Hardeness]를 '0%'로 설정하여 브러시의 윤곽을 부드럽게 한다.

③ Alt 를 누른 채 주름 위에 대치할 샘플 이미지를 클릭하여 기준을 설정하고, 주름 부분을 클릭하거나 드래그하면 주름이 사라진다. 샘플로 설정한 이미지의 질감으로 대치되는 것을 확인할 수 있다.

④] 를 누르면 브러시의 크기가 커지는데, 여러 번 누를수록 브러시의 크기가 단계적으로 커진다. [를 누르면 브러시 크기가 작아지므로 브러시의 크기를 조절하면서 주름을 제거하여 보자.

힐링 브러시 툴의 옵션 바 tip

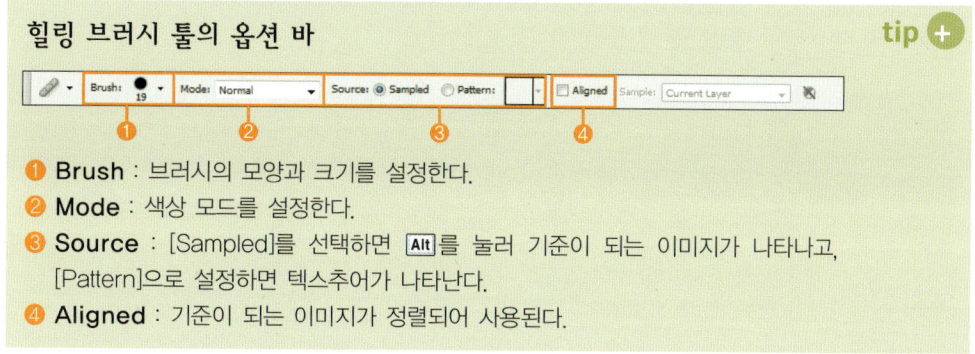

❶ **Brush** : 브러시의 모양과 크기를 설정한다.
❷ **Mode** : 색상 모드를 설정한다.
❸ **Source** : [Sampled]를 선택하면 Alt 를 눌러 기준이 되는 이미지가 나타나고, [Pattern]으로 설정하면 텍스추어가 나타난다.
❹ **Aligned** : 기준이 되는 이미지가 정렬되어 사용된다.

따라하기 03 패치 툴로 범위 지정하여 복원하기

'챕터3_샘플\바나나.jpg' 파일을 불러온 후 바나나의 검게 상한 부분을 온전하게 복원하여 보자.

❶ 툴박스에서 패치 툴( )을 선택하고 옵션 바가 [Source]로 설정된 것을 확인한다.

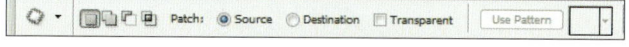

❷ 검게 상한 부분을 드래그하여 선택한다.

❸ 선택 영역을 온전한 부분으로 드래그하여 이미지와 어울리는 지점에서 마우스 버튼을 놓는다.

❹ 패치 툴은 주변의 색상을 계산하여 질감이 대치되므로 주변이 확연하게 다른 색상이 있는 부분에 가까이 가면 전혀 다른 색상이 나타날 수 있다.

❺ 작업 도중 실수하면 Alt + Ctrl + Z 를 눌러 뒤 단계로 돌아가서 다시 시작한다.

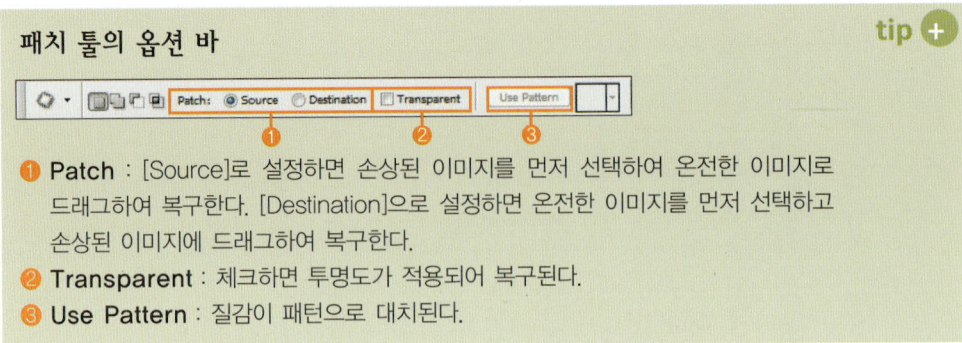

패치 툴의 옵션 바 tip

① **Patch** : [Source]로 설정하면 손상된 이미지를 먼저 선택하여 온전한 이미지로 드래그하여 복구한다. [Destination]으로 설정하면 온전한 이미지를 먼저 선택하고 손상된 이미지에 드래그하여 복구한다.
② **Transparent** : 체크하면 투명도가 적용되어 복구된다.
③ **Use Pattern** : 질감이 패턴으로 대치된다.

01 혼자해보기

'챕터3_샘플\닥터홍.jpg' 파일을 불러온 후 주름을 제거하여 보자.

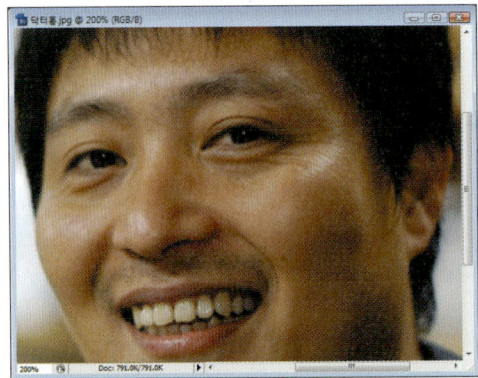 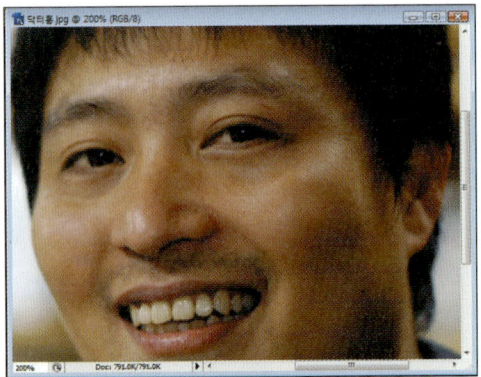

HINT | 툴박스에서 힐링 브러시 툴( )을 선택하고 옵션 바에서 [Sampled]로 설정한다. Alt 를 누른 채 온전한 이미지를 클릭하여 샘플 이미지로 설정하고 주름 위를 클릭하거나 드래그하여 지워준다.

02 혼자해보기

'챕터3_샘플\강원도.jpg' 파일을 불러온 후 멀리 보이는 사람을 지워 보자.

HINT | 툴박스에서 패치 툴( )을 선택하고 옵션 바가 [Source]로 설정된 것을 확인한다. 멀리 보이는 사람을 드래그하여 선택한 후 대치할 부분으로 이동하여 마우스 버튼을 놓는다.

Section 2. 이미지 색상만 변경하기

레드 아이 툴과 색상 교체 툴은 이미지의 색상을 변경할 수 있는 툴이다. 이미지에 특별히 선택 영역을 설정하지 않아도 칠하기만 하면 색상이 있는 영역을 자동으로 계산하여 색상을 변경하여 준다.

> **알아두기**
> - 레드 아이 툴은 사진 촬영에서 적목 현상이 발생한 눈동자를 보정하는 툴로 단번에 클릭이나 드래그로 보정할 수 있다.
> - 색상 교체 툴은 이미지에서 텍스추어의 컬러만 변경할 때 사용하면 효과적이다.

따라하기 01 레드 아이 툴로 적목 현상 제거하기

'챕터3_샘플\아이.jpg' 파일을 불러온 후 적목 현상이 나타난 눈동자를 수정하여 보자.

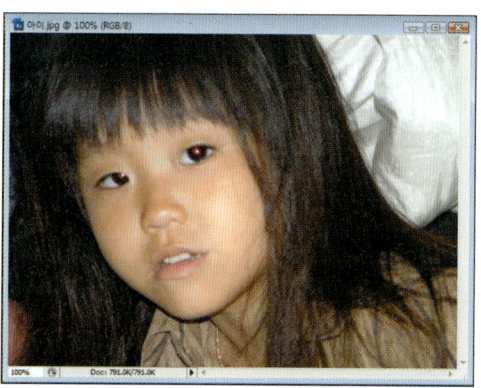 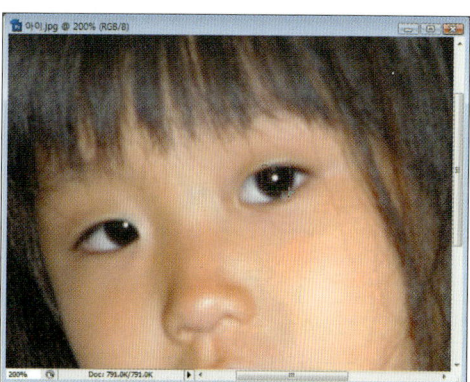

❶ 툴박스에서 돋보기 툴(🔍)을 선택하여 이미지의 눈 부분을 드래그하면 이미지를 확대하여 볼 수 있다.

❷ 레드 아이 툴(📷)을 선택하고 이미지의 눈동자를 드래그하거나 클릭하면 붉은 색이 제거된다.

❸ 다른 쪽 눈도 같은 방법으로 적목 현상을 제거한다.

> **레드 아이 툴의 옵션 바** tip ➕
> ❶ **Pupil Size** : 동공의 크기를 설정한다.
> ❷ **Darken Amount** : 어두움의 양을 설정한다.

따라하기 02 　색상 교체 툴로 색상만 살짝 변경하기

'챕터3_샘플\반지2.jpg' 파일을 불러온 후 반지의 붉은 반사광을 제거하고 큐빅 부분에 다양한 색상의 반사광을 더 넣어 보자.

❶ 툴박스에서 브러시 툴( )을 클릭하고 잠시 있으면 확장 툴이 나타나는데 이때 색상 교체 툴( )을 선택한다. 전경색이 검정이나 흰색의 무채색인 것을 확인하고 반지의 붉은 부분에 드래그하여 붉은 색을 제거한다.

❷ Swatches 팔레트에서 무채색이 아닌 색상을 클릭하여 전경색을 설정한다.

❸ ⌈를 눌러 브러시를 작게 하고 큐빅 부분의 밝은 반사광을 클릭하여 색상을 다양하게 만든다.

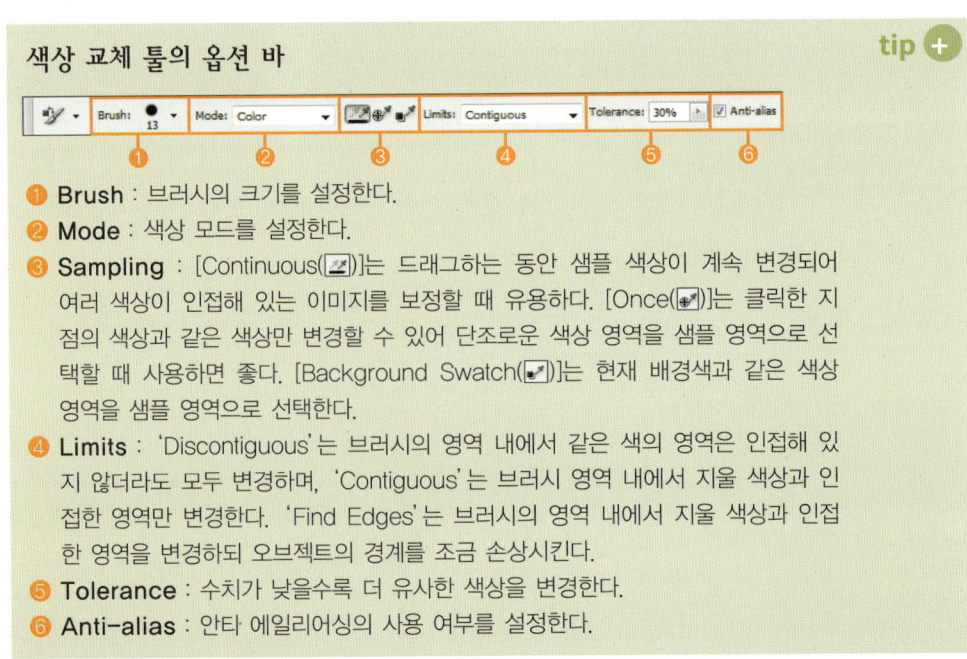

tip ➕

색상 교체 툴의 옵션 바

❶ **Brush** : 브러시의 크기를 설정한다.
❷ **Mode** : 색상 모드를 설정한다.
❸ **Sampling** : [Continuous( )]는 드래그하는 동안 샘플 색상이 계속 변경되어 여러 색상이 인접해 있는 이미지를 보정할 때 유용하다. [Once( )]는 클릭한 지점의 색상과 같은 색상만 변경할 수 있어 단조로운 색상 영역을 샘플 영역으로 선택할 때 사용하면 좋다. [Background Swatch( )]는 현재 배경색과 같은 색상 영역을 샘플 영역으로 선택한다.
❹ **Limits** : 'Discontiguous'는 브러시의 영역 내에서 같은 색의 영역은 인접해 있지 않더라도 모두 변경하며, 'Contiguous'는 브러시 영역 내에서 지울 색상과 인접한 영역만 변경한다. 'Find Edges'는 브러시의 영역 내에서 지울 색상과 인접한 영역을 변경하되 오브젝트의 경계를 조금 손상시킨다.
❺ **Tolerance** : 수치가 낮을수록 더 유사한 색상을 변경한다.
❻ **Anti-alias** : 안티 에일리어싱의 사용 여부를 설정한다.

01 혼자해보기

'챕터3_샘플\적목.jpg' 파일을 불러온 후 적목 현상이 나타난 눈동자를 수정하여 보자.

 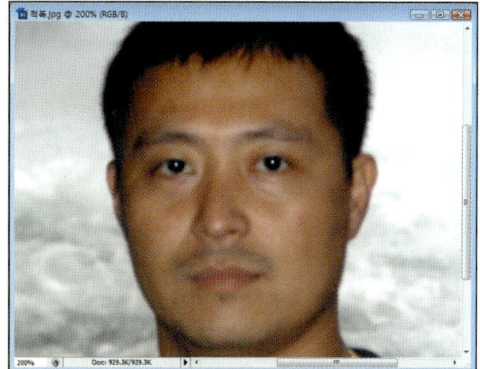

HINT | 이미지를 확대하여 보면서 작업한다. 툴박스에서 레드 아이 툴(	)을 선택하고 이미지의 눈동자를 드래그하거나 클릭하여 붉은색을 제거한다.

02 혼자해보기

'챕터3_샘플\재환.jpg' 파일을 불러온 후 꽃의 색상을 다양하게 바꾸어 보자.

HINT | 색상 교체 툴(	)을 선택하고 전경색을 확인한 후 색상을 칠해보자. []를 누르면 브러시 크기가 커지고 []를 누르면 브러시가 작아지므로 작업 중에 브러시의 크기를 조절하면서 효율적으로 작업을 해보자.

Section 3 이미지 복제하기

힐링 브러시 툴과 패치 툴이 텍스추어의 질감을 유지하면서 이미지를 복원하는데 비해 도장 툴은 이미지를 그대로 복제하면서 사용할 수 있다. 패턴 도장 툴은 패턴으로 이미지를 채울 때 사용하는데 브러시 크기에 영향을 받아 칠해진다.

> ● 알아두기
> - 도장 툴을 선택하고 Alt 를 누른 채 복제하려는 영역을 클릭하면 소스로 정의된다. 작업창 내에서뿐만 아니라 열려있는 다른 작업창에서도 드래그하면 이미지가 복제되면서 나타난다.
> - 패턴 도장 툴을 선택하고 사용하려는 패턴을 미리 정의하거나 저장되어 있는 패턴을 불러온 후에 이미지에 가서 쓱쓱 문질러 주며 패턴으로 채워준다.

따라하기 01 도장 툴로 똑같은 이미지 만들기

'챕터3_샘플\사과.jpg' 파일을 불러온 후 도장 툴을 이용하여 사과를 여러 개로 복제하여 보자.

❶ 툴박스에서 도장 툴( )을 선택하고 옵션 바의 프리셋 피커( )를 클릭하여 [Master Diameter]를 '150', [Hardness]를 '0%'로 설정한다.

❷ 옵션 바에서 [Aligned]의 체크를 해제한다. 그러면 드래그를 하다 마우스 버튼을 놓아도 처음 샘플 지점에서 다시 시작할 수 있다.

❸ 사과 이미지로 이동하여 Alt 를 누른 채 사과를 클릭하여 샘플로 정의한다. 빈곳으로 이동하여 드래그하면 사과가 복제된다.

❹ Alt 를 누른 채 다른 사과도 클릭하여 샘플로 다시 설정한 후 빈곳으로 이동하여 복제하여 보자.

❺ 작업을 하다가 불필요한 이미지가 나타나면 Alt를 누른 채 흰 배경을 샘플로 설정하여 하얗게 지워준다.

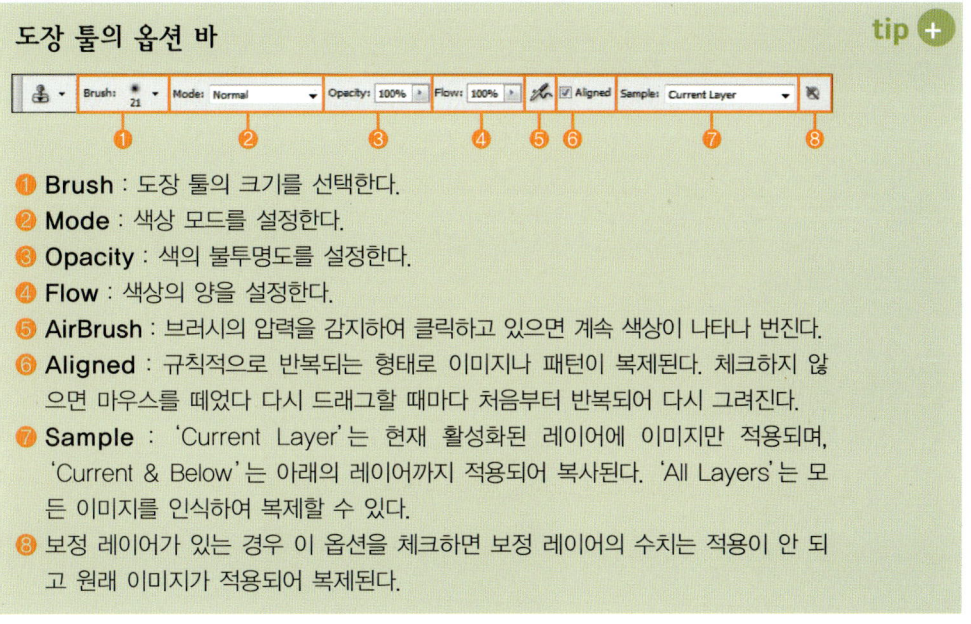

도장 툴의 옵션 바 tip ➕

❶ **Brush** : 도장 툴의 크기를 선택한다.
❷ **Mode** : 색상 모드를 설정한다.
❸ **Opacity** : 색의 불투명도를 설정한다.
❹ **Flow** : 색상의 양을 설정한다.
❺ **AirBrush** : 브러시의 압력을 감지하여 클릭하고 있으면 계속 색상이 나타나 번진다.
❻ **Aligned** : 규칙적으로 반복되는 형태로 이미지나 패턴이 복제된다. 체크하지 않으면 마우스를 떼었다 다시 드래그할 때마다 처음부터 반복되어 다시 그려진다.
❼ **Sample** : 'Current Layer'는 현재 활성화된 레이어에 이미지만 적용되며, 'Current & Below'는 아래의 레이어까지 적용되어 복사된다. 'All Layers'는 모든 이미지를 인식하여 복제할 수 있다.
❽ 보정 레이어가 있는 경우 이 옵션을 체크하면 보정 레이어의 수치는 적용이 안 되고 원래 이미지가 적용되어 복제된다.

따라하기 02 도장 툴로 배경 지우기

'챕터3_샘플\반찬.jpg' 파일을 불러온 후 도장 툴을 사용하여 지저분한 반찬을 정돈된 반찬처럼 만들어 보자.

❶ 툴박스에서 도장 툴(🖌)을 선택하고 옵션 바의 프리셋 피커(▼)를 클릭하여 [Master Diameter]를 '35'로 설정한다.

❷ 옵션 바의 [Opacity]를 '70%'로 설정하고 대치되는 이미지를 미리 보면서 드래그 하면 효율적으로 작업할 수 있다.

❸ [Aligned]의 체크를 해제하고 접시의 빈 곳에서 Alt 를 누른 채 샘플로 정의한 후 지저분한 곳에 드래그하여 대치하면서 복제한다.

❹ 원하지 않은 이미지가 나타나면 Alt 를 누른 채 샘플을 다시 정의하고 드래그한다.

따라하기 03 패턴 도장 툴로 패턴 만들기

'챕터3_샘플\음료수.jpg' 파일을 불러온 후 글자 D를 패턴으로 등록하고 캔 이미지의 배경을 채워 보자.

❶ 툴박스에서 사각 선택 툴( )을 클릭하고 옵션 바의 [Feather]가 '0px'인 것을 확인한 후 글자 'D'의 주위를 드래그하여 선택한다.

❷ [Edit]〉[Define Pattern] 메뉴를 실행하여 대화상자가 나타나면 [Name]을 'D'라고 입력하고 [OK] 버튼을 클릭하여 선택 영역을 패턴 샘플로 등록한다.

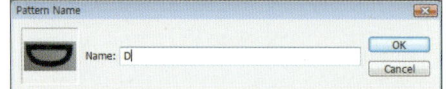

❸ 툴박스에서 다각형 올가미 툴(　)을 클릭하고 캔 이미지를 선택한다.
❹ [Select]>[Inverse] 메뉴를 실행하면 선택 영역이 반전되면서 캔 이미지의 배경이 선택된다.
❺ 정렬된 모양으로 패턴을 칠하기 위해서 툴박스에서 패턴 도장 툴(　)을 선택하고 옵션 바에서 [Aligned]를 체크한다. 패턴 피커(　)를 클릭하고 마지막에 등록되어 있는 'D' 패턴을 선택한다.

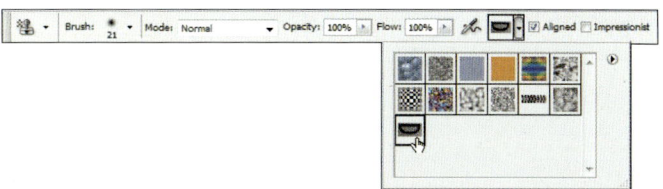

❻ 배경 이미지에서 드래그하여 패턴으로 채운다.

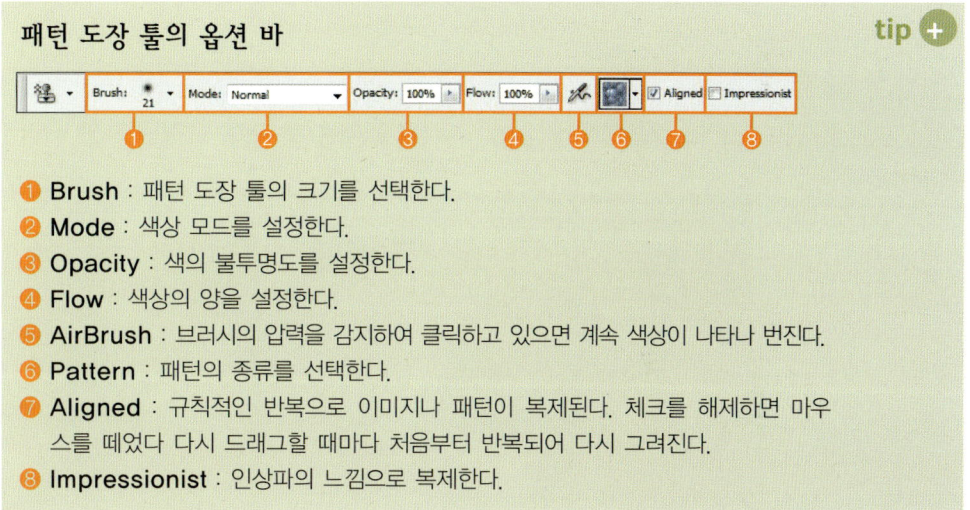

패턴 도장 툴의 옵션 바

❶ **Brush** : 패턴 도장 툴의 크기를 선택한다.
❷ **Mode** : 색상 모드를 설정한다.
❸ **Opacity** : 색의 불투명도를 설정한다.
❹ **Flow** : 색상의 양을 설정한다.
❺ **AirBrush** : 브러시의 압력을 감지하여 클릭하고 있으면 계속 색상이 나타나 번진다.
❻ **Pattern** : 패턴의 종류를 선택한다.
❼ **Aligned** : 규칙적인 반복으로 이미지나 패턴이 복제된다. 체크를 해제하면 마우스를 떼었다 다시 드래그할 때마다 처음부터 반복되어 다시 그려진다.
❽ **Impressionist** : 인상파의 느낌으로 복제한다.

[Fill] 명령으로 패턴 채우기

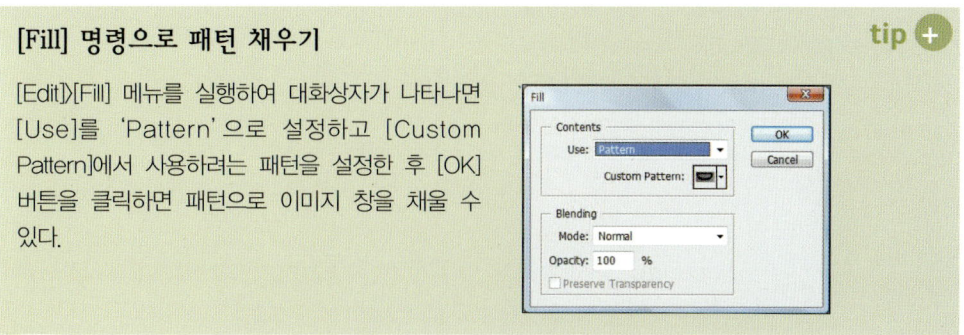

[Edit]>[Fill] 메뉴를 실행하여 대화상자가 나타나면 [Use]를 'Pattern'으로 설정하고 [Custom Pattern]에서 사용하려는 패턴을 설정한 후 [OK] 버튼을 클릭하면 패턴으로 이미지 창을 채울 수 있다.

01 혼자해보기

'챕터3_샘플\딸기.jpg' 파일을 불러온 후 딸기 모양을 여러 개 똑같이 복제하여 보자.

HINT | 툴박스에서 도장 툴( )을 선택한 후 Alt 를 누른 채 샘플을 클릭하고 빈곳에 드래그하여 복제한다. 옵션 바에서 [Aligned]의 체크를 해제하면 다시 드래그할 때마다 처음 샘플을 지정한 곳의 이미지가 나타난다.

02 혼자해보기

'챕터3_샘플\핸드폰.jpg' 파일을 불러온 후 뒤에 보이는 파란 사인펜을 삭제하여 보자.

HINT | 툴박스에서 도장 툴( )을 선택하고 대치할 배경을 Alt 를 누른 채 클릭하여 샘플로 설정한다. 사인펜 부분을 클릭하거나 드래그하여 배경 이미지를 복제하면서 대치한다.

03 혼자해보기

'챕터3_샘플\팬더.jpg' 파일을 불러온 후 팬더 이미지를 패턴으로 등록하고 새로운 창을 만들어 채워 보자.

HINT | 사각 선택 툴( )로 '팬더.jpg' 파일의 이미지를 사각으로 선택하고 [Edit]>[Define Pattern] 메뉴를 실행하여 패턴으로 등록한다. 툴박스에서 패턴 도장 툴( )을 선택하고 옵션 바에서 패턴 피커 ( )를 클릭하여 등록한 패턴을 클릭한다. [File]>[New] 메뉴를 실행하여 새 작업창을 만든 후 이미지 위에 드래그하여 패턴으로 채운다.

04 혼자해보기

앞에서 등록한 패턴을 [Edit]>[Fill] 메뉴를 이용하여 새로운 창에 채워 보자.

HINT | [File]>[New] 메뉴를 실행하여 새 작업창을 만든다. [Edit]>[Fill] 메뉴를 실행하여 대화상자가 나타나면 [Use]를 'Pattern'으로 설정한다. [Custom Pattern]의 피커( )를 클릭하여 앞서 등록한 팬더 패턴을 선택하고 [OK] 버튼을 클릭하면 작업창에 패턴이 채워진다.

핵심정리 summary

1. 이미지 복원하기

- 스팟 힐링 브러시 툴은 점과 같은 작은 흠을 주변의 질감으로 복원할 때 사용한다. 옵션 바의 [Sample All Layers] 옵션을 체크하면 어떤 레이어가 활성화되었던지 관계없이 효과가 모두 적용된다.
- 힐링 브러시 툴은 Alt 를 누른 채 이미지를 클릭하여 샘플로 설정한 후 손상된 이미지를 클릭하거나 드래그하면서 복원한다. 옵션 바의 [Source]에서 [Sampled]를 설정하면 Alt 를 눌러 기준이 되는 이미지가 나타나고, [Pattern]으로 설정하면 텍스추어가 나타난다.
- 패치 툴은 선택 영역을 지정한 후 복원하려는 이미지로 드래그하여 사용한다.

2. 이미지 색상만 변경하기

- 레드 아이 툴은 적목 현상이 발생한 붉은 눈동자를 보정하는 툴로 단번에 클릭이나 드래그로 보정할 수 있다.
- 색상 교체 툴은 이미지의 색상만 변경할 때 사용하면 효과적이며, 순검정과 순흰색은 색상이 적용되지 않고 회색은 색상을 적용할 수 있다.

3. 이미지 복제하기

- 도장 툴은 이미지를 똑같은 이미지로 만들어내는 기능으로 메인 이미지를 여러 개 복제하여 만들기도 하지만 배경을 소스로 하여 자연스럽게 없애는 기능으로 더 많이 사용된다.
- 옵션 바의 [Aligned]는 규칙적으로 반복되는 형태의 이미지가 나타나게 할 때 사용되며, 체크하지 않을 경우 마우스를 떼었다 다시 드래그할 때마다 처음 Alt 를 눌러 기준을 정의했던 곳이 반복되어 다시 그려진다.
- 패턴 도장 툴은 사용하려는 패턴을 미리 정의([Edit]>[Define Pattern])하거나 저장되어 있는 패턴을 설정한 후에 이미지에 가서 문질러 주면 된다.

종합실습   e_x_e_r_c_i_s_e

'챕터03_샘플\오산.jpg' 파일을 불러와서 얼굴의 점과 눈가에 주름을 제거해 보고 뒤 배경의 전선도 지워 보자.

HINT
1. **이미지 파일 불러오기** : [File]>[Open]
2. **확대하여 작업하기** : 돋보기 툴로 300% 확대
3. **점 지우기** : 스팟 힐링 브러시 툴로 점 부분을 클릭
4. **주름 지우기** : 패치 툴로 주름을 보정
5. **100% 보기** : 돋보기 툴로 Alt 를 누른 채 이미지에 두 번 클릭
6. **전선 지우기** : 도장 툴로 Alt 를 누른 채 샘플을 정의하고 전선 지우기

CHAPTER 4

Section 1 색상 선택하여 칠하기
Section 2 이미지 한 번에 채색하기
Section 3 브러시 툴과
 연필 툴로 칠하기
Section 4 히스토리 브러시와
 지우개 툴 사용하기
Section 5 리터칭 툴로
 이미지 수정하기

페인팅과 리터칭으로
이미지를 섬세하게 수정하기

포토샵의 페인팅과 리터칭 관련 기능들은 새 작업창을 만들어 새로운 이미지를 그려내거나 기존의 이미지에 덧칠하는 방법으로 작업이 이루어지는데 기능에 의존하기보다는 개인의 드로잉 실력에 따라 작업 완성도의 차이가 많이 날 수 있다.

색상 선택과 페인팅 및 리터칭 관련 기능 파악하기

Chapter

포토샵에서 직접 드로잉을 하기 위해서는 페인팅 툴을 사용하고, 리터칭 툴을 이용하면 명암, 채도, 선명, 흐림, 밀기 기능으로 이미지를 수정할 수 있다. 이러한 툴들은 Brushes 팔레트에서 제공하는 브러시 모양과 옵션의 설정으로 적용 영역이 결정된다.

01 페인팅 관련 툴

이미지에 색상을 칠하거나 지우는 페인팅 툴에는 브러시 툴, 연필 툴, 지우개 툴 등이 있다. 페인팅과 리터칭에 관련된 모든 툴은 브러시 크기에 영향을 받아 작업이 이루어진다.

❶ **페인팅 툴** : 전경색이 칠해지는 툴들로 브러시 툴(🖌)은 부드럽게, 연필 툴(✏)은 거칠게 이미지에 색상을 칠한다.

브러시 툴

연필 툴

❷ **지우개 툴** : 지우개 툴(🧽)은 배경색으로 이미지를 지우고, 마술 지우개 툴(🧽)은 마술봉 툴과 같이 자동으로 영역을 선택하는 동시에 영역을 지워 투명하게 만든다. 배경 지우개 툴(🧽)은 드래그하는 영역을 투명하게 지운다.

지우개 툴

마술 지우개 툴

배경 지우개 툴

❸ **히스토리 브러시 툴과 아트 히스토리 브러시 툴** : 히스토리 브러시 툴( )은 History 팔레트에서 저장된 상태로 이미지를 복원하며 칠해진다. 아트 히스토리 브러시 툴( )은 히스토리 브러시와 비슷하지만 회화적인 느낌을 추가하여 칠해준다.

히스토리 브러시 툴   아트 히스토리 브러시 툴

❹ **그레이디언트 툴과 페인트통 툴** : 그레이디언트 툴( )은 두 가지 이상의 색상 사이에서 점진적인 혼색을 만들어주며, 페인트통 툴( )은 전경색이나 패턴으로 단번에 색상을 칠한다.

그레이디언트 툴   페인트통 툴

02 리터칭 관련 툴

선명도나 명암 및 채도를 조절하는 리터칭 툴은 브러시 크기에 영향을 받으며, 이미지에 직접적으로 문지르며 사용하므로 세밀한 리터칭 작업이 가능하다.

❶ **선명도를 변경하는 리터칭 툴** : 이미지를 흐리게 또는 뚜렷하게 하거나, 뭉개면서 흐리게 변형할 수 있는 툴들이다.

블러 툴   샤픈 툴   스머지 툴

❷ 명암과 채도를 변경하는 리터칭 툴 : 이미지를 밝게 또는 어둡게 하거나, 채도를 조절하는 툴들이다.

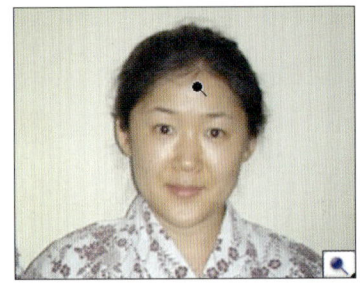 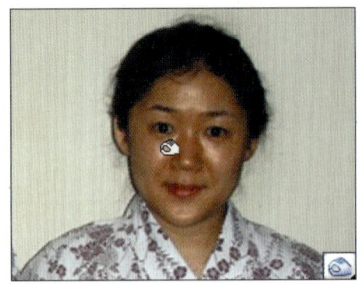 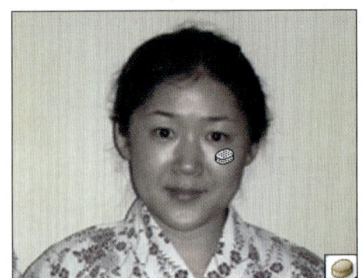

닷지 툴　　　　　　　　　　번 툴　　　　　　　　　　스펀지 툴

03 색상을 선택하는 다양한 방법

페인팅 툴은 공통적으로 전경색을 이미지에 적용한다. 따라서 페인팅 툴을 사용하려면 색상을 선택하는 작업이 선행되어야 하는데 포토샵에서는 여러 가지 방법으로 색상을 선택할 수 있다.

● [Color Picker] 대화상자

[Color Picker] 대화상자는 툴박스의 전경색이나 배경색 부분을 클릭하여 불러낼 수 있다.

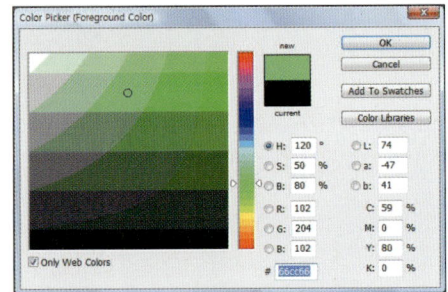

● Color 팔레트

Color 팔레트에서 색상을 선택하려면 각각의 색상값을 직접 입력하거나 슬라이더를 드래그하면 된다. 또는 스펙트럼에서 직접 색상을 보면서 클릭해도 된다. 전경색이나 배경색 부분을 클릭하면 [Color Picker] 대화상자가 열린다.

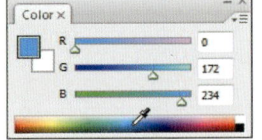

● Swatches 팔레트

Swatches 팔레트에서는 자주 사용하는 색상을 등록하여 사용할 수 있을 뿐만 아니라 현재의 Swatches 팔레트 구성을 저장할 수도 있다. 팔레트의 견본 색상을 클릭하면 툴박스에 전경색으로 지정되고, Ctrl 을 누른 채 클릭하면 배경색으로 지정된다.

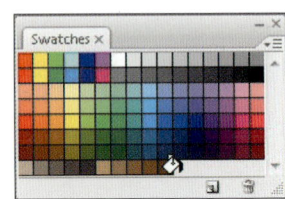

Section 1. 색상 선택하여 칠하기

이미지에 색상을 칠하기 위해서는 먼저 색상을 선택해야 하는데, 색상은 [Color Picker] 대화상자, Color 팔레트, Swatches 팔레트 등을 이용하여 선택할 수 있다. 이번 Section에서는 색상을 선택하여 칠해보고 [Fill]과 [Stroke] 명령을 활용하여 채색해 보자.

> **알아두기**
> - 툴박스에서 전경색이나 배경색을 클릭하면 [Color Picker] 대화상자를 불러와서 색상을 선택할 수 있다.
> - [Edit]〉[Fill] 메뉴를 실행하면 이미지를 전경색, 배경색, 패턴, 원본 이미지로 채울 수 있다.
> - Swatches 팔레트에서 빈 곳을 클릭하면 색상을 추가할 수 있고, Alt 를 누른 채 색상을 클릭하면 제거할 수 있다.

따라하기 01 전경색과 배경색으로 칠하기

'챕터4_샘플\바다속1.jpg' 파일을 불러온 후 이미지에 색상을 칠해 보자.

❶ 툴박스에서 마술봉 툴(🪄)을 선택하고 옵션 바에서 [Contiguous]를 체크한다. 물고기의 흰 몸통을 클릭하여 선택한다.

❷ 툴박스 하단에서 전경색을 클릭하여 [Color Picker] 대화상자를 불러온다.

❸ 세로 막대의 색상 슬라이더를 이동하여 색상 계열을 먼저 선택하면 왼쪽 창이 해당 색상 필드로 바뀌는데, 여기에서 원하는 명도와 채도를 가진 색상을 고르고 [OK] 버튼을 클릭한다. 여기서는 '#66cc66'를 선택한다.

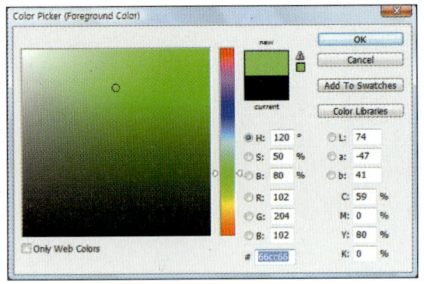

❹ 전경색이 설정된 상태에서 Alt + Delete 를 눌러 색상을 단번에 채운다.

❺ 이번에는 마술봉 툴( )로 입술을 선택한다. 같은 방법으로 툴박스 하단에서 배경색을 클릭하여 [Color Picker] 대화상자를 불러온 후 '#ff99cc'를 선택한다.

❻ 배경색으로 색상을 채우려면 Delete 를 누른다.

❼ 배경도 선택 영역을 지정하고 '#66ccff' 색상으로 채워보자.

---

tip ➕

툴박스의 전경색과 배경색

❶ **기본색** : 초기 설정값으로 전경색은 검정, 배경색은 흰색이 된다. D 를 눌러도 된다.
❷ **색상 전환** : 클릭하면 전경색과 배경색이 전환된다. X 를 눌러도 된다.
❸ **전경색** : 클릭하면 [Color Picker] 대화상자가 나타나 전경색을 설정할 수 있다. Alt + Delete 를 눌러도 된다.
❹ **배경색** : 클릭하면 [Color Picker] 대화상자가 나타나 배경색을 설정할 수 있다. Ctrl + Delete 를 눌러도 된다.

---

tip ➕

[Color Picker] 대화상자

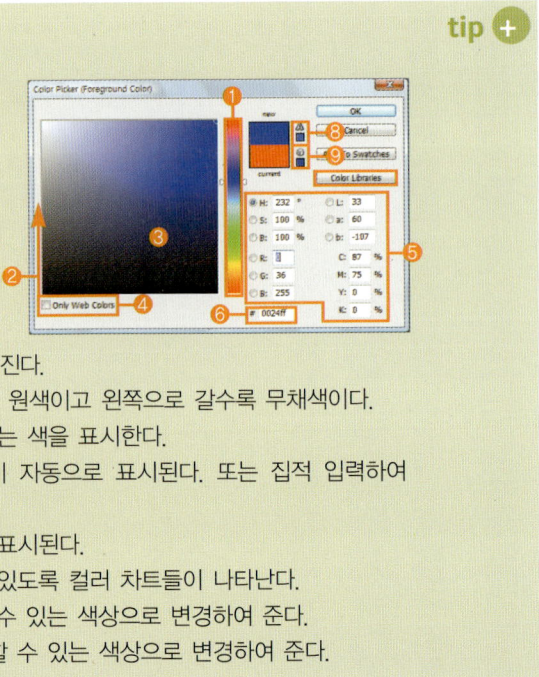

RGB 및 CMYK, 웹에서 사용하는 헥사 코드를 동시에 보여주므로 편리하게 사용할 수 있다. 웹에서 안전한 색상만 선택하려면 [Only Web Colors] 옵션에 체크한다.

❶ **색상(Hue)** : 삼각 슬라이더를 드래그하여 색상을 찾는다.
❷ **명도(Brightness)** : 위쪽으로 갈수록 색이 밝아지고 아래쪽으로 갈수록 어두워진다.
❸ **채도(Saturation)** : 오른쪽으로 갈수록 원색이고 왼쪽으로 갈수록 무채색이다.
❹ **Only Web Colors** : 웹에서만 표현되는 색을 표시한다.
❺ **HSB, RGB, Lab, CMYK** : 색상값이 자동으로 표시된다. 또는 직접 입력하여 정확한 색상을 찾을 수 있다.
❻ **#** : HTML 코드에 사용되는 색상 값이 표시된다.
❼ **Color Libraries** : 별색을 지정할 수 있도록 컬러 차트들이 나타난다.
❽ **삼각형 경고 아이콘** : 클릭하면 인쇄할 수 있는 색상으로 변경하여 준다.
❾ **사각형 아이콘** : 클릭하면 웹에서 표현할 수 있는 색상으로 변경하여 준다.

따라하기 02 [Fill] 메뉴로 채색하기

'챕터4_샘플\고양이2.jpg' 파일을 불러온 후 [Edit]>[Fill] 메뉴를 사용하여 이미지에 색상을 채워 보자.

❶ 툴박스에서 다각형 올가미 툴(　)을 선택하고 고양이의 몸통을 클릭하며 선택한다.

❷ 선택 범위가 지정되면 [Edit]>[Fill] 메뉴를 클릭하여 대화상자를 불러온 후 [Use]를 'Color'로 설정한다. [Choose a color] 대화상자에서 '#0099ff'를 입력하고 [OK] 버튼을 클릭한다. [Blending]의 [Mode]는 'Darken'으로 설정하고 [OK] 버튼을 클릭한다.

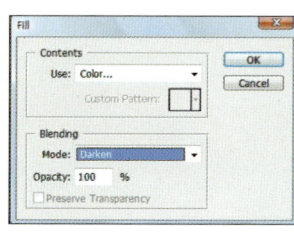 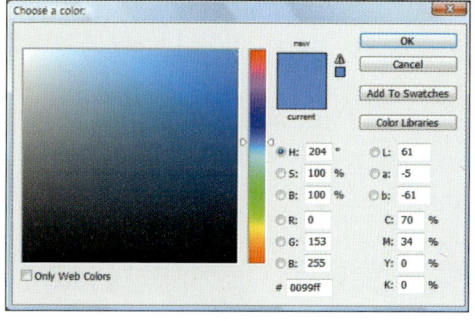

❸ 고양이의 몸통에 파란 색상이 칠해지고, [Mode]를 'Darken'으로 설정하였기 때문에 검정 테두리가 모두 보이는 것을 확인할 수 있다.

❹ 같은 방법으로 고양이 배를 선택하고 '#ff99cc' 색상을 선택하여 칠한다.

❺ 고양이 배가 선택된 상태에서 [Edit]〉[Fill] 메뉴를 실행한 후 [Use]를 'Pattern'으로 선택한다. [Custom Pattern]을 클릭한 후 'Bubbles', [Blending]의 [Mode]는 'Darken', [Opacity]는 '50'으로 설정하고 [OK] 버튼을 클릭한다.

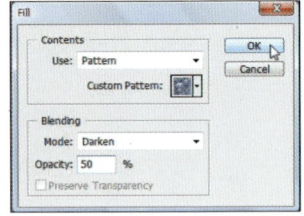

❻ 고양이 배에 패턴이 반투명하게 채워진 것을 확인할 수 있다.

❼ 다른 영역도 선택 영역을 지정하고 [Fill] 명령을 이용하여 여러 패턴을 넣어 칠해 보자.

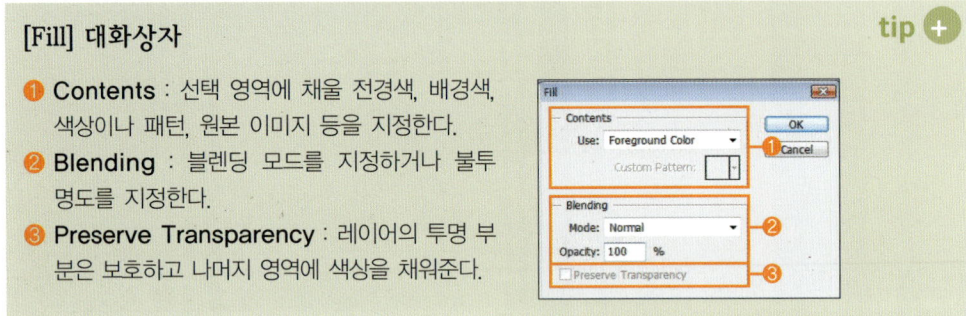

[Fill] 대화상자   tip

❶ **Contents** : 선택 영역에 채울 전경색, 배경색, 색상이나 패턴, 원본 이미지 등을 지정한다.
❷ **Blending** : 블렌딩 모드를 지정하거나 불투명도를 지정한다.
❸ **Preserve Transparency** : 레이어의 투명 부분은 보호하고 나머지 영역에 색상을 채워준다.

따라하기 03 [Stroke] 명령으로 외곽선 칠하기

'챕터4_샘플\눈결정체.jpg' 파일을 불러온 후 [Edit]〉[Stroke] 메뉴를 여러 번 사용하여 이미지에 번지는 테두리를 칠해 보자.

❶ 툴박스에서 마술봉 툴(　)을 선택하고 옵션 바에서 [Contiguous]를 체크한다. 이미지의 눈 결정체를 클릭하여 선택한다.

❷ [Edit]>[Stroke] 메뉴를 선택하여 대화상자가 나타나면 [Width]를 '20px', [Color]는 흰색, [Opacity]는 '30'으로 설정하고 [OK] 버튼을 클릭한다.

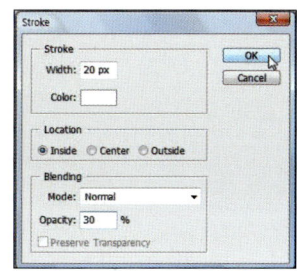

❸ 선택한 이미지의 윤곽으로 테두리가 생성되는 것을 확인할 수 있다.
❹ 선택 범위가 설정된 상태에서 같은 방법으로 적용하되 [Width]를 '10px', Opacity는 '50'으로 하고 [OK] 버튼을 클릭한다.
❺ 한 번 더 같은 방법으로 적용하되 [Width]를 '5px', Opacity는 '70'으로 하고 [OK] 버튼을 클릭한다. 눈송이의 윤곽이 부드럽게 보이는 것을 확인 할 수 있다.

따라하기 04 Swatches 팔레트에 색상 등록하기

전경색을 지정하고 Swatches 팔레트에 등록하여 보자.

❶ 툴박스에서 전경색을 클릭한 후 [Color Picker] 대화상자의 [C], [Y], [K]는 '0', [M]에는 '25'를 입력하고 [OK] 버튼을 선택한다.
❷ Swatches 팔레트의 빈 공간에 마우스 커서를 가져가서 페인트 통 아이콘으로 변경되면 클릭한다.

❸ [Color Swatch Name] 대화상자가 나타나면 색상의 이름을 '분홍색'이라고 입력하고 [OK] 버튼을 클릭한다.

❹ 전경색이 Swatches 팔레트에 등록된 것을 확인할 수 있다.

Section 1. 색상 선택하여 칠하기   123

Swatches 팔레트에서 색상을 지정하거나 제거하려면   tip

- Swatches 팔레트의 견본 색상을 클릭하면 툴박스에 전경색으로 지정되고, Ctrl을 누른 채 클릭하면 배경색으로 지정된다.
- Alt를 누른 채 색상 위로 마우스 커서를 가져가면 가위 모양으로 변하는데, 이때 클릭하면 Swatches 팔레트에 등록되어 있는 색상을 제거할 수 있다.

01 혼자해보기

'챕터4_샘플\바다속.jpg' 파일을 불러온 후 이미지에 색상과 패턴을 채워 보자.

HINT | 이미지에서 칠할 부분을 선택 영역으로 설정한 후 [Edit]>[Fill] 메뉴를 클릭하여 대화상자가 나타나면 [Use]에서 색상이나 패턴을 설정하여 칠한다.

02 혼자해보기

'챕터4_샘플\나비.jpg' 파일을 불러온 후 각각의 나비에 점진적으로 색상의 농도가 달라지는 테두리를 넣어 보자.

 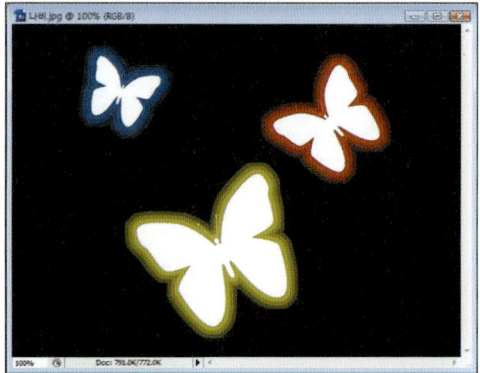

HINT | 나비 한 마리를 선택 영역으로 지정한 후 [Edit]>[Stroke] 메뉴를 클릭하여 [Width]를 '15px', Opacity는 '30'으로 설정하여 테두리를 만든다. 같은 방법으로 [Width]의 수치를 축소하면서 반복 적용한다. 다른 나비도 색상만 다르게 하고 같은 방법으로 적용한다.

Section 2  이미지 한 번에 채색하기

그레이디언트 툴과 페인트통 툴은 클릭이나 드래그만으로 단숨에 이미지에 색상을 칠하는 툴이다. 페인트통 툴은 단색이나 패턴으로 칠할 때, 그레이디언트 툴은 점진적인 색상으로 이미지를 채울 때 사용한다.

● 알아두기

- 그레이디언트 툴은 두 가지 이상의 색상을 혼합하여 점진적으로 이미지를 채우는데, 이미지 위에서 드래그하는 거리와 각도에 영향을 받는다.
- 페인트통 툴은 클릭만 하면 단색이나 패턴으로 이미지를 채울 수 있다. 마술봉 툴처럼 [Tolerance]의 영향을 받아 허용 범위가 정해지고, [Opacity]를 적용하여 불투명하게 채울 수도 있다.

따라하기 01 그레이디언트 툴 이용하여 점진적으로 이미지 채색하기

'챕터4_샘플\구두2.jpg' 파일을 불러온 후 그레이디언트 툴을 이용하여 배경을 채워 보자.

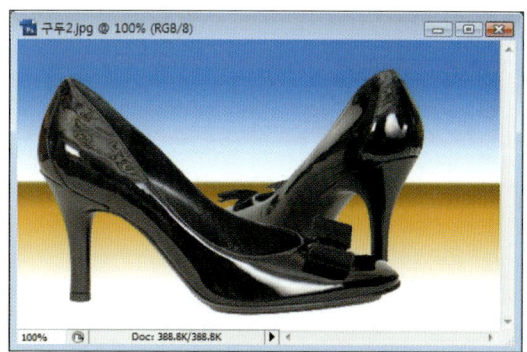

❶ 툴박스에서 마술봉 툴(🪄)을 선택하고 구두의 흰 배경을 클릭한다. 옵션 바에서 추가 선택 버튼(▣)을 클릭하고 선택에 포함되지 않은 구두 굽의 배경도 추가로 선택한다.

❷ 툴박스에서 그레이디언트 툴(▣)을 선택하고 옵션 바에서 그레이디언트 피커(▾)를 눌러 'Chrome'을 선택한다.
그 밖의 옵션 설정은 기본값을 유지한다.

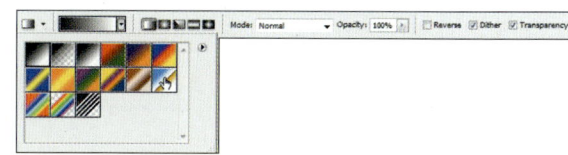

❸ 이미지로 이동하여 위에서 아래로 드래그하면 그레이디언트 색상이 나타난다.

❹ 드래그의 방향과 거리를 다르게 하여 드래그하여 보자. 아래에서 위로 드래그하면 그레이디언트의 색상이 반대로 나타나고 거리를 짧게 드래그하면 점진적인 색상의 단계도 짧아진다.

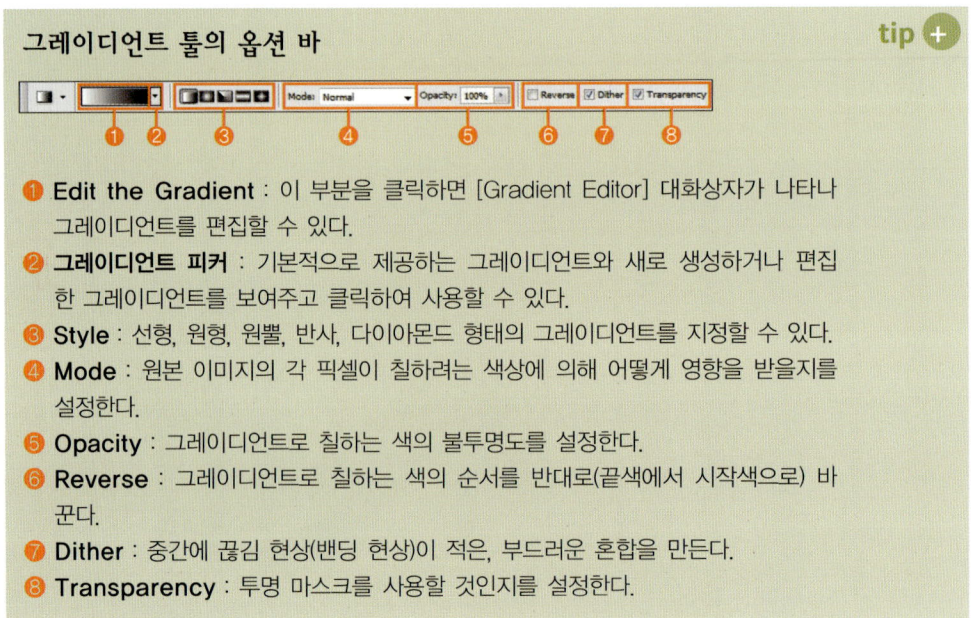

그레이디언트 툴의 옵션 바 — tip

❶ **Edit the Gradient** : 이 부분을 클릭하면 [Gradient Editor] 대화상자가 나타나 그레이디언트를 편집할 수 있다.
❷ **그레이디언트 피커** : 기본적으로 제공하는 그레이디언트와 새로 생성하거나 편집한 그레이디언트를 보여주고 클릭하여 사용할 수 있다.
❸ **Style** : 선형, 원형, 원뿔, 반사, 다이아몬드 형태의 그레이디언트를 지정할 수 있다.
❹ **Mode** : 원본 이미지의 각 픽셀이 칠하려는 색상에 의해 어떻게 영향을 받을지를 설정한다.
❺ **Opacity** : 그레이디언트로 칠하는 색의 불투명도를 설정한다.
❻ **Reverse** : 그레이디언트로 칠하는 색의 순서를 반대로(끝색에서 시작색으로) 바꾼다.
❼ **Dither** : 중간에 끊김 현상(밴딩 현상)이 적은, 부드러운 혼합을 만든다.
❽ **Transparency** : 투명 마스크를 사용할 것인지를 설정한다.

따라하기 02 새 그레이디언트 만들기

앞에서 변경한 '구두2.jpg' 파일에서 [File]〉[Revert] 메뉴를 사용하여 원본으로 돌아온 후 그레이디언트를 만들어 채워 보자.

① 툴박스에서 마술봉 툴(　)을 선택하고 구두의 흰 배경을 클릭한다. 옵션 바에서 추가 선택 버튼(　)을 클릭하고 선택에 포함되지 않은 구두 굽의 배경도 추가로 선택한다.

② 툴박스에서 그레이디언트 툴(　)을 선택하고 옵션 바의 [Edit the Gradient]를 클릭하여 [Gradient Editor] 대화상자를 불러온다.

③ 그레이디언트 막대의 왼쪽 컬러 스톱(　)을 클릭하고 [Color]를 클릭한다. [Select stop color] 대화상자가 나타나면 빨간색을 선택하고 [OK] 버튼을 클릭한다.

④ 같은 방법으로 그레이디언트 막대의 오른쪽 컬러 스톱을 클릭하고 노란 색상을 선택한다.

⑤ [Gradient Edit] 대화상자에서 [New] 버튼을 선택하여 [Presets]에 등록하고 [OK] 버튼을 클릭한다.

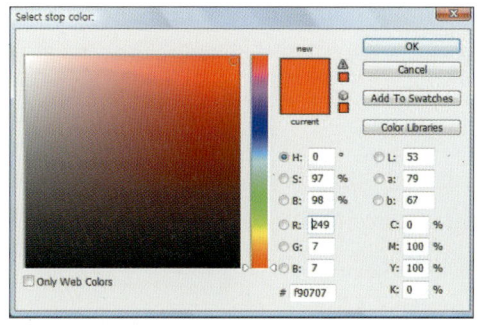
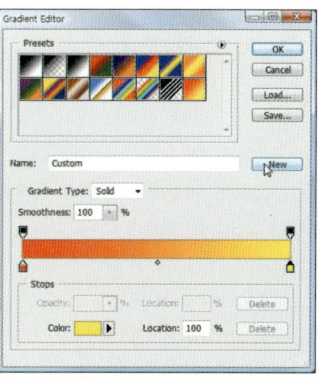

Section 2. 이미지 한 번에 채색하기   127

❻ 이미지로 이동하여 왼쪽 상단에서 오른쪽 하단으로 드래그하면 그레이디언트 색상이 대각선으로 나타난다.

[Gradient Editor] 대화상자

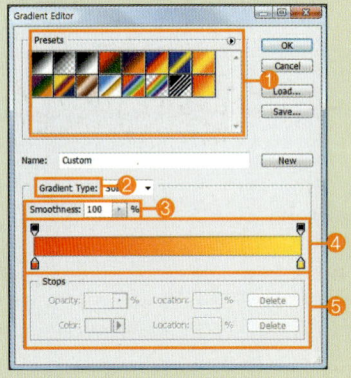

❶ **Presets** : 기존의 그레이디언트와 새로 만든 그레이디언트가 저장되어 있다. [New] 버튼을 클릭하여 이름을 지정할 수 있다.
❷ **Gradient Type** : Solid의 단색과 띠 형식의 Noise를 선택하여 사용할 수 있다.
❸ **Smoothness** : 그레이디언트의 부드럽기를 설정하는데 수치가 높을수록 부드럽다.
❹ **그레이디언트 조절 막대** : 그레이디언트 막대 하단의 경계를 클릭하여 그레이디트 색상을 추가할 수 있는 컬러 스톱(Color Stop)을 만들 수 있다. 컬러 스톱을 좌우측으로 드래그하면 삭제된다. 그레이디언트 막대 상단에서 설정하는 불투명도 스톱(Opacity Stop)은 색상의 투명도를 조절해주는데, 100%면 색상이 모두 나타나고 0%면 색상을 투명하게 해준다.
❺ **Stops** : 컬러 스톱의 불투명도와 위치, 색상을 지정할 수 있다.

따라하기 03 페인트통 툴로 채색하기

'챕터4_샘플\고양이.jpg' 파일을 불러온 후 페인트통 툴로 색상과 패턴을 채워 보자.

❶ Swatches 팔레트에서 전경색을 붉은색으로 설정한다.

❷ 툴박스에서 페인트통 툴( )을 선택하고 옵션 바에서 'Foreground'로 설정되어 있는지 확인한다.

❸ 고양이의 몸통과 꼬리를 클릭하여 색상을 채운다.

❹ 이번에는 옵션 바에서 'Pattern'으로 설정한 후 패턴 피커( )를 클릭하고 'Satin'을 선택한다.

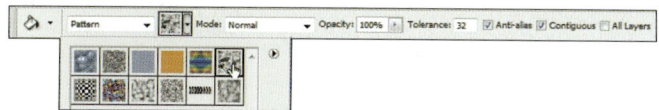

❺ 고양이의 배경을 클릭하여 패턴을 채운다.

tip +

페인트통 툴의 옵션 바

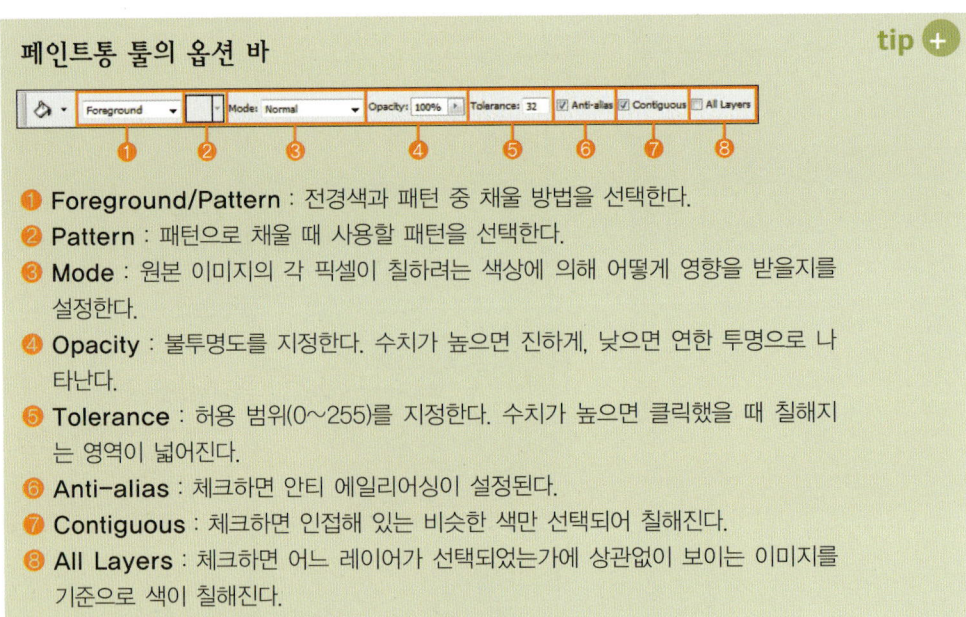

❶ **Foreground/Pattern** : 전경색과 패턴 중 채울 방법을 선택한다.
❷ **Pattern** : 패턴으로 채울 때 사용할 패턴을 선택한다.
❸ **Mode** : 원본 이미지의 각 픽셀이 칠하려는 색상에 의해 어떻게 영향을 받을지를 설정한다.
❹ **Opacity** : 불투명도를 지정한다. 수치가 높으면 진하게, 낮으면 연한 투명으로 나타난다.
❺ **Tolerance** : 허용 범위(0~255)를 지정한다. 수치가 높으면 클릭했을 때 칠해지는 영역이 넓어진다.
❻ **Anti-alias** : 체크하면 안티 에일리어싱이 설정된다.
❼ **Contiguous** : 체크하면 인접해 있는 비슷한 색만 선택되어 칠해진다.
❽ **All Layers** : 체크하면 어느 레이어가 선택되었는가에 상관없이 보이는 이미지를 기준으로 색이 칠해진다.

01 혼자해보기

'챕터4_샘플\와인병.jpg' 파일을 불러온 후 배경 이미지에 원형 그레이디언트를 넣어 보자.

HINT | 퀵 선택 툴(🔍)로 배경을 선택하고 그레이디언트 툴(🔲)을 클릭한다. 옵션 바에서 원형 그레이디언트(🔲)를 선택하고 [Reverse]에 체크한 후 중앙에서 바깥쪽으로 드래그하여 그레이디언트를 채운다.

02 혼자해보기

'챕터4_샘플\기사.jpg' 파일을 불러온 후 배경을 선택하여 다음과 같은 패턴으로 채워 보자.

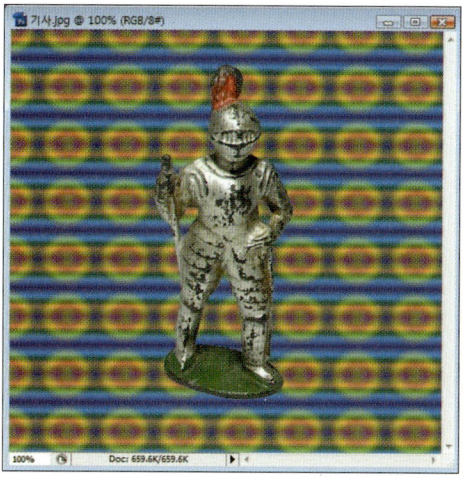

HINT | 툴박스에서 페인트통 툴( )을 선택하고 옵션 바에서 'Pattern'으로 설정한다. 패턴 피커를 클릭하여 'Tie Dye' 패턴을 선택하고 배경을 클릭하여 채운다.

03 혼자해보기

새로운 창을 만들고 다음과 같이 선택 영역을 지정한 후 그레이디언트를 채워 보자.

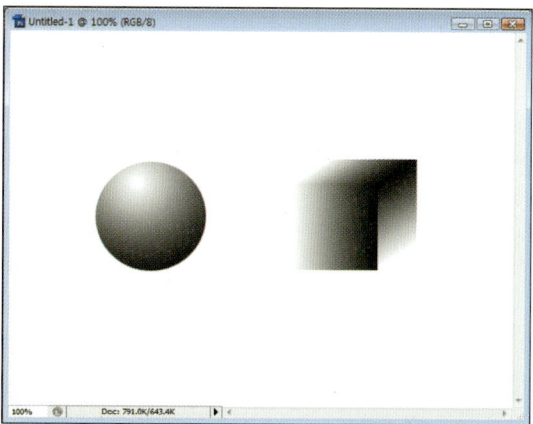

HINT | [File][New] 메뉴를 실행하여 600*450픽셀, 72pixels/inch, 흰색 배경으로 설정하여 새로운 창을 만들고 원형 선택 툴( )로 원형의 선택 영역을 만든다. 전경색을 검정, 배경색을 흰색으로 설정한 후 그레이디언트 툴( )을 선택한다. 옵션 바에서 원형 그레이디언트( )를 선택하고 선택 영역에 드래그하여 볼록한 구를 만든다. 같은 방법으로 사각 선택 툴( )을 선택하고 이미지에 드래그하여 선택 영역을 만든 후 선형 그레이디언트( )를 선택하고 선택 영역 안을 드래그하여 채운다. 이동 툴( )을 선택하고 선택 영역을 Alt를 누른 채 이동하면 복사가 되는데 이때 Ctrl+T를 눌러 바운딩 박스가 나타나면 Ctrl을 누른 채 조절점을 이동하여 그림처럼 육면체를 만든다.

Section 3. 브러시 툴과 연필 툴로 칠하기

브러시 툴은 윤곽이 부드럽게 칠해지는 반면 연필 툴은 브러시의 윤곽에 안티 에일리어싱이 적용되지 않아 거칠게 칠해진다. 따라서 정확한 윤곽이 필요한 아바타나 아이콘같은 작은 사이즈의 픽셀 이미지 작업에 적합하다.

> ◐ 알아두기
> - 브러시 툴과 연필 툴은 전경색으로 칠해지고 배경색으로 지워진다.
> - 브러시 모양을 선택 영역으로 설정하고 [Edit]>[Define Brush Preset] 메뉴를 이용하여 브러시의 형태를 디자인할 수 있다.

따라하기 01 브러시 툴로 칠하기

'챕터4_샘플\돼지.jpg' 파일을 불러온 후 브러시 툴을 이용하여 돼지 이미지를 입체적으로 칠해 보자.

❶ 툴박스에서 마술봉 툴(🪄)을 선택하고 돼지의 얼굴을 클릭한다.
❷ Swatches 팔레트에서 붉은색을 클릭하여 전경색으로 설정한다.

❸ 툴박스에서 브러시 툴(✏️)을 선택하고 화면 오른쪽 팔레트 버튼에서 [Brushes] 버튼(📋)을 클릭한다. Brushes 팔레트가 나타나면 [Brush Tip Shape]을 클릭한 후 그림처럼 옵션을 통해서 브러시의 종류, 브러시의 크기, 모양을 설정한다.

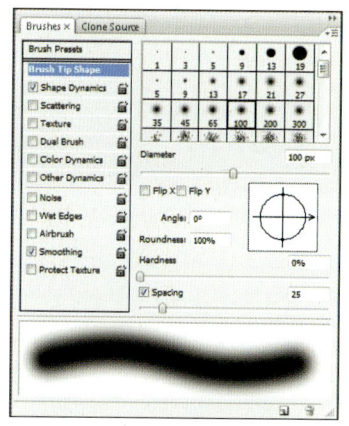

❹ 선택 영역 안을 드래그하여 색을 칠한다.
❺ 조금 더 밝은 색을 선택하여 밝은 부분을 칠하고 어두운 색을 선택하여 어두운 부분의 색상을 칠한다.
❻ 나머지 영역도 같은 방법으로 색상을 칠하고 선택 영역을 모두 해제한다.
❼ 툴박스의 전경색을 초록색으로 변경하고 옵션 바에서 브러시 프리셋 피커(▼)를 클릭한다. 브러시 목록의 스크롤을 내려 'Grass' 브러시를 선택하고 배경의 하단을 드래그하여 칠한다.

브러시 툴의 옵션 바   tip ➕

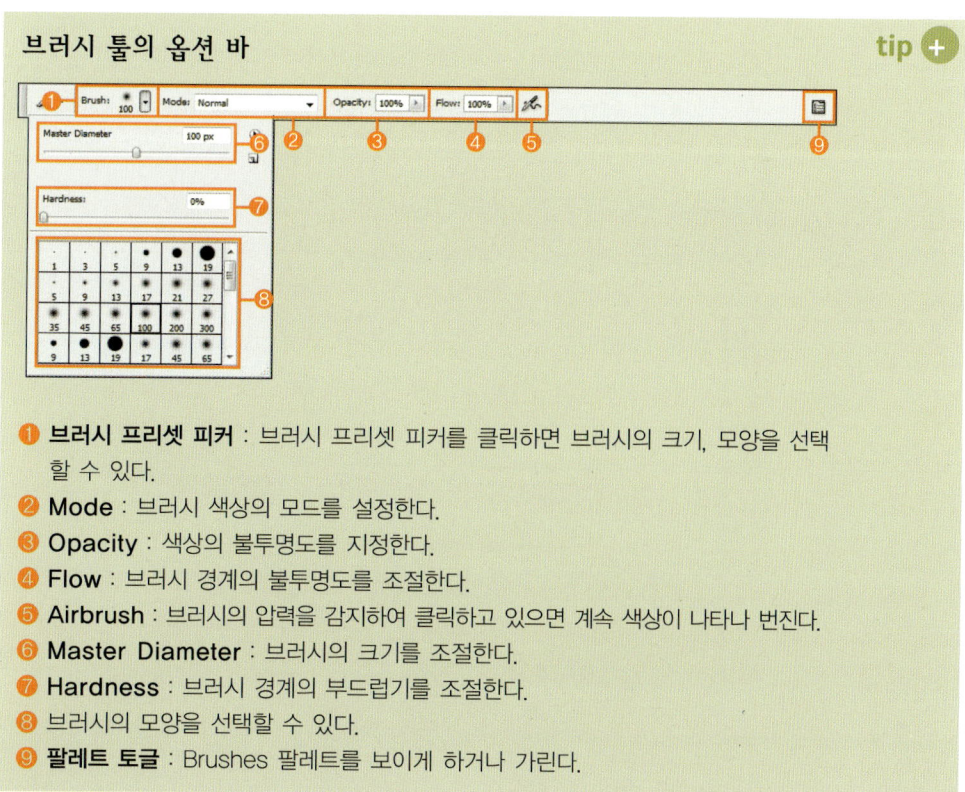

❶ **브러시 프리셋 피커** : 브러시 프리셋 피커를 클릭하면 브러시의 크기, 모양을 선택할 수 있다.
❷ **Mode** : 브러시 색상의 모드를 설정한다.
❸ **Opacity** : 색상의 불투명도를 지정한다.
❹ **Flow** : 브러시 경계의 불투명도를 조절한다.
❺ **Airbrush** : 브러시의 압력을 감지하여 클릭하고 있으면 계속 색상이 나타나 번진다.
❻ **Master Diameter** : 브러시의 크기를 조절한다.
❼ **Hardness** : 브러시 경계의 부드럽기를 조절한다.
❽ 브러시의 모양을 선택할 수 있다.
❾ **팔레트 토글** : Brushes 팔레트를 보이게 하거나 가린다.

따라하기 02 브러시 모양 직접 만들어 칠하기

'챕터4_샘플\돼지3.jpg' 파일을 불러온 후 돼지 이미지의 브러시를 등록하고 칠해 보자.

❶ 툴박스에서 마술봉 툴( )을 선택하고 옵션 바는 기본값 상태에서 돼지 이미지의 배경을 클릭한다.

❷ [Select]>[Inverse] 메뉴를 클릭하여 선택 영역을 반전한다.

❸ [Edit]>[Define Brush Preset] 메뉴를 클릭하여 [Brush Name] 대화상자가 나타 나면 '돼지' 라고 입력하고 [OK] 버튼을 클릭한다.

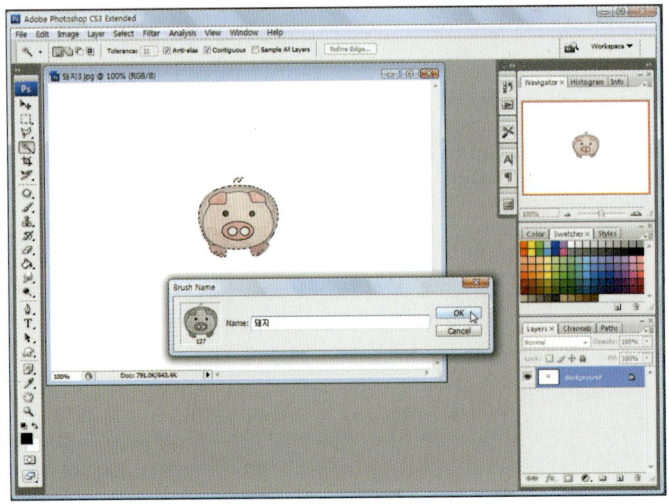

❹ [Select]>[All] 메뉴를 클릭하여 이미지 전체를 선택한 후 배경색이 흰색인 것을 확 인하고 Ctrl + Delete 를 눌러 채운다.

❺ 전경색을 파란색으로 설정하고 브러시 툴(   )을 선택한다. 옵션 바에서 브러시 프리셋 피커(   )를 클릭하고 스크롤을 제일 하단으로 내려 마지막에 등록된 '돼지' 브러시를 선택한다.

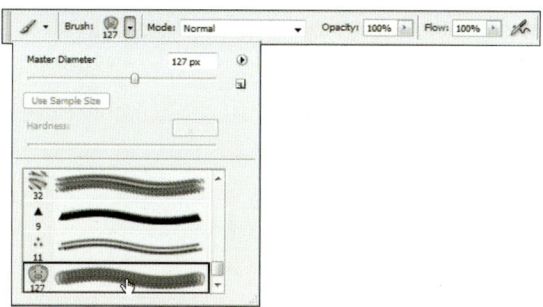

❻ 흰 배경에 클릭하면 돼지가 파란 색상으로 칠해진다. 색상과 크기를 달리하며 칠해 보자.

따라하기 03 연필 툴로 이미지의 외곽선 만들기

'챕터4_샘플\돼지2.jpg' 파일을 불러온 후 연필 툴을 이용하여 돼지 이미지의 외곽선을 그려 보자.

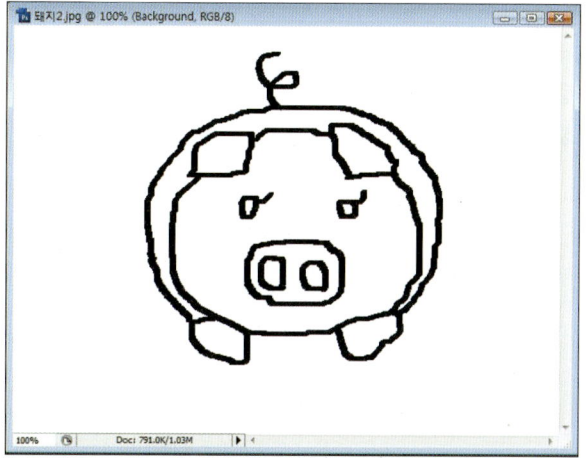

❶ 외곽선을 그릴 레이어를 원래 이미지 위에 새로 만들기 위해서 [Layer]>[New]>[Layer] 메뉴를 클릭한다. [New Layer] 대화상자가 나타나면 [OK] 버튼을 클릭한다.

❷ Layers 팔레트에 'Layer 1' 레이어가 생성된 것을 확인하고 툴박스에서 연필 툴(   )을 선택한다.

❸ [Window]>[Brushes] 메뉴를 선택하여 Brushes 팔레트를 꺼낸다. [Brush Tip Shape]을 클릭한 후 옵션을 통해서 그림처럼 브러시의 종류, 브러시의 크기, 모양을 설정한다.

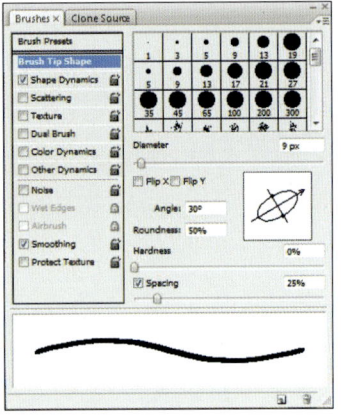

❹ 전경색이 검정으로 설정된 상태에서 'Layer 1' 레이어 위에 돼지의 외곽선을 그린다. 길게 단번에 그리기 보다는 짧게 드래그하여 연결하여 그리는 것이 실수를 줄일 수 있다. 만약 실수를 하였을 때는 Alt+Ctrl+Z를 눌러 뒤로 되돌아가면서 다시 그린다.

❺ Layers 팔레트의 'Background' 레이어를 선택한 후 배경색이 흰색인 것을 확인하고 Ctrl+Delete를 눌러 채운다.

tip ➕

연필 툴의 옵션 바

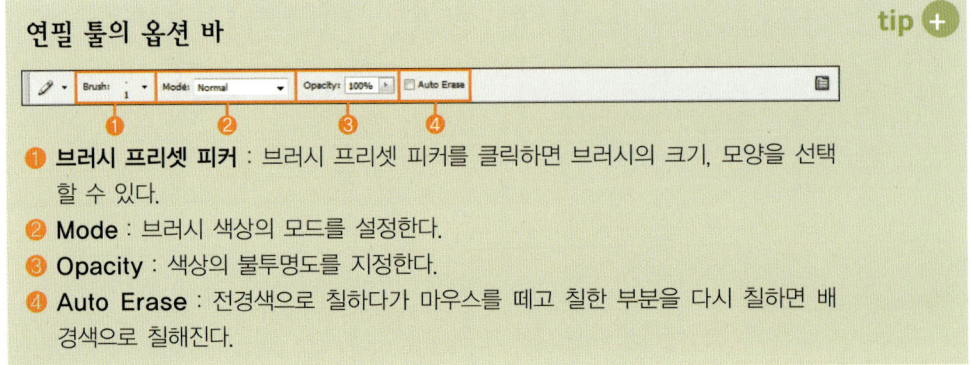

❶ 브러시 프리셋 피커 : 브러시 프리셋 피커를 클릭하면 브러시의 크기, 모양을 선택할 수 있다.
❷ Mode : 브러시 색상의 모드를 설정한다.
❸ Opacity : 색상의 불투명도를 지정한다.
❹ Auto Erase : 전경색으로 칠하다가 마우스를 떼고 칠한 부분을 다시 칠하면 배경색으로 칠해진다.

01 혼자해보기

'챕터4_샘플\쥐.jpg' 파일을 불러온 후 쥐 이미지를 입체적으로 칠해 보자.

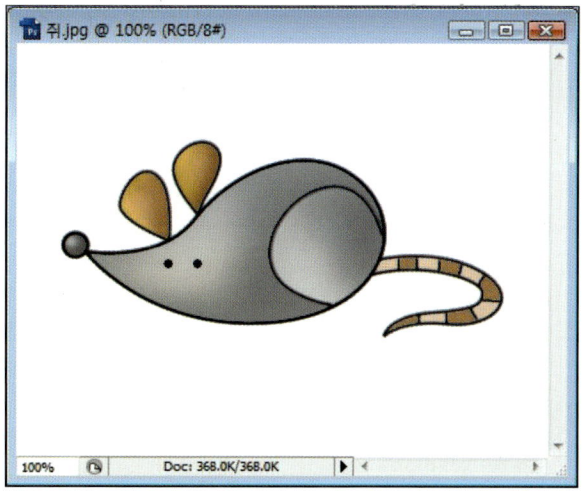

HINT | 툴박스에서 마술봉 툴( )을 선택하고 쥐의 여러 부위를 선택 영역으로 지정한 후 색상을 설정한다. 브러시 툴( )을 선택하고 Brushes 팔레트를 불러와서 브러시의 종류, 크기, 모양을 설정한 후에 이미지 위에 칠한다.

02 혼자해보기

'챕터4_샘플\고래.jpg' 파일을 불러온 후 고래 이미지를 브러시로 등록하고 칠해 보자.

HINT | 툴박스에서 마술봉 툴( )을 선택하고 고래를 선택 영역으로 지정한다. [Edit]>[Define Brush Preset] 메뉴를 클릭하여 브러시로 등록하고 전경색을 설정한 후 이미지 위에 클릭하여 칠한다.

Section 4. 히스토리 브러시와 지우개 툴 사용하기

히스토리 브러시 툴은 작업한 이미지를 원본 상태 또는 History 팔레트에서 설정한 상태로 브러시 터치한 만큼 되돌리는 기능을 한다. 단, 이미지의 해상도나 모드가 변경된 경우에는 되돌리기를 할 수 없다. 지우개 툴은 이미지를 드래그한 대로 지워주며, 확장 툴인 배경 지우개 툴과 마술 지우개 툴의 다양한 옵션을 이용하면 이미지에서 원하는 부분을 부드럽게 또는 단번에 지울 수 있다.

> **알아두기**
> - 히스토리 브러시 툴은 브러시의 종류와 사이즈를 조절하여 원하는 영역을 이미지에 칠해 원본으로 되돌린다. 아트 히스토리 브러시 툴로 칠하면 원래 이미지 상태로 되돌아가면서 회화적인 효과를 연출한다.
> - 지우개 툴은 이미지를 배경색으로 지우는데 배경 레이어에서 지우면 배경색으로 변하고, 일반 레이어에서 지우면 투명하게 지워진다. 배경 지우개 툴의 경우 마우스 커서가 가리키는 색상이 배경색에 나타나면서 그와 유사한 색상이 지워지고, 마술 지우개 툴은 선택한 영역을 단번에 투명하게 지운다.

따라하기 01 히스토리 브러시 툴로 이미지 복원하기

'챕터4_샘플\닥터홍2.jpg' 파일을 불러온다. 이미지를 구름 텍스처로 채운 후 인물 부분만 히스토리 브러시 툴을 이용하여 복구하여 보자.

❶ 툴박스에서 기본색 부분을 클릭하여 전경색과 배경색을 검정과 흰색으로 설정한다. 또는 D를 눌러도 된다.

❷ [Filter]>[Render]>[Clouds] 메뉴를 클릭하여 구름을 만든다.

❸ 툴박스에서 히스토리 브러시 툴(　)을 클릭하고 옵션 바에서 브러시 프리셋 피커(　)를 눌러 'Spatter 59 pixels'를 선택한다.

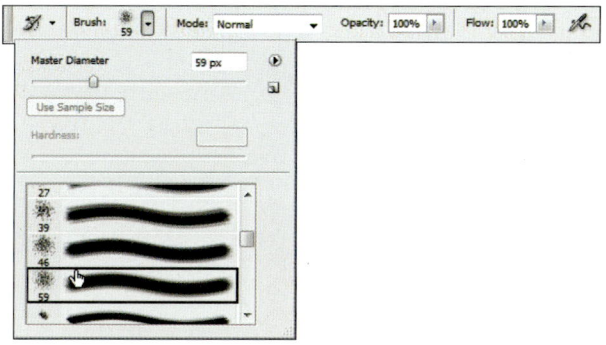

❹ [Opacity]는 '30%'로 설정하고 이미지로 이동하여 드래그하면 구름 효과를 준 이미지가 지워지는 것을 확인할 수 있다.

❺ 그림처럼 가장 자리만 남기고 중심은 지워 인물이 부각되어 보이도록 한다.

히스토리 브러시 툴의 옵션 바 tip

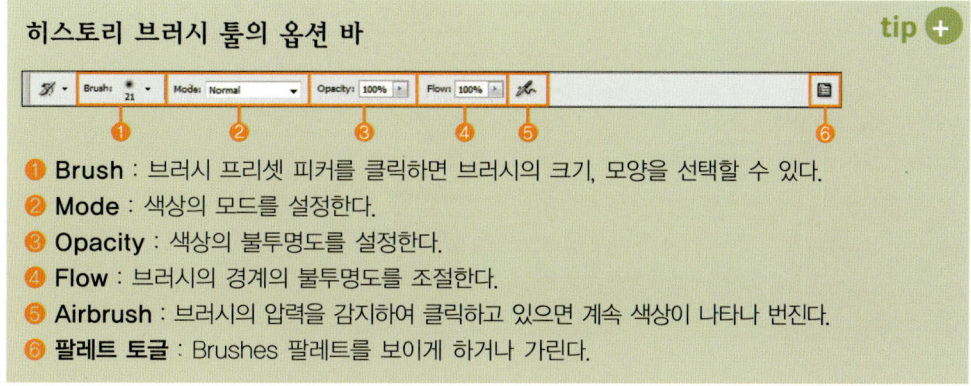

❶ **Brush** : 브러시 프리셋 피커를 클릭하면 브러시의 크기, 모양을 선택할 수 있다.
❷ **Mode** : 색상의 모드를 설정한다.
❸ **Opacity** : 색상의 불투명도를 설정한다.
❹ **Flow** : 브러시의 경계의 불투명도를 조절한다.
❺ **Airbrush** : 브러시의 압력을 감지하여 클릭하고 있으면 계속 색상이 나타나 번진다.
❻ **팔레트 토글** : Brushes 팔레트를 보이게 하거나 가린다.

| 따라하기 02 | 아트 히스토리 브러시 툴로 회화적인 이미지 만들기 |

'챕터4_샘플\코코.jpg' 파일을 불러온 후 아트 히스토리 브러시 툴을 이용하여 회화적인 이미지를 만들어 보자.

❶ 툴박스의 전경색을 흰색으로 설정하고 Alt + Delete 를 눌러 이미지를 흰색으로 채운다.

❷ 툴박스에서 아트 히스토리 브러시 툴(🖌)을 선택하고 브러시의 크기를 '21px', [Style]은 'Dab'으로 설정한다.

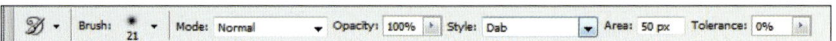

❸ 이미지 위에서 드래그하면 회화적인 이미지로 바뀐다.

❹ []를 눌러 브러시의 크기를 '5'로 설정한 후 이미지의 윤곽 부분을 드래그하면 섬세하게 칠할 수 있다.

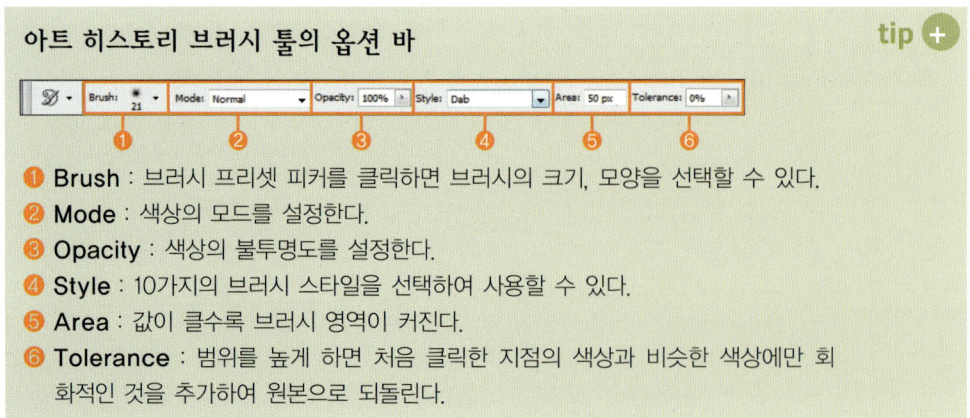

아트 히스토리 브러시 툴의 옵션 바

❶ **Brush** : 브러시 프리셋 피커를 클릭하면 브러시의 크기, 모양을 선택할 수 있다.
❷ **Mode** : 색상의 모드를 설정한다.
❸ **Opacity** : 색상의 불투명도를 설정한다.
❹ **Style** : 10가지의 브러시 스타일을 선택하여 사용할 수 있다.
❺ **Area** : 값이 클수록 브러시 영역이 커진다.
❻ **Tolerance** : 범위를 높게 하면 처음 클릭한 지점의 색상과 비슷한 색상에만 회화적인 것을 추가하여 원본으로 되돌린다.

| 따라하기 | 03 지우개 툴로 이미지 지우기 |

'챕터4_샘플\선영.jpg' 파일을 불러온 후 지우개 툴을 이용하여 배경을 지워 보자.

 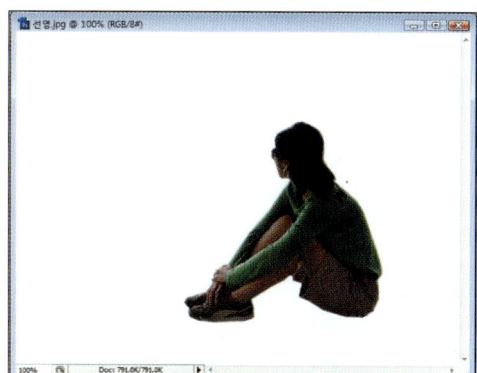

① 툴박스에서 지우개 툴(　)을 선택하고 옵션 바에서 [Mode]를 'Brush'로 설정한다.

② 이미지 위에 드래그하면 배경색으로 지워지는 것을 확인할 수 있다.

③ 옵션 바에서 [Erase to History]를 체크하고 지운 이미지에 드래그하면 원본으로 되돌릴 수 있다.

④ 옵션 바에서 [Mode]를 'Pencil', 'Block'으로 변경해 가며 지워 보자.

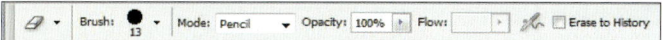

⑤ 최종적으로 여자 이미지만 남기고 모두 지워 보자.

따라하기 04 마술 지우개 툴로 투명 이미지 만들기

'챕터4_샘플\상의.jpg' 파일을 불러온 후 마술 지우개 툴로 배경을 지워 투명 이미지로 만들어 보자.

 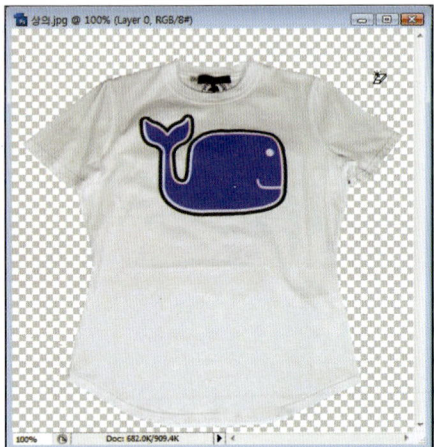

❶ 툴박스에서 마술 지우개 툴(🧽)을 선택한 후 옵션 바에서 [Tolerance]를 '32'로 입력하고 [Contiguous]에 체크한다.

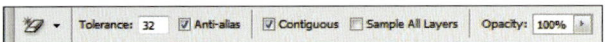

❷ 배경을 클릭하면 클릭한 픽셀과 비슷한 색상의 영역이 지워진다. Layers 팔레트에 자동으로 'Layer 0' 레이어가 생성된다.

❸ 배경이 모두 지워지지 않았다면 다시 한번 지워지지 않은 배경 부분을 클릭하여 지운다.

❹ 옷의 경계에 남은 배경의 픽셀은 [Layer]>[Matting]>[Defringe] 메뉴를 클릭하여 [Width]를 '1'로 하고 [OK] 버튼을 클릭하여 삭제한다.

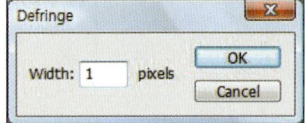

| 따라하기 05 | 배경 지우개 툴로 투명 이미지 만들기 |

'챕터4_샘플\선영3.jpg' 파일을 불러온 후 배경 지우개 툴을 이용하여 배경을 지워 보자.

❶ 툴박스에서 배경 지우개 툴( )을 클릭한 후 옵션 바의 [Brush] 크기를 '100', [Limits]에서 'Find Edges'를 선택하고 배경을 드래그하여 지운다. 배경에서 드래그하면 배경 지우개 영역 안의 십자가 포인트를 기준으로 픽셀과 비슷한 색상의 영역이 지워진다.

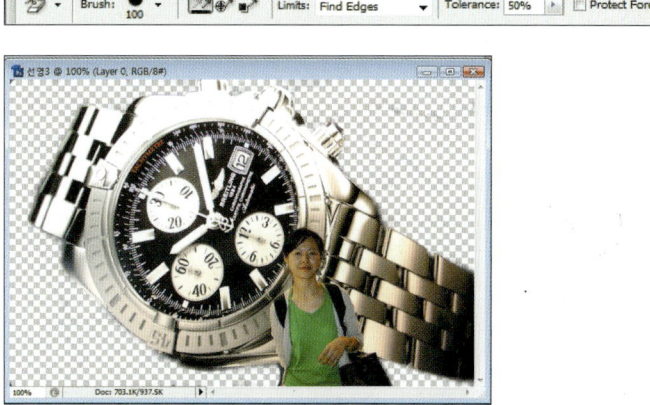

❷ [Layer]>[New]>[Layer] 메뉴를 클릭하여 대화상자가 나타나면 [OK] 버튼을 클릭하여 'Layer 1' 레이어를 생성한다.

❸ Alt + Delete 를 눌러 검정색으로 채운다.

❹ [Layer]>[Arrange]>[Send Backward] 메뉴를 클릭하여 'Layer 1' 레이어의 순서를 밑으로 이동시켜 아래 이미지가 보이게 한다. 배경이 검기 때문에 미처 지우지

못한 이미지들이 쉽게 보인다.

❺ Layers 팔레트에서 'Layer 0' 레이어를 선택한 후 지우개 툴(🧽)을 이용해 지저분한 부분들을 깨끗이 지워 정리한다.

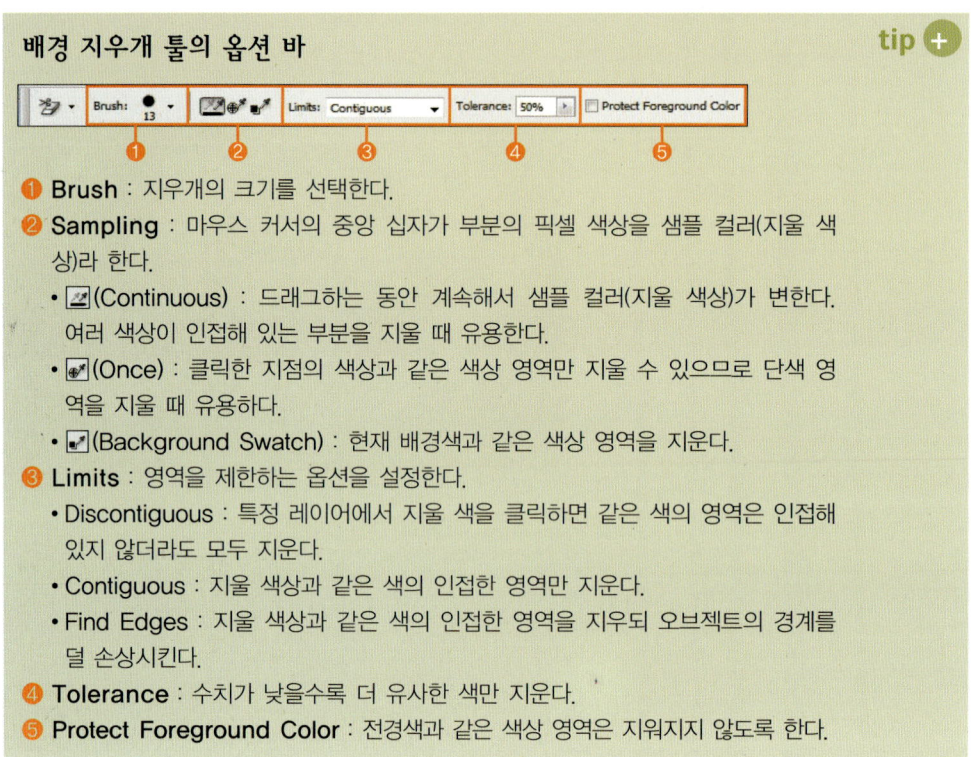

tip

배경 지우개 툴의 옵션 바

❶ **Brush** : 지우개의 크기를 선택한다.
❷ **Sampling** : 마우스 커서의 중앙 십자가 부분의 픽셀 색상을 샘플 컬러(지울 색상)라 한다.
  • (Continuous) : 드래그하는 동안 계속해서 샘플 컬러(지울 색상)가 변한다. 여러 색상이 인접해 있는 부분을 지울 때 유용한다.
  • (Once) : 클릭한 지점의 색상과 같은 색상 영역만 지울 수 있으므로 단색 영역을 지울 때 유용하다.
  • (Background Swatch) : 현재 배경색과 같은 색상 영역을 지운다.
❸ **Limits** : 영역을 제한하는 옵션을 설정한다.
  • Discontiguous : 특정 레이어에서 지울 색을 클릭하면 같은 색의 영역은 인접해 있지 않더라도 모두 지운다.
  • Contiguous : 지울 색상과 같은 색의 인접한 영역만 지운다.
  • Find Edges : 지울 색상과 같은 색의 인접한 영역을 지우되 오브젝트의 경계를 덜 손상시킨다.
❹ **Tolerance** : 수치가 낮을수록 더 유사한 색만 지운다.
❺ **Protect Foreground Color** : 전경색과 같은 색상 영역은 지워지지 않도록 한다.

01 혼자해보기

'챕터4_샘플\티포트.jpg' 파일을 불러온 후 유화적인 느낌의 이미지를 만들어 보자.

HINT | 아트 히스토리 브러시 툴(🖌)을 선택하고 브러시의 크기를 '3px', [Style]은 'Loose Medium'으로 설정한 후에 이미지를 드래그하여 유화 느낌이 나도록 만든다.

144 Chapter 4 · 페인팅과 리터칭으로 이미지를 섬세하게 수정하기

02 혼자해보기

'챕터4_샘플\룰러.jpg' 파일을 불러온 후 배경을 깨끗이 지워 보자.

HINT | 툴박스에서 마술 지우개 툴( )을 이용하여 배경을 지우고 지워지지 않은 부분은 올가미 툴( )이나 다각형 올가미 툴( )로 선택 영역을 지정한 후에 Delete 를 눌러 삭제한다.

03 혼자해보기

'챕터4_샘플\눈.jpg' 파일을 불러온 후 회화적인 느낌의 이미지를 만들어 보자.

HINT | [Image]〉[Adjustments]〉[Hue/Saturation] 메뉴를 실행 한 후 대화상자가 나타나면 [Saturation]을 '100'으로 설정하여 채도를 높이고 '눈_01.jpg'로 저장한다. 현재 파일은 닫고 '눈_01.jpg' 파일을 불러온다. 툴박스에서 아트 히스토리 브러시 툴( )을 선택하고 옵션 바에서 [Style]을 'Dab'으로 설정한 후 이미지에 드래그 하여 색상이 화려한 회화적인 이미지를 만든다.

Section 5. 리터칭 툴로 이미지 수정하기

이미지를 흐리게 하는 블러 툴의 확장 툴에는 이미지를 선명하게 하는 샤픈 툴과 이미지의 픽셀을 밀어내는 스머지 툴이 있다. 이미지를 밝게 또는 어둡게 만들고 싶을 때는 닷지 툴이나 번 툴을 사용하고 채도를 조정하여 흑백이나 원색적인 이미지를 원할 때는 스펀지 툴을 사용한다.

알아두기

- 블러 툴은 마치 물방울로 뭉개듯이 이미지를 균등한 색상으로 흐려지게 한다. 이미지의 경계보다는 면에 문지르면 톤을 고르게 할 수 있다. 샤픈 툴은 면보다는 경계에 칠하여 윤곽을 더욱 뚜렷하게 한다. 스머지 툴은 이미지를 부드럽게 밀어주어 픽셀을 연장시키면서 변형한다. 불타오르는 효과나 속도감을 쉽게 만들 수 있다.
- 닷지 툴은 사진을 밝게 하고 하이라이트를 줄 때 사용한다. 번 툴은 사진의 이미지를 어둡게 하거나 그림자를 만들 때 사용하면 효과적이다. 스펀지 툴은 옵션 바의 'Saturate'와 'Desaturate' 설정에 따라 원래의 색상에서 색상을 더하거나 빼준다.

따라하기 01 샤픈 툴로 선명하게, 블러 툴로 흐리게 이미지 만들기

'챕터4_샘플\분홍꽃.jpg' 파일을 불러온 후 샤픈 툴과 블러 툴을 이용하여 연꽃 이미지에 원근감을 적용하여 보자.

❶ 툴박스에서 블러 툴(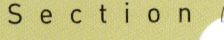)을 선택하고 옵션 바에서 브러시의 크기를 '100px', [Strength]를 '50%'로 설정한다.

❷ 이미지에서 꽃을 제외한 부분을 드래그하여 흐리게 뭉갠다.

❸ [Strength]를 '100%'로 설정하고 먼 배경은 다시 한번 드래그하여 원근감을 나타낸다.

❹ 툴박스에서 샤픈 툴(△)을 선택하고 옵션 바에서 브러시의 크기를 '13px', [Strength]를 '50%'로 설정한다.

❺ 이미지의 중심이 되는 꽃잎의 경계 부분을 드래그하여 윤곽을 더욱 또렷하게 살린다.

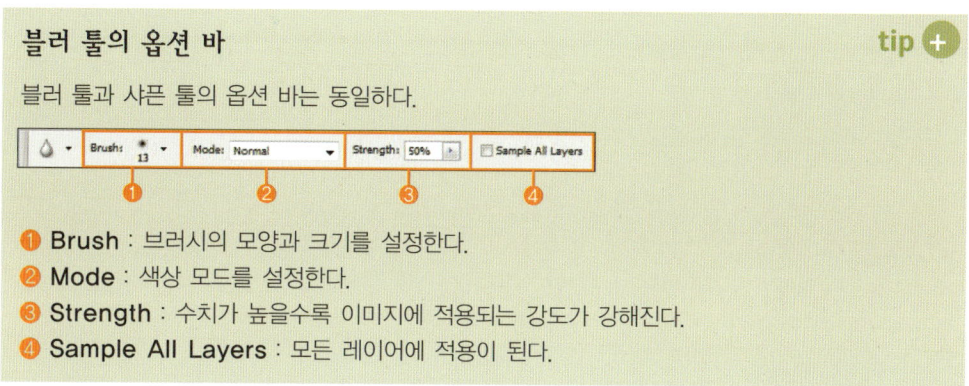

블러 툴의 옵션 바 tip +

블러 툴과 샤픈 툴의 옵션 바는 동일하다.

❶ **Brush** : 브러시의 모양과 크기를 설정한다.
❷ **Mode** : 색상 모드를 설정한다.
❸ **Strength** : 수치가 높을수록 이미지에 적용되는 강도가 강해진다.
❹ **Sample All Layers** : 모든 레이어에 적용이 된다.

따라하기 02 스머지 툴로 픽셀 연장하기

'챕터4_샘플\햄버거.jpg' 파일을 불러온 후 스머지 툴을 이용하여 활활 타오르는 불꽃 이미지를 만들어 보자.

❶ 툴박스에서 스머지 툴(👆)을 선택하고 옵션 바에서 브러시의 크기를 '20px', [Strength]를 '50%'로 설정한다.

❷ 이미지에서 불꽃의 끝부분을 드래그하여 픽셀을 연장한다.

❸ 옵션 바에서 [Finger Painting]에 체크하고 전경색을 붉은색으로 설정하면 붉은색이 추가되면서 밀리는 효과를 낼 수 있다.

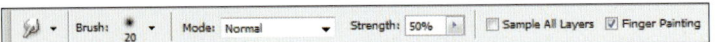

❹ 색상이 추가가 되면 더욱 자연스럽게 만들기 위해 [Finger Painting]의 체크를 해제하고 다시 또 밀기를 반복한다.

❺ 브러시의 크기를 조절하면서 불꽃을 사실적으로 만들어 보자.

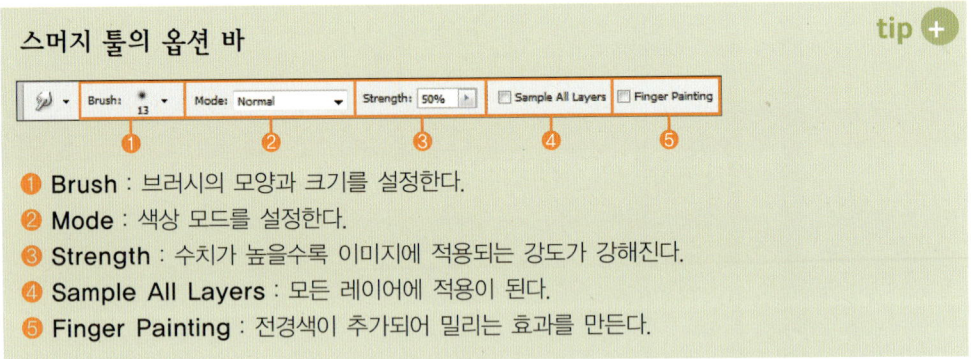

스머지 툴의 옵션 바   tip

❶ Brush : 브러시의 모양과 크기를 설정한다.
❷ Mode : 색상 모드를 설정한다.
❸ Strength : 수치가 높을수록 이미지에 적용되는 강도가 강해진다.
❹ Sample All Layers : 모든 레이어에 적용이 된다.
❺ Finger Painting : 전경색이 추가되어 밀리는 효과를 만든다.

따라하기 03 닷지 툴로 밝게, 번 툴로 어둡게 하기

'챕터4_샘플\사과.jpg' 파일을 불러온 후 닷지 툴과 번 툴을 이용하여 이미지의 명암을 부분적으로 수정하여 보자.

❶ 툴박스에서 닷지 툴(   )을 선택하고 옵션 바에서 브러시의 크기를 '100px', [Range]는 'Midtones', [Exposure]를 '50%'로 설정한다.

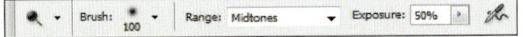

❷ 이미지의 투명 유리구슬이 더욱 투명해보이도록 드래그하여 밝게 만들어보자.

❸ 툴박스에서 번 툴(🔲)을 선택하고 옵션 바에서 브러시의 크기를 '100px', [Range]는 'Midtones', [Exposure]를 '50%'로 설정한다.

❹ 뒤 배경을 드래그하여 어둡게 만들어 앞의 이미지와 대비되도록 하자.

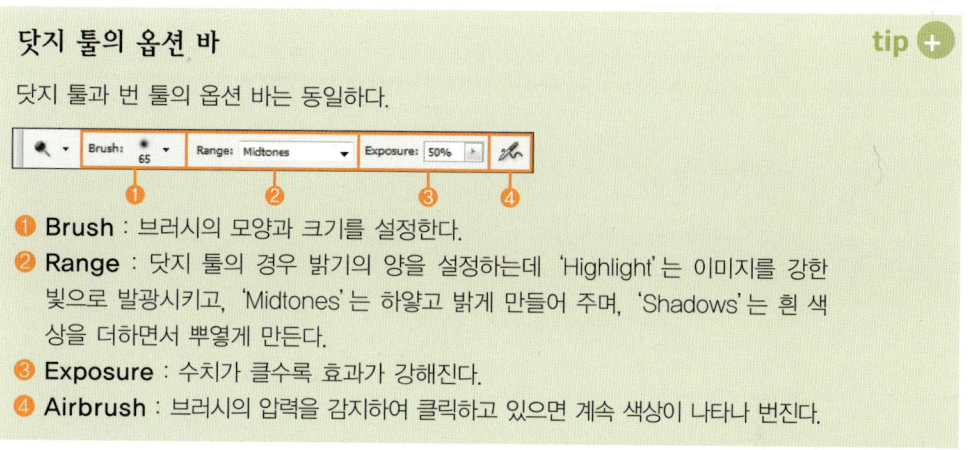

닷지 툴의 옵션 바

닷지 툴과 번 툴의 옵션 바는 동일하다.

❶ **Brush** : 브러시의 모양과 크기를 설정한다.
❷ **Range** : 닷지 툴의 경우 밝기의 양을 설정하는데 'Highlight'는 이미지를 강한 빛으로 발광시키고, 'Midtones'는 하얗고 밝게 만들어 주며, 'Shadows'는 흰 색상을 더하면서 뿌옇게 만든다.
❸ **Exposure** : 수치가 클수록 효과가 강해진다.
❹ **Airbrush** : 브러시의 압력을 감지하여 클릭하고 있으면 계속 색상이 나타나 번진다.

따라하기 04 스펀지 툴로 채도 조절하기

'챕터4_샘플\생선초밥.jpg' 파일을 불러온 후 스펀지 툴로 음식이 부각되어 보이도록 채도를 높여 보자.

❶ 툴박스에서 스펀지 툴(🔲)을 선택하고 옵션 바에서 브러시의 크기를 '65px', [Mode]는 'Saturate', [Flow]를 '50%'로 설정한다.

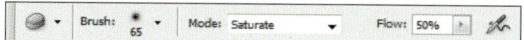

❷ 초밥 위에 드래그하면 색상이 더해져서 채도가 높아진다. 먹음직스럽게 모든 요리에 드래그하여 색상을 추가한다.

❸ 옵션 바에서 [Mode]를 'Desaturate'로 변경한다.

❹ 초밥을 제외한 접시와 배경에 드래그한다. 색상이 빠지면서 대조가 되어 요리가 부각된다.

스펀지 툴의 옵션 바 tip ➕

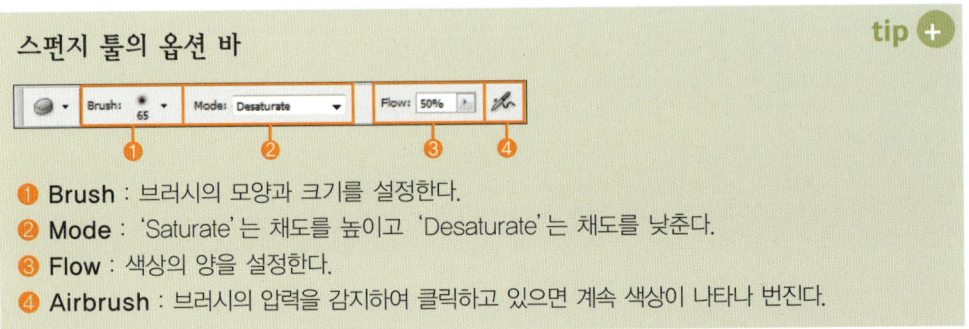

❶ **Brush** : 브러시의 모양과 크기를 설정한다.
❷ **Mode** : 'Saturate'는 채도를 높이고 'Desaturate'는 채도를 낮춘다.
❸ **Flow** : 색상의 양을 설정한다.
❹ **Airbrush** : 브러시의 압력을 감지하여 클릭하고 있으면 계속 색상이 나타나 번진다.

01 혼자해보기

'챕터4_샘플\불꽃.jpg' 파일을 불러온 후 불꽃을 복사하고 길이를 연장하여 보자.

HINT | 도장 툴(🖼)을 선택하고 옵션 바의 [Aligned]의 체크를 해제한다. [Alt]를 누른 채 불꽃이 있는 곳을 클릭하여 샘플을 지정하고 불꽃이 없는 곳에 가서 드래그하면 불꽃이 복제가 된다. 불꽃을 연장하려면 스머지 툴(🖼)을 선택하고 드래그하면 된다.

02 혼자해보기

'챕터4_샘플\공원.jpg' 파일을 불러온 후 원근감과 채도를 조정하여 이미지의 일부분을 부각시켜 보자.

HINT | 샤픈 툴(△)로 이미지의 앞 부분을 드래그하여 윤곽을 선명하게 하고 블러 툴(◯)을 이용하여 뒷부분을 드래그하여 뭉개주면 원근감이 만들어진다. 스펀지 툴(◉)을 선택하고 [Mode]를 'Saturate'로 설정한 후 앞부분을 드래그하여 채도를 높인다. 다시 [Mode]를 'Desaturate'로 변경하고 뒷부분을 드래그하여 채도를 낮춘다.

03 혼자해보기

'챕터4_샘플\파파야.jpg' 파일을 불러온 후 어둡게 나온 부분을 밝게 보정하여 보자.

HINT | 툴박스에서 닷지 툴(◉)을 선택하고 옵션 바에서 [Brush]의 크기를 '250px', [Range]는 'Midtones', [Exposure]를 '50%'로 설정한다. 이미지에서 어둡게 나온 부분을 드래그하여 밝게 만든다. 브러시 크기를 크게 설정하여 이미지가 얼룩지지 않고 자연스럽게 보정이 된다.

핵심정리 — s u m m a r y

1. 색상 선택하여 칠하기
- 색상을 선택하려면 [Color Picker] 대화상자, Color 팔레트, Swatches 팔레트 중 한 가지를 이용한다.
- `Alt`+`Delete`를 누르면 전경색으로 칠해지고 `Ctrl`+`Delete`를 누르면 배경색으로 칠해진다.
- 전경색, 배경색, 패턴, 원본 이미지로 이미지를 채우려면 [Edit]>[Fill] 메뉴를 선택한다.
- 테두리를 설정하려면 [Edit]>[Stroke] 메뉴를 선택한다.

2. 그레이디언트 툴과 페인트통 툴로 이미지 채색하기
- 그레이디언트 툴과 페인트통 툴은 단숨에 이미지에 색상을 칠하는 툴로 페인트통 툴은 단색이나 패턴으로 칠할 때, 그레이디언트 툴은 점진적인 색상으로 이미지를 채울 때 사용한다. 선형, 원형, 원뿔, 반사, 다이아몬드 형태의 그레이디언트를 지정할 수 있다.

3. 브러시 툴과 연필 툴로 칠하기
- 브러시 툴과 연필 툴로 드래그하면 전경색으로 칠해진다. 칠한 이미지를 지울 때는 지우개 툴을 사용하는데 배경색으로 지워진다.
- 브러시 모양을 선택 영역으로 설정하고 [Edit]>[Define Brush Preset] 메뉴를 이용하여 브러시의 형태를 디자인할 수 있다.

4. 히스토리 브러시 툴 사용하기
- 히스토리 브러시 툴은 원본으로 되돌리며 이미지의 해상도나 색상 모드가 변경된 경우에는 원본으로 되돌리기를 할 수 없다.
- 아트 히스토리 브러시 툴은 원래 이미지 상태로 되돌아가면서 회화적인 효과까지 연출할 수 있다.
- 지우개 툴은 이미지를 배경색으로 지우는데, 레이어에서는 투명하게 지운다. 배경 지우개 툴은 배경색에 나타나면서 그와 유사한 색상을 지우며, 마술 지우개 툴은 클릭한 영역을 단번에 투명하게 지운다.

5. 리터칭 툴로 이미지 변형하기
- 블러 툴은 이미지를 흐려지게 하며 반대로 샤픈 툴은 윤곽을 더욱 뚜렷하게 한다. 스머지 툴은 이미지를 부드럽게 밀어주어 픽셀을 연장시키면서 변형한다.
- 닷지 툴은 사진을 밝게 하는 반면 번 툴은 사진의 이미지를 어둡게 하는 데 효과적이다. 스펀지 툴은 옵션 바에서 'Saturate'와 'Desaturate'를 선택하여 색상을 더하거나 제거하여 흑백 이미지를 만들 수 있다.

종합실습 e_x_e_r_c_i_s_e

'챕터04_샘플\한복흑백.jpg' 파일을 불러온 후 다음과 같이 이미지에 색상을 칠하여 보자.

HINT |
1. 이미지 열기 : [File]〉[Open]
2. 전체에 살색으로 변경하기 : [Images]〉[Adjustments]〉[Color Balance]
3. 입술과 볼 화장하기 : 브러시 툴
4. 눈동자의 명암 조정하기 : 번 툴, 닷지 툴
5. 한복의 깃을 제외하고 채색하기 : [Images]〉[Adjustments]〉[Color Balance]
6. 한복의 동그란 무늬 부분 채색하기 : 다각형 올가미 툴의 [Add to Selection], 브러시 툴
7. 머리 부분 검게 변경하기 : 스펀지 툴의 'Desaturate'
8. 머리 장식과 옷 무늬 채색하기 : 브러시 툴기

CHAPTER 5

Section 1 펜 툴로 패스 만들기
Section 2 문자 입력하기
Section 3 도형 툴로
　　　　　　다양한 도형 만들기

문자와 도형으로
새로운 이미지 생성하기

벡터 이미지는 사진 같은 사실적인 느낌보다는 단순하게 일러스트적인 표현을 만드는 데 유용하다. 포토샵에서는 문자 툴, 도형 툴, 펜 툴 등을 통해서 벡터 이미지를 제작할 수 있으며, [Rasterize] 명령을 이용하면 비트맵으로 변환하여 사용할 수도 있다.

문자와 도형의 벡터 이미지 만들기

문자 툴과 펜 툴, 도형 툴은 포토샵에서 벡터 방식을 사용하는 기능들이다. 문자를 입력하거나 도형을 그리면 벡터 방식으로 표현하기 때문에 확대나 축소를 하여도 이미지의 질은 손상되지 않는다. 그러나 이들을 비트맵으로 변환한 후에 크기를 변형하면 이미지의 질이 손상된다.

Chapter 5

01 문자를 입력하는 문자 툴

가로 문자 툴()과 세로 문자 툴( )로 작업창에 입력을 하면 Layers 팔레트에 T자 표시가 있는 문자 레이어가 만들어진다. 이 문자 레이어는 벡터 속성을 가지고 있다. 그에 비해, 가로 문자 마스크 툴( )과 세로 문자 마스크 툴( )을 선택하여 문자를 입력하면 작업창이 붉은 마스크 상태로 변경되고, 입력이 완성되면 문자가 선택 영역으로 보인다. 별도의 문자 레이어는 생성되지 않고 비트맵 속성을 가진다.

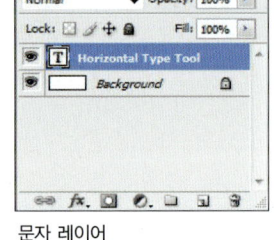

문자 레이어

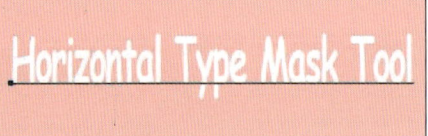

가로 문자 툴로 입력

Horizontal Type Mask Tool

가로 문자 마스크 툴로 입력 시 붉은 색의 마스크 상태

입력을 마치고 Ctrl + Enter 를 누르면 선택 영역 표시

Chapter 5. 문자와 도형으로 새로운 이미지 생성하기

02 펜 툴과 패스 선택 툴

펜 툴로 만들어진 직선이나 곡선을 패스(Path)라고 한다. 패스는 화면에서는 보이지만 출력되지 않는 일종의 가이드와 같은 역할을 하는 것으로 실제로 패스가 이미지에 적용되는 것은 아니다. 단지 패스를 만들어 팔레트에 저장하면 선택 영역으로 불러 사용하거나, 전경색으로 혹은 윤곽을 칠할 때 패스의 영역만큼 사용하는 것이다.

❶ **펜 툴**( ) : 직선이나 곡선의 패스를 클릭이나 드래그하여 만들 수 있다.

❷ **자유 형태 펜 툴**( ) : 자유롭게 드래그하여 패스를 만들 수 있다.

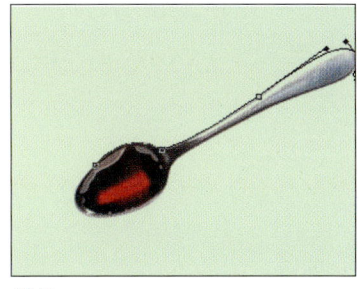
펜 툴

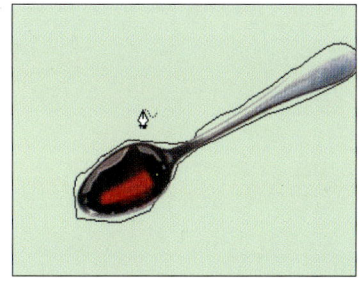
자유 형태 펜 툴

❸ **포인트 추가 툴**( ) : 이미 만들어진 패스에 기준점을 추가한다.

❹ **포인트 삭제 툴**( ) : 이미 만들어진 패스의 기준점을 삭제한다.

❺ **변환 툴**( ) : 곡선을 직선으로 바꿀 때는 기준점을 클릭하면 되고, 그 반대로 바꿀 때는 기준점을 드래그한다.

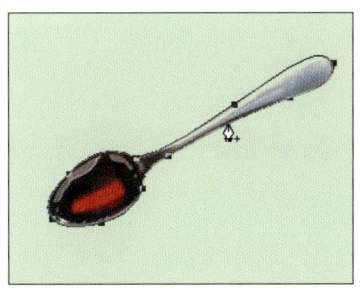
포인트 추가 툴

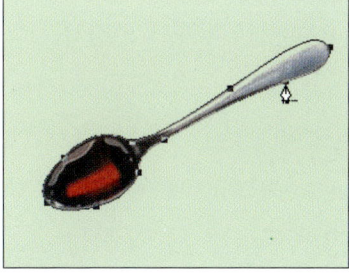
포인트 삭제 툴

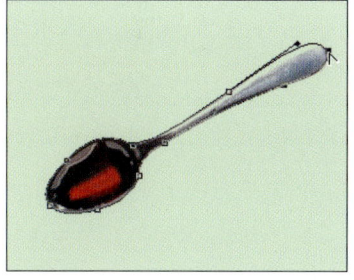
변환 툴

❻ 패스 선택 툴({}) : 패스 또는 패스의 전체를 선택하고 이동한다.

❼ 패스 직접 선택 툴({}) : 패스 또는 앵커 포인트의 일부를 선택하고 이동하거나 수정한다.

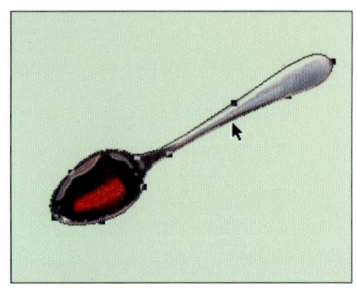
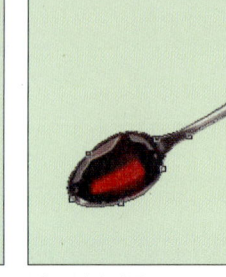

패스 선택 툴　　　　　　　　패스 직접 선택 툴

03 패스의 구조

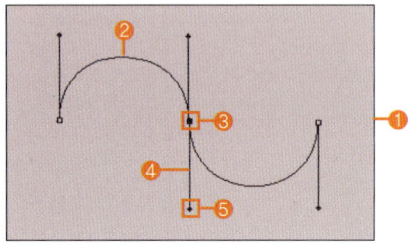

❶ 패스(Path) : 여러 개의 세그먼트가 연결된 선이다.

❷ 세그먼트(Segment) : 두개의 기준점 사이를 연결한 하나의 선이다.

❸ 기준점(Anchor Point) : 곡선이나 직선을 만들 때 기준이 되는 점이다.

❹ 방향선(Direction Line) : 곡선의 형태를 조절하는 선이다.

❺ 방향점(Direction Point) : 방향선의 끝점으로 방향선의 각도와 길이를 조절한다.

04 도형을 만드는 도형 툴

도형 툴을 이용하면 펜 툴로 일일이 패스를 그리지 않아도 쉽게 도형을 만들 수 있는데 이미 만들어져 있는 도형에서 추가, 제거, 교차 옵션을 이용하면 새로운 도형을 만들 수 있다. 뿐만 아니라 패스 직접 선택 툴을 이용하여 도형의 패스를 수정할 수도 있고 펜 툴로 새로 만들 수도 있다.

도형을 만들기 위해서는 옵션 바에서 제공하는 도형의 세 가지 속성의 차이점을 먼저 이해해야 한다.

❶ **Shape layers** : 도형을 셰이프 레이어로 만든다. 패스를 포함한 레이어이기 때문에 패스 직접 선택 툴을 이용하여 수정이 가능하다. 또한, 레이어이기 때문에 스타일(Style)이 활성화되어 여러 가지 효과를 적용할 수 있다.

❷ **Paths** : Paths 팔레트에 패스로 만들어져 나중에 수정할 수 있다.

❸ **Fill pixels** : 바로 비트맵 방식으로 만들어지며 레이어나 패스가 따로 생성되지 않는다.

05 비트맵과 벡터 방식의 이해

그래픽 이미지를 표현하는 방식은 크게 비트맵(Bitmap) 이미지와 벡터(Vector) 이미지로 구분할 수 있다. 포토샵에서 다루는 대부분의 이미지는 비트맵 이미지이며, 문자 입력 툴과 도형 툴 등으로 만들어지는 이미지는 처음 만들 때 벡터와 비트맵 이미지 중 선택하여 만들 수 있다.

❶ **비트맵(Bitmap) 방식** : 각 픽셀들이 정보를 가지는 방식으로 색상을 처리하기 때문에 파일의 크기와 해상도가 비례한다. 따라서 높은 해상도일수록 픽셀 수가 많아 이미지를 곱게 표현하고, 낮은 해상도일수록 픽셀 수가 적어 이미지를 거칠게 표현한다. 비트맵 방식은 일반 사진 이미지처럼 연속 톤을 처리할 때 적합한 방식이다.

❷ **벡터(Vector) 방식** : 수학적 연산을 통해 색상을 처리하는 방식으로 이미지를 만들기 때문에 파일 용량이 작고 이미지를 확대하거나 축소, 편집하여도 깨끗한 출력물을 얻을 수 있는 장점이 있다. 그러나 정교한 사진과 같은 이미지를 표현하기에는 적합하지 않고 문자, 단조로운 색상의 아이콘, 로고, CI, BI와 같은 이미지나 일러스트레이션에 많이 사용된다.

Section 1

펜 툴로 패스 만들기

실제로 이미지를 선택하기 위해 실무에서 가장 많이 사용하는 것이 펜 툴이다. 일반적인 선택 툴, 올가미 툴, 마술봉 툴과 같은 도구는 이미지의 선택에 제약이 있지만 펜 툴은 사용자가 원하는 대로 패스를 만들 수 있다는 장점이 있기 때문이다. 하지만, 초보자에게는 패스의 사용법이 까다로울 수 있다는 단점이 있으므로 여러 번 연습해서 익힐 수 있도록 하자.

> **알아두기**
> - 직선 패스는 클릭하고 이동하면서 다시 클릭하여 패스를 만들 수 있지만, 곡선 패스는 클릭하고 이동한 후 드래그를 하는 방식으로 패스를 만든다.
> - 펜 툴로 만든 패스는 Paths 팔레트에 'Work Path'로 만들어지며, 더블클릭하면 [Save Path] 메뉴로 저장할 수 있다.
> - 만들어진 패스는 Paths 팔레트 하단의 [Load path as a selection] 버튼을 통해 선택 영역으로 불러올 수 있다.

따라하기 01 펜 툴을 이용하여 직선 패스 만들기

'챕터5_샘플\별.jpg' 파일을 불러온 후 펜 툴을 이용하여 별의 윤곽을 패스로 만들어 보자.

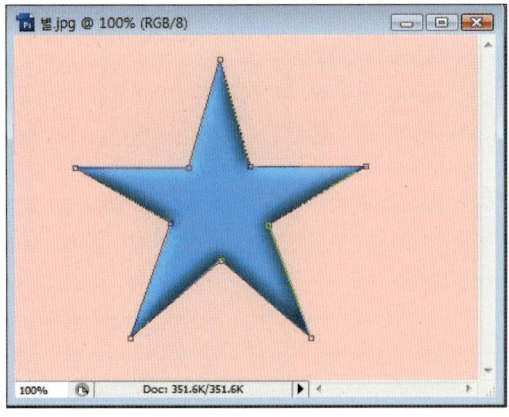

❶ 툴박스에서 펜 툴(　)을 선택하고 옵션 바에서 [Paths] 버튼(　)을 클릭한다.
❷ 별의 모양을 직선 패스로 만들어보자. 별의 외곽에서 임의의 시작점을 클릭하여 점을 찍으면 앵커 포인트(Anchor Point)가 생성된다.

Chapter 5 . 문자와 도형으로 새로운 이미지 생성하기

❸ 패스로 연결할 두 번째 점을 찍으면 패스로 연결이 된다. 이렇게 생성된 선을 패스라 하는데 직선으로 이루어진 이미지는 클릭을 계속하여 완성할 수 있다.

❹ 처음 시작지점까지 돌아와서 마우스 커서를 시작점에 대면 모양으로 바뀐다. 이때 클릭하여 패스로 연결하면 완성된다.

펜 툴의 옵션 바

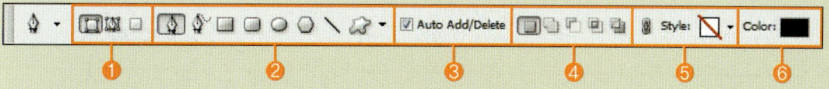

❶ **패스 형태 지정** : 펜 툴에서 사용할 속성을 지정한다.
- **Shape layers** : 셰이프 레이어를 만든다. 셰이프 레이어는 Layers 팔레트에 벡터의 속성을 갖는 레이어로 만들어진다. 레이어이기 때문에 [Style]이 활성화되어 효과를 적용할 수 있다.
- **Paths** : Paths 팔레트에 'Work Path'로 만들어진다.

❷ 펜 툴, 자유 형태 펜 툴과 포토샵에서 지원하는 도형 중에서 사용할 도구를 선택한다.

❸ **Auto Add/Delete** : 패스 위에 펜 툴을 대면 자동으로 포인트 추가 툴로 바뀐다. 앵커 포인트 위에 대면 자동으로 포인트 삭제 툴로 바뀐다.

❹ 새 셰이프(Create new shape layer), 추가 셰이프(Add to shape area), 제외 셰이프(Subtract from shape area), 공통된 부분을 제외한 셰이프(Exclude overlapping shape areas) 등의 모드를 설정한다.

❺ **Style** : [Shape layers]를 선택하면 활성화되는데, 사슬 모양의 버튼()을 클릭하여 바로 이미지에 스타일을 설정할 수 있다.

❻ **Color** : [Shape layers]를 선택하면 활성화되며 셰이프 레이어의 색상을 선택한다.

따라하기 02 패스를 선택 영역으로 만들기

앞에서 만든 패스의 이름을 '별'이라고 저장한 후 선택 영역으로 만들어 [Color Halftone] 필터 효과를 적용하여 보자.

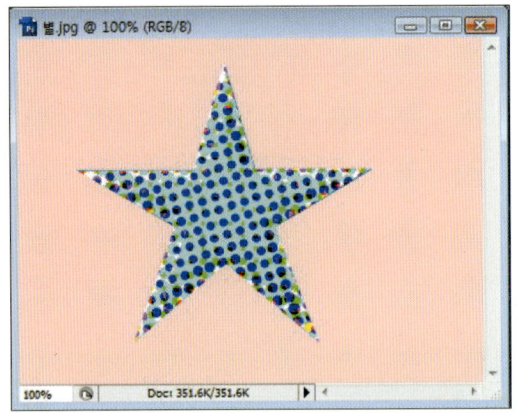

❶ [Window]>[Paths] 메뉴를 선택하여 Paths 팔레트를 불러온다.
❷ Paths 팔레트를 살펴보면 'Work Path'가 자동으로 만들어져 있다.
❸ 'Work Path'를 더블클릭하여 [Save Path] 대화상자가 나타나면 '별'이라고 이름을 입력하고 [OK] 버튼을 클릭한다.

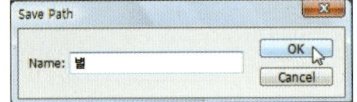

❹ '별'이라고 패스 목록이 만들어진 것을 확인할 수 있다.
❺ Paths 팔레트의 팝업 메뉴 버튼(▼≡)을 눌러 팝업 메뉴가 나타나면 [Makes Selection]을 클릭한다. 대화상자가 나타나면 [Feather Radius]를 '0'으로 설정하고 [OK] 버튼을 클릭한다.

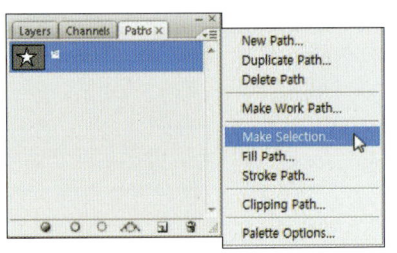 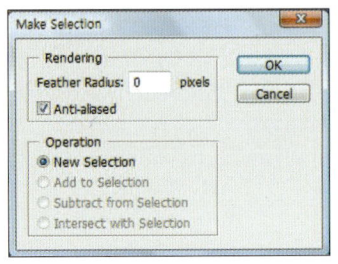

❻ 별이 선택 영역으로 지정된 상태에서 [Filter]>[Pixelate]>[Color Halftone] 메뉴를 클릭한다. 대화상자가 나타나면 [Max. Radius]를 '8'로 설정하고 [OK] 버튼을 클릭한다.

❼ Ctrl+D를 눌러 선택 영역을 해제한다.

Paths 팔레트와 팝업 메뉴

❶ **Fill path with foreground color** : 선택된 패스의 내부를 전경색으로 칠한다. 팝업 메뉴의 [Fill Path] 명령과 같다.
❷ **Stroke path with brush** : 선택된 패스를 전경색의 테두리로 칠한다. 팝업 메뉴의 [Stroke Path] 명령과 같다.
❸ **Loads path as a selection** : 패스를 선택 영역으로 만든다. 팝업 메뉴의 [Make Selection] 명령과 같다.
❹ **Make work path from selection** : 선택 영역을 'Work Path'로 만든다. 선택 영역이 활성화되어 있을 때만 선택할 수 있다. 팝업 메뉴의 [Make work path] 명령과 같다.
❺ **Create new path** : 새 패스를 만드는 버튼으로, 팝업 메뉴의 [New Path] 명령과 같다. 패스를 [Create new path] 버튼으로 드래그하면 복제가 되는데 이는 [Duplicate Path] 명령과 같다.
❻ **Delete current path** : 선택된 패스를 삭제한다. 팝업 메뉴의 [Delete Path] 명령과 같다.
❼ **Clipping Path** : 클리핑 패스를 만든다.
❽ **Palette Options** : 팔레트의 썸네일 크기를 조절한다.

| 따라하기 | 03 | 펜 툴을 이용하여 곡선 패스 만들기 |

'챕터5_샘플\달.jpg' 파일을 불러온 후 펜 툴을 이용하여 달의 윤곽을 패스로 만들고 Paths 팔레트에 '달'이라고 이름을 저장하여 보자.

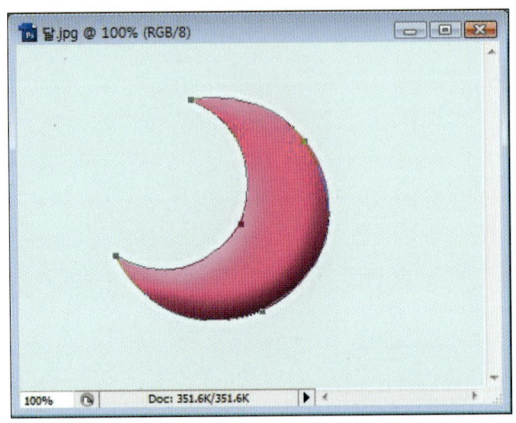

❶ 툴박스에서 펜 툴(　)을 선택하고 옵션 바에서 [Paths] 버튼(　)을 클릭한다.

❷ 달의 모양을 곡선 패스로 만들어보자. 달의 외곽에서 임의의 시작점을 클릭하여 점을 찍으면 앵커 포인트(Anchor Point)가 생성된다.

❸ 패스를 생성할 다음 지점으로 이동하여 클릭한 채 마우스에서 떼지 말고 아래로 조금 드래그하면 패스가 생성되는데 마우스를 떼지 않은 채 조금씩 움직이면서 방향선을 조절하여 패스를 이미지의 윤곽에 맞춘다.

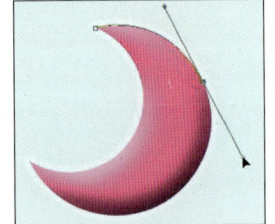

❹ 기다란 방향선을 끊기 위해 Alt 를 누른 채 앵커 포인트를 클릭한다. 이렇게 한쪽 방향선을 삭제하는 것이 곡선 패스를 만들기 쉽다.

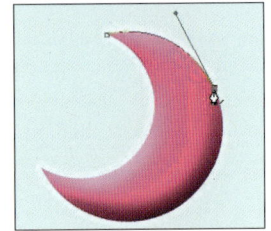

❺ 다시 다음 지점으로 이동하여 클릭한 채 방향선을 조절하여 패스를 이어서 만든다. 같은 방법으로 달의 윤곽을 따라 처음 지점까지 이동하면 처음 앵커 포인트에서 마우스 커서가 　 모양으로 바뀐다. 이때 클릭하여 패스로 연결하면 완성된다.

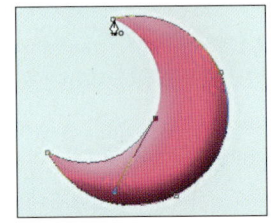

❼ Paths 팔레트에서 'Work Path'를 더블클릭하여 [Save Path] 대화상자가 나타나면 '달'이라고 이름을 입력하고 [OK] 버튼을 클릭한다.

따라하기 04 펜 툴로 이미지 윤곽 패스 만들어 색상 채우기

'챕터5_샘플\ '입술.jpg' 파일을 불러온 후 패스로 저장하고 선택 영역으로 불러와 색상을 변경하여 보자.

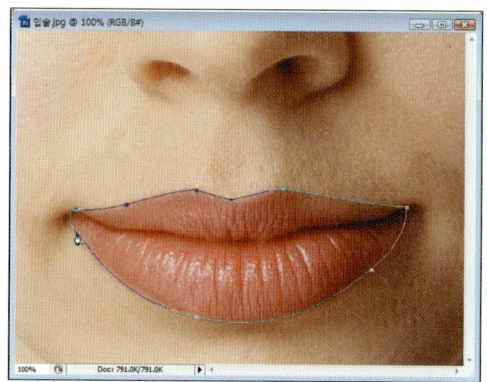 

❶ 툴박스에서 펜 툴( )을 선택하고 옵션 바에서 [Paths] 버튼( )을 클릭한다.

❷ 입술을 패스로 만들기 위해 입술 외곽에서 임의의 시작점을 클릭하여 앵커 포인트를 생성한다. 윤곽을 따라 이동하면서 클릭/드래그하여 패스를 생성하고, Alt 를 누른 채 앵커 포인트를 클릭하여 한쪽 방향선을 삭제한다.

❸ 같은 방법으로 윤곽을 따라 처음 지점까지 이동하면 마우스 커서가 모양으로 바뀐다. 이때 클릭하여 패스로 연결하면 완성된다.

❹ Paths 팔레트에서 'Work Path'를 더블클릭하여 [Save Path] 대화상자가 나타나면 '입술'이라고 이름을 입력하고 [OK] 버튼을 클릭한다.

❺ Paths 팔레트에서 Ctrl 를 누른 채 '입술' 패스를 클릭하면 선택 영역으로 만들어진다.

❻ 선택 영역 안의 색상을 변경하기 위해 [Image]>[Adjustment]>[Hue/Saturation] 메뉴를 선택한 후 대화상자가 나타나면 [Hue]의 값을 '-28', [Saturate] '36'으로 설정하여 색상을 분홍으로 변경하고 [OK] 버튼을 클릭한다.

❼ 선택 영역의 바깥 범위를 클릭하여 선택 영역을 해제한다.

| 따라하기 05 | 직선 패스를 곡선 패스로 수정하기 |

'챕터5_샘플\소세지.jpg' 파일을 불러온 후 펜 툴을 이용하여 소시지의 윤곽을 패스로 만들고 여러 가지 패스 관련 툴을 이용하여 수정하여 보자.

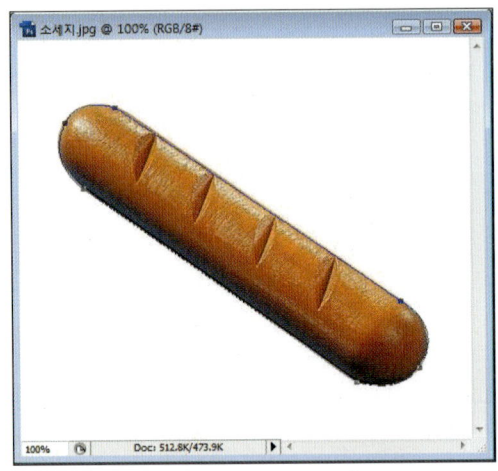

❶ 툴박스에서 펜 툴( )을 선택하고 옵션 바에서 [Paths] 버튼( )을 클릭한다.

❷ 소시지의 외곽을 따라 그림처럼 양끝이 뾰족한 직선 패스를 만든다

❸ 툴박스에서 변환 툴( )을 선택하고 그림처럼 꼭짓점 부분에서 시계 방향으로 드래그하면 직선이 곡선으로 변환된다.

❹ 패스를 수정하기 위해 툴박스에서 패스 직접 선택 툴(▶)을 선택하거나 Ctrl을 누른 채 있으면 패스 직접 선택 툴로 변경된다. 이때 패스의 방향선을 드래그하여 소시지의 윤곽에 맞춘다.

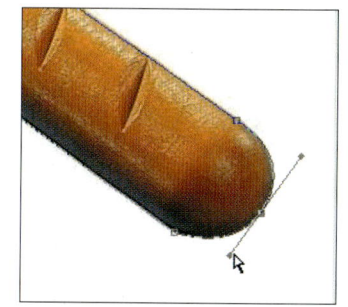

❺ 툴박스에서 포인트 삭제 툴(✎)을 선택하고 그림처럼 꼭짓점에 클릭하면 기준점을 삭제할 수 있다.

❻ 툴박스에서 포인트 추가 툴(✎)을 선택하고 그림처럼 패스 위에 클릭하면 기준점이 생성된다.

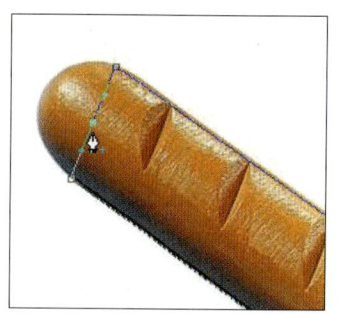

❼ 패스를 수정하기 위해 툴박스에서 패스 직접 선택 툴(▶)을 선택한 후 기준점을 소시지의 윤곽으로 이동하고 방향선을 수정하여 소시지의 윤곽에 맞춘다.

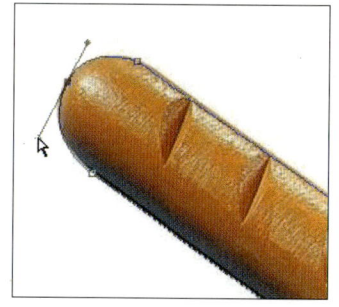

| 따라하기 | 06 자유 형태 펜 툴을 이용하여 점선 문자 만들기 |

'챕터5_샘플\속전속결.jpg' 파일을 불러온 후 자유 형태 펜 툴을 이용하여 '속전속결' 이라고 패스를 만들고 점선 테두리 문자를 만들어 보자.

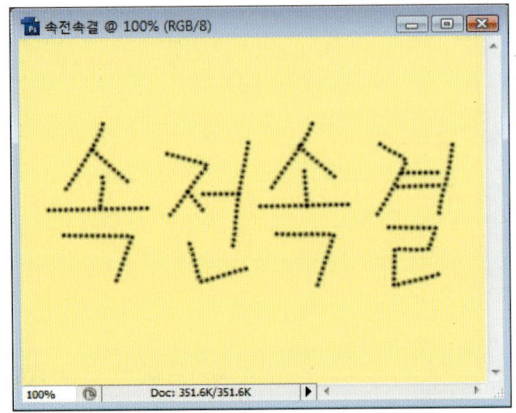

❶ 툴박스에서 자유 형태 펜 툴(🖋)을 선택하고 옵션 바에서 [Paths] 버튼(▣)을 클릭한다.

❷ 이미지 위로 이동하여 글자를 쓰듯이 '속전속결' 이라고 패스를 만든다.

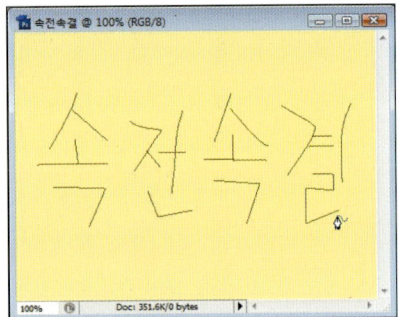

❸ Ctrl 를 누른 채 있으면 패스 직접 선택 툴(▶)로 변경되는데 이때 글자를 예쁘게 수정한다.

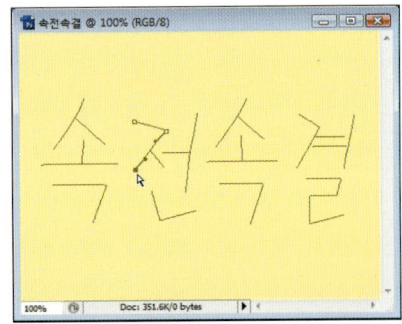

❹ 패스로 만들기 위해 Paths 팔레트에서 'Work Path'를 더블클릭하여 [Save Path] 대화상자가 나타나면 '속전속결'이라고 이름을 입력하고 [OK] 버튼을 클릭한다.

❺ 툴박스에서 브러시 툴( )을 선택하고 [Window]〉 [Brushes] 메뉴를 클릭하여 Brushes 팔레트를 불러온다. [Brushes Tip Shape]을 클릭하고 옵션을 그림처럼 지정한다.

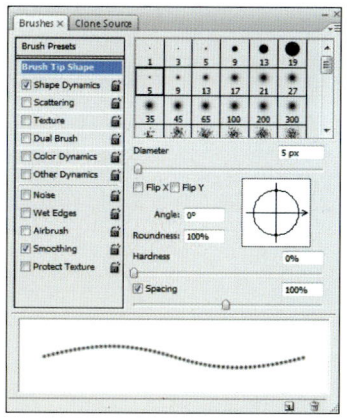

❻ '속전속결' 패스를 선택하여 파란 목록으로 활성화하고 Paths 팔레트 하단의 [Stroke path with brush] 버튼( )을 클릭하면 설정한 브러시의 크기와 모양으로 패스를 따라 칠해진다.

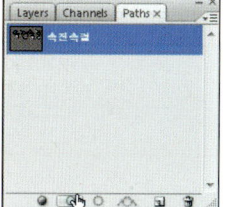

❼ 이미지에 패스가 보이면 Paths 팔레트의 빈곳을 클릭하여 패스가 이미지에서 보이지 않게 한다.

Magnetic 옵션 tip ➕

자유 형태 펜 툴의 옵션 바에서 [Magnetic]에 체크하면 자석 펜 툴로 마우스 커서가 바뀌며 색상의 대비가 확연한 곳을 자동 패스로 만들어준다. 패스를 만드는 것을 끝내고 싶으면 더블클릭한다.

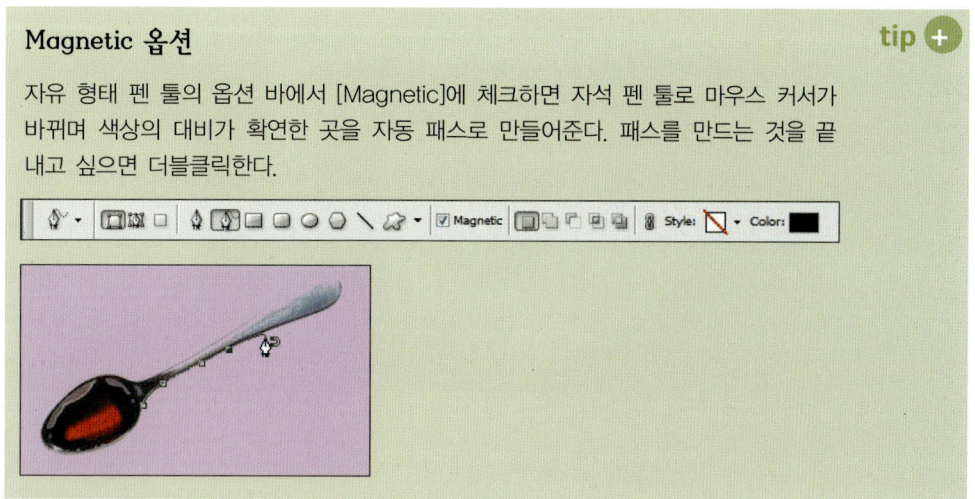

01 혼자해보기

'챕터5_샘플\'나비귀걸이.jpg' 파일을 불러온 후 옅은 푸른 보석을 패스로 만들어 저장하고 선택 영역으로 불러와 색상을 진한 파랑으로 변경하여 보자.

HINT | 펜 툴( )을 선택하고 옵션 바에서 [Paths] 버튼( )을 눌러 속성을 지정한 후 추가 패스 버튼( )을 클릭한다. 보석의 윤곽을 패스로 만들고 Paths 팔레트에서 'Work Path'를 더블클릭하여 저장한 후 선택 영역으로 불러온다. [Image]-[Adjustment]-[Hue/Saturation] 메뉴를 선택한 후 대화상자가 나타나면 [Hue]의 값을 '10', [Saturate] '80'으로 설정하고 [OK] 버튼을 클릭한다.

02 혼자해보기

'챕터5_샘플\계란후라이.jpg' 파일을 불러온 후 계란의 윤곽에 맞도록 패스를 수정하여 보자.

HINT | Paths 팔레트에서 저장된 '후라이' 패스를 선택한 후 변환 툴( )을 이용하여 각 앵커 포인트를 클릭하고 상하좌우로 드래그하면 직선이 곡선으로 변환된다. 패스를 수정하기 위해 툴박스에서 패스 직접 선택 툴( )을 선택하여 패스의 기준점과 방향선을 수정하며 윤곽에 맞추어 패스를 만들어 보자.

03 혼자해보기

'챕터5_샘플\엄지손가락.jpg' 파일을 불러온 후 패스로 만들어 저장하고 노란색으로 번지는 테두리를 만들어 보자.

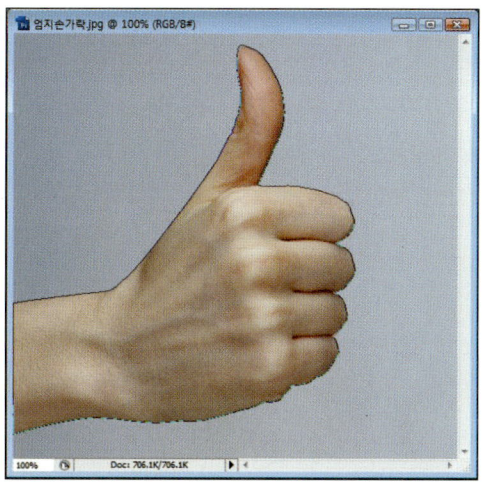 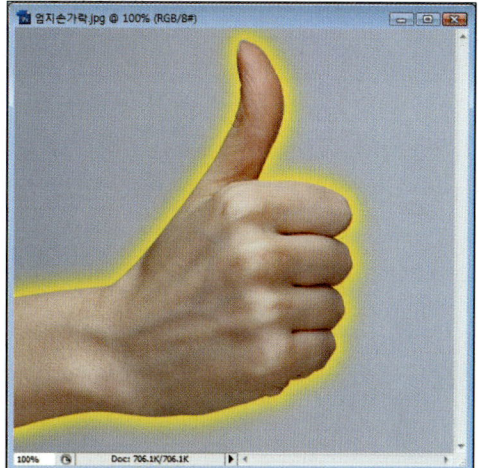

HINT | 펜 툴( )로 이미지 윤곽을 패스로 만들어 Paths 팔레트에 저장한 후 전경색을 노란색으로 설정한다. 툴박스에서 브러시 툴( )을 선택하고 옵션 바에서 [Opacity]를 '30%', [Brush]의 크기를 '40px'로 설정한 후 Paths 팔레트의 [Stroke path with a brush] 버튼( )을 클릭한다. 같은 방법으로 브러시의 크기를 '20px', '10px', '5px'로 줄여가며 [Stroke path with a brush] 명령을 적용하여 패스를 따라 브러시의 두께로 칠해지게 한다. [Load path as a selection] 버튼( )을 클릭하여 선택 영역으로 만든 후 [Edit]>[Fill] 메뉴를 실행한다. 대화상자가 나타나면 [Use]를 'History'로 설정하고 [OK] 버튼을 클릭한다.

Section 2. 문자 입력하기

문자를 입력하기 전에 문자 레이어로 만들어지는 문자 툴과 선택 영역으로 만들어지는 문자 마스크 툴 중 어느 것을 먼저 사용할지를 결정해야 하는데 일반적인 가로 문자 툴과 세로 문자 툴은 새로운 문자 레이어에 문자를 만들 수 있고, 필요하면 언제든지 문자를 편집할 수 있다. 그러나 문자 마스크 툴은 마스크 상태에서만 문자의 편집이 가능하고 일단 선택 영역으로 지정된 상태에서는 편집이 어렵다.

> **알아두기**
> - 가로 문자 툴과 세로 문자 툴로 입력하면 벡터의 속성을 가지고 있는 상태이므로 변형을 하여도 쉽게 이미지가 손실되지 않는다. 그러나 이를 일반 레이어로 변환하면 벡터의 속성이 사라진다.
> - 가로 문자 마스크 툴과 세로 문자 마스크 툴을 선택하여 문자를 입력하면 현재 선택된 레이어에 입력한 문자의 선택 영역이 만들어진다. 일반적인 선택 영역과 같은 속성을 가지므로 이동, 복사, 선 칠하기, 채우기를 할 수 있다.

따라하기 01 | 가로 문자 툴로 입력하기

'챕터5_샘플\키보드.jpg' 파일을 불러온 후 가로 문자 툴로 'Enter'라고 입력하고 이미지에 맞추어 각도를 조절하여 보자.

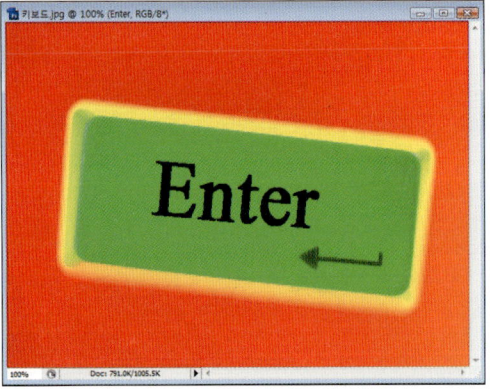

❶ 툴박스에서 가로 문자 툴(T)을 선택하고 옵션 바에서 글꼴을 'Times New Roman', 글꼴 크기를 '28pt', 글꼴 색상을 '검정'으로 설정한다.

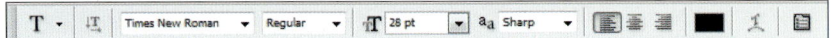

❷ 이미지 위로 이동하여 입력되는 위치에서 마우스를 클릭하면 커서가 깜빡이는데 이때 'Enter'라고 입력한다.

❸ Ctrl를 누른 채 있으면 이미지 위의 마우스 커서가 이동 툴( )로 변경되어 위치를 조정할 수 있다.

❹ Ctrl + T 를 눌러 바운딩 박스가 나타나면 오른쪽 상단의 조절점에서 마우스 커서를 조금 바깥쪽으로 이동한다. 회전할 수 있는 마우스 커서로 변경되면 오른쪽으로 살짝 드래그하여 글자를 회전하고 Enter 를 누른다.

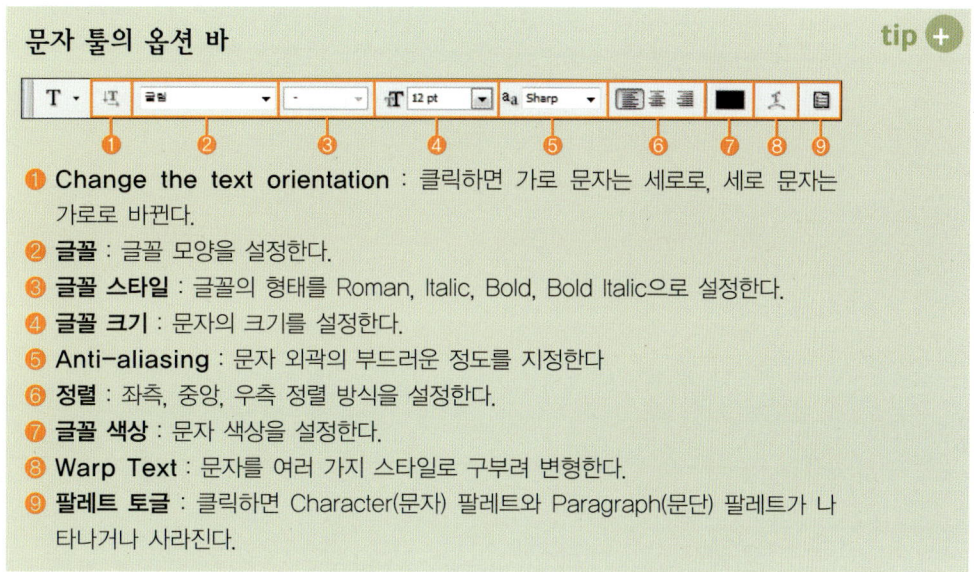

문자 툴의 옵션 바 tip ➕

❶ **Change the text orientation** : 클릭하면 가로 문자는 세로로, 세로 문자는 가로로 바뀐다.
❷ **글꼴** : 글꼴 모양을 설정한다.
❸ **글꼴 스타일** : 글꼴의 형태를 Roman, Italic, Bold, Bold Italic으로 설정한다.
❹ **글꼴 크기** : 문자의 크기를 설정한다.
❺ **Anti-aliasing** : 문자 외곽의 부드러운 정도를 지정한다
❻ **정렬** : 좌측, 중앙, 우측 정렬 방식을 설정한다.
❼ **글꼴 색상** : 문자 색상을 설정한다.
❽ **Warp Text** : 문자를 여러 가지 스타일로 구부려 변형한다.
❾ **팔레트 토글** : 클릭하면 Character(문자) 팔레트와 Paragraph(문단) 팔레트가 나타나거나 사라진다.

따라하기 **02** 세로 문자 툴로 입력하기

'챕터5_샘플\할로윈.jpg' 파일을 불러온 후 세로 문자 툴로 'Halloween Party'라고 입력하고 이미지에 맞추어 각도를 조절하여 보자.

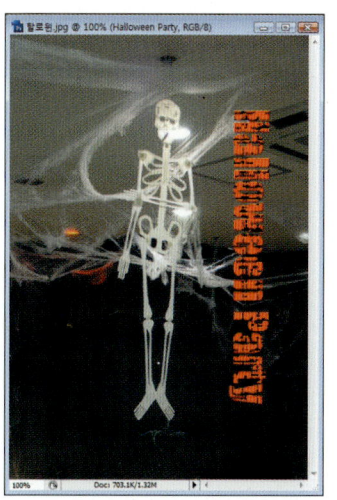

❶ 툴박스에서 세로 문자 툴(T)을 선택하고 옵션 바에서 글꼴을 'Impact', 글꼴 크기를 '60pt', 글꼴 색상은 '빨강'으로 설정한다.

❷ 이미지 위로 이동하여 입력되는 위치에서 마우스를 클릭하면 커서가 깜빡이는데 이때 'Halloween Party'라고 입력한다.

❸ Ctrl를 눌러 마우스 커서가 이동 툴(▶)로 변경되면 위치를 오른쪽으로 이동한다.

❹ [Filter]>[Texture]>[Craquelure] 메뉴를 선택하면 문자의 속성으로 편집이 불가능하므로 래스터라이즈화겠냐고 묻는 경고 메시지가 나타난다. [OK] 버튼을 클릭하여 벡터 속성을 제거하고 비트맵 속성으로 변경한다.

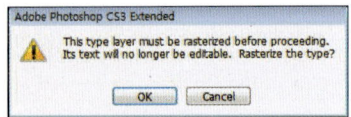

❺ [Craquelure] 대화상자가 나타나면 그림처럼 설정하고 [OK] 버튼을 클릭한다.

❻ 검은 크랙이 그려져 이미지와 잘 어울리는 문자가 완성된다.

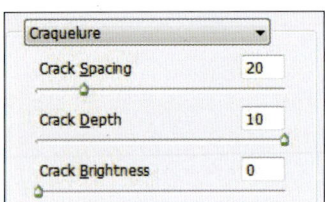

따라하기 03 문자 마스크 툴로 입력하기

'챕터5_샘플\테디베어.jpg' 파일을 불러온다. 가로 문자 마스크 툴로 '테디베어'라고 입력한 후 그림자를 만들고 흰 테두리를 적용하여 보자.

❶ 툴박스에서 가로 문자 마스크 툴(T)을 선택하고 옵션 바에서 글꼴을 'HY크리스탈', 글꼴 크기를 '60pt'로 설정한다.

❷ 이미지 위로 이동하여 입력이 시작되는 위치에서 마우스를 클릭하면 화면이 붉은 색으로 바뀌면서 커서가 깜빡이는데 이때 '테디베어'라고 입력한다.

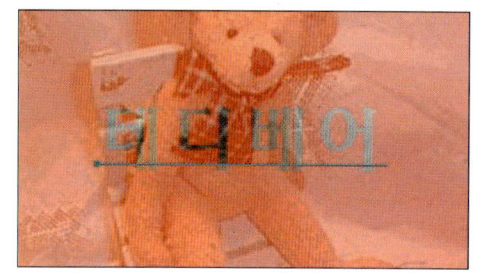

❸ 옵션 바 오른쪽 끝에 있는 동의 버튼(✓)을 클릭하면 입력한 문자가 선택 영역으로 변경된다.

❹ Ctrl + C 를 눌러 선택 영역을 클립보드에 저장한다.

❺ 선택 영역이 있는 상태에서 Alt + Delete 를 눌러 검은색으로 채운다.

❻ 클립보드에 저장된 것을 붙여 넣기 위해 Ctrl + V 를 누른다.

❼ 복사된 이미지가 붙여 넣어지면 툴박스에서 이동 툴(⊕)을 선택하고 왼쪽 방향키와 위쪽 방향키를 차례로 네 번씩 눌러 이미지를 이동한다. 아래 이미지가 마치 그림자처럼 보이게 된다.

❽ [Edit]>[Stroke] 메뉴를 클릭하여 대화상자가 나타나면 [Width]를 '1px', [Color]는 '흰색'으로 설정하고 [OK] 버튼을 클릭한다.

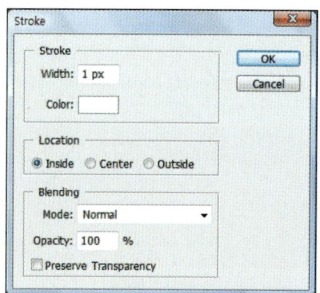

❾ 이미지에 테두리와 그림자가 생성된 것을 확인할 수 있다.

글꼴의 이름을 한글로 보기

tip ➕

글꼴이 한글로 보이지 않는다면 [Edit]>[Preferences]>[Type] 메뉴를 실행한 후 대화상자에서 [Show Font Names in English]의 선택을 해제한다.

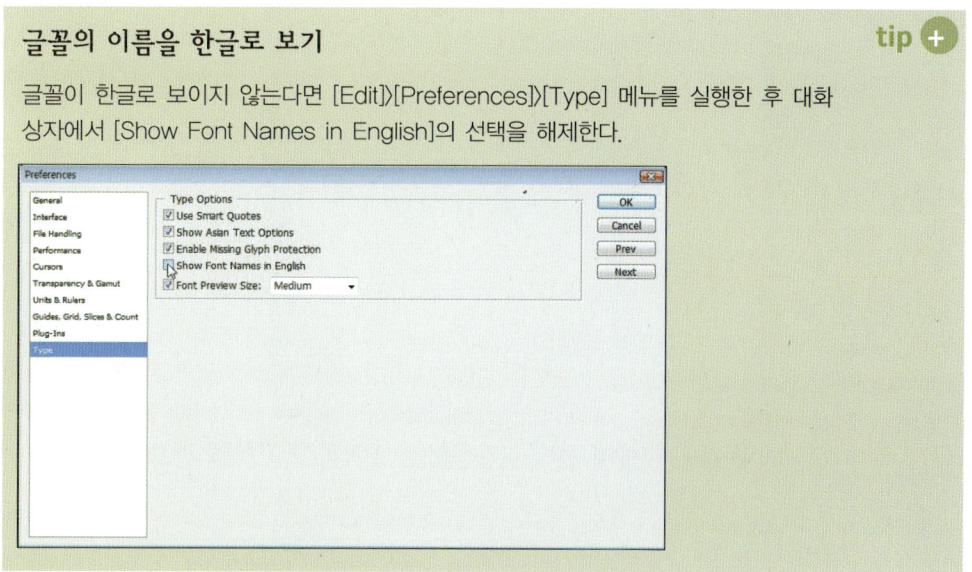

따라하기 04 [Warp Text] 명령을 이용하여 문자 디자인하기

'챕터5_샘플\재윤이.jpg' 파일을 불러온 후 글자를 입력하고 [Warp Text] 대화상자를 이용하여 문자를 표현하여 보자.

❶ 툴박스에서 가로 문자 툴(T)을 선택하고 옵션 바에서 글꼴을 'HY크리스탈', 글꼴 크기를 '24pt', 글꼴 색상을 '검정' 으로 설정한다.

❷ 이미지 위로 이동하여 입력이 시작되는 위치에서 마우스를 클릭하면 커서가 깜빡이는데 이때 '엄마! 아빠! 사랑해요~' 라고 입력한다.

❸ 옵션 바에서 [Warp Text] 버튼(🛠)을 클릭하여 대화상자를 다음처럼 설정하고 [OK] 버튼을 클릭한다.

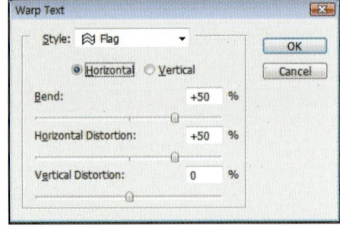

❹ 옵션 바에서 동의 버튼(✓)을 클릭하여 입력을 완성한다.

[Warp Text] 대화상자의 다양한 왜곡 스타일

문자 레이어인 상태에서 옵션 바의 [Warp Text] 버튼(ㅈ)을 클릭하면 [Warp Text] 대화상자가 나타나서 문자나 문단을 다양하게 구부려 사용할 수 있다. 단, [Rasterize] 명령을 통해 비트맵으로 변경한 문자나 Character 팔레트의 팝업 메뉴인 Faux Bold를 적용한 경우에는 사용할 수 없다.

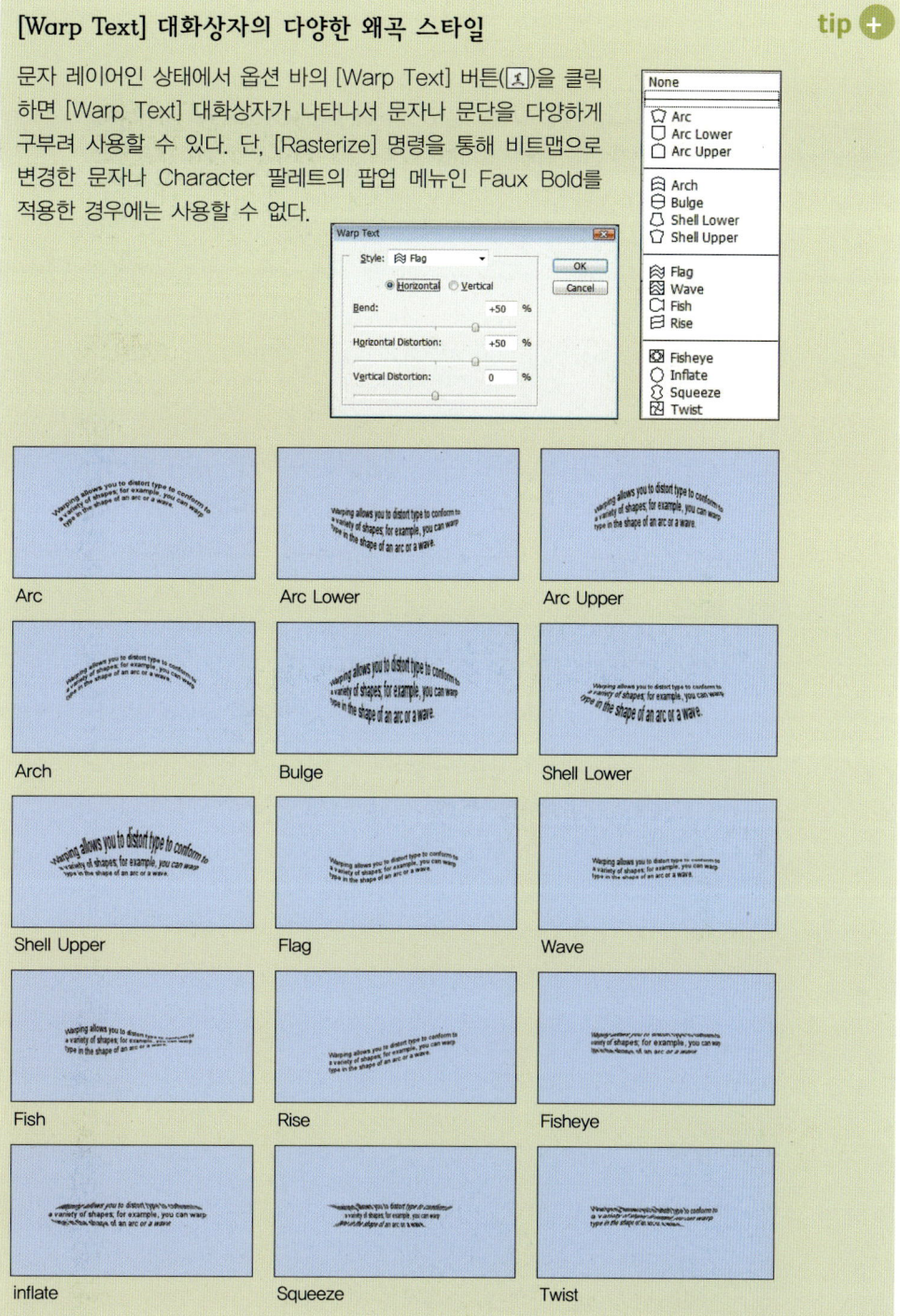

| 따라하기 | 05 패스 위에 문자 입력하기 |

'챕터5_샘플\오렌지.jpg' 파일을 불러온 후 펜 툴로 오렌지의 경계를 따라 패스를 생성한 후 그 위에 글자를 입력하여 보자.

❶ 툴박스에서 펜 툴(　)을 선택하고 옵션 바에서 [Paths] 버튼(　)을 클릭한다.

❷ 패스로 만들기 위해 오렌지의 왼쪽 중간 외곽에서 임의의 시작점을 클릭하여 앵커 포인트(Anchor Point)를 만든다.

❸ 패스를 생성할 다음 지점으로 이동하여 클릭하고 마우스를 누른 채 오른쪽으로 드래그하면서 패스를 이미지의 윤곽에 맞춘다.

❹ 다시 다음 지점으로 이동하여 클릭한 채 방향선을 조절하여 패스를 이어서 만든다.

❺ 툴박스에서 가로 문자 툴(T)을 선택하고 옵션 바에서 글꼴을 'Times New Roman', 글꼴 크기를 '28pt', 글꼴 색상을 '주황' 으로 설정한다.

❻ 패스의 시작점에서 클릭하면 마우스 커서가 깜빡이는데 이때 'ORANGE' 라고 입력하고 옵션 바에서 동의 버튼(✓)을 누른다.

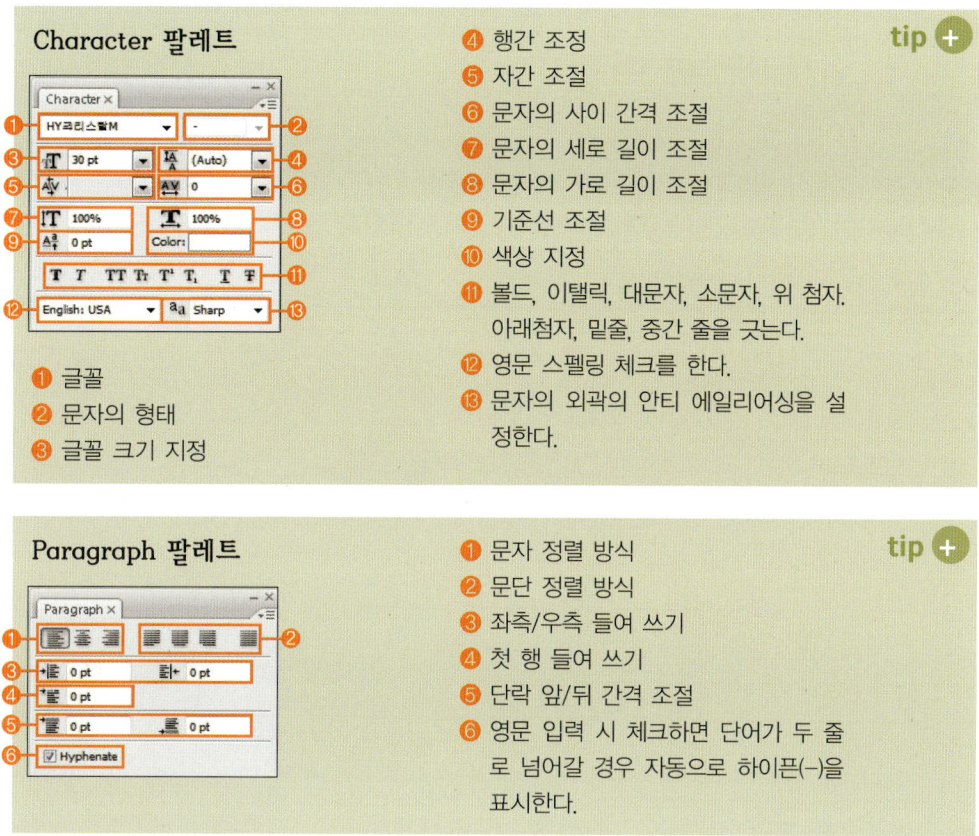

Character 팔레트

1. 글꼴
2. 문자의 형태
3. 글꼴 크기 지정
4. 행간 조정
5. 자간 조절
6. 문자의 사이 간격 조절
7. 문자의 세로 길이 조절
8. 문자의 가로 길이 조절
9. 기준선 조절
10. 색상 지정
11. 볼드, 이탤릭, 대문자, 소문자, 위 첨자, 아래첨자, 밑줄, 중간 줄을 긋는다.
12. 영문 스펠링 체크를 한다.
13. 문자의 외곽의 안티 에일리어싱을 설정한다.

Paragraph 팔레트

1. 문자 정렬 방식
2. 문단 정렬 방식
3. 좌측/우측 들여 쓰기
4. 첫 행 들여 쓰기
5. 단락 앞/뒤 간격 조절
6. 영문 입력 시 체크하면 단어가 두 줄로 넘어갈 경우 자동으로 하이픈(-)을 표시한다.

01 혼자해보기

'챕터5_샘플\재환이.jpg' 파일을 불러온 후 글자를 입력하고 글꼴의 크기와 모양, 색상을 부분적으로 바꾸어 보자.

HINT | 툴박스에서 가로 문자 툴(T)을 선택하고 옵션 바에서 글꼴을 'HY크리스탈', 글꼴 크기를 '30pt', 글꼴 색상을 '노란색'으로 설정한 후 이미지에 'Happy Birthday'라고 입력한다. '사랑스러운 우리~'는 '바탕체', 글꼴 크기를 '18pt', 글꼴 색상을 '흰색'으로 설정한다.

02 혼자해보기

'챕터5_샘플\재윤.jpg' 파일을 불러온 후 글자에 그림자를 만들고 그레이디언트 색상을 적용하여 보자.

HINT | 툴박스에서 가로 문자 마스크 툴(T)을 선택하고 옵션 바에서 글꼴을 'HY크리스탈', 글꼴 크기를 '30pt'로 설정한 후 '사랑스러운 재윤아'라고 입력한다. Ctrl+C를 눌러 클립보드에 복사하고 Alt+Delete를 눌러 검정으로 채운다. Ctrl+V를 눌러 복사한 이미지를 붙여 넣는다. 툴박스에서 그레이디언트 툴( )을 클릭하고 옵션 바에서 그레이디언트 피커( )를 눌러 'Spectrum'을 선택한다. 이미지의 선택 영역에서 위에서 아래로 드래그하여 색상을 채운다.

03 혼자해보기

'챕터5_샘플\선글라스.jpg' 파일을 불러온 후 렌즈의 윤곽을 따라 패스를 생성한 후 패스 안에 글자를 입력한다.

HINT | 툴박스에서 펜 툴( )을 선택하고 옵션 바에서 [Paths] 버튼( )을 클릭한 후 렌즈의 윤곽을 따라 패스를 만든다. 툴박스에서 가로 문자 툴(T)을 선택하고 옵션 바에서 글꼴을 'HY크리스탈', 글꼴 크기는 '18pt', 글꼴 색상은 '흰색'으로 설정한다. 패스 안을 클릭하여 '야외에서는 회색 계열의 렌즈가 좋다. 빛의 모든 파장을 균일하게 흡수, 차단하므로 자연색 그대로 볼 수 있기 때문이다.'라고 입력하고 동의 버튼(✓)을 클릭한다. Paragraph 팔레트에서 중앙 정렬( )을 클릭한다.

Section 3

도형 툴로 다양한 도형 만들기

도형 툴을 이용하면 사각형이나 원처럼 정형화된 툴을 쉽게 그릴 수 있다. 그 외의 다양한 모양의 도형을 사용하고 싶다면 사용자 정의 도형 툴을 선택하여 포토샵에서 제공하는 도형을 골라 사용하거나 사용자가 직접 도형을 제작할 수도 있다.

○ 알아두기

- 도형 툴로 도형을 그리기 전에 옵션 바에서 먼저 [Shape layers], [Paths], [Fill pixels] 옵션을 선택해야 한다.
- Shape layers : 셰이프 레이어는 Layers 팔레트에서 색상을 변경하거나 Paths 팔레트에서 패스를 수정할 수 있으며 벡터 속성을 가지고 있다.
- Paths : Paths 팔레트에 패스로 만들어지며 벡터 속성을 가지고 있다.
- Fill pixels : Layers 팔레트에 만들어지며 일반 비트맵 이미지 속성을 가지고 있다.

따라하기 01 사각형 툴로 버튼 만들기

새 창을 만들고 사각형 툴을 이용하여 사각형을 만든 후 스타일을 적용하여 입체감 있는 버튼을 만든다. 완성된 버튼에는 'Dear Reachel' 이라고 입력하여 보자.

❶ [File]>[New] 메뉴를 선택한 후에 [New] 대화상자에서 [Width]를 '600pixels', [Heigh]를 '450pixels', [Resolution]을 '72pixels/inch', [Color Mode]는 'RGB Color', [Background Contents]는 'White' 로 설정하고 [OK] 버튼을 클릭한다.

❷ 툴박스에서 사각형 툴(□)을 선택하고 옵션 바를 다음과 같이 설정한다.

❸ 작업창에서 드래그하여 사각형을 만들면 Layers 팔레트에 셰이프 레이어가 자동으로 만들어진다.

❹ 만들어진 셰이프 레이어를 Layers 팔레트에서 선택하고 Styles 팔레트에서 'Blue Glass'를 클릭하여 적용한다.

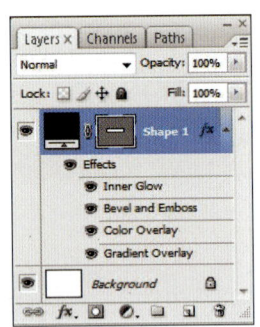

❺ 툴박스에서 가로 문자 툴(T)을 선택하고 글꼴은 'HY크리스탈M', 글꼴 크기는 '48pt', 글꼴 색상은 '검정'으로 설정한다.

❻ 이미지 창의 셰이프 레이어 바깥쪽을 클릭한 후 'Dear Reachel' 이라고 입력하고 동의 버튼(✓)을 누른다. Ctrl를 누르면 이동 툴(▶)로 변경되는데 이때 문자를 셰이프 영역의 중앙으로 이동한다.

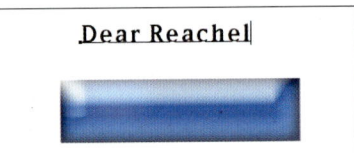

tip ✚

셰이프 레이어 영역 안에 입력

셰이프 레이어가 활성화된 상태에서 사각의 패스 영역 안에 마우스 커서를 놓으면 [I] 모양으로 변경되는데, 이때 입력하면 영역 안으로 문자가 입력되니 주의한다.

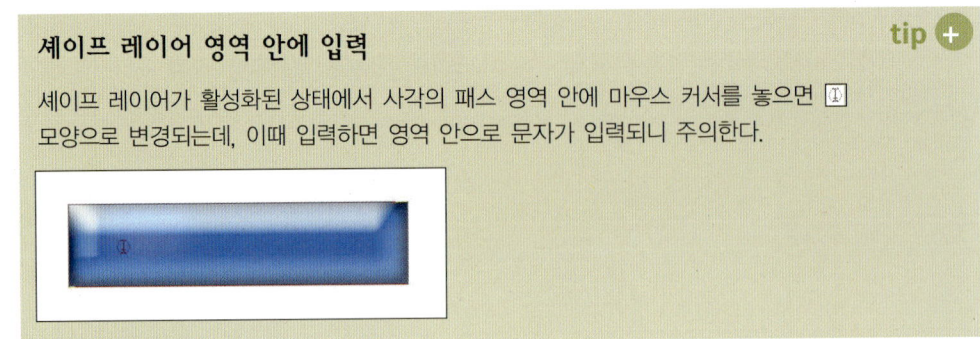

| 따라하기 | 02 | 사용자 정의 도형 툴로 패턴 만들기 |

새 창을 만든 후 사용자 정의 도형 툴을 이용하여 음표를 만들고 패턴으로 채워 보자.

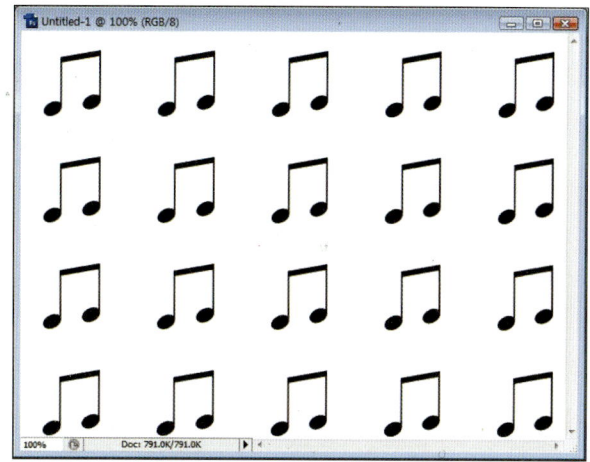

❶ [File]>[New] 메뉴를 선택한 후에 [New] 대화상자에서 [Width]를 '600pixels', [Heigh]를 '450pixels', [Resolution]을 '72pixels/inch', [Color Mode]는 'RGB Color', [Background Contents]는 'White'로 설정하고 [OK] 버튼을 클릭한다.

❷ 툴박스에서 사용자 정의 도형 툴(　)을 선택하고 옵션 바에서 [Fill pixels] 버튼 (　)을 클릭한다. [Shape]의 피커(　)를 클릭하여 음표 모양을 클릭한다.

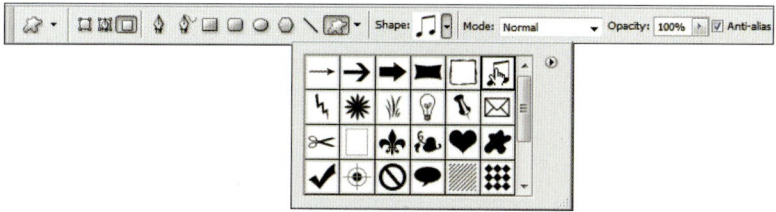

❸ 전경색을 검정으로 설정하고 이미지 창에서 드래그하여 음표 모양을 만든다.

❹ 툴박스에서 사각 선택 툴(　)을 선택하고 옵션 바에서 [Feather]가 '0'인 것을 확인한 후 이미지에 드래그한다.

❺ [Edit]〉[Define Pattern] 메뉴를 클릭하여 [Patten Name] 대화상자가 나타나면 [OK] 버튼을 클릭한다.

❻ [Select]〉[Deselect] 메뉴를 클릭하여 선택 영역을 해제한다.

❼ [Edit]〉[Fill] 메뉴를 클릭하여 대화상자가 나타나면 [Use]를 'Pattern'으로 설정한다. [Custom Pattern]의 패턴 피커(▼)를 클릭하여 스크롤을 내려 마지막의 패턴을 선택하고 [OK] 버튼을 클릭한다.

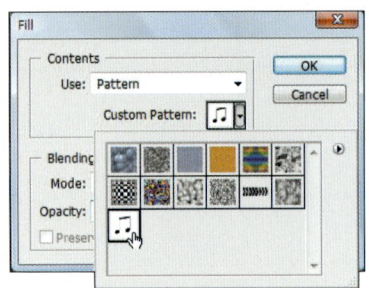

❽ 이미지 창이 음표 패턴으로 채워진다.

따라하기 03 선 툴로 화살표 만들기

'챕터5_샘플\시계.jpg' 파일을 불러온 후 화살표를 이용하여 시계의 시침과 분침을 만들고 Styles 팔레트에서 'Basic Drop Shadow'를 클릭하여 그림자를 적용하여 보자.

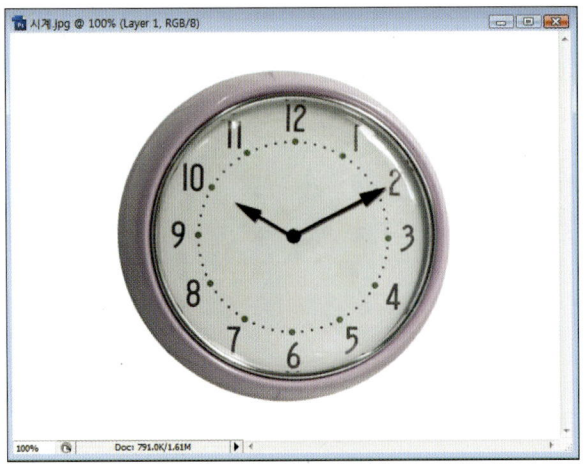

❶ 툴박스에서 선 툴(\)을 선택하고 옵션 바에서 [Paths] 버튼(▨)을 클릭한 후 [Geometry options] 피커(▼)를 누른다.

❷ [Arrowheads] 옵션이 나타나면 다른 값은 기본 값으로 하고 [End]만 클릭하여 체크한다. 이어서 [Weight]는 '3px'로 입력하고 추가 패스 버튼(	)을 클릭하여 설정한다.

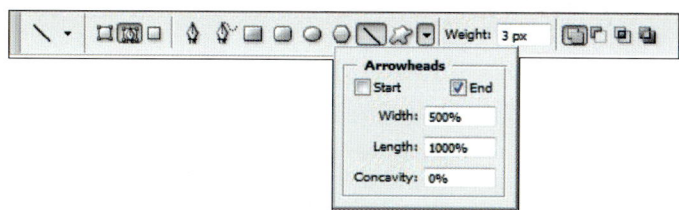

❸ 이미지 창에 시침을 그리기 위해 시계의 중심에서 바깥쪽으로 10시에 맞추어 드래그한다. 이어서 분침을 그리기 위해 안쪽에서 바깥쪽으로 10분에 맞추어 드래그한다.

❹ 작성한 패스를 저장하기 위해 Paths 팔레트에서 'Work Path'를 더블클릭하여 [Save Path] 대화상자가 나타나면 '시계'라고 입력하고 [OK] 버튼을 클릭한다.

❺ [Layers]>[New]>[Layer] 메뉴를 클릭하여 [New Layer] 대화상자가 나타나면 [OK] 버튼을 클릭하여 새로운 레이어 'Layer 1'을 생성한다.

❻ 툴박스에서 전경색을 검정으로 설정한 후 Paths 팔레트의 팝업 메뉴 버튼(	)을 클릭하고 [Fill Path]를 선택한다. 대화상자가 나타나면 [Use]를 'Foreground Color'로 설정하고 [OK] 버튼을 클릭하면 검정 화살표가 만들어진다.

❼ Layers 팔레트의 'Layer 1' 레이어가 선택된 상태에서 Styles 팔레트의 'Basic Drop Shadow'를 클릭하면 그림자가 생성된 화살표가 만들어진다.

Section 3. 도형 툴로 다양한 도형 만들기

01 혼자해보기 새 창을 만든 후 둥근 사각형을 만들고 스타일을 적용해 홈페이지 메뉴 버튼을 만들어 보자.

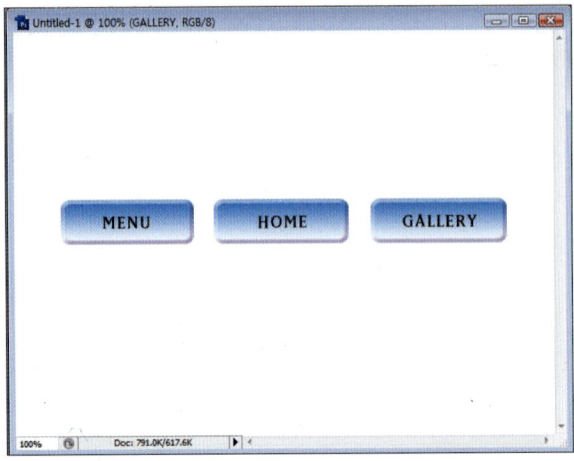

HINT | 새 창을 만든 후 전경색을 파란색으로 설정하고 툴박스에서 둥근 사각형 툴(▢)을 선택한다. 옵션 바에서 [Shape layers] 버튼(▢)을 선택하고 [Geometry options] 피커(▼)를 클릭하여 [Rounded Rectangle Options]가 나타나면 'Fixed Size'를 선택하고 'W'를 '150px', 'H'를 '50px'로 설정한다. 이미지에서 클릭하여 둥근 사각형을 만들고 Styles 팔레트에서 'Chiseled Sky'를 클릭하여 적용한다. 툴박스에서 가로 문자 툴(T)을 선택하고 글꼴은 'HY크리스탈M', 글꼴 크기는 '18pt', 글꼴 색상은 '검정'으로 설정하여 문자를 입력하여 완성한다. 다른 두 개의 버튼도 같은 방법으로 만든다.

02 혼자해보기 새 창을 만들고 꽃과 나뭇잎을 이용하여 패턴으로 채워 보자.

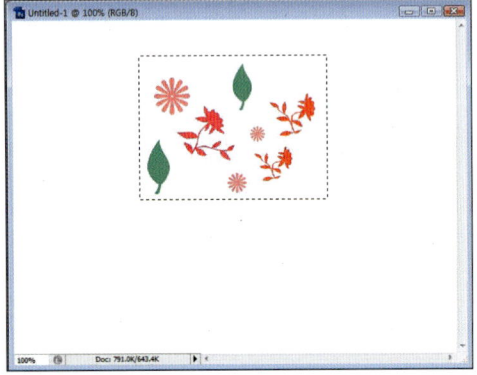 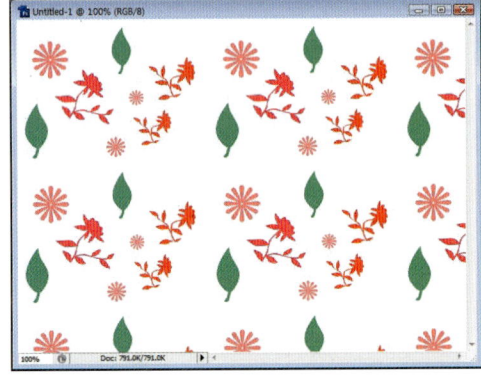

HINT | 새 창을 만든 후 툴박스에서 사용자 정의 도형 툴(▨)을 선택하고 옵션 바에서 [Fill Pixels] 버튼(▢)을 클릭한다. 마음에 드는 전경색을 설정하고 옵션 바에서 [Shape]의 피커를 클릭하여 꽃과 나뭇잎 등을 선택한 후 창에서 드래그한다. 사각 선택 툴(▭)로 만든 이미지를 드래그하여 선택한 후 [Edit]〉[Define Pattern] 메뉴를 실행하여 패턴으로 등록한다. 선택 영역을 해제하고 [Edit]〉[Fill] 메뉴를 클릭하여 이미지에 패턴으로 채운다.

03 혼자해보기 '챕터5_샘플\전화.jpg' 파일을 불러온 후 말풍선을 만들고 문자를 입력하여 보자.

HINT | 툴박스에서 사용자 정의 도형 툴( )을 선택하고 옵션 바에서 [Fill Pixels] 버튼( )을 클릭한다. [Shape]의 피커( )를 클릭하고 더 많은 도형을 불러오기 위해 삼각 버튼을 누른 후 [All]을 선택한다. 포토샵에서 지원하는 모든 도형 목록이 나타나면 'Talk3'을 선택하고 이미지에 드래그하여 그린다. 가로 문자 툴(T)로 글자도 입력한 후 서식을 설정한다.

04 혼자해보기 '챕터5_샘플\나비.psd' 파일을 불러온 후 그림처럼 도형 툴과 펜 툴을 이용하여 변형하여 보자.

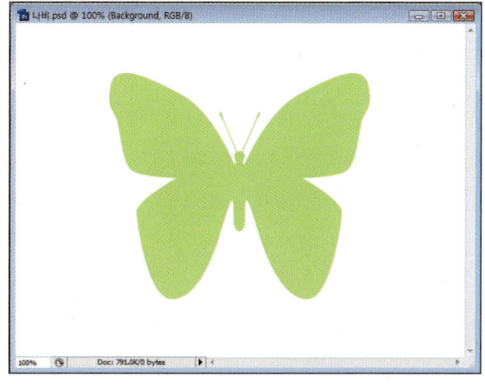 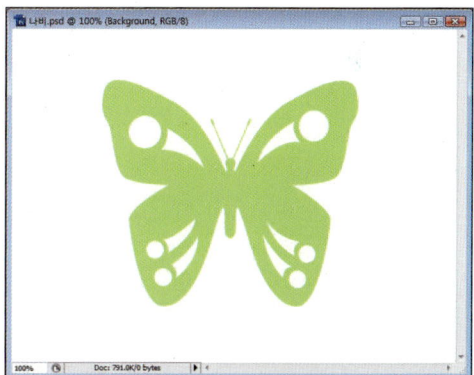

HINT | 툴박스에서 원형 툴( )을 클릭하고 옵션 바에서 [Shape layers] 버튼( )이 선택되어 있는 것을 확인한다. 옵션 바에서 제외 셰이프 버튼( )을 선택하고 나비 모양의 셰이프 위에 드래그하여 구멍을 뚫은 것처럼 만든다. 펜 툴( )도 같은 방법으로 옵션을 설정하고 클릭과 드래그로 그림과 같은 모양을 만든다.

핵심정리 summary

1. 문자 툴
- 가로 문자 툴과 세로 문자 툴로 작업창에 입력을 하면 Layers 팔레트에 T자 표시가 있는 문자 레이어가 만들어진다. 이는 변형을 하여도 쉽게 이미지가 손실되지 않는 벡터 속성을 가지고 있는데 [Rasterize]라는 명령을 실행하면 비트맵 속성으로 변경할 수 있다.
- 가로 문자 마스크 툴과 세로 문자 마스크 툴을 선택하여 문자를 입력하면 작업창이 붉은 마스크 상태로 변경되며 입력이 완성되면 문자가 선택 영역으로 보인다. 별도의 문자 레이어는 생성되지 않고 비트맵 속성을 가진다.

2. 도형 툴
- 도형 툴의 옵션 바에서 선택할 수 있는 도형 속성의 세 가지 타입은 [Shape layers], [Paths], [Fill pixels]이다.
- Shape layers : 셰이프 레이어 형태로 만들어지며 패스를 포함한 레이어이기 때문에 패스 관련 툴을 이용하여 수정이 가능하다. 또한, 레이어이기 때문에 [Style]이 활성화되어 여러 가지 효과를 적용할 수 있다.
- Paths : Paths 팔레트에 패스로 만들어져 나중에 수정할 수 있다.
- Fill pixels : 바로 비트맵 방식으로 만들어지며 레이어나 패스가 따로 만들어지지 않는다.

3. 펜 툴과 패스 선택 툴
- 펜 툴로 만들어진 직선이나 곡선을 패스(Path)라고 한다. 패스는 화면에서는 보이지만 출력되지 않고 패스를 만들어 팔레트에 저장하면 선택 영역으로 불러와서 사용하거나 전경색 또는 윤곽으로 칠할 때 패스의 영역만큼 사용한다.
- 직선 패스는 클릭만으로 만들 수 있고 곡선 패스는 드래그하여 방향선을 만들어 작성할 수 있다.
- 어떤 툴이 선택되었더라도 Ctrl 를 누르면 패스 주위에서는 패스 직접 선택 툴로 변경되어 패스를 수정할 수 있고 그 외에는 이동 툴로 변경되어 이동할 수 있다.
- Paths 팔레트에서 'Work Path'는 더블클릭하여 저장할 수 있다.
- 패스는 Paths 팔레트 하단에 [Load path as a selection] 버튼을 이용하여 선택 영역으로 불러올 수 있다.
- 선택 영역을 패스로 만들려면 Paths 팔레트 하단에 [Make work path from selection] 버튼을 클릭한다.

종합실습 e_x_e_r_c_i_s_e

1. 새로운 작업창의 가로/세로를 18.8cm, 25.7cm, 해상도는 72pixels/inch, [Color Mode]는 'RGB'로 설정하고, '챕터05_샘플\세사람.jpg' 파일을 불러와서 다음과 같이 책 표지를 만들어 보자.

> **HINT** |
> ❶ 새 작업창 만들기 : [File]〉[New]
> ❷ 이미지 전체 색 채우기 : Swatches 팔레트 색상 선택하고 [Alt]+[Delete]
> ❸ '지구' 도형 그리기 : [Shape Layers]로 설정하고 사용자 정의 도형 툴, Layers 팔레트의 [Opacity]
> ❹ '세사람.jpg' 파일 불러와서 사람 부분만 선택하기 : [File]〉[Open], [Contiguous]로 설정하고 마술봉 툴
> ❺ '세사람.jpg' 파일을 메인 이미지로 이동하기 : 이동 툴, Layers 팔레트의 [Opacity]
> ❻ 제목 입력하기 : 가로 문자 툴
> ❼ '비행기' 도형 그리기 : [Shape Layers]로 설정하고 사용자 정의 도형 툴
> ❽ 상단의 도형 그리기 : 펜 툴로 패스 작성하고 색상 지정

CHAPTER 6

Section 1   색상 모드 이용하기
Section 2   이미지 보정 명령으로
            톤 보정하기
Section 3   이미지 보정 명령으로
            색상 변경하기
Section 4   기타 보정 명령 이해하기
Section 5   이미지와 캔버스 크기
            변경하고 회전하기

이미지 변형 및 보정하기

스캔이나 촬영을 통해서 불러온 이미지가 사용자가 의도한 대로 나오지 않았을 경우 포토샵의 [Image] 메뉴를 이용하여 수정할 수 있다. 색상이나 밝기 등을 보정하기 위해서는 [Image]>[Adjustment] 메뉴를 사용하고, 변형을 목적으로 여백을 늘리기 위해서는 [Image]>[Canvas Size] 메뉴를 이용한다. 이미지 자체의 해상도나 크기를 변형하기 위해서는 [Image]>[Image Size] 메뉴를 사용한다.

다양한 이미지 보정하기

Chapter 6

명도, 채도, 색상 등을 부분적으로 수정하기 위해서는 리터칭 툴을 주로 사용하지만 이미지를 전체적으로 변경하려면 포토샵의 [Adjustment] 메뉴를 이용한다. 다양한 메뉴와 기능을 제공하므로 보정하려는 이미지에 따라 적절하게 골라 사용할 수 있어야 한다.

01 색상 모드 선택하기

색상 모드는 결과물을 어떤 용도로 쓸 것인가에 따라 취사선택해야 한다. 흑백이 뚜렷한 라인아트(LineArt) 이미지를 만들 경우는 비트맵(Bitmap), 흑백사진과 같이 음영이 있는 이미지를 만들 경우는 그레이스케일(Grayscale), 모니터상에 표현될 이미지 즉 웹이나 프레젠테이션에서 사용할 이미지라면 RGB 모드를 선택한다. CMYK는 인쇄물로 쓸 이미지에 사용한다. 하지만, 인쇄물로 쓸 이미지를 만들더라도 일단은 RGB 모드에서 작업한 다음 CMYK 모드로 변경하는 것이 좋은데, 이유는 CMYK 모드에서는 필터 사용에 약간의 제약을 받기 때문이다. 색상 모드는 [Image]-[Mode] 메뉴에서 선택하여 아무 때나 변경할 수 있다.

02 빠른 보정을 위한 자동 보정 명령

디지털 이미지의 전체적인 밝기, 대비, 색상 등을 빠르게 보정하려면 포토샵에서 제공하는 자동 보정 메뉴를 이용하면 된다. [Image]>[Adjustments] 메뉴를 클릭한 뒤 [Auto Level], [Auto Contrast], [Auto Color] 중 원하는 명령을 선택한다.

03 이미지 보정에 주로 사용되는 명령

[Image]-[Adjustments]의 하위 메뉴에는 색상, 명도, 채도값을 이용하여 각기 다른 방식으로 색상을 보정하거나 특별하게 이미지의 색상을 바꾸어 다른 느낌으로 만드는 명령들이 있다. 그중에서 대표적인 명령들을 살펴보자.

❶ Levels(Ctrl+L) : [Levels] 명령을 실행하면 이미지를 256 단계의 명암으로 그래프화하여 보여주는데 이 그래프를 히스토그램이라고 한다. 히스토그램의 삼각 슬라이더를 조절함으로써 이미지의 밝기(Brightness)와 대비(Contrast), 색상 및 명암을 조절한다. 이미지의 명암이 골고루 분포되어 대비가 잘 된 이미지는 그래프의 모양이 전체에 골고루 퍼져 있다.

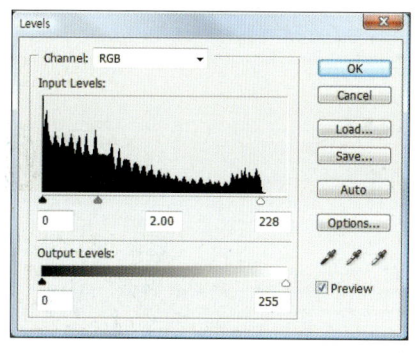

❷ Curves(Ctrl+M) : [Curves] 명령을 실행하면 감마 곡선의 그래프를 변형하여 이미지의 밝기(Brightness)와 대비(Contrast)를 조절할 수 있고 채널을 설정하여 색상도 조절할 수 있다. 그래프가 처음의 45° 직선을 유지하면 입출력 레벨이 같아서 이미지에 아무런 변화가 없지만, 그래프를 수정하여 이미지를 보정하거나 크게 변화를 주면 특별한 색상의 이미지를 만들 수 있다. CMYK 이미지인 경우 RGB와 반대의 그래프로 나타나기 때문에 거꾸로 보정하면 된다.

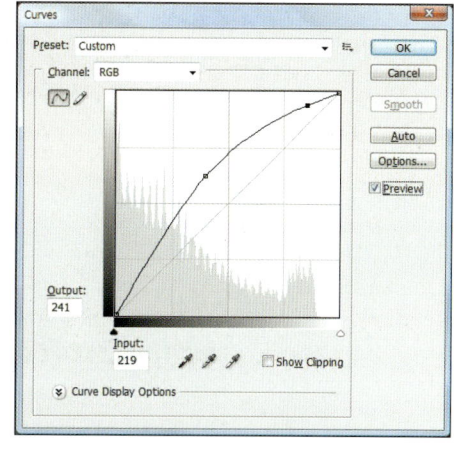

❸ Color Balance(Ctrl+B) : 각 슬라이더의 양 끝 쪽에는 보색 관계의 색상이 놓여있다. 이 슬라이더를 조절하여 이미지가 가지고 있는 색상을 더하거나 제거하는 원리인데, 각 색상마다 [Tone Balance]에서 [Shadows], [Midtones], [Highlights]를 선택하여 조절한다.

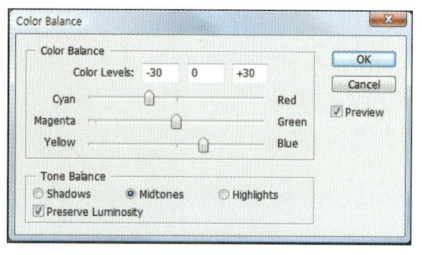

❹ Brightness/Contrast : 이미지의 밝기와 대비를 가장 직관적으로 조절할 수 있는 명령이다. 다른 색상 보정 명령처럼 특정 영역으로 세분화하여 보정하는 것이 아니라 이미지 전체의 밝기와 대비에 영향을 주기 때문에 간단하고 손쉽게 사용할 수 있는 반면 자세한 보정은 어렵다.

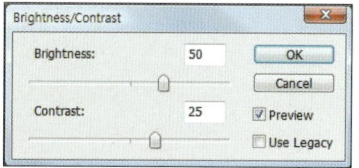

❺ Hue/Saturation(Ctrl+U) : [Hue/Saturation] 명령은 이미지의 색상과 채도, 밝기를 보정해주는 명령으로 [Edit]에서 기본값인 [Master]로 설정하면 단순히 이미지의 색감을 추가하거나 빼는 정도가 아닌 전혀 다른 색상으로 바꿀 수 있다. 이미지의 색상과 채도, 밝기를 쉽게 바꾸어주므로 자주 사용하는 기능이며, [Colorize]에 체크하면 이미지를 분위기 있는 모노톤으로 만들 수 있다.

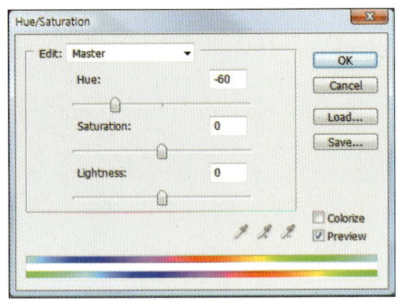

❻ Variations : [Variations] 명령의 가장 큰 특징은 색상별 미리 보기를 통해 변화하는 과정을 직접 눈으로 볼 수 있고 사용법이 직관적이며 간단하다는 것이다. [Fine]과 [Coarse]를 통하여 변화의 정도를 미리 설정한 후 중앙에 있는 6개의 색상 미리 보기를 클릭하여 이미지의 색상을 보정하고 오른쪽의 명암 미리 보기를 클릭하여 밝기를 조절할 수 있다.

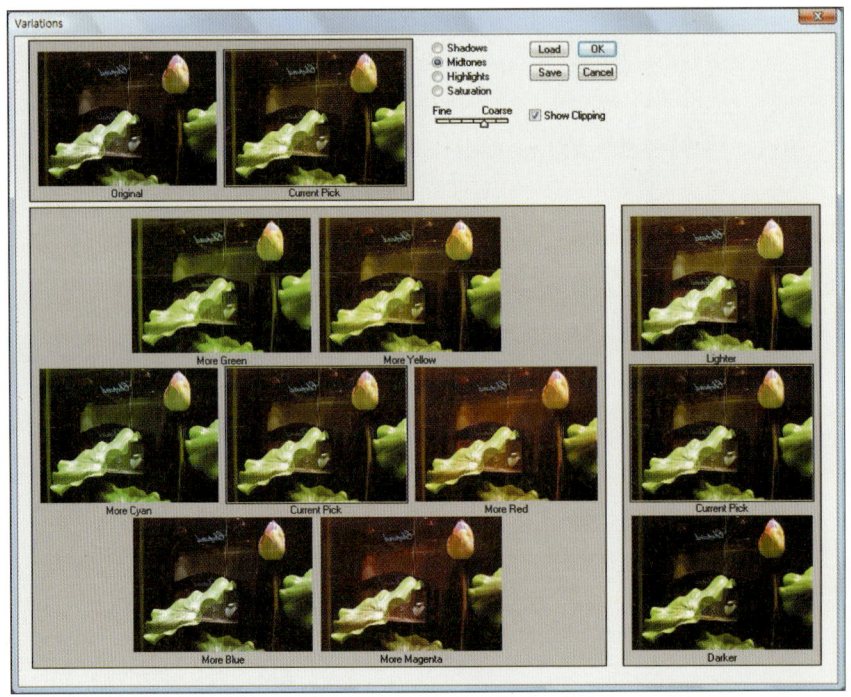

Section 1. 색상 모드 이용하기

포토샵에서 작업한 이미지는 사용되는 용도에 따라 색상 모드를 바꾸어 주어야 한다. 웹용 이미지라면 RGB 모드로, 인쇄용으로 사용할 목적이라면 CMYK로 모드로 변경해주어야 한다. 이 밖에도 비트맵, 듀오톤, 인덱스 등으로 변경할 수 있으며 채널과 비트 수가 변경되면 파일 용량도 증감된다.

> ● 알아두기
> - RGB 모드에서는 포토샵의 거의 모든 필터가 적용되지만 그 외의 모드에서는 일부의 필터들을 적용할 수 없다. 따라서 RGB 모드로 변경하여 필터를 적용하고 그 후에 사용 용도에 따라 모드를 변경하는 것을 권장한다.

따라하기 01 비트맵 모드 이미지 만들기

'챕터6_샘플\버섯.jpg' 파일을 불러온 후 이미지를 십자가 모양의 비트맵 이미지로 만들어 보자.

 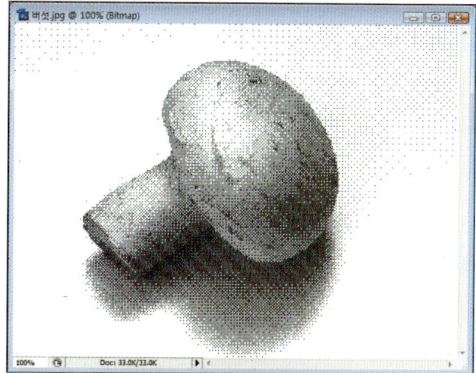

❶ [Image]>[Mode]>[Grayscale] 메뉴를 선택한다.

❷ 색상 정보를 잃더라도 흑백으로 전환하겠냐는 메시지가 나타나면 [Discard] 버튼을 클릭하여 흑백 이미지로 만든다.

❸ [Image]>[Mode]>[Bitmap] 메뉴를 클릭한다. [Bitmap] 대화상자에서 [Method]의 [Use]를 'Halftone Screen'으로 선택하고 [OK] 버튼을 클릭한다.

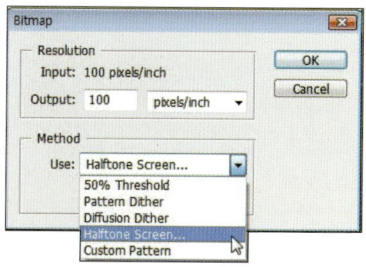

❹ [Halftone Screen] 대화상자에서 [Shape]을 'Cross'로 설정하고 [OK] 버튼을 클릭하면 이미지가 십자가 모양의 픽셀을 가진 비트맵 이미지로 변환된다.

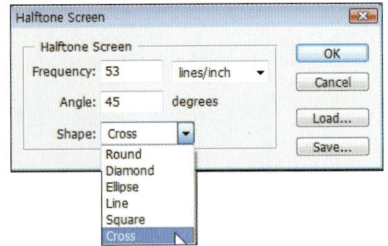

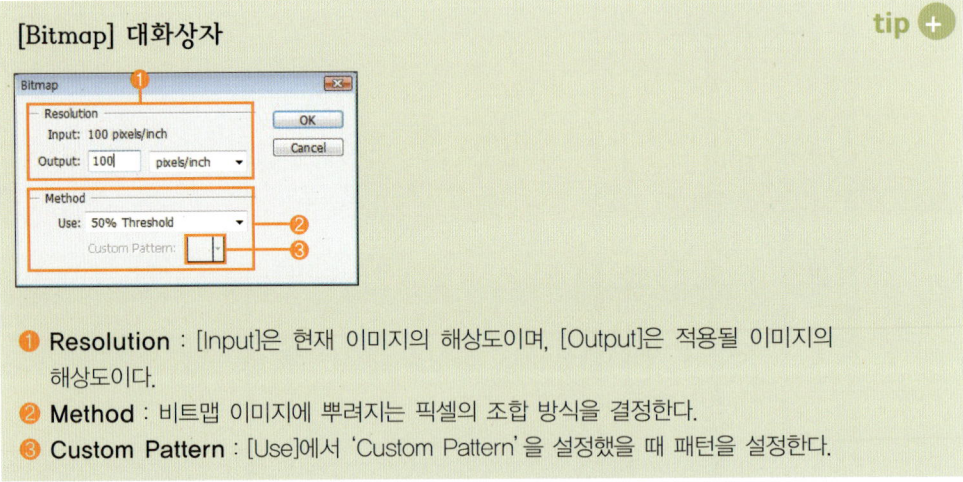

[Bitmap] 대화상자

tip ➕

❶ **Resolution** : [Input]은 현재 이미지의 해상도이며, [Output]은 적용될 이미지의 해상도이다.
❷ **Method** : 비트맵 이미지에 뿌려지는 픽셀의 조합 방식을 결정한다.
❸ **Custom Pattern** : [Use]에서 'Custom Pattern'을 설정했을 때 패턴을 설정한다.

따라하기 02 듀오톤 모드 이미지 만들기

'챕터6_샘플\신부.jpg' 파일을 불러온 후 흑백 이미지로 변경하고 듀오톤 이미지를 만들어 보자.

❶ [Image]>[Mode]>[Grayscale] 메뉴를 선택하여 메시지가 나타나면 [Discard] 버튼을 클릭하여 흑백 이미지로 만든다.

❷ [Image]>[Mode]>[Duotone] 메뉴를 클릭한 후 [Duotone Options] 대화상자에서 [Type]을 'Duotone'으로 선택하고 [Ink 1]의 색상은 'Black', [Ink 2]의 색상은 'PANTONE 1555C'로 설정한다.

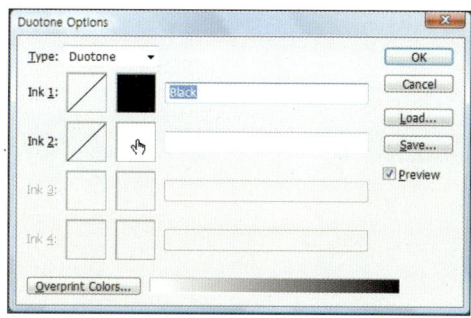 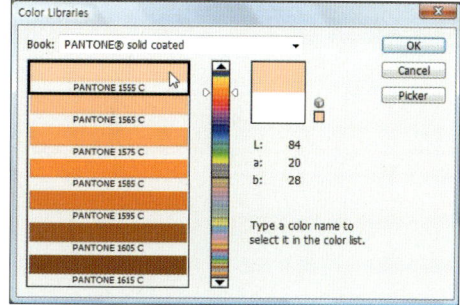

❸ [OK] 버튼을 클릭하면 이미지의 색상이 듀오톤으로 변경된다.

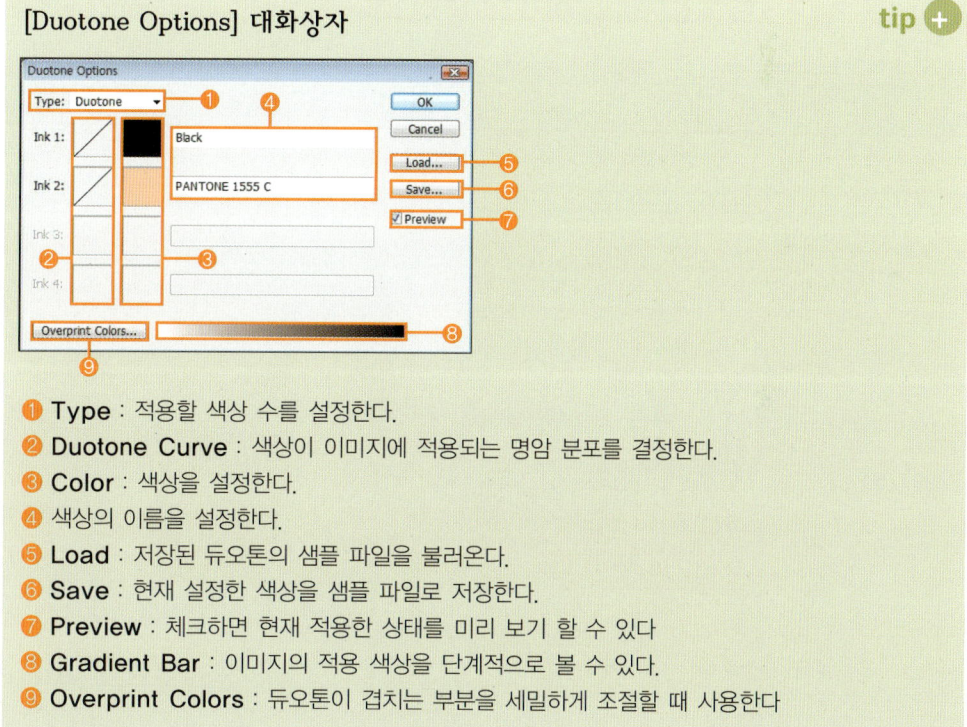

[Duotone Options] 대화상자   tip ➕

❶ **Type** : 적용할 색상 수를 설정한다.
❷ **Duotone Curve** : 색상이 이미지에 적용되는 명암 분포를 결정한다.
❸ **Color** : 색상을 설정한다.
❹ 색상의 이름을 설정한다.
❺ **Load** : 저장된 듀오톤의 샘플 파일을 불러온다.
❻ **Save** : 현재 설정한 색상을 샘플 파일로 저장한다.
❼ **Preview** : 체크하면 현재 적용한 상태를 미리 보기 할 수 있다
❽ **Gradient Bar** : 이미지의 적용 색상을 단계적으로 볼 수 있다.
❾ **Overprint Colors** : 듀오톤이 겹치는 부분을 세밀하게 조절할 때 사용한다

Section 1. 색상 모드 이용하기

따라하기 03 인덱스 모드 이미지 만들기

'챕터6_샘플\도로.jpg' 파일을 불러온 후 흑백 이미지로 변경하고 인덱스 모드의 Black Body 테이블을 이용하여 이미지를 표현하여 보자.

❶ [Image]>[Mode]>[Grayscale] 메뉴를 선택한 후 메시지가 나타나면 [Discard] 버튼을 클릭하여 흑백 이미지로 만든다.

❷ [Image]>[Mode]>[Indexed Color] 메뉴를 선택한다.

❸ [Image]>[Mode]>[Color Table] 메뉴를 선택한 후 [Color Table] 대화상자에서 [Table]을 'Black Body'로 선택하고 [OK] 버튼을 클릭하여 256 단계의 제한된 색상으로 이미지를 표현한다.

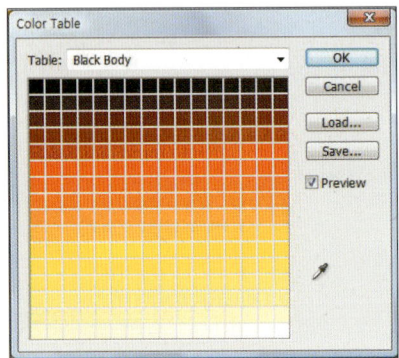

01 혼자해보기

'챕터6_샘플\이박사.jpg' 파일을 불러온 후 흑백으로 변환하고 50% Threshold 의 비트맵 이미지로 만들어 보자.

HINT | [Image]>[Mode]>[Grayscale] 메뉴를 실행하여 흑백 이미지로 변경한다. [Image]>[Mode]> [Bitmap] 메뉴를 클릭하고 [Bitmap] 대화상자에서 [Method]의 [Use]를 '50% Threshold'로 선택한다.

02 혼자해보기

'챕터6_샘플\친구.jpg' 파일을 불러온 후 흑백 이미지로 변경하고 푸른 듀오톤 이미지를 만들어 보자.

HINT | [Image]>[Mode]>[Grayscale] 메뉴를 실행하여 흑백 이미지로 변경한다. [Image]>[Mode]> [Duotone] 메뉴를 클릭한 후 [Duotone Options] 대화상자에서 [Type]을 'Duotone'으로 설정하고 [Ink 2]의 색상을 푸른 톤으로 선택한다.

Section 2. 이미지 보정 명령으로 톤 보정하기

[Image]>[Adjustments] 메뉴에는 이미지의 명도, 채도, 색상을 보정할 수 있는 명령들이 다양하게 마련되어 있는데, 그 중에서도 톤 보정을 위해서 사용되는 명령들에 대해서 알아보도록 하자.

> ● 알아두기
> - [Levels]와 [Curves] 명령을 이용하면 이미지의 톤을 세밀하게 보정할 수 있기 때문에 가장 많이 사용되고 있다.
> - [Color Balance] 명령은 색상을 보정할 때, [Brightness/Contrast] 명령은 밝기와 대비를 보정할 때 사용한다.

따라하기 01 [Levels] 명령 이용하여 이미지 명암 조절하기

'챕터6_샘플\송아지.jpg' 파일을 불러온 후 [Levels] 명령을 이용하여 어두운 톤의 이미지를 밝은 톤의 이미지로 변경하여 보자.

❶ [Image]>[Adjustments]>[Levels] 메뉴를 선택하거나 Ctrl + L 을 누른다.

❷ [Input Levels]를 '0, 2.00, 228'로 설정하고 [OK] 버튼을 클릭하면 어두운 이미지가 밝게 보정된다.

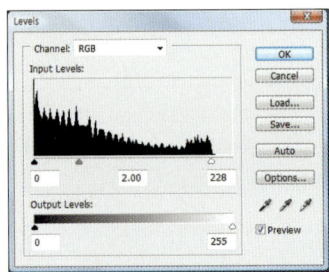

200 Chapter 6. 이미지 변형 및 보정하기

[Levels] 대화상자 tip +

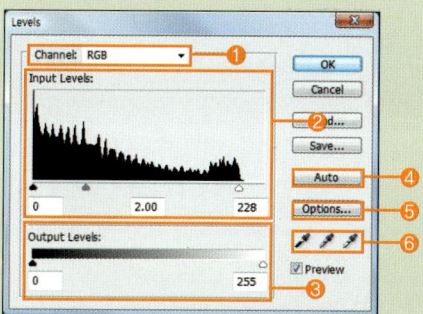

❶ **Channel** : 보정할 채널을 선택한다.
❷ **Input Levels** : 이미지의 명도 대비를 조절한다. [Input Levels] 그래프는 256 단계의 회색 음영 값을 나타낸다. 왼쪽의 검은 슬라이더가 0에 위치하여 가장 어두운 영역을, 오른쪽의 슬라이더가 255에 위치하여 가장 밝은 영역을 표시한다. 중간의 회색 슬라이더는 중간 색을 표시한다.
❸ **Output Levels** : 절대적 명도를 조절한다. 현재 이미지 픽셀의 명암 단계가 아니라 전체적인 이미지의 명암 단계를 절대적인 수치로 조절한다. 흰색 슬라이더를 왼쪽으로 이동하면 어두워지고 검정색 슬라이더를 오른쪽으로 이동하면 밝아진다.
❹ **Auto** : 자동으로 레벨을 보정한다.
❺ **Options** : 연산 방식에 의한 이미지를 보정할 수 있다.
❻ **색상 스포이트** : 각각의 스포이트로 이미지에 클릭한 픽셀을 기준으로 가장 어두운 톤, 중간 톤, 가장 밝은 톤을 설정할 수 있다.

자동 보정 명령 tip +

옵션을 조절할 수 있는 대화상자가 없고 한 번의 클릭으로 이미지를 자동으로 보정하는 명령들이다.

❶ **Auto Levels(자동 레벨 보정** : `Shift`+`Ctrl`+`L`) : 이미지의 색상 레벨을 자동으로 최적화하여 조절한다.
❷ **Auto Contrast(자동 대비 보정** : `Alt`+`Shift`+`Ctrl`+`L`) : 이미지의 밝기와 대비를 자동으로 최적화하여 조절한다.
❸ **Auto Color(자동 컬러 보정** : `Shift`+`Ctrl`+`B`) : 이미지의 컬러를 자동으로 최적화하여 조절한다.

따라하기 02 [Curves] 명령 이용하여 섬세하게 사진 보정하기

앞의 예제에서 [File]>[Revert] 메뉴를 실행하여 원본으로 복귀하고 [Curves] 명령을 이용하여 이미지를 보정하여 보자.

❶ [File]>[Revert] 메뉴를 선택한 후에 원본으로 되돌리고, [Image]>[Adjustments]>[Curves] 메뉴를 선택하거나 Ctrl + M 을 누른다.

❷ 커브 곡선의 중간 부분을 클릭하여 그림처럼 위로 드래그 하면 어두운 이미지가 밝게 보정되는 것을 확인할 수 있다.

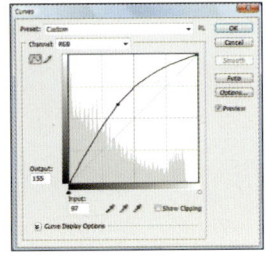

[Curves] 대화상자

[Levels] 명령과 비슷하지만 [Curves]가 좀 더 세밀하게 수정할 수 있는 반면 사용법이 까다롭다.

❶ **Preset** : 포토샵에서 제공하는 세팅 값을 적용할 수 있다.
❷ **Channel** : 보정할 채널을 선택한다.
❸ **커브** : 그래프를 드래그하여 커브 곡선을 변화한다.
❹ **연필** : 연필로 그리면서 커브 곡선을 변화한다.
❺ **Input** : 가로의 X축을 나타내며 원본 이미지의 명도를 표시한다.
❻ **Output** : 세로의 Y축을 나타내며 전체 명도를 표시한다.
❼ **Smooth** : 연필을 사용했을 때 활성화되며 커브 곡선을 부드럽게 완화해준다.
❽ **Auto** : 자동 보정한다.
❾ **Options** : 연산 방식에 의한 이미지를 보정한다.
❿ **색상 스포이트** : 각각의 스포이트로 이미지에 클릭한 픽셀을 기준으로 가장 어두운 톤, 중간 톤, 가장 밝은 톤을 설정한다.

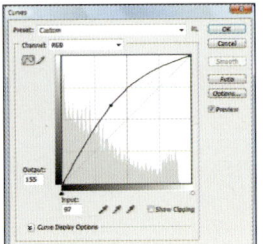

따라하기 03

[Color Balance] 명령 이용하여 색상 조절하기

'챕터6_샘플\동문.jpg' 파일을 불러온 후 [Color Balance] 명령을 이용하여 붉은 톤이 이미지를 보정하여 보자.

❶ [Image]>[Adjustments]>[Color Balance] 메뉴를 선택하거나 Ctrl + B 를 눌러 실행한다.

❷ [Tone Balance]가 [Midtones]로 설정된 상태에서 [Color Levels]를 '-30, 0, +30'으로 설정하고 [OK] 버튼을 클릭한다.

❸ [Cyan]과 [Blue] 방향으로 슬라이더가 조정되면서 이미지에 푸른 톤을 더하여 붉은 이미지가 보정된 것을 확인할 수 있다.

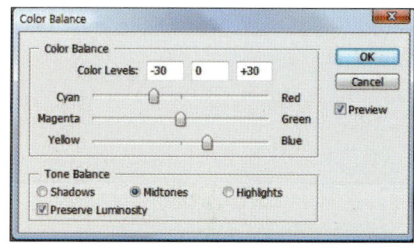

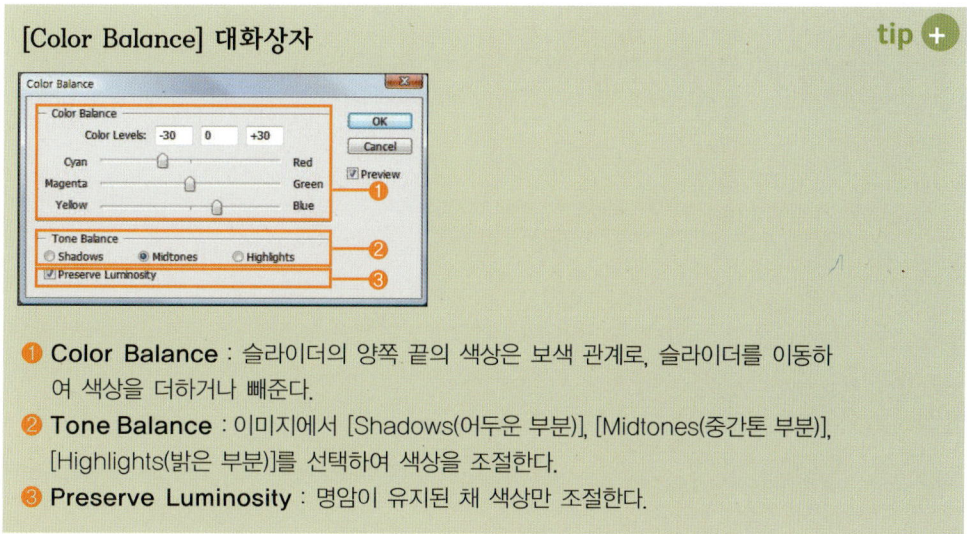

[Color Balance] 대화상자   tip ➕

❶ **Color Balance** : 슬라이더의 양쪽 끝의 색상은 보색 관계로, 슬라이더를 이동하여 색상을 더하거나 빼준다.
❷ **Tone Balance** : 이미지에서 [Shadows(어두운 부분)], [Midtones(중간톤 부분)], [Highlights(밝은 부분)]를 선택하여 색상을 조절한다.
❸ **Preserve Luminosity** : 명암이 유지된 채 색상만 조절한다.

따라하기 04 **[Brightness/Contrast] 명령으로 밝기 대비 조절하기**

'챕터6_샘플\차일드.jpg' 파일을 불러온 후 [Brightness/Contrast] 명령을 이용하여 어둡고 탁한 이미지를 밝고 선명하게 보정하여 보자.

❶ [Image]>[Adjustments]>[Brightness/Contrast] 메뉴를 선택한다.

❷ [Brightness]가 '50'으로 설정된 상태에서 [Contrast]를 '25'로 조절하고 [OK] 버튼을 클릭하면 이미지가 선명하게 보정된다.

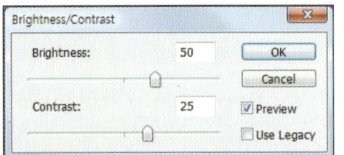

> **[Brightness/Contrast] 대화상자**   tip ➕
>
> ❶ **Brightness** : 삼각 슬라이더를 오른쪽으로 이동하면 밝아지고, 왼쪽으로 이동하면 어두워진다.
> ❷ **Contrast** : 슬라이더를 오른쪽으로 이동하면 픽셀의 대비가 심해지고, 왼쪽으로 이동하면 대비가 약해져 중화톤을 갖는다.

01 혼자해보기

'챕터6_샘플\회식.jpg' 파일을 불러온 후 어둡고 탁한 이미지를 밝고 선명하게 보정하여 보자.

HINT | [Image]〉[Adjustments]〉[Levels] 메뉴를 선택한 후 [Input Levels]를 '0, 2.27, 130', [Output Levels]를 '0, 230'으로 설정하여 어두운 이미지를 밝게 보정하여 보자.

02 혼자해보기

'챕터6_샘플\시계탑.jpg' 파일을 불러온 후 독특한 색상으로 변경하여 보자.

HINT | [Image]〉[Adjustments]〉[Curves] 메뉴를 선택한 후 대화상자에서 연필 버튼( )을 클릭하여 커브를 자유롭게 만들어 독특한 색상의 이미지를 만들어 보자. 커브를 두 개의 낙타 등처럼 드래그하면 결과물과 같은 색상을 만들 수 있다.

Section 2. 이미지 보정 명령으로 톤 보정하기

Section 3 이미지 보정 명령으로 색상 변경하기

이번 Section에서는 이미지에서 색상을 보정할 때 주로 사용하는 명령을 알아본다. 색상을 보정하는 명령을 사용 시, 이미지에서 색상을 여러 방식으로 선택하기 때문에 어렵다고 느껴질 수도 있으니 여러 번 반복을 통해 기능에 익숙해져 적절한 이미지에 적당한 명령을 사용할 수 있게 되는 데 중점을 두도록 한다.

> **알아두기**
> - [Hue/Saturation] 대화상자에서 색상과 채도, 밝기를 쉽게 보정할 수 있다. 단색 톤으로 변경하려면 [Colorize]를 체크하고 보정한다.
> - [Replace Color] 대화상자에서 스포이트 툴로 색상을 선택하고 [Fuzziness]로 선택 영역의 범위를 조절하여 보정한다.
> - [Match Color] 명령은 서로 다른 분위기의 이미지를 원래 한 이미지였던 것처럼 연출할 때 사용한다.

따라하기 01 [Hue/Saturation] 명령 이용하여 색상 조절하기

'챕터6_샘플\화룡.jpg' 파일을 불러온 후 [Hue/Saturation] 명령을 이용하여 보라색 톤의 이미지로 변경하여 보자.

❶ [Image]>[Adjustments]>[Hue/Saturation] 메뉴를 선택하거나 Ctrl + U 를 눌러 실행한다.

❷ [Hue]를 '-60'으로 설정하면 붉은 색상이 보라색 톤으로 바뀌지만 다른 색상도 변경되는 것을 확인할 수 있다.

❸ [Colorize]를 체크하고 [Hue]를 '280'으로 설정한 후 [OK] 버튼을 클릭하면 모든 색상이 보라색 톤으로 변경된다.

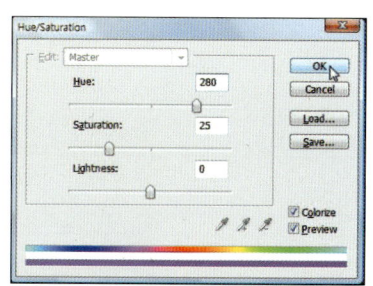

[Hue/Saturation] 대화상자   tip +

❶ **Edit** : 보정할 색상을 선택한다.
❷ **Hue(색상)/Saturation(채도)/Lightness(밝기)** : 채도와 밝기는 슬라이더를 오른쪽으로 이동하면 증가하고 왼쪽으로 이동하면 감소한다.
❸ **Colorize** : 이미지를 단색톤으로 만든다.
❹ **스포이트 툴** : 이미지에서 직접 클릭하여 수정할 색상을 선택한다. + 스포이트(🖉)로 클릭하면 색상 영역을 확장하고 - 스포이트(🖉)는 색상 영역을 축소한다. [Edit] 항목의 [Master]를 제외하고 사용할 수 있다.
❺ **스펙트럼** : 색상을 조절하면 위의 스펙트럼 색상이 아래의 스펙트럼 색상으로 대치되는 것을 보여준다.

| 따라하기 02 | [Match Color] 명령 이용하여 같은 톤 연출하기 |

'챕터6_샘플\석양.jpg, 석양2.jpg' 파일을 불러온 후 [Match Color] 명령을 이용하여 다른 분위기의 두 이미지를 같은 분위기로 연출하여 보자.

❶ '석양2.jpg' 파일을 선택하여 활성화한다. 이미지 창의 제목 표시줄이 파랗게 활성화된 것을 확인할 수 있다.

❷ [Image]〉[Adjustments]〉[Match Color] 메뉴를 선택한다.

❸ [Image Statistics]에서 [Source]를 '석양.jpg'로 설정하면 설정한 이미지 톤으로 색상이 변경된다.

❹ [Luminance(광도)]와 [Color Intensity(색상 강도)]는 기본값으로 하고 [Fade]를 높여 원본에 가깝게 색상을 조금 변경한 후 [OK] 버튼을 클릭한다.

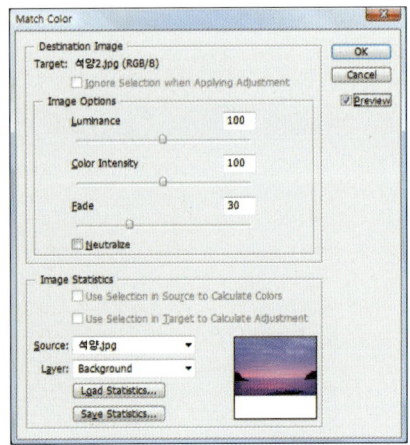

❺ '석양2.jpg'가 '석양.jpg' 파일과 같은 이미지 톤으로 변하는 것을 확인할 수 있다.

[Match Color] 대화상자

소스 이미지의 색상 통계를 읽고 원본 이미지에 소스 이미지의 색상을 적용함으로써 다른 조명이나 환경에서 찍은 사진임에도 불구하고 비슷한 분위기의 사진, 즉 일관된 느낌의 사진을 만든다. 예술적인 사진을 연출할 때 매우 효과적으로 사용된다.

❶ **Destination Image** : 적용이 될 원본 이미지에 대한 설정이다. [Ignore Selection when Applying Adjustment]는 이미지에서 선택 영역을 지정했을 때 활성화되는데, 체크하면 선택한 영역을 무시하고 전체 이미지나 레이어에 보정값이 적용된다.

❷ **Image Options** : [Luminance(광도)], [Color Intensity(색상 강도)], [Fade(사라짐)], [Neutralize(중화)]를 조절한다.

❸ **Image Statistics** : 소스 이미지의 적용 설정이다.

- Use selection in Source to Calculate Colors : 체크하면 소스 이미지의 선택 범위에서 계산된 색상을 사용한다.
- Use selection in Target to Calculate Adjustments : 체크하면 원본 이미지의 선택 범위에서 계산된 보정값을 사용한다.
- Source/Layer : 소스가 될 이미지나 레이어를 설정한다.
- Load Statistics/Save Statistics : 설정값을 불러오거나 저장한다.

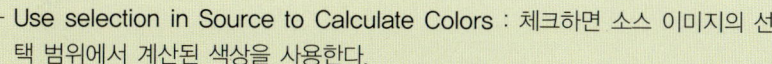

따라하기 03 [Replace Color] 명령 이용하여 색상 대치하기

'챕터6_샘플\타올.jpg' 파일을 불러온 후 [Replace Color] 명령을 이용하여 이미지에서 파란색을 보라색으로 변경하여 보자.

❶ [Image]>[Adjustments]>[Replace Color] 메뉴를 선택한다.
❷ 대화상자가 나타나면 첫 번째 스포이트로 파란색을 클릭하여 [Color]를 선택하고 [Fuzziness]를 '120'으로 설정한다.
❸ [Hue]를 '80', [Saturation]을 '50'으로 설정하여 [Result]의 색상을 확인하고 [OK] 버튼을 클릭하면 파란색이 보라색으로 변경된다.

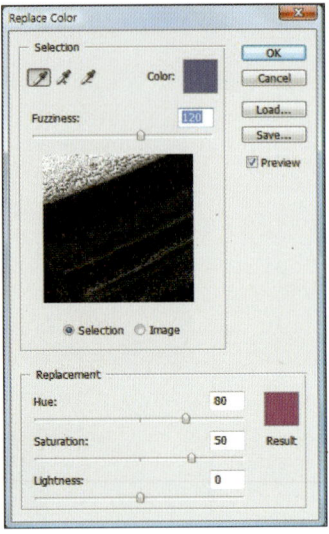

[Replace Color] 대화상자

이미지의 특정 색상을 선택해 다른 색상으로 변경하는 명령이다. 전체 이미지 색상을 변경하기보다는 특정 부분 색상을 변경해 다른 느낌의 분위기로 만들 때 유용하다.

❶ **스포이트 툴** : 이미지를 클릭하여 선택 색상을 설정한다. + 스포이트(✎)는 선택 영역을 추가하고, – 스포이트(✎)는 선택 영역을 감소한다.
❷ **Fuzziness** : 슬라이더를 조절하여 선택 영역을 확장하거나 줄인다.
❸ **Color** : 미리 보기 창을 통해 선택 영역을 확인할 수 있다. 단, [Selection]으로 설정되어야 선택 영역이 흰색으로 표시된다.
❹ **Replacement** : 선택 영역의 [Hue(색상)], [Saturation(채도)], [Lightness(명도)]를 조절한다.
❺ **Result** : 조정한 색상이 보인다.

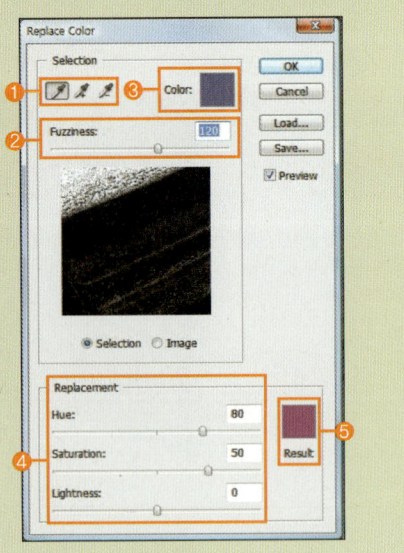

따라하기 **04** [Selective Color] 명령 이용하여 색상 변경하기

'챕터6_샘플\레이디.jpg' 파일을 불러온 후 [Selective Color] 명령을 이용하여 노란 톤의 나무 색상을 초록 톤으로 변경하여 보자.

❶ [Image]>[Adjustments]>[Selective Color] 메뉴를 선택한다.

❷ 대화상자가 나타나면 [Colors]에서 'Yellows'를 선택하고 [Cyan]을 '50'으로 설정한 후 [OK] 버튼을 클릭한다.

❸ 이미지에서 노란 톤이 있는 부분에 푸른 색상을 더하여 초록 톤이 증가한다.

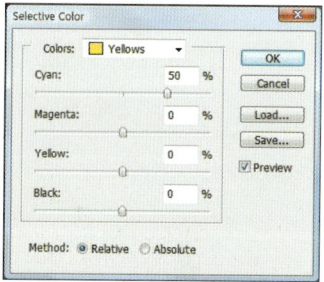

[Selective Color] 대화상자   tip ➕

[Selective Color] 명령은 대화상자의 [Colors]에서 선택한 특정 색상 영역에서 C, M, Y, K 슬라이더를 조절하여 이미지의 색상을 추가하거나 제거하는 기능이다.

❶ **Colors** : [Colors]에서 수정할 색상을 선택하고 [Cyan], [Magenta], [Yellow], [Black]을 조절하여 색상을 증가하거나 감소한다.

❷ **Method** : [Relative]는 원래 색상에서 상대적 비율에 의해 색상이 수정되고, [Absolute]는 절대적 비율에 의해 색상이 수정된다.

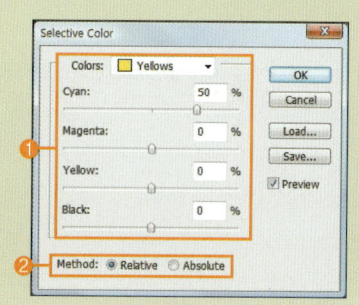

따라하기 05 **[Channel Mixer] 명령 이용하여 채널로 보정하기**

'챕터6_샘플\로비.jpg' 파일을 불러온 후 [Channel Mixer] 명령을 이용하여 이미지에서 푸른 톤을 적당히 제거하여 보자.

❶ [Image]>[Adjustments]>[Channel Mixer] 메뉴를 선택한다.

❷ 대화상자가 나타나면 [Output Channel]을 'Cyan'으로 설정한다.

❸ [Source Channels]에서 [Cyan]을 '95'로 낮추어 설정하고 [OK] 버튼을 클릭하면 이미지에서 푸른 톤이 감소한다.

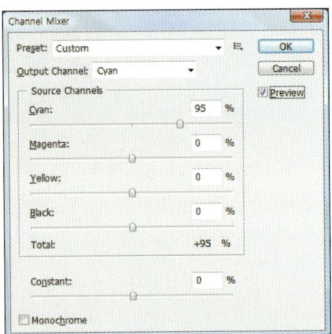

[Channel Mixer] 대화상자

[Channel Mixer]는 색상 정보를 가지는 채널을 슬라이더 바로 구성하여 해당 채널에 색상을 추가하거나 감소하는 원리로 보정하는 명령이다.

❶ **Output Channel** : 수정할 채널을 선택하고 [Red], [Green], [Blue]를 조절하여 색상을 추가하거나 감소한다.

❷ **Constant** : [Output Channel]에서 선택한 채널의 명암 대비를 조절한다.

❸ **Monochrome** : 체크하면 이미지가 그레이 스케일로 변화되면서 각각의 채널이 명암으로 보여지므로 슬라이더를 이동하여 흑백 톤으로 보정할 수 있다.

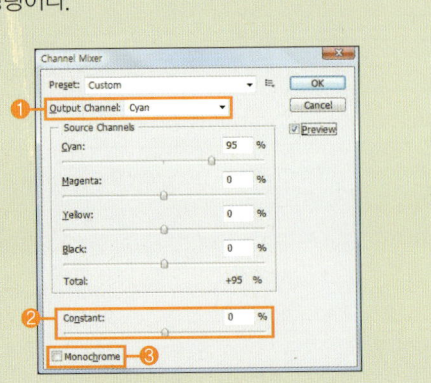

따라하기 06

[Gradient Map] 명령 이용하여 그레이디언트 적용하기

'챕터6_샘플\꽃차.jpg' 파일을 불러온 후 [Gradient Map] 명령을 이용하여 그레이디언트 맵핑을 하여 보자.

 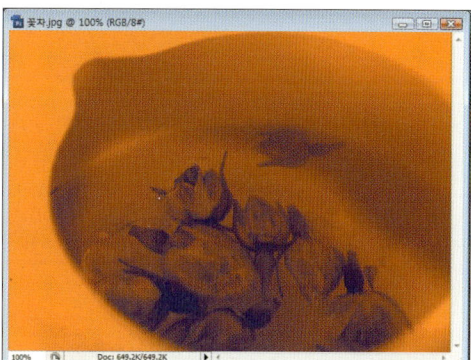

❶ [Image]>[Adjustments]>[Gradient Map] 메뉴를 선택한다.

❷ 대화상자가 나타나면 그레이디언트 피커(▸)를 눌러 목록에서 'Violet, Orange'를 선택하고 [OK] 버튼을 클릭한다.

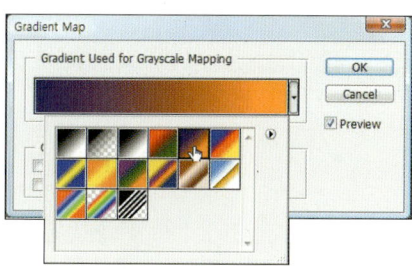

❸ 그레이디언트 맵핑이 실행되어 밝은 곳은 오렌지 톤, 어두운 곳은 보라색 톤으로 변경된다.

[Gradient Map] 대화상자 tip➕

[Gradient Map] 명령은 명암이 있는 이미지를 그레이디언트 색상으로 채우는 기능이다. 이미지의 어두운 영역에는 그레이디언트의 시작색이, 밝은 영역에는 그레이디언트의 끝색이 적용된다.

❶ **그레이디언트 바** : 그레이디언트 맵핑 색을 보여준다. 클릭하면 [Gradient Editor] 대화상자가 나타나고, 오른쪽의 피커(▸)를 클릭하면 그레이디언트 목록이 나타난다.

❷ **Dither** : 색상의 끊어짐을 완화한다.

❸ **Reverse** : 체크하면 맵핑의 방향을 반대로 바꾼다.

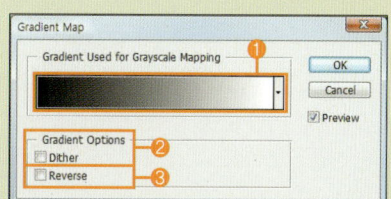

Section 3. 이미지 보정 명령으로 색상 변경하기

01 혼자해보기 '챕터6_샘플\현이.jpg' 파일을 불러온 후 채도가 낮은 푸른 단색 톤의 이미지로 보정하여 보자.

HINT | [Image]〉[Adjustments]〉[Hue/Saturation] 메뉴를 선택하여 대화상자가 나타나면 [Colorize]를 체크하고 [Hue]를 '200'으로 변경하여 푸른 톤으로 변경한 후 [Saturation]를 '20'으로 설정하여 채도를 낮춘다.

02 혼자해보기 '챕터6_샘플\폭포.jpg, 폭포2.jpg' 파일을 불러온 후 다른 분위기의 두 이미지를 하나의 이미지처럼 연출하여 보자.

HINT | '폭포.jpg' 파일을 선택하여 활성화하고 [Image]〉[Adjustments]〉[Match Color] 메뉴를 선택한다. [Image Statistics]에서 [Source]를 '폭포2.jpg'로 선택한 후 [Luminance]는 '100', [Color Intensity]는 '200', [Fade]는 '70'으로 설정하고 [OK] 버튼을 클릭한다.

Section 4. 기타 보정 명령 이해하기

카메라 촬영 시에 컬러 렌즈를 씌어 촬영한 느낌을 연출한다거나 노출 부족이나 노출이 과한 사진을 보정하는 명령, 컬러를 직관적으로 보정하는 명령 등에 대하여 알아본다. 이외에도 간단한 방법으로 색을 반전하거나 톤의 균등화, 이미지의 극화, 포스터 느낌을 만드는 명령에 대해서도 함께 살펴본다.

> **알아두기**
> - [Photo Filter] 명령은 카메라에 렌즈를 장착하는 원리이고, [Variations] 명령은 색상을 비교하며 수정하는 데 편리하다.
> - [Exposure] 명령은 카메라의 노출을 보정하는 원리이며, [Shadow/Highlight] 명령은 음영의 균형을 유지하면서 노출을 조정할 수 있다.

따라하기 01 [Photo Filter] 명령 이용하여 사진 필터 효과 만들기

'챕터6_샘플\힌드레스.jpg' 파일을 불러온 후 [Photo Filter] 명령을 이용하여 세피아 이미지로 보정하여 보자.

❶ [Image]>[Adjustments]>[Photo Filter] 메뉴를 선택한다.

❷ 대화상자가 나타나면 [Filter]를 'Sepia'로 설정하여 톤을 보정한다.

❸ [Density]를 '80'으로 설정하고 [OK] 버튼을 클릭하면 이미지가 세피아 색상으로 변경된 것을 확인할 수 있다.

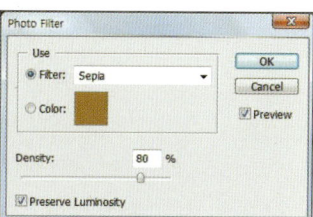

[Photo Filter] 대화상자

[Photo Filter] 명령은 카메라 렌즈에 필터를 끼워 사진을 촬영한 효과를 만들기 위해서 여러 종류의 색상 필터를 제공한다.

❶ **Use** : [Filter]에서는 포토샵에서 제공하는 색상 필터를 선택할 수 있으며, [Color]를 클릭하면 사용자가 원하는 색상을 선택하여 적용할 수 있다.
❷ **Density** : 필터의 색상 강도를 설정한다.
❸ **Preserve Luminosity** : 원본 이미지의 전체적인 밝기는 변경 없이 필터가 적용된다.

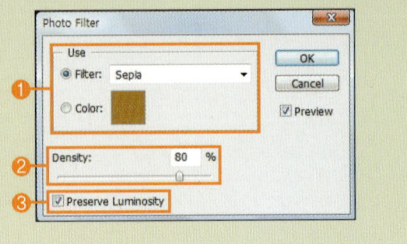

따라하기 02 [Shadow/Highlight] 명령으로 선택적으로 밝기 조절하기

'챕터6_샘플\처마끝.jpg' 파일을 불러온 후 [Shadow/Highlight] 명령을 이용하여 역광으로 인해 어둡게 나온 부분을 밝고 선명하게 보정하여 보자.

❶ [Image]〉[Adjustments]〉[Shadow/Highlight] 메뉴를 선택한다.
❷ 대화상자가 나타나면 [Shadows]의 [Amount]를 '60'으로 설정하여 어두운 영역을 밝게 보정하고, [Highlight]의 [Amount]를 '10'으로 설정하여 하이라이트 부분을 어둡게 조정한다.
❸ 하단의 [Show More Options]를 체크하여 대화상자를 확장한다.

❹ [Color Correction]을 '50'으로 설정하여 채도를 증가하고, [Midtone Contrast]를 '35'로 설정하여 중간 톤의 대비를 만든 후 [OK] 버튼을 클릭하면 역광으로 어두웠던 이미지가 밝고 선명하게 보정된다.

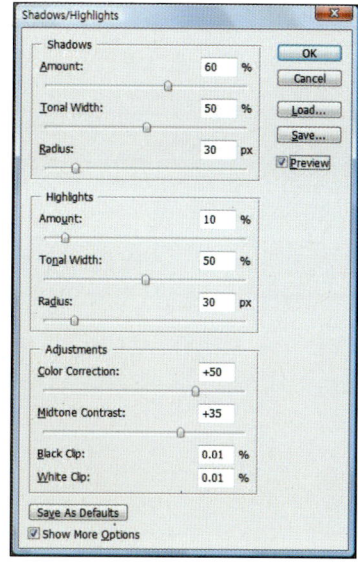

> **[Shadow/Highlight] 대화상자** tip ➕
>
> 이미지에서 노출이 과다하거나 부족한 영역이 있는 경우 어두운 부분/밝은 부분 (Shadow/Highlight) 보정을 통해 전체적인 균형은 유지하면서 대비를 조정할 수 있다.
>
> ❶ **Shadows** : [Amount(조절 양)], [Tonal Width(색조 폭)], [Radius(반경)]를 이용해 어두운 이미지를 밝게 조절할 수 있다.
> ❷ **Highlight** : 이미지에서 밝은 영역의 픽셀을 어둡게 보정한다.
> ❸ **Adjustments(보정)**
> – Color Correction(색상 보정) : 수치에 따라 채도가 증감한다.
> – Midtone Contrast : 수치에 따라 중간 톤의 대비가 조절된다.
> – Black Clip/White Clip : 수치는 순검정/순흰색의 양이다.
>
>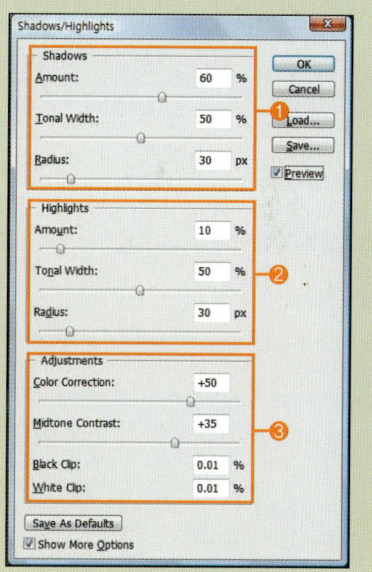

Section 4. 기타 보정 명령 이해하기

따라하기 03 [Exposure] 명령 이용하여 노출 보정하기

'챕터6_샘플\들꽃.jpg' 파일을 불러온 후 [Exposure] 명령을 이용하여 노출이 부족한 이미지를 보정하여 보자.

❶ [Image]〉[Adjustments]〉[Exposure] 메뉴를 선택한다.

❷ 대화상자가 나타나면 [Exposure]를 '+1'로 설정하여 빛의 양을 증가하고, [Offset]를 '-0.03'으로 설정하여 대비를 강하게 한다. [Gamma Correction]은 기본값인 '1.00'으로 두고 [OK] 버튼을 클릭한다.

❸ 빛의 양을 늘리고 대비를 강하게 하여 선명하게 보정되었다.

[Exposure] 대화상자 tip

[Exposure] 명령은 빛의 양이 적어 어둡게 나온 사진, 즉 노출이 부족하여 사진이 어둡게 나왔다거나 노출이 과하여 너무 밝게 나온 사진을 보정할 때 사용한다.

❶ **Exposure** : 빛의 양을 조절한다.
❷ **Offset** : 대비를 강하게 또는 중화한다.
❸ **Gamma Correction** : 감마를 조절한다.

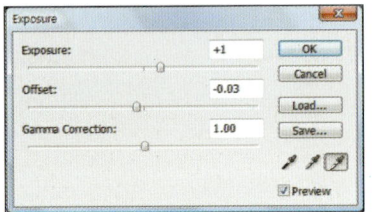

따라하기 04 [Variations] 명령 이용하여 펼쳐놓고 색상 조절하기

'챕터6_샘플\봉오리.jpg' 파일을 불러온 후 [Variations] 명령을 이용하여 색상을 보정하고 채도를 증가시켜 보자.

❶ [Image]>[Adjustments]>[Variations] 메뉴를 선택한다.

❷ [Coarse] 쪽으로 삼각 슬라이더를 한 칸 이동하여 변화 정도를 강하게 하고 [More Yellow]의 썸네일을 클릭하여 노란 색상을 증가한다.

❸ [Saturation]을 선택하고 [More Saturation]의 썸네일을 클릭하여 채도를 증가한 후 [OK] 버튼을 클릭한다.

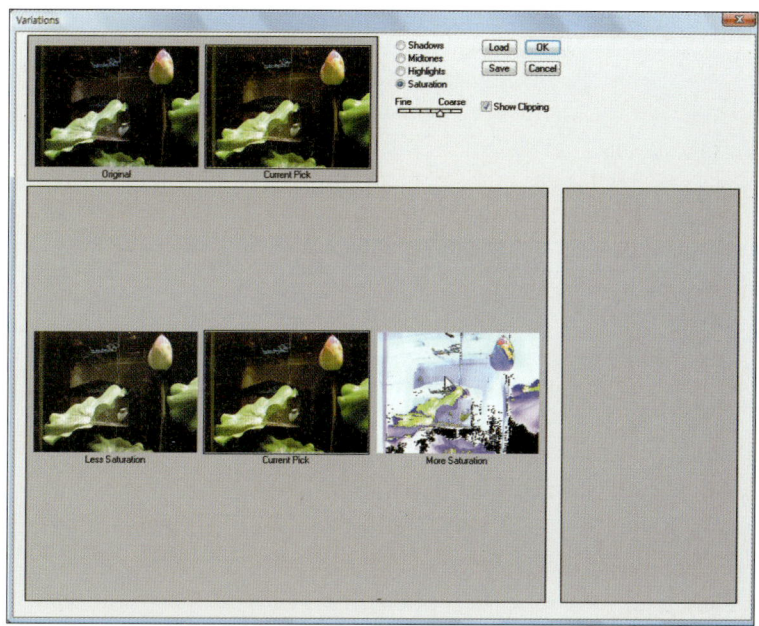

❹ 노란 색상과 채도가 증가한 이미지를 확인할 수 있다.

Section 4 . 기타 보정 명령 이해하기

tip +

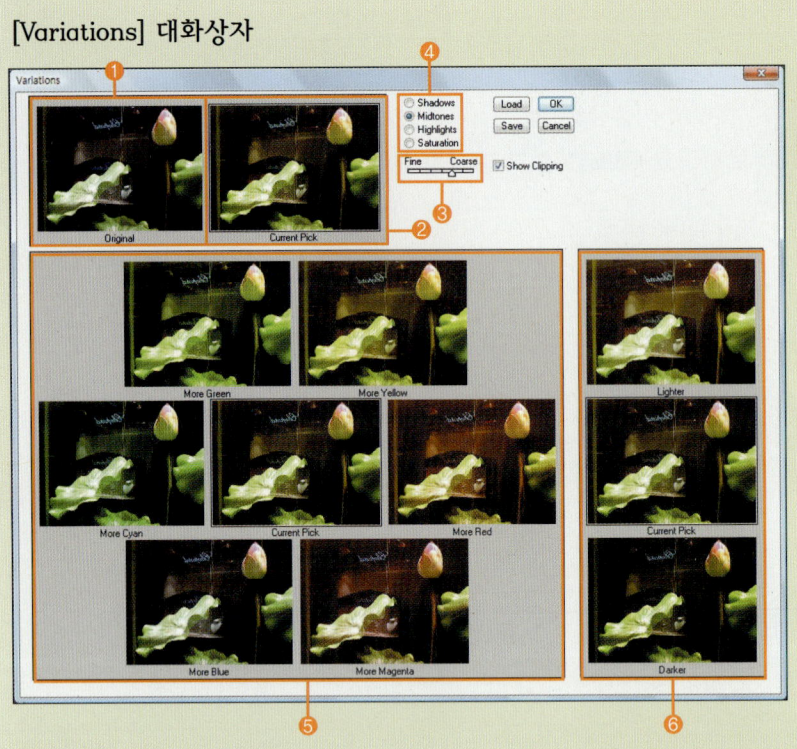

❶ **Original** : 원본 이미지를 보여준다. 색상 조정 중에도 [Original]을 클릭하면 원래 이미지로 되돌려준다.
❷ **Current Pick** : 색상이 조정된 이미지를 표시한다.
❸ **Fine & Coarse** : 슬라이더를 [Fine] 쪽으로 이동할수록 미세하게 색상이 적용되고, [Coarse] 쪽으로 이동할수록 심하게 적용된다.
❹ **Shadows(어두운 톤), Midtones(중간 톤), Highlights(밝은 톤), Saturation(채도)** : 색상이 적용될 영역을 선택한다.
❺ **색상 조정 창** : 클릭할 때마다 색상이 추가된다.
❻ **명암 조정 창** : 클릭할 때마다 밝기와 어둡기가 조절된다.

[Image]>[Adjustments] 메뉴의 그 외 명령들

[Image] 메뉴에는 보정 메뉴 외에도 간단한 방법으로 색을 반전하거나 톤의 균등화, 이미지의 극화, 포스터 느낌을 만드는 명령이 있다.

● **Invert(색상 반전)**
이미지의 명도가 반전되어 검은색은 흰색으로, 흰색은 검은색으로 만들며 색상은 보색으로 만든다.

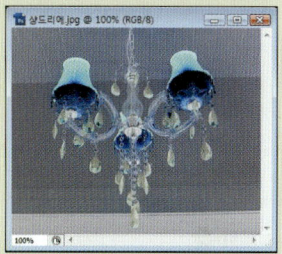

● **Equalize(균등화)**
이미지의 전체적인 톤을 균일화하는 명령으로 주로 스캔한 이미지에 사용한다. 이미지의 가장 어두운 픽셀은 검정으로, 가장 밝은 픽셀은 흰색으로 하여 중간에 걸쳐 있는 중간톤의 픽셀을 균등화시키는 방식을 사용하기 때문에 원래 명암 단계가 없는 이미지에는 효과가 없다.

● **Threshold(양극화)**
픽셀을 0~255단계의 명도로 구분하여 막대 그래프로 나타내며 중간값인 128을 기준으로 하여 128보다 높은 픽셀은 흰색으로, 낮으면 검은색으로 표현한다. 슬라이더를 이동하여 레벨의 기준을 변경하고 변경한 레벨값에 의해 이미지를 검정과 흰색으로 단순화한다.

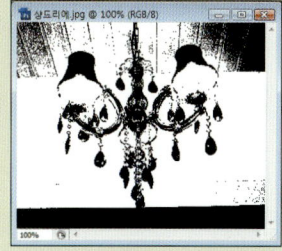

● **Posterize(포스터라이즈)**
이미지의 색상을 단순화하여 이미지를 강하게 표현하고 싶을 때 사용하면 효과적이다. 색상의 단계는 2~255까지 수치를 입력하여 조절하는데, 대개 5 이하의 낮은 수치를 입력해야 색상의 단계가 뚜렷한 포스터 느낌을 얻을 수 있다.

Section 4. 기타 보정 명령 이해하기

01 혼자해보기

'챕터6_샘플\코코.jpg' 파일을 불러온 후 색상을 단순화시켜 보자.

HINT | [Image]〉[Adjustments]〉[Posterize] 메뉴를 선택하고 대화상자가 나타나면 [Levels]를 '3'으로 설정한 후 [OK] 버튼을 클릭한다.

02 혼자해보기

'챕터6_샘플\대진.jpg' 파일을 불러온 후 세피아 색상 이미지로 만들어 보자.

HINT | [Image]〉[Adjustments]〉[Photo Filter] 메뉴를 선택하여 대화상자가 나타나면 [Filter]를 'Sepia', [Density]를 '80'으로 설정하고 [OK] 버튼을 클릭한다.

Section 5
이미지와 캔버스 크기 변경하고 회전하기

이미지의 전체적인 크기를 변경할 때에는 [Image Size] 명령을, 선택 영역의 크기나 모양을 변경할 때에는 [Free Transform] 명령을 사용한다. 또한, 작업창의 크기를 변경할 때에는 [Canvas Size] 명령을, 작업창의 방향이나 회전은 [Rotate Canvas] 명령을 실행하여 설정할 수 있다.

◯ 알아두기

- [Image Size] 명령을 이용하면 이미지의 크기나 해상도를 조정하여 이미지 자체의 픽셀을 늘리거나 줄일 수 있다.
- [Canvas Size] 명령은 해상도와 관계없이 캔버스의 크기를 늘리거나 줄일 때 사용한다.
- [Image]〉[Rotate Canvas]〉[Arbitrary] 메뉴를 선택하면 수치를 입력하여 이미지를 회전할 수 있다.
- [Edit]〉[Free Transform] 메뉴를 이용하면 선택 영역의 크기나 모양을 자유롭게 변경할 수 있다.

따라하기 01 이미지 크기 변경하기

'챕터6_샘플\쉬즈비.jpg' 파일을 불러온 후 [Image Size] 명령을 이용하여 해상도를 높여 보자.

❶ [Image]>[Image Size] 메뉴를 선택한다.

❷ 가로와 세로 비율이 비례하도록 하기 위해 [Constrain Proportions]를 체크한다.

❸ [Document Size]에서 [Width]를 '20cm'로 설정하면 [Height]가 자동으로 변경된다.

❹ [Resolution]을 '200'으로 설정하고 [OK] 버튼을 클릭한다.

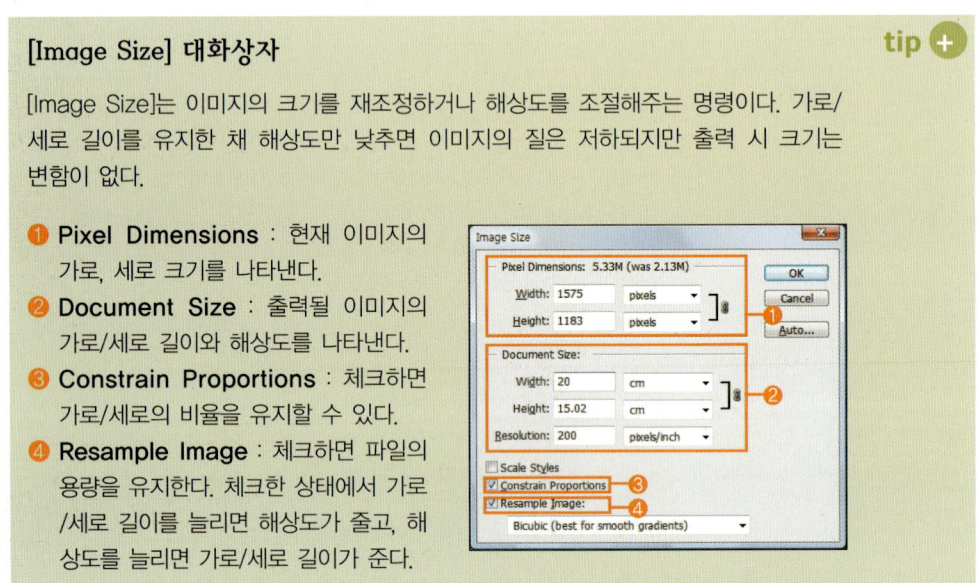

[Image Size] 대화상자

[Image Size]는 이미지의 크기를 재조정하거나 해상도를 조절해주는 명령이다. 가로/세로 길이를 유지한 채 해상도만 낮추면 이미지의 질은 저하되지만 출력 시 크기는 변함이 없다.

❶ **Pixel Dimensions** : 현재 이미지의 가로, 세로 크기를 나타낸다.
❷ **Document Size** : 출력될 이미지의 가로/세로 길이와 해상도를 나타낸다.
❸ **Constrain Proportions** : 체크하면 가로/세로의 비율을 유지할 수 있다.
❹ **Resample Image** : 체크하면 파일의 용량을 유지한다. 체크한 상태에서 가로/세로 길이를 늘리면 해상도가 줄고, 해상도를 늘리면 가로/세로 길이가 준다.

따라하기 02 캔버스 크기 변경하기

'챕터6_샘플\아이들.jpg' 파일을 불러온 후 [Canvas Size] 명령을 이용하여 흰색 배경을 윤곽 바깥쪽으로 늘려 보자.

❶ [Image]>[Canvas Size] 메뉴를 선택한다.

❷ [Relative]에 체크하고 [Width]와 [Height]를 '2cm'로 입력한다.

❸ [Canvas extension color]에서 'White'를 선택하고 [OK] 버튼을 클릭하면 흰색의 배경이 생긴 것을 확인할 수 있다.

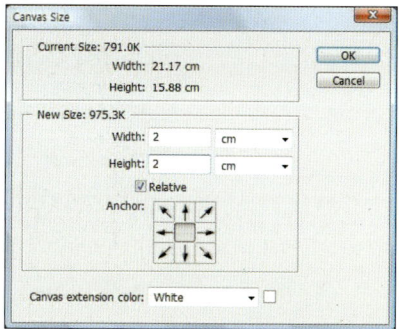

[Canvas Size] 대화상자

tip

[Canvas Size]는 캔버스의 크기를 키우거나 줄이는 명령으로 사진의 여백을 늘일 때 주로 사용하며 늘어나는 빈 여백은 배경색으로 채워진다. 현재의 캔버스 크기보다 작게 변경할 때는 이미지가 잘려나간다는 메시지가 나타나는데, 메뉴를 실행하려면 [Proceed] 버튼을 클릭한다.

❶ **Current Size** : 현재 이미지의 파일 용량, 가로, 세로 크기를 나타낸다.
❷ **New Size** : 캔버스 크기를 새롭게 설정한다.
❸ **Anchor** : 흰 영역이 현재의 위치를 나타내며, 주변의 8개의 영역은 캔버스 크기를 재조정할 때 늘어나거나 줄어드는 부분을 표시해 준다.

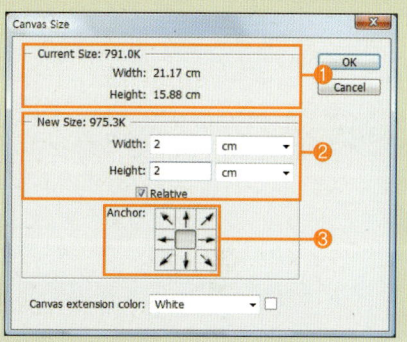

Section 5 . 이미지와 캔버스 크기 변경하고 회전하기   225

| 따라하기 | 03 | 이미지 정확한 수치로 회전하기 |

'챕터6_샘플\로이.jpg' 파일을 불러온 후 회전된 이미지를 바로 세워 보자.

❶ 툴박스에서 자 툴( )을 선택하고 액자의 왼쪽 하단 모서리에서 오른쪽 하단 모서리까지 드래그한다.

❷ [Image]>[Rotate Canvas]>[Arbitrary] 메뉴를 선택하여 대화상자가 나타나면 앞에서 자 툴을 이용하여 드래그하였던 회전 각도가 미리 계산되어 [Angle]에 4.31이라고 미리 입력되어 있다.

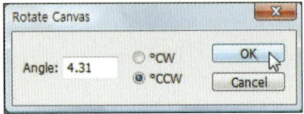

❸ [OK] 버튼을 클릭하면 회전된 이미지가 똑바로 세워지는 것을 확인할 수 있다.

[Rotate Canvas] 메뉴

캔버스 자체를 회전하거나 반전하기 위해서는 [Image]>[Rotate Canvas] 메뉴를 사용하고, 선택 영역 이미지를 회전하거나 반전하기 위해서는 [Edit]>[Free Transform] 메뉴를 사용한다.

❶ **180°** : 이미지를 180도 회전한다.
❷ **90° CW** : 이미지를 시계 방향으로 90도 회전한다.
❸ **90° CCW** : 이미지를 반시계 방향으로 90도 회전한다.
❹ **Arbitrary** : 대화상자가 나타나면 회전값을 임의로 입력하여 설정한다.
❺ **Flip Canvas Horizontal** : 이미지를 가로로 반전한다.
❻ **Flip Canvas Vertical** : 이미지를 세로로 반전한다.

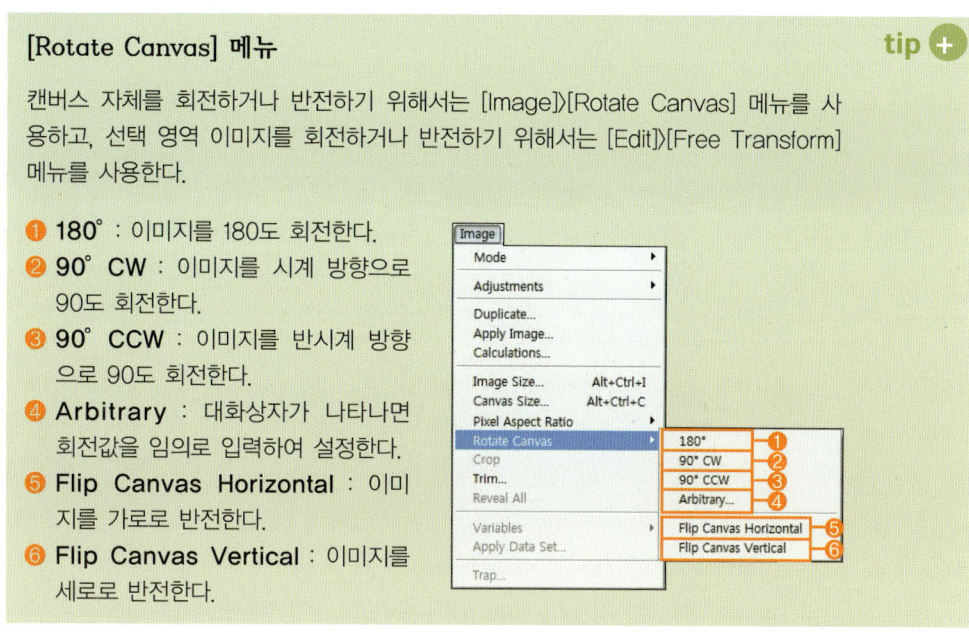

따라하기 04 그림자 만들어 이미지 회전하기

'챕터6_샘플\정현.jpg' 파일을 불러온 후 Paths 팔레트에 저장된 패스를 선택 영역으로 불러와 복제를 하여 그림자를 만들어 보자.

❶ Paths 팔레트에 저장된 패스를 [Load path as a selection] 버튼( )으로 드래그하여 선택 영역으로 불러온다.

❷ `Ctrl`+`C`를 눌러 클립보드에 복사하고 `Ctrl`+`V`를 눌러 복사한 이미지를 불러온다.

Section 5 . 이미지와 캔버스 크기 변경하고 회전하기

❸ [Edit]>[Transform] 메뉴를 선택하여 바운딩 박스가 나타나면 Ctrl를 누른 채 상단의 가운데 조절점을 그림처럼 드래그하고 Enter를 누른다.

❹ Layers 팔레트에서 Ctrl을 누른 채 'Layer1' 레이어의 썸네일을 클릭하면 선택 영역이 나타난다. 전경색을 검정으로 설정하고 Alt + Delete 를 눌러 전경색으로 채운다.

❺ Ctrl + D 를 눌러 선택 영역을 해제한다.

❻ [Filter]>[Blur]>[Gaussian Blur] 메뉴를 선택하고 [Radius]를 '3'으로 설정한 후 [OK] 버튼을 클릭한다.

❼ Layers 팔레트의 [Opacity]를 '50'으로 설정하여 그림자를 흐리게 한다.

01 혼자해보기 '챕터6_샘플\네사람.jpg' 파일을 불러온 후 캔버스 크기를 하단에만 '5cm' 늘여 보자.

HINT | [Image]>[Canvas Size] 메뉴를 실행한 후 [Relative]를 체크하고 [Anchor]를 상단 중앙(□)에 위치시킨다. [Height]를 '5cm', [Canvas extension color]를 'White'로 설정하고 [OK] 버튼을 클릭한다.

02 혼자해보기

'챕터6_샘플\미미.jpg' 파일을 불러온 후 이미지의 크기를 작게 줄여 보자.

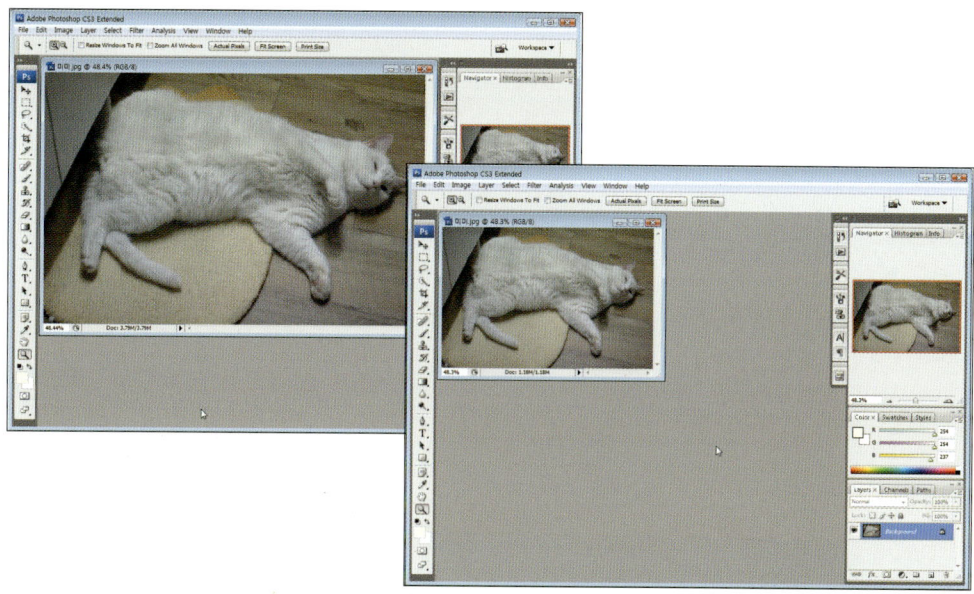

HINT | [Image]>[Image Size] 메뉴를 실행한 후 [Constrain Proportions]에 체크하고 [Document Size]에서 [Width]를 '10cm'로 설정하면 [Height]도 자동으로 변경된다. [Resolution]을 '200'으로 설정하고 [OK] 버튼을 클릭한다.

알아두면 유용한 이미지의 왜곡 및 변형 기능 tip ➕

이미지의 크기를 변경하거나 회전 또는 반사하려면 [Edit]>[Free Transform] 메뉴를 클릭하거나 Ctrl+T 를 눌러 바운딩 박스를 표시한 뒤 조절점을 드래그하면 된다. 이미지가 원하는 대로 변경되면 Enter 를 눌러 변경 사항을 적용한다.

❶ **Scale(확대/축소)** : 원하는 방향의 조절점을 클릭하고 드래그하면 이미지를 확대 또는 축소할 수 있다. 만약 캔버스 자체의 반전 또는 회전 작업을 하려면 [Image]>[Rotate Canvas] 메뉴를 이용한다.

❷ **Rotate(회전)** : 조절점에서 약간 떨어진 곳에 마우스 커서를 위치시키면 회전 커서로 변경되는데, 이때 원하는 방향으로 드래그한다.

Section 5. 이미지와 캔버스 크기 변경하고 회전하기

❸ **Distort(변형)** : Ctrl 을 누른 채 조절점을 원하는 방향으로 드래그하면 이미지의 모양이 변형된다.

❹ **Flip(뒤집기)** : 조절점을 원하는 방향으로 계속 드래그하면 이미지가 드래그한 방향으로 뒤집힌다.

❺ **평행 사변형** : Ctrl + Alt 를 누른 채 조절점을 드래그하면 평행 사변형으로 이미지를 변형할 수 있다.

❻ **사다리꼴** : Ctrl + Shift + Alt 를 누른 채 조절점을 드래그하면 사다리꼴로 이미지를 변형할 수 있다. 만약 이미지가 아닌 선택 영역만 변형하려면 [Select]>[Transform Selection] 메뉴를 이용한다. 또는 메뉴를 이용하여 변형하려면 [Edit]>[Transform] 메뉴의 하위 명령을 이용한다.

핵심정리 summary

1. 색상 모드 선택하기
- 흑백사진과 같이 음영이 있는 이미지를 만들 경우 그레이스케일 모드로 변환하면 색상 모드보다 파일 용량을 줄일 수 있다.
- 모니터상에 표현될 이미지, 즉 웹이나 프레젠테이션에서 사용할 이미지라면 RGB 모드를 선택하고 CMYK는 인쇄물용 이미지에 사용한다.

2. 이미지 보정 명령으로 톤 보정하기
- [Levels]와 [Curves] 명령은 이미지의 톤 보정을 세밀하게 보정할 수 있기 때문에 가장 많이 사용되고 있다.
- [Color Balance] 명령은 색상을 보정할 때, [Brightness/Contrast] 명령은 밝기와 대비를 보정할 때 사용한다.
- [Auto Levels] 명령은 이미지의 색상 레벨을 자동으로 최적화하여 주고, [Auto Contrast] 명령은 이미지의 밝기와 대비를 자동으로 최적화하여 준다. [Auto Color] 명령은 이미지의 색상을 자동으로 최적화하여 준다.

3. 이미지 보정 명령으로 색상 변경하기
- [Hue/Saturation] 명령을 이용하면 색상과 채도, 밝기 옵션으로 수정하며 단색 톤으로 변경하려면 [Colorize]를 체크하고 보정한다.
- [Replace Color] 명령은 스포이트로 색상을 선택하고 [Fuzziness] 옵션을 통해 선택 영역의 범위를 조절하여 색상을 대치한다.
- [Match Color] 명령은 서로 다른 이미지를 같은 톤의 이미지로 변경한다.
- [Selective Color] 명령은 이미지의 색상을 선별하여 추가하거나 제거하는 기능이다.
- [Channel Mixer] 명령은 색상 채널을 슬라이더 바로 구성하여 색상을 추가하거나 감소하여 보정한다.
- [Gradient Map] 명령은 명암이 있는 이미지를 그레이디언트 색상으로 변경한다.
- [Photo Filter] 명령은 카메라 렌즈처럼 여러 종류의 색상 필터를 제공한다.
- [Shadow/Highlight] 명령은 이미지에서 노출의 전체적인 균형은 유지하면서 대비를 조정한다.
- [Exposure] 명령은 빛의 양이 적어 어둡게 나온 사진, 즉 노출이 부족하여 사진이 어둡게 나왔다거나 노출이 과하여 너무 밝게 나온 사진을 보정할 때 사용한다.
- [Variations] 명령은 색상을 비교하며 보정할 수 있는데, [Fine] 쪽으로 이동할수록 미세하게 색상이 적용되고, [Coarse] 쪽으로 이동할수록 심하게 적용된다.

핵심정리　s_u_m_m_a_r_y

4. [Image]-[Adjustments] 메뉴의 그 외 명령들

- [Invert] 명령은 이미지의 명도가 반전되어 검은색은 흰색으로, 흰색은 검은색으로 만든다.
- [Equalize] 명령은 이미지의 전체적인 톤을 단번에 균일화하는 명령이다.
- [Threshold] 명령은 순검정과 순흰색으로 이미지를 단순화한다.
- [Posterize] 명령은 색상을 단계별로 단순화한다.

5. 이미지와 캔버스 크기 변경하고 회전하기

- [Image Size] 명령은 이미지의 크기나 해상도를 조정하여 이미지 자체의 픽셀을 늘리거나 줄일 수 있다. 그러나 이미지의 해상도를 임의로 높인다고 해서 질이 좋아지지는 않는다.
- [Canvas Size] 명령으로 캔버스 크기를 조절할 수 있다. 캔버스 크기를 현재보다 크게 하면 여백이 늘어나고 작게 하면 이미지가 잘려나간다.
- [Image]>[Rotate Canvas]>[Arbitrary] 메뉴를 이용하면 수치를 입력하여 회전각을 정확히 설정할 수 있는데, 이전에 자 툴을 사용한 경우라면 회전 각도가 미리 입력되어 있어 더욱 정확한 변형이 가능하다.

종합실습 e_x_e_r_c_i_s_e

1. '챕터06_샘플\커피.psd' 파일을 불러와서 'Layer 1' 레이어는 [Match Color] 명령을 이용하여 'Background' 레이어 이미지의 톤으로 색상을 조절하고, 'Layer 2' 레이어는 [Hue/Saturation] 명령을 이용하여 초록톤으로 색상을 보정한다. 원두 이미지의 일부는 [Photo Filter] 명령을 이용하여 노란색상으로 변경하고 'I♥COFFEE'라고 입력하여 보자.

HINT | ❶ 파일 열기 : [File]〉[Open]
❷ 'Layer 1' 레이어를 선택하고 색상 톤 비슷하게 하기 : [Image]〉[Adjustments]〉[Match Color]
❸ 'Layer 2'를 초록 톤으로 보정하기 : [Image]〉[Adjustments]〉[Hue/Saturation]
❹ 'Background' 레이어 선택하기 : 사각 선택 툴
❺ 선택 영역 노란 톤으로 보정하기 : [Image]〉[Adjustments]〉[Photo Filter]
❻ 'I♥COFFEE' 라고 입력하기 : 가로 문자 툴
❼ 빨간 하트 만들기 : 사용자 정의 도형 툴

CHAPTER 7

Section 1 레이어의 기본 사용하기
Section 2 레이어 스타일 활용하기
Section 3 다양한 방법으로 레이어 활용하기
Section 4 여러 개의 레이어 손쉽게 관리하기

레이어 이용하여
이미지 손쉽게 다루기

레이어가 만들어지기 이전에는 모든 이미지가 붙어 있어서 작업이 매우 불편했으나, 현재는 이미지를 새로 생성할 때 레이어를 만들어 차곡차곡 쌓아서 만들면 관리하기도 쉬우며 레이아웃을 바꿔가며 위치도 쉽게 이동하여 볼 수 있다. 레이어의 원리를 이해하고 이에 따른 여러 가지 추가 기능까지 학습한다면 이미지 작업을 한결 손쉽게 해낼 수 있다.

레이어 이해하고 활용하기

Chapter 7

간단한 이미지 작업을 할 때에는 기본적으로 한 장의 레이어나 'Background' 레이어에서 작업을 하게 된다. 그러나 작업할 양이 많아지고 이미지가 복잡해지면 레이어를 추가로 만들어 사용하는 것이 좋다. 이미지를 변형하거나 이동할 때 선택 영역을 다시 만들 필요가 없어 편리하기 때문이다.

01 레이어란?

레이어(Layer)란 투명한 필름에 이미지가 놓여있는 원리로써, 여러 장의 레이어가 겹쳐 있으면 투명한 필름 사이로 이미지가 보여 마치 한 장의 그림으로 보인다. 그러나 한 장으로 보이는 것뿐이지 실제로는 여러 장의 레이어로 따로 분리되어 있기 때문에 이미지의 수정, 편집이 편리하다.

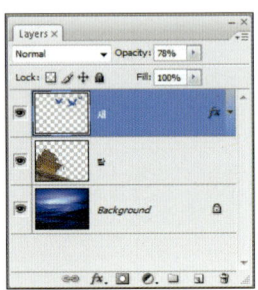

겹쳐 보이는 이미지 　　　　　 Layers 팔레트 　　　　　 레이어로 분리된 이미지

02 레이어의 종류와 관련 용어

일반 레이어 외에도 사용자의 편의를 위해서 또는 어떤 효과를 위해서 레이어에 특별한 속성을 적용하는 명령들이 있다. 여기에서는 간단하게 레이어에 관련된 용어를 미리 살펴보기로 한다.

❶ **백그라운드 레이어(Background Layer)** : 백그라운드 레이어는 Layers 팔레트의 레이어 목록에서 가장 하단에 위치하며 일반 레이어와는 다르게 위치를 바꿀 수 없다. 일반 레이어로 만들려면 더블클릭한다.

❷ **레이어 마스크(Layer Mask)** : 레이어 마스크는 이미지의 영역을 검은색을 사용해 가려주는 기능인데, Layers 팔레트의 레이어 이미지 썸네일 옆에 흰 썸네일이 생성되는 것을 통해 확인할 수 있다. 자연스럽게 이미지를 나타나게 하거나 이미지를 합성할 때 사용하며 레이어 마스크의 음영 정도에 의해 이미지가 가려진다.

❸ 보정 레이어(Adjustment Layer) : 이미지에 직접적으로 작업하는 것이 아니라 적용하는 효과만 따로 레이어로 만들어진다.

❹ 레이어 스타일(Layer Style) : 레이어 스타일을 이용하면 글자나 셰이프 레이어에 그림자 효과, 입체적인 효과나 테두리, 발광 효과 등을 손쉽게 적용할 수 있어 초보자들도 쉽게 화려한 이미지를 만들 수 있다.

❺ 클리핑 그룹 레이어(Clipping Group Layer) : 레이어의 윤곽에 또 다른 레이어 이미지를 보이게 한다.

❻ 셰이프 레이어(Shape Layer) : 셰이프 레이어는 벡터의 속성을 갖고 있으며, 패스로 이루어졌기 때문에 크기 변형을 하여도 이미지가 깨지지 않는다는 장점을 가지고 있다. Paths 팔레트에 임시로 패스가 보이며 더블클릭하면 패스로 저장된다.

❼ 필 레이어(Fill Layer) : 필 레이어에는 Solid Color(단색), Gradient(그레이디언트), Pattern(패턴)을 레이어로 따로 만들 수 있기 때문에 수정이 편리하다.

❽ 그룹 레이어(Group Layer) : 서로 관련된 레이어를 그룹으로 묶어서 보관하면 보다 효율적으로 관리할 수 있다.

03 Layers 팔레트

레이어와 관련된 거의 모든 기본적인 기능은 Layers 팔레트의 단축 버튼과 팝업 메뉴에 숨어 있기 때문에 팔레트를 중점적으로 이해하는 것이 중요하다.

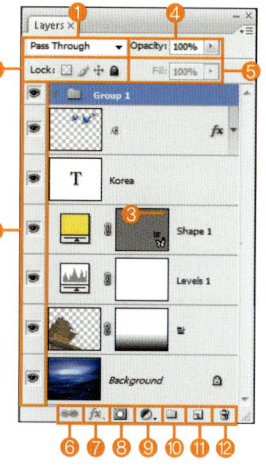

❶ 블렌딩 모드 : 레이어가 서로 겹칠 때, 겹치는 부분의 색상 혼합 방식을 지정한다.

❷ Lock(잠그기) : 각 항목에 맞추어 잠그기를 실행할 수 있다.
- ▣ Lock transparent pixels(투명 잠그기) : 투명한 부분에는 어떤 작업도 할 수 없다.
- ✎ Lock image pixels(페인팅 잠그기) : 이미지에 페인팅을 할 수 없다.
- ✛ Lock position(이동 잠그기) : 이미지를 이동할 수 없다.
- ▣ Lock all(이미지 수정 잠그기) : 이미지를 이동하거나 수정할 수 없다.

❸ 눈(Indicates layer visibility) : 클릭할 때마다 레이어가 표시되거나 숨겨진다.

❹ Opacity(불투명도) : 레이어의 불투명도를 설정한다.

❺ Fill(채우기) : 이미지의 불투명도를 조절하며 레이어 스타일의 효과에는 적용하지 않는다.

❻ Link Layer(레이어 연결하기) : 2개 이상의 레이어를 선택하고 이 아이콘을 클릭하면 연결하여 이동하거나 레이어 스타일 효과를 동시에 적용할 수 있다.

❼ Add a layer style(레이어 스타일) : 스타일을 적용할 수 있다.
❽ Add vector mask(레이어 마스크) : 현재 레이어에 선택된 영역을 마스크로 만든다.
❾ Create a new fill or adjustment layer(보정 레이어) : 이미지에 보정 레이어를 만든다.
❿ Create a new group(레이어 그룹) : 레이어가 많을 경우 폴더처럼 넣어서 관리한다.
⓫ Create a new layer(레이어 추가) : 이 버튼을 클릭하면 새 레이어가 생긴다. 또한, 특정 레이어를 이 버튼 위로 끌어다 놓으면 레이어가 복사된다.
⓬ Delete layer(레이어 삭제) : 선택된 레이어를 삭제한다.

● 레이어 팝업 메뉴

❶ New Layer : 새로운 레이어를 생성한다.
❷ Duplicate Layer : 선택한 레이어를 복제한다.
❸ Delete Layer : 선택한 레이어를 삭제한다.
❹ Delete Hidden Layers : 가려진 레이어를 삭제한다.
❺ New Group : 새로운 레이어 그룹을 생성한다.
❻ New Group From Layers : 선택한 레이어와 링크된 레이어를 레이어 그룹으로 묶는다.
❼ Lock All Layers in Group : 레이어 그룹에 있는 레이어를 고정시켜준다.
❽ Convert to Smart Object : 선택한 레이어를 별도의 파일로 만들어준다.
❾ Edit Contents : 스마트 오브젝트로 따로 만들어진 파일을 불러와 수정할 수 있다.
❿ Layer Properties : 레이어 이름과 색상을 설정한다.
⓫ Blending Options : 블렌딩 모드를 설정한다.
⓬ Create Clipping Mask : 클리핑 마스크를 만든다.
⓭ Link Layers : 여러 개의 레이어를 연결한다.
⓮ Select Linked Layers : 링크된 레이어를 선택한다.
⓯ Merge Down : 현재 레이어와 바로 아래 레이어를 한 레이어로 합친다.
⓰ Merge Visible : 보이는 레이어들을 한 레이어로 합친다.
⓱ Flatten Image : 모든 레이어를 한 레이어로 만들어 준다.
⓲ Animation Options : 애니메이션에 관한 옵션을 설정한다.
⓳ Palette Options : Layers 팔레트 옵션을 설정한다.

Section 1. 레이어의 기본 사용하기

포토샵에서 사용되는 이미지는 대부분 레이어를 사용한다. 레이어를 새로 생성하거나 복사하는 방법은 좀 더 복잡한 작업을 하기 위한 준비 단계이므로 기초 사용법을 확실히 알아보자.

> **● 알아두기**
> - [Layer] 메뉴에는 새로운 레이어를 만들거나 복제, 삭제할 수 있는 레이어에 관한 명령들이 모여 있다.
> - 레이어로 분리되어 있는 이미지는 투명도와 블렌딩의 조절만으로도 자연스러운 이미지 합성을 얻을 수 있다.

따라하기 01 | 새 레이어 만들기

'챕터7_샘플\배경.jpg, 탑.jpg' 파일을 불러온다. 두 이미지를 합친 후 새 레이어를 만들고 흰색으로 칠하여 번지는 느낌을 만들어 보자.

❶ '탑.jpg' 이미지에서 마술봉 툴(　)을 클릭하고 옵션 바는 기본값인 상태에서 배경을 선택한다. [Select]>[Inverse] 메뉴를 선택하여 선택 영역을 반전하여 탑을 선택한다.

❷ 이동 툴(🔸)을 선택하고 탭을 '배경.jpg' 이미지로 이동한다.

❸ [Layer]>[New]>[Layer] 메뉴를 선택하여 대화상자가 나타나면 [OK] 버튼을 클릭하여 'Layer 2' 레이어를 만든다.

❹ Layers 팔레트에서 'Layer 2' 레이어를 'Layer 1' 레이어의 아래로 드래그하여 순서를 변경한다.

❺ 'Layer 2' 레이어가 선택된 상태에서 Ctrl 를 누른 채 'Layer 1' 레이어 썸네일을 클릭하면 선택 영역을 불러올 수 있다.

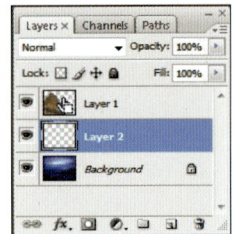

❻ [Select]>[Modify]>[Feather] 메뉴를 선택하여 대화상자가 나타나면 [Feather Radius]를 '20'으로 설정하고 [OK] 버튼을 클릭한다.

❼ 배경색이 흰색인 상태에서 Ctrl + Delete 를 눌러 흰색으로 채운다.

> **새 레이어 만들기**   tip ➕
>
> Layers 팔레트 하단의 [Create a new layer] 버튼(🔲)을 클릭하거나 기존의 레이어를 이 버튼으로 드래그하면 복사본이 생성된다.

따라하기 02 부분적으로 선택하여 새 레이어 만들기

'챕터7_샘플\귤과 레몬.jpg' 파일을 불러온 후 귤과 레몬을 분리하여 레이어로 만들고 레이어 이름을 만들어 보자.

❶ 마술봉 툴( )을 선택하고 옵션 바에서 [Add to selection](, 추가 선택)을 클릭한 후 [Tolerance]를 '100'으로 설정한다. 이미지에서 귤을 클릭하여 선택 영역으로 만든다.

❷ [Layer]>[New]>[Layer via Cut] 메뉴를 선택하면 'Layer 1' 레이어가 생성된다. Layer 팔레트에서 'Layer 1' 레이어의 이름 부분을 더블클릭하여 '귤'이라고 입력한다.

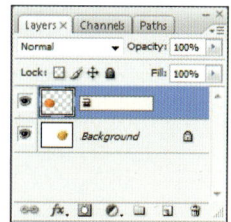

❸ Layers 팔레트에서 'Background' 레이어를 선택한다. 마술봉 툴( )로 레몬의 영역이 선택될 때까지 여러 번 클릭한다.

❹ [Layer]>[New]>[Layer via Cut] 메뉴를 선택하면 'Layer 1' 레이어가 생성된다. Layer 팔레트에서 'Layer 1' 레이어의 이름 부분을 더블클릭하여 '레몬'이라고 입력한다.

> **Layer via Cut과 Layer via Copy** tip ➕
>
> [Layer via Cut] 명령은 선택한 이미지를 레이어에서 따로 떼어내어 새로운 레이어를 만드는 반면 [Layer via Copy]는 복사본을 만들어준다.

따라하기 03 레이어 복사하기

'챕터7_샘플\토끼인형.jpg' 파일을 불러온 후 토끼 인형을 레이어로 복사하여 색상을 변경하여 보자.

❶ 마술봉 툴(　)을 선택하고 옵션 바가 기본값인 상태에서 배경을 클릭하여 선택 영역으로 만든다.
❷ [Select]>[Inverse] 메뉴를 선택하면 선택 영역이 반전되어 인형만 선택된다.
❸ [Layer]>[New]>[Layer via Cut] 메뉴를 선택하면 'Layer 1' 레이어가 생성된다.
❹ [Layer]>[Duplicate Layer] 메뉴를 선택하면 'Layer 1 copy' 레이어가 생성된다.
❺ 툴박스에서 이동 툴(　)을 선택하고 레이어를 오른쪽으로 드래그하여 이동한다.
❻ [Image]>[Adjust]>[Hue/Saturation] 메뉴를 선택한 후 [Hue]를 '180'으로 설정하고 [OK] 버튼을 클릭한다. 복제한 레이어의 색상이 변경된다.

Merge Down, Merge Visible, Flatten Image — tip

[Merge Down] 명령을 실행하면 선택한 레이어의 바로 아래 레이어와 합쳐지며, [Merge Visible] 명령은 눈 아이콘(　)이 켜져 있는 레이어, 즉 보이는 레이어만 합쳐준다. [Flatten Image] 명령을 실행하면 보이는 레이어가 모두 하나로 붙으면서 'Background' 레이어가 된다. 'Background' 레이어가 되면 수정이 어려우므로 작업을 완전히 마무리하여 더 이상 수정할 필요가 없어질 때만 이 명령을 사용한다.

따라하기 04 레이어에 투명도 조절하기

'챕터7_샘플\나비.psd' 파일을 불러온 후 나비 이미지를 복제하여 필터를 적용하고 투명도를 조절하여 보자.

❶ [Layer]〉[Duplicate Layer] 메뉴를 선택한 후 대화상자가 나타나면 [OK] 버튼을 클릭하여 '나비 copy' 레이어를 생성한다.

❷ [Filter]〉[Blur]〉[Motion Blur] 메뉴를 선택하여 대화상자가 나타나면 [Angle]을 '0', [Distance]를 '200'으로 설정하고 [OK] 버튼을 클릭한다.

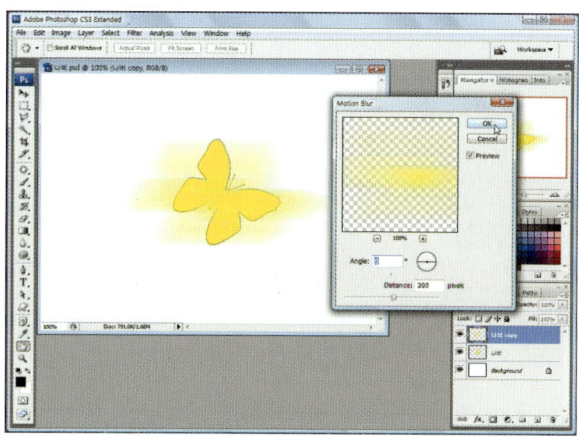

❸ 툴박스에서 이동 툴( )을 선택하고 필터를 적용한 나비 이미지를 왼쪽으로 이동한다. Layers 팔레트에서 '나비 copy' 레이어를 '나비' 레이어 아래로 드래그하여 이동한다.

❹ Layers 팔레트의 [Opacity]를 '70'으로 설정하여 불투명도를 적용한다.

> **'Background' 레이어**　　　　　　　　　　　　　　　　　　　　tip
>
> 'Background' 레이어에는 블렌딩 모드와 불투명도를 설정할 수 없으며 Layers 팔레트에서 위치를 바꿀 수도 없다. 이러한 속성을 자유롭게 사용하려면 일반 레이어로 변환해야 하는데 'Background' 레이어를 더블클릭하면 나타나는 [New Layer] 대화상자에서 [OK] 버튼을 클릭하면 된다. 'Background' 레이어를 영역으로 설정하고 Delete 를 누르면 배경색으로 채워지지만 일반 레이어는 투명해진다.

01 혼자해보기

'챕터7_샘플\인형.jpg' 파일을 불러온다. 패스를 이용하여 인형의 윤곽을 선택 영역으로 만들고 레이어로 만든 후 배경은 흰색으로 칠해 보자.

HINT | 툴박스의 펜 툴( )을 선택하고 남자 인형의 윤곽을 패스로 만든다. Paths 팔레트에서 [Load path as a selection] 버튼( )으로 드래그하여 선택 영역으로 만든 후에 [Layer]>[New]>[Layer via cut] 메뉴를 실행하여 레이어로 만든다. 'Background' 레이어를 선택하고 여자 인형도 같은 방법으로 레이어를 만든 후 배경은 Ctrl+Delete를 눌러 흰색으로 칠한다.

02 혼자해보기

'챕터7_샘플\선풍기.jpg' 파일을 불러온 후 선풍기 날개를 복제하여 돌아가는 느낌을 만들어 보자.

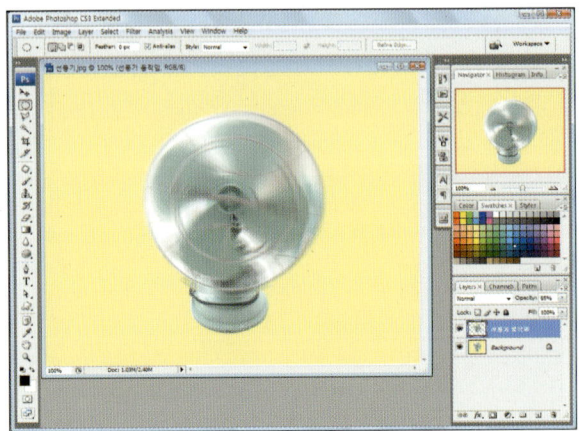

HINT | 툴박스의 원형 선택 툴( )을 클릭하고 선풍기의 날개를 선택한다. [Layer]>[New]>[Layer via copy] 메뉴를 선택하여 복사하고, [Filter]>[Blur]>[Radial Blur] 메뉴를 실행하여 돌아가는 효과를 만든 후 Layers 팔레트에서 [Opacity]를 '85'로 설정한다.

Section 2 레이어 스타일 활용하기

레이어 스타일은 필터나 채널을 사용하지 않고도 레이어 이미지에 여러 가지 입체적인 효과를 손쉽게 적용할 수 있는 기능이다. 여러 레이어 스타일별로 다양한 옵션을 제공하므로 원하는 효과를 마음껏 만들 수 있다.

> **알아두기**
> - 레이어 스타일은 문자와 이미지에 그림자 효과, 발광 효과, 금속 질감, 엠보싱, 테두리 등을 간단히 적용할 수 있는 기능이다.
> - 레이어 스타일을 변경하여 디자인한 효과는 [New Style] 명령을 통해 Styles 팔레트에 저장할 수 있다.

따라하기 01 문자에 그림자 효과 만들기

'챕터7_샘플\속전속결.jpg' 파일을 불러온 후 가로 문자 툴로 '속전속결'이라고 입력하고 레이어 스타일을 이용하여 글자의 안쪽에 그림자 효과를 만들어 보자.

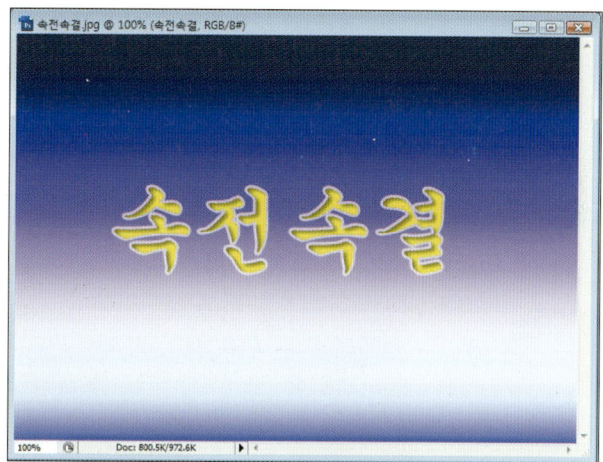

❶ 가로 문자 툴(T)을 선택하고 옵션 바에서 글꼴을 '궁서체', 글꼴 크기를 '72pt', 글꼴 색상은 '노란색'으로 설정하고 '속전속결'이라고 입력한다.

❷ [Layer]>[Layer Style]>[Inner Shadow] 메뉴를 선택하거나 Layers 팔레트에서 [Add a layer style] 버튼(fx)을 눌러 [Inner Shadow]를 클릭한다.

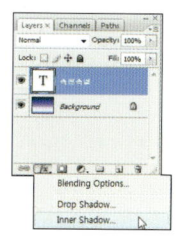

Section 2 . 레이어 스타일 활용하기 **245**

❸ 대화상자가 나타나면 [Inner Shadow]의 [Opacity]를 '50'으로 설정하고 [Stroke]를 체크하여 선택한다. [Color] 항목을 클릭하여 대화상자에서 흰색을 선택한 후 [OK] 버튼을 클릭한다. [Opacity]를 '70'으로 설정하고 [OK] 버튼을 클릭한다.

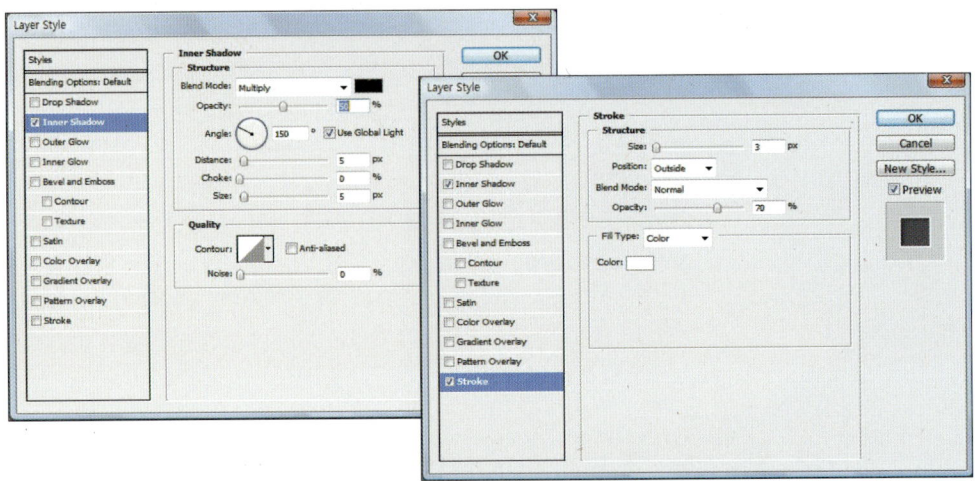

❹ Layers 팔레트를 살펴보면 '레이어 스타일' 아이콘(fx)이 표시된 것을 통해 레이어 스타일 효과가 적용된 것을 확인할 수 있다.

따라하기 02 발광 효과 만들기

[Edit]〉[Step Backward] 메뉴를 선택하여 레이어 스타일이 적용되기 전으로 되돌리고 새롭게 발광 효과를 만들어 보자.

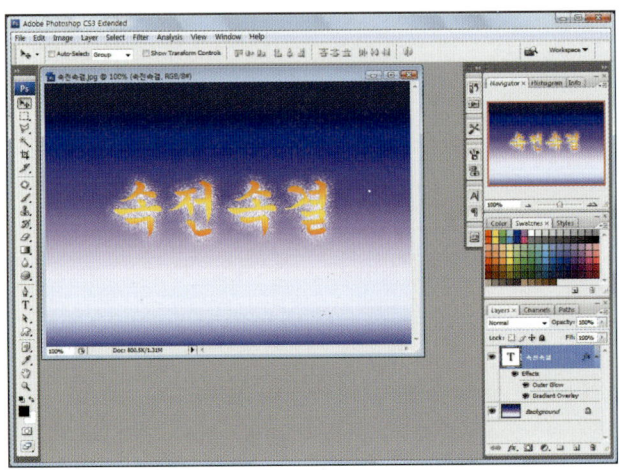

❶ [Edit]〉[Step Backward] 메뉴를 선택하여 전 단계로 되돌아간다.

❷ '속전속결' 문자 레이어를 선택하고 [Layer]>[Layer Style]>[Outer Glow] 메뉴를 선택한다. 또는 Layers 팔레트에서 [Add a layer style] 버튼(fx)을 클릭하여 [Outer Glow]를 선택한다. 대화상자가 나타나면 [Outer Glow]의 [Noise]를 '50', [Size]를 '20' 으로 설정한다.

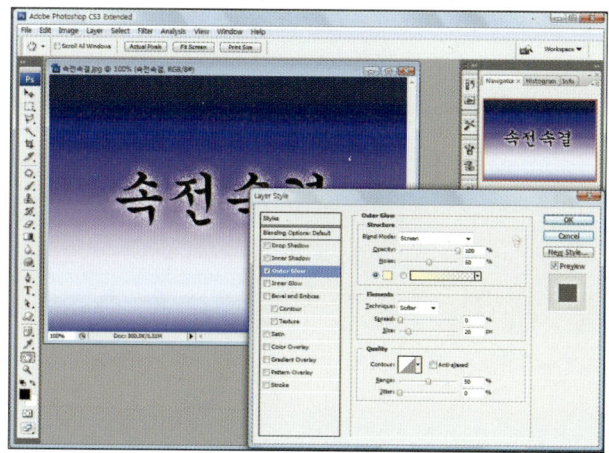

❸ [Gradient Overlay]를 체크하여 선택하고 [Gradient] 피커(▼)를 클릭한다. 목록에서 'Orange, Yellow, Orange'를 선택하고 [OK] 버튼을 클릭한다.

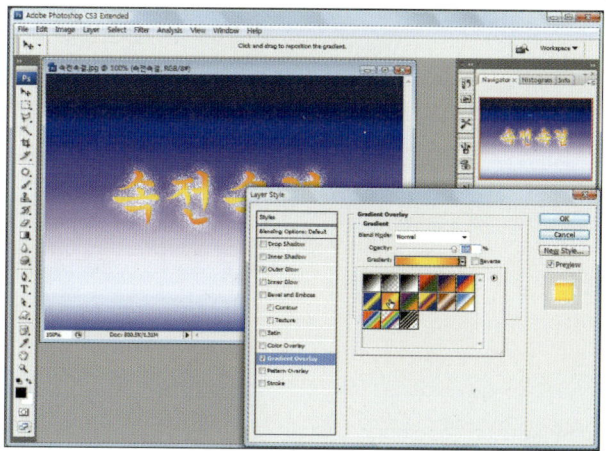

❹ Layers 팔레트를 살펴보면 '레이어 스타일' 아이콘(fx)이 표시된 것을 통해 [Outer Glow]와 [Gradient Overlay] 효과가 적용된 것을 확인할 수 있다.

레이어 스타일의 종류

tip +

❶ **Drop Shadow** : 이미지 뒤에 그림자 효과를 만드는 명령이다.
❷ **Inner Shadow** : 이미지의 안쪽으로 그림자 효과를 만드는 명령이다.

Drop Shadow   Inner Shadow

❸ **Outer Glow** : 선택된 이미지의 주변으로 빛이 발광하는 효과를 만든다.
❹ **Inner Glow** : 선택된 이미지의 안쪽으로 빛이 발산하는 효과를 만든다

Outer Glow   Inner Glow

❺ **Bevel and Emboss** : 선택된 이미지에 입체적인 효과를 만든다. 5가지의 입체 효과가 있다.

❻ **Satin** : 금속이나 비단 같은 광택 효과를 준다.

❼ **Color Overlay** : 이미지에 색상을 적용한다.
❽ **Gradient Overlay** : 이미지에 그레이디언트를 적용한다.
❾ **Pattern Overlay** : 이미지에 패턴을 적용한다.

Color Overlay   Gradient Overlay

Pattern Overlay

❿ **Stroke** : 테두리에 단색이나 그레이디언트, 패턴을 채울 수 있다.

| 따라하기 | 03 | 레이어 스타일 복사하기 |

'챕터7_샘플\어도비.psd' 파일을 불러온다. 먼저 'Adobe'에 레이어 스타일을 적용하고 복사한 후 'Photoshop'에 같은 레이어 스타일을 적용하여 보자.

❶ 'Adobe' 문자 레이어가 선택된 상태에서 [Layer]〉[Layer Style]〉[Bevel and Emboss] 메뉴를 선택한다. 또는 Layers 팔레트에서 [Add a layer style] 버튼(fx)을 클릭하여 [Bevel and Emboss]를 선택한다.

❷ 대화상자가 나타나면 [Bevel and Emboss]는 기본값으로 두고 [Gradient Overlay]를 체크하여 선택한다. 역시 기본값으로 두고 [OK] 버튼을 클릭한다.

❸ Layers 팔레트를 살펴보면 '레이어 스타일' 아이콘(fx)이 표시된 것을 통해 [Bevel and Emboss]와 [Gradient Overlay] 효과가 적용된 것을 확인할 수 있다.

❹ 'Adobe' 문자 레이어가 선택된 상태에서 [Layer]〉[Layer Style]〉[Copy Layer Style] 메뉴를 선택한다.

Section 2 . 레이어 스타일 활용하기

❺ Layers 팔레트에서 'Photoshop' 문자 레이어를 클릭하고 [Layer]>[Layer Style]>[Paste Layer Style] 메뉴를 선택한다.

❻ 'Photoshop' 문자 레이어에 '레이어 스타일' 아이콘(fx)이 표시된 것을 통해 [Bevel and Emboss]와 [Gradient Overlay] 효과가 적용된 것을 확인할 수 있다.

따라하기 04 | Styles 팔레트에 레이어 스타일 저장하기

[File]>[Step Backward] 메뉴를 선택하여 레이어 스타일이 적용되기 전으로 되돌린다. 새로운 레이어 스타일을 만들어 Styles 팔레트에 저장한 후 사용하여 보자.

❶ [File]>[Step Backward] 메뉴를 선택하여 전 단계로 되돌아간다.

❷ 'Adobe' 문자 레이어를 클릭하고 [Layer]>[Layer Style]>[Pattern Overlay] 메뉴를 선택한다. 또는 Layers 팔레트에서 [Add a layer style] 버튼(fx)을 클릭하여 [Pattern Overlay]를 선택한다.

❸ 대화상자가 나타나면 [Pattern Overlay]는 기본값으로 두고 [Stroke]를 선택하여 [Color]를 노란색으로 설정한다.

❹ [New Style] 버튼을 클릭하여 대화상자가 나타나면 [Name]을 '버블'이라고 입력한 후 [OK] 버튼을 선택한다.

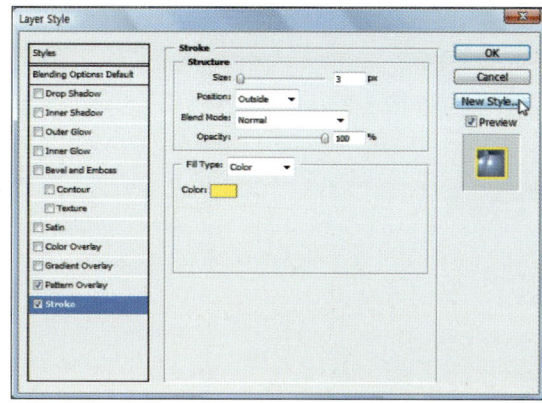
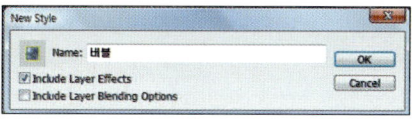

❺ 'Photoshop' 문자 레이어를 선택하고 Styles 팔레트의 마지막에 저장한 '버블'을 선택한다.

❻ 'Photoshop' 문자 레이어에 '레이어 스타일' 아이콘()이 표시된 것을 통해 [Pattern Overlay]와 [Stroke] 효과가 적용된 것을 확인할 수 있다.

Styles 팔레트 tip

레이어에 특수한 효과(문자 효과, 버튼 효과, 이미지 효과, 텍스쳐 효과 등)를 쉽게 적용할 수 있도록 버튼 모양의 효과 아이콘을 Styles 팔레트에서 제공하고 있다. 한 번의 클릭으로 쉽게 이미지에 적용할 수 있으며 [Layer Style] 대화상자의 다양한 옵션을 통해 편집하거나 새롭게 등록도 가능하다.

현재 작업중인 레이어의 확인 tip

초보자가 범하기 쉬운 실수 중에 대표적인 것이 현재 선택된 레이어를 확인하지 않고 작업을 하는 것이다. 예제에서 설명한 대로 따라했음에도 불구하고 그 결과가 이 책에 있는 결과와 다를 경우에는 현재 선택된 레이어가 책에서 선택한 레이어와 같은지를 확인해 본다.

01 혼자해보기 '챕터7_샘플\점퍼.psd' 파일을 불러온 후 'JUMPER' 레이어에 그림과 같이 레이어 스타일을 적용하여 보자.

HINT | Layers 팔레트에서 'JUMPER' 레이어를 선택하고 [Layer]〉[Layer Style]〉[Drop Shadow] 메뉴를 실행한다. 대화상자가 나타나면 [Bevel and Emboss]를 선택하고 [Color Overlay]에서 [Color]를 파란색으로 설정한 후 [OK] 버튼을 클릭한다.

02 혼자해보기 '챕터7_샘플\스타일.psd' 파일을 불러온다. 'LOVE&WAR' 레이어에 그림과 같이 레이어 스타일을 적용하고 복사한 후 '사랑과전쟁' 레이어에 같은 레이어 스타일을 적용하여 보자.

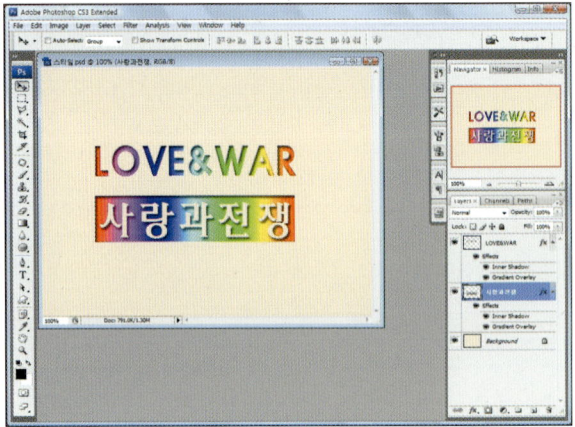

HINT | 'LOVE&WAR' 레이어가 선택된 상태에서 [Layer]〉[Layer Style]〉[Inner Shadow] 메뉴를 실행한다. [Gradient Overlay]를 선택하고 [Gradient] 피커(-)를 클릭하여 'Spectrum'을 선택하고 [OK] 버튼을 누른다. [Layer]〉[Layer Style]〉[Copy Layer Style] 메뉴를 실행하고 '사랑과전쟁' 문자 레이어를 클릭한 후 [Layer]〉[Layer Style]〉[Paste Layer Style]을 선택한다.

Section 3. 다양한 방법으로 레이어 활용하기

레이어는 종류가 다양하고 그에 따른 여러 가지 기능들이 많은데 이번에는 레이어 블렌딩과 레이어 마스크, 클리핑 그룹, 보정 레이어, 스마트 오브젝트 등에 대해서 알아본다. 이 기능들을 이해하면 보다 높은 수준의 작업을 할 수 있게 된다.

알아두기
- 레이어 마스크(Layer Mask)는 흑백 음영으로 이미지를 가리는 기능인데, 실제로 이미지가 사라지는 것이 아니기 때문에 필요하면 다시 이미지를 보이게 할 수 있다.
- 필 레이어(Fill Layer)나 보정 레이어(Adjustment Layer)를 통해 원본 레이어에 영향을 주지 않고도 이미지를 보정할 수 있다. 보정한 레이어는 따로 저장된다.
- 클리핑 그룹은 레이어의 윤곽에 맞춰 바로 위에 있는 이미지를 보이게 하는 기능이다. 이미지를 마치 오려낸 것과 같은 효과를 만들 수 있다.

따라하기 01 레이어에 블렌딩 적용하기

'챕터7_샘플\무용수.jpg, 무용수2.jpg' 파일을 불러온 후 블렌딩 모드를 적용하여 배경과 합성하여 보자.

❶ '무용수.jpg' 파일에서 마술봉 툴( )을 선택하고 옵션 바의 추가 선택 버튼( )을 클릭한다. [Tolerance]는 기본값으로 두고 무용수의 배경을 클릭하여 선택 영역으로 만든다.

❷ [Select]>[Inverse] 메뉴를 선택하여 선택 영역을 반전한다.

❸ 툴박스에서 이동 툴(🖱)을 선택하고 선택 영역을 '무용수2.jpg' 파일로 이동하여 그림처럼 위치하게 한다.

❹ Layers 팔레트에서 블렌딩 모드를 'Pin Light'로 선택하고 [Opacity]를 '80'으로 설정하여 배경과 어울리게 마무리한다.

블렌딩 모드를 쉽게 바꾸어 설정하는 방법   tip +

Layers 팔레트의 블렌딩 모드 옵션이 파란색으로 설정되었을 때 키보드의 상하 방향키를 누르면 쉽게 모드를 바꾸어 설정할 수 있다.

블렌딩 모드(Blending Mode)   tip +

레이어에 겹쳐 있는 이미지를 어떻게 섞이게 하여 합성된 결과물을 얻을 것인가를 블렌딩 모드에서 결정하게 된다. 블렌딩 모드는 Layers 팔레트와 페인팅 툴과 그레이디언트 툴의 옵션 바에서 사용할 수 있으며, 여러 가지 스타일의 블렌딩 모드를 적용해 봄으로써 이미지와 어울리는 모드를 찾는 것이 중요하다.

- **Normal** : 기본 설정 모드로 이미지나 색상이 그대로 나타난다(비트맵 모드나 인덱스 모드의 이미지에서 작업을 할 때는 Threshold로 나타난다).
- **Dissolve** : 합성하거나 페인팅한 색상이 불규칙적으로 뿌려진 형태로 보인다. Opacity 값이 100% 미만일 때 표현이 잘 된다.
- **Darken** : 이미지의 색상 중 더 어두운 색상이 나타난다. 결과적으로 이미지는 더욱 어두워진다.
- **Multiply** : 이미지 위에 곱해지기 때문에 항상 더 어두워진다. 미술용 도구인 마커를 사용한 것과 비슷하다.
- **Color Burn** : 번 툴을 사용한 것처럼 이미지 위에 어둡게 적용된다. 흰색은 아무런 변화가 없다.
- **Linear Burn** : Color Burn보다 전체적으로 고르게 어둡게 된다.
- **Darker Color** : 두 레이어의 이미지 중 더 어두운 색상으로 나타난다.
- **Lighten** : 이미지의 색상에서 더 밝은 색상이 나타난다. 결과적으로 더욱 밝아진다.
- **Screen** : 이미지의 색상을 반전 색으로 곱하기 때문에 항상 더 밝아진다. 슬라이드 필름 두 장을 겹쳐서 영사한 것과 비슷하다. 검정으로 스크린하면 변화가 없다.
- **Color Dodge (Add)** : 닷지 툴을 사용한 것처럼 이미지 위에 밝게 적용된다.
- **Lighter Dodge** : Color Dodge보다 전체적으로 밝게 된다.
- **Overlay** : 이미지의 색상에 따라 Multiply나 Screen 모드로 적용된다. 이미지의

밝은 부분과 어두운 부분에는 영향을 주지 않고 채도와 명도의 대비만 강하게 한다.
- **Soft Light** : 색상이 50%로 순회색보다 밝으면 닷지 툴을 사용한 것처럼 밝게 적용되고, 어두우면 번 툴을 사용한 것처럼 어둡게 적용된다. 확산된 조명을 비추는 것과 유사하다.
- **Hard Light** : 색상이 50%로 순회색보다 밝으면 Screen 모드를 사용한 것처럼 밝게 적용되고, 어두우면 Multiply 모드를 사용한 것처럼 어둡게 적용된다. 강한 스포트라이트 조명을 비추는 것과 유사하다.
- **Vivid Light** : Hard Light보다 더 강하게 이미지를 표현한다.
- **Linear Light** : 전체적으로 고르게 Hard Light를 표현한다.
- **Pin Light** : 밝은 곳만 집중적으로 Hard Light를 표현한다.
- **Hard Mix** : 색상을 단순화하여 표현한다.
- **Difference** : 이미지의 색상보다 밝으면 이미지가 반전되어 나타나고, 이미지의 색상보다 어두우면 이미지가 그대로 나타난다.
- **Exclusion** : Difference 모드와 유사하지만 좀 더 부드럽고, 명도 대비가 약하다.
- **Hue** : 위에 이미지는 색상과 채도를 나타내고, 아래 이미지는 광도를 나타낸다.
- **Saturation** : 위의 이미지의 색상에는 채도만 나타나고, 아래 이미지에는 색상과 명도만 남는다.
- **Color** : 위에 이미지에는 색상과 채도만 나타나고, 아래 이미지에는 명도만 남는다.
- **Luminosity** : 위에 이미지에는 명도만 나타나고, 아래 이미지에는 색상과 채도만 나타난다. Color 모드와 반대다.

따라하기 02 보정 레이어로 원본 유지하며 보정하기

'챕터7_샘플\홍콩야경.jpg' 파일을 불러온 후 보정 레이어를 이용하여 합성하여 보자.

❶ [Layer]>[New Adjustment Layer]>[Levels] 메뉴를 선택하여 [New Layer] 대화상자가 나타나면 [OK] 버튼을 클릭한다.

❷ [Levels] 대화상자가 나타나면 [Input Levels]를 '0, 1.25, 160'으로 설정한 후 [Channel]을 'Red'로 선택한다. 여기에서 다시 '0, 1.57, 255'로 설정하고 [OK] 버튼을 클릭하면 Layers 팔레트에서 보정 레이어를 확인할 수 있다.

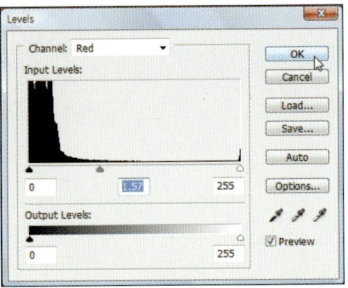

tip ➕

보정 레이어(Adjustment Layer)

직접적으로 이미지에 적용이 되지 않고 적용된 효과만 따로 보정 레이어로 만들 수 있다. [Image]>[Adjustments] 메뉴의 보정 명령과 같은 효과를 나타내지만 보정 레이어에 있는 명령으로 보정을 하는 경우 그 효과만 따로 레이어로 만들어져 손쉽게 수정이 가능하다.

따라하기 **03** 레이어 마스크로 이미지 가려주기

'챕터7_샘플\현경.jpg, 현경2.jpg' 파일을 불러온 후 레이어 마스크를 만들어 자연스럽게 인물 이미지가 나타나도록 만들어 보자.

❶ '현경.jpg' 파일에서 다각형 올가미 툴(▽)을 클릭하고 인물을 선택한다.

❷ 툴박스에서 이동 툴(▶⊕)을 선택하고 인물 이미지를 배경 이미지인 '현경2.jpg' 파일로 이동한다.

❸ [Layer]〉[Layer Mask]〉[Reveal All] 메뉴를 선택하거나 Layers 팔레트 하단의 [Add layer mask] 버튼(￮)을 클릭한다.

❹ 레이어 마스크가 선택된 상태에서 툴박스의 브러시 툴(￮)을 클릭한다. 전경색을 검정으로 설정하고 가리고자 하는 부분을 드래그하여 칠하면 이미지가 보이지 않는다.

❺ 전경색을 흰색으로 설정하고 레이어 마스크 이미지에 칠하면 다시 가려진 이미지가 나타난다.

> **tip ➕**
>
> **레이어 마스크(Layer Mask)**
>
> 레이어 마스크는 레이어에 있는 이미지에서 어떤 특정한 영역을 가리고 싶을 때 사용한다. 마스크에서 흰색으로 표시된 부분은 완전 투명으로 해당 레이어 이미지가 모두 보이게 되고, 검은색으로 표시된 부분은 완전 불투명으로 가릴 수 있다. 회색의 농도에 따라 가려지는 불투명도의 정도도 달라진다.

> **tip ➕**
>
> **레이어 마스크 지우기**
>
> 레이어 마스크를 지우려면 Layers 팔레트에서 레이어 마스크를 [Delete Layer] 버튼(🗑)으로 드래그한다. 그러면 레이어에 마스크를 반영한 상태에서 지울 것인지(Apply), 취소할 것인지(Cancel), 반영하지 않고 지울 것인지(Discard)를 묻는 메시지가 나오는데 여기서 원하는 것을 선택하면 된다. [Shift]를 누른 채 Layers 팔레트의 레이어 마스크 썸네일을 클릭하면 X 표시가 나타나면서 일시적으로 마스크를 가릴 수 있다.

따라하기 04 레이어끼리 마스크 효과를 내는 클리핑 그룹 이해하기

'챕터7_샘플\벽지.psd' 파일을 불러온 후 사용자 정의 도형 툴로 새를 만들고 [Create Clipping Mask] 명령을 이용하여 새 이미지에 벽지 문양이 나타나도록 만들어 보자.

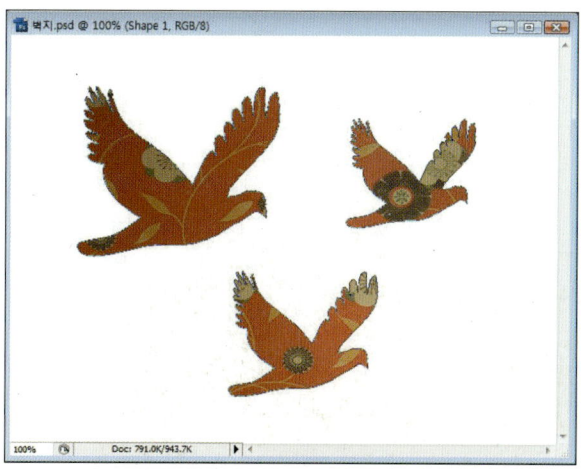

Section 3. 다양한 방법으로 레이어 활용하기

❶ 툴박스에서 사용자 정의 도형 툴(　)을 선택하고 옵션 바에서 [Shape layers] 버튼
(　)을 클릭한다. [Shape]의 피커(　)를 클릭하여 목록이 나타나면 팝업 메뉴 버튼
(　)을 누른 후 메뉴에서 [All]을 선택한다.

❷ 메시지가 나타나면 [Append] 버튼을 클릭하여 기존의 도형을 대치시키지 말고 모
든 도형이 나타나도록 한다.

❸ 'Bird2'를 선택한 후 전경색을 검정으로 설정하고 이미지 위에 드래그하여
'Shape 1' 레이어를 만든다. Shift 를 누른 채 계속 드래그하여 여러 마리의 새를
만든다.

❹ 'Shape 1' 레이어를 '벽지' 레이어 아래로 이동하여 순서를 변경한다.

❺ Layers 팔레트에서 '벽지' 레이어를 선택하고 [Layer]>[Create Clipping Mask]
메뉴를 선택하거나 Alt 를 누른 채 '벽지' 레이어와 'Shape 1' 사이에 마우스를 놓
으면 　 모양의 아이콘이 나타나는데 이때 클릭한다.

> **tip ➕**
>
> **클리핑 그룹 레이어**
>
> 클리핑은 오려낸다는 뜻으로, 레이어 윤곽대로 이미지를 잘라내어 아래 있는 이미지
> 를 보이게 하는 것이라고 생각하면 된다. 클리핑 그룹(Clipping Group)에서 맨 아래
> 있는 레이어는 윤곽을 잡아 형태의 기준이 되고 그 위에 레이어 이미지가 보이게 된
> 다. Layers 팔레트에서 Alt 를 누른 채 레이어와 레이어 사이의 경계를 클릭하면 　
> 모양의 아이콘이 나타나는데 이때 클릭을 하면 클리핑 그룹을 만들 수 있다. 여러 개
> 의 레이어를 클리핑 그룹으로 묶으려면 같은 방법으로 Alt 를 누른 채 레이어 사이의
> 경계를 클릭한다.

| 따라하기 | 05 똑똑한 스마트 오브젝트 레이어

'챕터7_샘플\발자국.psd' 파일을 불러온다. 스마트 오브젝트를 생성하고 이미지에 여러 복제 이미지를 만든 후 스마트 오브젝트를 변형하여 일괄적으로 적용하여 보자.

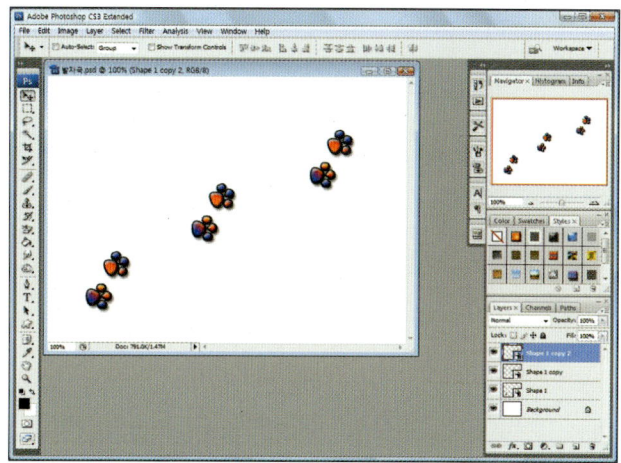

❶ [Layer]>[Smart Objects]>[Convert to Smart Object] 메뉴를 선택하면 Layers 팔레트의 썸네일 이미지가 스마트 오브젝트 표시로 변경된다.

❷ 스마트 오브젝트 표시를 더블클릭하여 경고창이 나타나면 [OK] 버튼을 클릭한다. 그러면 그림과 같이 배경이 투명한 'Shape 1.psb' 스마트 오브젝트 파일이 생성된다.

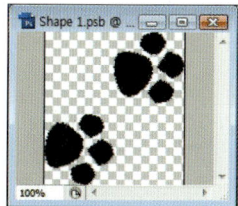

❸ 스타일을 적용하기 위해 Styles 팔레트에서 두 번째 목록의 'Color Target'을 클릭하여 적용하고 'Shape 1.psb' 창의 [닫기] 버튼( )을 누른다. 저장하겠느냐는 경고창이 나타나면 [Yes] 버튼을 클릭한다.

❹ 발자국 이미지에도 스타일이 적용된 것을 확인할 수 있다.

❺ 이동 툴( )을 선택한 후 이미지에서 'Shape 1'을 클릭하고 Alt 를 누른 채 드래그하여 발자국 이미지의 복사본을 두 개 더 만들자.

❻ Layers 팔레트에서 'Shape 1'을 더블클릭하여 저장하라는 경고창이 나타나면 [OK] 버튼을 클릭한다. 'Shape 1.psb' 스마트 오브젝트 창이 나타나면 Ctrl + T 를 눌러 크기를 줄이고 바운딩 박스 안을 더블클릭한다.

❼ 'Shape 1.psb' 창의 [닫기] 버튼( )을 눌러 모두 적용하겠느냐는 경고창이 나타나면 [Yes] 버튼을 클릭한다. 복사본에 변경 내용이 모두 적용된 것을 확인할 수 있다.

01 혼자해보기 '챕터7_샘플\플라워.psd' 파일을 불러온 후 'FLOWER'라고 입력하고 [Create Clipping Mask] 명령을 이용하여 문자에 벽지 문양이 나타나도록 하자.

HINT | 툴박스에서 가로 문자 툴(T)을 선택하고 옵션 바에서 글꼴을 'Times New Roman', 글꼴 크기를 '120pt', 글꼴 색상을 '검정'으로 설정한 후 'FLOWER'라고 입력하여 문자 레이어를 만든다. Layers 팔레트에서 문자 레이어를 아래로 드래그하여 순서를 변경한다. 'Layers 1' 레이어를 선택하고 [Layer][Create Clipping Mask] 메뉴를 실행한다.

02 혼자해보기 '챕터7_샘플\분홍꽃.jpg, 분홍꽃2.jpg' 파일을 불러온 후 레이어 마스크를 만들어 꽃 안에 자연스럽게 인물 이미지가 나타나도록 만들어 보자.

HINT | 툴박스에서 이동 툴(▶)을 선택하고 아이 이미지를 분홍꽃 이미지에 겹치도록 이동한 후 [Layer][Layer Mask][Reveal All] 메뉴를 실행한다. 레이어 마스크가 생성되면 전경색은 흰색, 배경색은 검정으로 설정된 것을 확인하고 그레이디언트 툴(■)을 선택한다. 옵션 바에서 원형 그레이디언트(■)를 클릭한 후 얼굴이 보이도록 중앙에서 바깥쪽으로 드래그한다. Ctrl+T를 눌러 바운딩 박스가 나타나면 인물의 크기를 줄이고, 레이어 마스크에 브러시 툴(✎)로 검정색과 흰색을 이용하여 칠하면서 수정하여 자연스럽게 나타나도록 한다.

Section 4. 여러 개의 레이어 손쉽게 관리하기

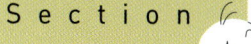

포토샵에서 이미지 작업을 하다 보면 레이어 수가 점점 많아지는 경우가 자주 있다. 이럴 때는 관련된 레이어들을 그룹으로 묶어주고 색상을 설정하면 쉽게 구분을 할 수 있다. 또한, 레이어의 정렬 기능을 이용하면 레이어의 배치나 간격을 일정하게 통일시킬 수 있다.

> ○ 알아두기
> - 여러 개의 레이어를 묶어 그룹으로 관리하면 Layers 팔레트의 크기를 늘리지 않아도 되므로 포토샵 윈도우 화면을 넓게 사용할 수 있다. 그룹 레이어(Group Layer)란 윈도우의 폴더와 같은 개념이다.
> - [Align] 명령은 2개 이상의 레이어를 선택해서 정렬할 때 사용하며, [Distribute] 명령은 세 개 이상의 레이어를 선택해서 간격 정렬을 할 때 사용한다.

따라하기 01 그룹 레이어로 여러 장의 레이어 관리하기

'챕터7_샘플\동물.psd' 파일을 불러온 후 [Group Layer] 명령을 이용하여 같은 속성의 동물끼리 그룹 레이어를 만들어 보자.

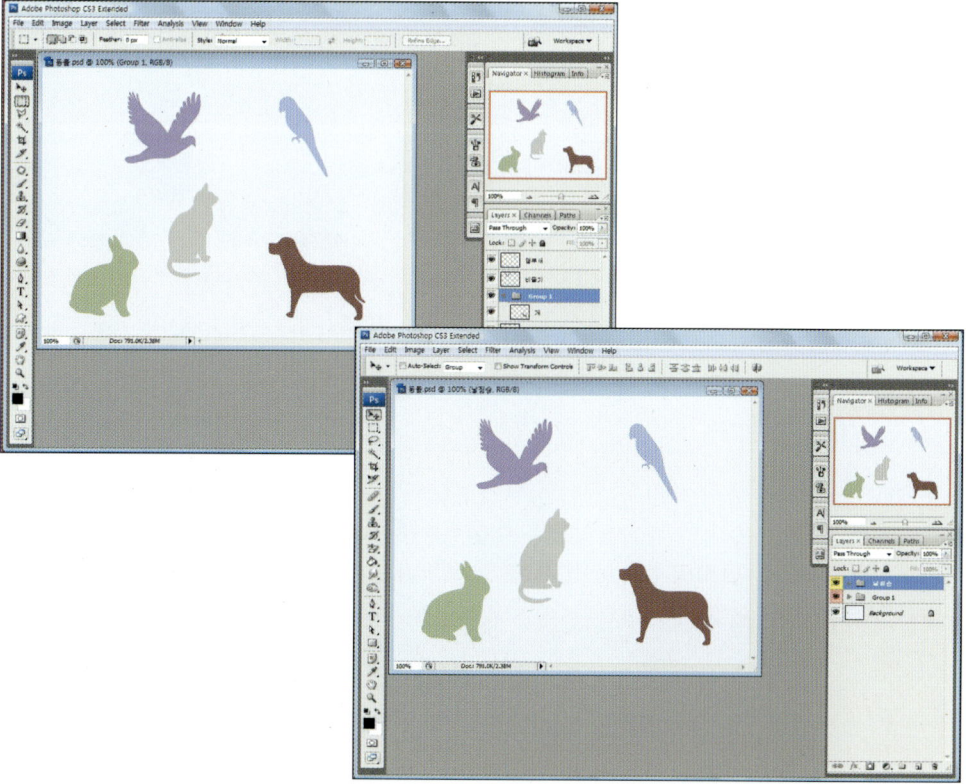

❶ Layers 팔레트에서 '개' 레이어를 선택하고 [Layer]>[Group Layer] 메뉴를 실행하면 그룹 레이어 안에 '개' 레이어가 들어가 있는 것을 확인할 수 있다.

❷ '고양이' 레이어를 선택하고 Shift 를 누른 채 '토끼' 레이어를 클릭하여 'Group 1' 그룹 레이어로 드래그하여 놓는다.

❸ 'Group 1' 그룹의 삼각 버튼을 클릭하면 그룹에 속해 있던 레이어들이 가려진다.

❹ 폴더 모양의 그룹 레이어를 더블클릭하면 [Group Properties] 대화상자가 나타난다. [Name]을 '들짐승'이라 입력하고 [Color]를 'Red'로 설정한 후 [OK] 버튼을 클릭한다.

❺ '앵무새' 레이어와 '비둘기' 레이어도 'Group 2' 그룹 레이어를 만들어 드래그하여 넣는다.

❻ 같은 방법으로 폴더 모양의 그룹 레이어를 더블클릭하여 [Group Properties] 대화상자를 불러온다. [Name]을 '날짐승'이라 입력하고 [Color]를 'Yellow'로 설정한 후 [OK] 버튼을 클릭한다.

따라하기 02 정렬 버튼을 이용하여 정렬하기

'챕터7_샘플\버튼.psd' 파일을 불러온 후 [Layer]>[Align] 메뉴와 [Layer]>[Distribute] 메뉴를 이용하여 버튼을 정렬하여 보자.

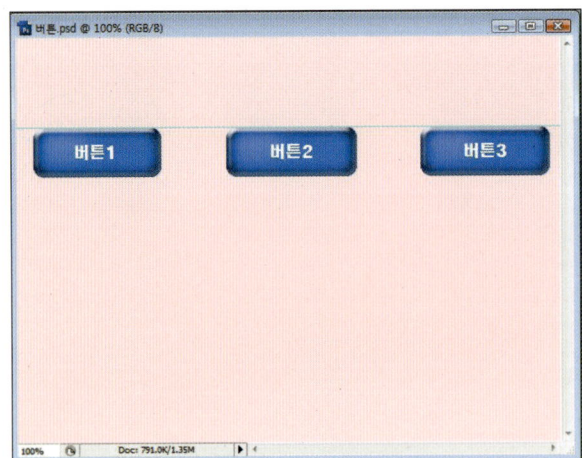

❶ [View]>[Rulers] 메뉴를 선택하여 창의 상단과 왼쪽에 눈금자를 보이게 한다.

❷ 상단의 눈금자에서 클릭하고 화면쪽으로 드래그하여 '버튼1' 이미지에 위쪽 윤곽에 가이드 선을 놓는다.

❸ Layers 팔레트의 'Layer1' 레이어를 클릭하고 Shift 를 누른 채 'Layer3' 레이어를 선택한다.

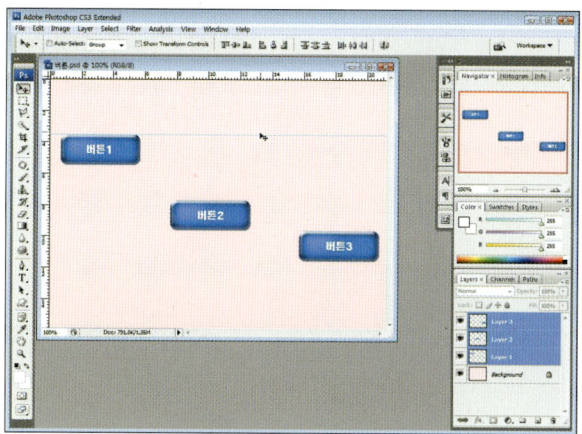

❹ [Layer]>[Align]>[Top Edges] 메뉴를 클릭하면 '버튼1' 이미지의 상단의 윤곽에 맞추어 모두 정렬이 된다.

❺ 간격 정렬을 위해서 [Layer]>[Distribute]>[Horizontal Centers] 메뉴를 선택하면 '버튼1' 이미지의 중앙을 기준으로 나머지 버튼 이미지들의 간격이 정렬된다.

> **Align과 Distribute**   tip ➕
>
> Layers 팔레트에서 여러 레이어 이미지의 정렬과 간격 정렬을 설정하는 옵션과 이동 툴()의 [Align]과 [Distribute] 옵션이 동일하게 사용된다.
>
>
> ❶   ❷   ❸   ❹
>
> ❶ 두 개 이상의 레이어를 선택하면 활성화되는데 이미지의 상단, 가로 중앙, 하단 윤곽에 맞추어 정렬이 된다.
> ❷ 두 개 이상의 레이어를 선택하면 활성화되는데 이미지의 왼쪽, 세로 중앙, 오른쪽 윤곽에 맞추어 정렬이 된다.
> ❸ 세 개 이상의 레이어를 선택하면 활성화되는데 이미지의 상단, 가로 중앙, 하단 윤곽에 맞추어 간격 정렬이 된다.
> ❹ 세 개 이상의 레이어를 선택하면 활성화되는데 이미지의 왼쪽, 세로 중앙, 오른쪽 윤곽에 맞추어 간격 정렬이 된다.

따라하기 03 **[Auto-Align Layers] 명령으로 이미지 자동으로 이어 맞추기**

'챕터7_샘플\건물.psd' 파일을 불러온 후 개별적으로 찍은 사진을 파노라마 사진이 되도록 레이어에 이미지를 붙여 보자.

❶ Layers 팔레트에서 Shift 를 누른 채 'Layer1'에서 'Layer3' 레이어까지 클릭하여 선택한다.

❷ 이동 툴(🔼)이 선택된 상태에서 옵션 바 맨 오른쪽의 [Auto-Align Layers] 버튼(🔳)을 클릭한다.

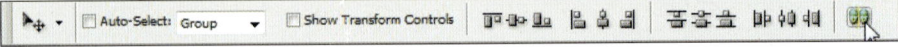

❸ 대화상자가 나타나면 [Auto]를 선택하고 [OK] 버튼을 클릭한다. 자동으로 이미지가 윤곽에 맞추어 붙여진 것을 확인할 수 있다.

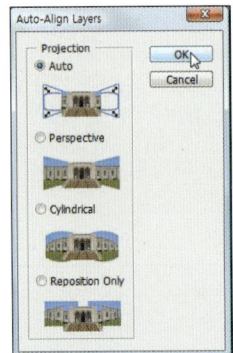

❹ 사각 선택 툴( )을 선택하고 사진 이미지를 드래그하여 선택한다.

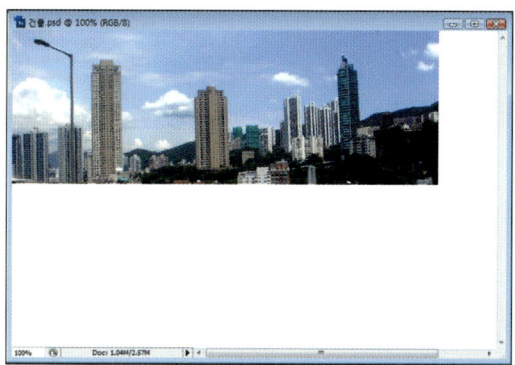

❺ [Image]〉[Crop] 메뉴를 선택하여 선택 영역 모양으로 이미지를 잘라 완성한다.

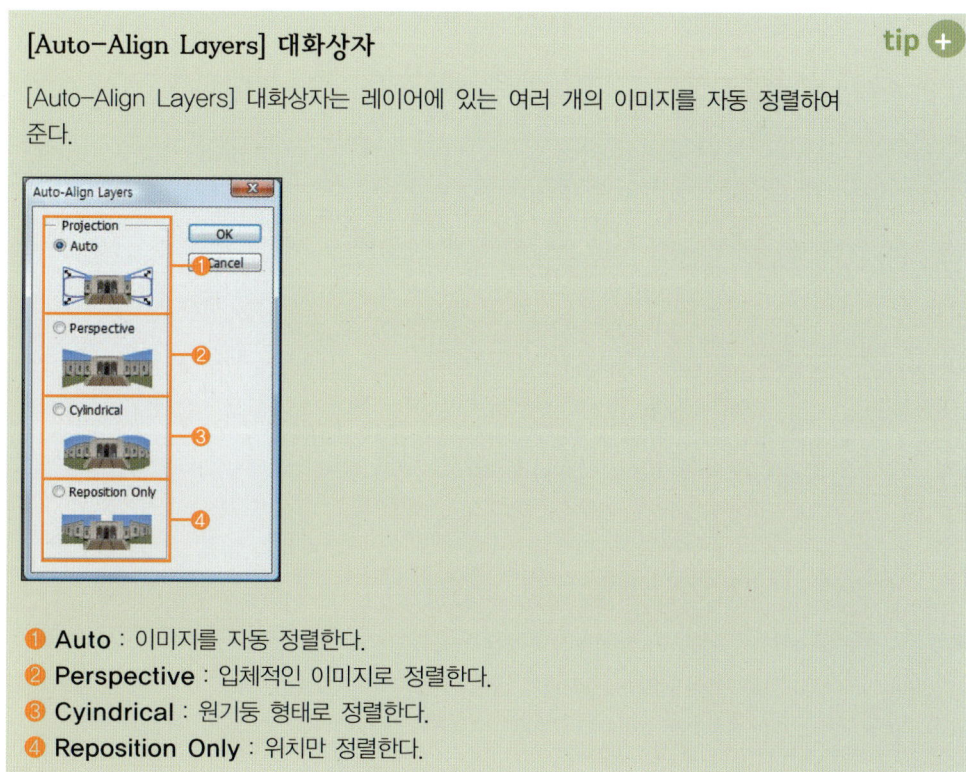

[Auto-Align Layers] 대화상자

[Auto-Align Layers] 대화상자는 레이어에 있는 여러 개의 이미지를 자동 정렬하여 준다.

❶ Auto : 이미지를 자동 정렬한다.
❷ Perspective : 입체적인 이미지로 정렬한다.
❸ Cyindrical : 원기둥 형태로 정렬한다.
❹ Reposition Only : 위치만 정렬한다.

[Layer] 메뉴

① **New** : 새로운 레이어를 만든다.
② **Duplicate Layer** : 레이어를 복제한다.
③ **Delete** : 레이어를 삭제한다.
④ **Layer Properties** : 레이어의 이름과 색상을 설정한다.
⑤ **Layer Style** : 레이어 스타일의 효과를 설정하고 편집한다.
⑥ **Smart Filter** : 스마트 오브젝트에 필터를 적용하면 원본에는 영향을 미치지 않고 적용이 되지만 필터의 적용을 지우거나 숨기는 등의 기능을 한다.
⑦ **New Fill Layer** : 레이어에 색상을 적용한다.
⑧ **New Adjustment Layer** : 보정 레이어를 만든다.
⑨ **Change Layer Content** : 다른 보정 레이어로 바꾼다.
⑩ **Layer Content Options** : 보정 레이어를 수정한다.
⑪ **Layer Mask** : 레이어의 마스크를 만든다.
⑫ **Vector Mask** : 벡터 마스크를 만든다.
⑬ **Create Clipping Mask** : 클리핑 마스크를 만든다.
⑭ **Smart Objects** : 스마트 오브젝트 레이어를 생성한다.
⑮ **Video Layers** : 동영상 이미지를 불러오고 편집한다.
⑯ **3D Layers** : 3D 이미지를 불러오고 편집한다.
⑰ **Type** : 글자 레이어를 패스 또는 벡터 도형으로 변환 및 방향 전환, 문자 왜곡하기 등의 기능들이 있다.
⑱ **Rasterize** : 벡터 이미지를 비트맵 이미지로 만든다.
⑲ **New Layer Based Slice** : 레이어를 중심으로 이미지를 분할한다.
⑳ **Group Layers** : 여러 개의 레이어를 그룹으로 만들어준다.
㉑ **Ungroup Layers** : 그룹 레이어를 해제한다.
㉒ **Hide Layers** : 레이어를 가려준다.
㉓ **Arrange** : 레이어의 순서를 정돈한다.
㉔ **Align** : 레이어의 위치를 정렬한다.
㉕ **Distribute** : 링크된 레이어 간의 간격을 조정한다.
㉖ **Lock All Layers in Group** : 그룹 레이어의 편집 기능을 제한한다.
㉗ **Link Layers** : 선택한 레이어에 링크를 건다.
㉘ **Select Linked Layers** : 링크된 레이어를 선택한다.
㉙ **Merge Down** : 레이어를 병합한다.
㉚ **Merge Visible** : 눈 아이콘이 켜져 있는 레이어를 합친다.
㉛ **Flatten Image** : 모든 레이어를 하나의 레이어로 합친다.
㉜ **Matting** : 레이어 이미지의 경계면을 부드럽게 해주고 다른 레이어와 잘 어울리게 조절한다.

01 혼자해보기   '챕터7_샘플\발바닥.psd' 파일을 불러온 후 이동 툴의 옵션 바에서 정렬 기능을 이용하여 다음과 같이 정렬하여 보자.

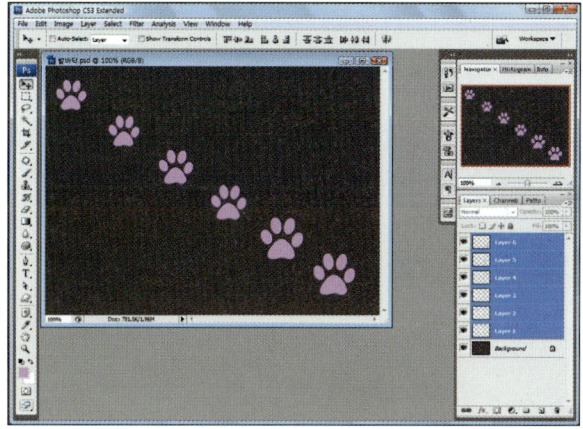

HINT | Layers 팔레트에서 'Layer1' 레이어를 클릭하고 Shift 를 누른 채 'Layer6' 레이어를 선택한다. 이동 툴( )을 선택하고 옵션 바에서 간격 정렬을 위해 'Distribute Vertical Centers( )' 와 'Distribute Horizontal Centers( )'를 클릭한다.

02 혼자해보기   '챕터7_샘플\유진.psd' 파일을 불러온 후 [Group Layer] 명령을 이용하여 그룹 레이어를 만들고 색상을 지정하여 보자.

HINT | Layers 팔레트에서 Shift 를 누른 채 'Dream Come' 문자 레이어와 'Layer 1' 레이어를 연속적으로 클릭하고 [Layer]>[Group Layer] 메뉴를 선택하면 그룹 레이어가 만들어진다. 폴더 모양을 더블클릭한 후 [Group Properties] 대화상자에서 [Color]를 'Red'로 설정하고 [OK] 버튼을 클릭한다.

Section 4. 여러 개의 레이어 손쉽게 관리하기

03 혼자해보기 '챕터7_샘플\건물2.psd' 파일을 불러온 후 [Auto-Align Layers] 명령을 이용하여 파노라마 사진이 되도록 이미지를 만들어 보자.

HINT | Layers 팔레트에서 Shift 를 누른 채 'Layer1'에서 'Layer3' 레이어까지 클릭하여 선택한다. 이동 툴( )이 선택된 상태에서 옵션 바 맨 오른쪽의 [Auto-Align Layers] 버튼( )을 눌러 대화상자가 나타나면 [Auto]를 선택하고 [OK] 버튼을 클릭한다. 자르기 툴( )로 윤곽에 맞추어 이미지를 잘라낸다.

핵심정리 s_u_m_m_a_r_y

1. 새 레이어 만들기
- 새로운 레이어를 만들려면 [Layer]>[New]>[Layer] 메뉴를 선택하거나 Layers 팔레트 하단에 [Create a new Layer] 버튼을 클릭한다.
- 선택 영역을 레이어로 따로 분리하려면 [Layer]>[New]>[Layer via cut] 메뉴를 선택하고, 선택 영역을 레이어로 복제하려면 [Layer]>[New]>[Layer via copy] 메뉴를 선택한다.

2. 레이어 블렌딩
- 레이어 이미지 간의 투명도와 블렌딩의 조절만으로도 자연스러운 이미지 합성을 얻을 수 있다.
- [Layer Style] 팔레트의 [Blending Options]에서 이미지의 블렌딩 효과를 세부적으로 조절할 수 있다.

3. 레이어 마스크
- 레이어 마스크는 이미지의 영역을 가릴 때 사용한다. 자연스럽게 이미지를 나타나게 하거나 이미지를 합성할 때 유용하며 레이어 마스크의 칠한 음영 정도에 의해 이미지가 가려진다.
- 레이어 마스크를 생성하면 흰색의 배경이 생성되는데 흰색 부분은 보여지는 부분이기 때문에 검은색을 이용하여 가리면 된다.

4. 그룹 레이어
- 서로 관련된 레이어를 그룹으로 묶어서 보관하면 레이어를 보다 효율적으로 관리할 수 있다.
- 그룹 레이어는 많은 수의 레이어를 쉽게 관리하기 위해 사용한다.

5. 보정 레이어
- [Layer]>[New Adjustment Layer] 메뉴를 실행하면 직접적으로 이미지에 적용이 되지 않고 적용된 효과만 따로 레이어로 만들 수 있다.
- 보정 레이어는 더블클릭하여 수정할 수 있으며 다른 보정 레이어로도 쉽게 변경할 수 있다.

핵심정리 summary

6. 레이어 스타일
- 레이어 스타일은 글자나 셰이프 레이어에 그림자 효과, 입체적인 효과나 스트로크, 발광 효과 등을 손쉽게 줄 수 있는 기능으로 수정 편집이 용이하다.
- [Layer Style] 대화상자에서 만들거나 수정한 효과를 [New Style]을 이용하여 저장하면 Styles 팔레트에서 확인할 수 있다.

7. 클리핑 그룹 레이어
- 클리핑은 오려낸다는 뜻으로, 두 레이어에서 한 레이어의 윤곽 안으로 다른 레이어 이미지를 보이게 하는 기능이다.

8. 필 레이어
- 필 레이어에는 Solid Color, Gradient, Pattern이 있지만 특별한 기능이 있는 것은 아니고 단지 단색, 그레이디언트, 패턴이 레이어로 따로 만들어져 이미지에 적용되는 것뿐이다.

9. 스마트 오브젝트 레이어
- 스마트 오브젝트(*.psb)를 만들어 어떠한 효과를 주거나 변형을 하여 저장하면 기존의 *.psd 파일의 이미지들에 사용했던 스마트 오브젝트 레이어들에도 동시에 모두 적용이 된다.
- 스마트 오브젝트 이미지는 이미지에 손상을 주지 않고 원본을 보존하면서 래스터, 벡터 이미지의 크기 조정, 회전, 변형 등의 작업을 할 수 있다.

10. Auto-Align Layers
- 파노라마 사진을 원할 경우 이동 툴의 옵션 바에서 [Auto-Align Layers]를 사용하면 이미지가 자동으로 이어 맞추기가 되어 여러 장의 이미지를 자동 정렬할 수 있다.

종합실습 e_x_e_r_c_i_s_e

1. '챕터07_샘플\폭포.jpg, 겨울나무.jpg, 고전춤.jpg, 새.jpg' 파일을 불러온다. 겨울나무 이미지를 폭포 이미지에 겹친 후 레이어 마스크를 이용하여 폭포 이미지가 반만 보이게 한다. 원형 선택 툴로 타원을 만들어 동심원 모양으로 물이 퍼지는 효과를 만들고 인물을 선택하여 폭포 이미지로 이동한다. 새 이미지를 폭포 이미지에 이동한 후 레이어 마스크로 새만 보이게 하고 블렌딩 모드를 'Hard Light'로 설정한다.

HINT |
❶ 파일 열기 : [File]〉[Open]
❷ 겨울나무 이미지를 폭포 이미지로 겹치기 : [Select]〉[All], Ctrl+C, Ctrl+V
❸ 레이어 마스크 만들기 : [Layer]〉[Layer Mask]〉[Reveal All]
❹ 폭포 이미지 보이게 하기 : 그레이디언트 툴을 선택하고 이미지 위에 드래그
❺ 타원 만들기 : 원형 선택 툴
❻ 동심원 만들기 : [Filter]〉[Distort]〉[ZigZag]
❼ 인물 이미지 이동하기 : 마술봉 툴로 배경을 선택하고 [Select]〉[Inverse], Ctrl+C, 폭포 이미지 활성화하고 Ctrl+V
❽ 불필요한 흰 픽셀을 제거하기 : [Layer]〉[Matting]〉[Defringe]
❾ 새 이미지를 폭포 이미지의 왼쪽 상단으로 이동하기 : 이동 툴
❿ 레이어 마스크 만들기 : [Layer]〉[Layer Mask]〉[Reveal All]
⓫ 새의 배경을 레이어 마스크에서 가리기 : 브러시 툴로 레이어 마스크에 드래그
⓬ 새 이미지의 블렌딩 모드 설정하기 : Hard Light

CHAPTER 8

Section 1 알파 채널 사용하기
Section 2 색상 채널과
　　　　　스폿 채널 사용하기

채널로 포토샵의 고수되기

채널은 다루기 까다로운 기능인만큼 고급 사용자로 가는 길의 관문이기도 하다. 채널에 대해서 제대로 마스터한다면 이미지의 구성 원리도 알 수 있을 뿐만 아니라 색상의 수정과 선택 영역의 저장, 별색의 활용, 이미지의 특수한 효과까지 폭넓은 활용을 할 수 있다.

채널 이해하고 활용하기

컬러 이미지는 보통 RGB 모드이거나 CMYK 모드이다. RGB 모드의 이미지는 3장의 그레이스케일 판이 겹쳐진 형태이고 CMYK 이미지는 4장의 그레이스케일 판이 겹쳐진 형태이다. 이때 각각의 R, G, B 색상과 C, M, Y, K 색상정보가 있는 판을 채널이라고 한다.

Chapter

01 채널이란

포토샵에서 채널의 역할은 색을 표현해주는 기능으로서, 이미지를 구성하기 위해 색상 정보를 가지고 있는 기본적인 색상 채널과 선택 범위를 저장하여 만들어지는 알파 채널, 인쇄에서 별색을 사용하기 위한 스폿 채널로 구분할 수 있다.

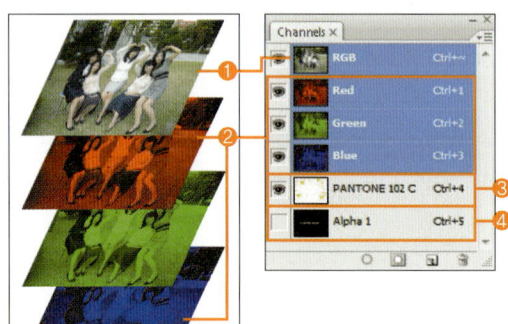

❶ 색상이 합쳐진 RGB 채널
❷ Red, Green, Blue의 색상 채널
❸ 별색을 만드는 스폿(Spot) 채널
❹ 선택 범위를 저장하는 알파 채널

02 알파 채널의 역할

알파 채널은 합성이나, 특수효과, 선택 영역을 저장하는 데 주로 사용한다.

❶ 선택 영역을 알파 채널에 저장한 후 필요할 때 불러와서 사용할 수 있다. 이미지 합성 시에 유용하다.

합성 이미지

RGB 이미지

알파 이미지

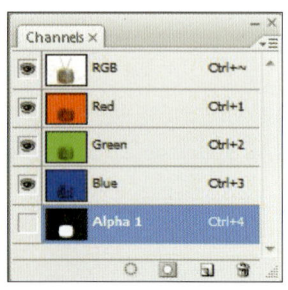
Channels 팔레트

❷ 여러 개의 알파 채널을 사용하여 특수한 효과나 문자 효과를 만들어 낼 수 있다.

03 Channels 팔레트

Channels 팔레트에는 채널을 생성하고 복사, 삭제 등의 기능들이 있으며 이미지의 모드에 따라 기본적인 색상 채널의 수가 달라질 수 있다.

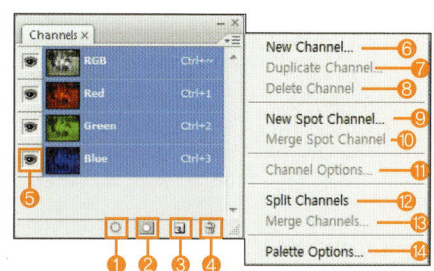

❶ Load channel as selection : 선택된 채널을 선택 영역으로 활성화한다.

❷ Save selection as channel : 선택 영역을 채널로 저장한다. 이미지에서 선택한 영역이 있을 경우에만 활성화된다.

❸ Create new channel : 새 채널을 만든다. 또한, 특정 채널을 이 버튼 위로 끌어 놓으면 채널이 복사된다.

❹ Delete current channel : 현재 선택된 채널이 삭제된다.

❺ Indicates channel visibility : 클릭할 때마다 채널이 표시되거나(눈 모양의 그림이 생김) 숨겨진다.

❻ New Channel : 새로운 채널을 만든다.

❼ Duplicate Channel : 선택된 채널을 복제한다.

❽ Delete Channel : 선택된 채널을 삭제한다.

❾ New Spot Channel : 새로운 스폿 채널을 생성한다.

❿ Merge Spot Channel : 스폿 채널을 색상 채널과 합친다.

⓫ Channel Options : 채널의 불투명도를 조절할 수 있는 [Channel Options] 대화상자가 나타난다.

⓬ Split Channels : 채널을 각각 분리하여 개별적인 이미지로 만든다.

⓭ Merge Channels : 분리한 채널을 하나의 이미지로 합친다.

⓮ Palette Options : Channels 팔레트에서 썸네일 이미지의 크기를 조절한다.

Section 1. 알파 채널 사용하기

이미지 고유의 색상정보를 저장한 색상 채널을 제외하고 새로 추가된 채널을 알파 채널(Alpha channel)이라고 한다. 알파 채널은 이미지의 합성이나 특수한 효과를 목적으로 임시로 만들어 사용하며 출력되지는 않는다.

> **알아두기**
> - 알파 채널은 완전 투명에서부터 완전 불투명까지 256 단계의 흑백 음영으로 표시되며, 추가될 때마다 자동으로 Alpha 1, Alpha 2,… 와 같은 이름이 붙는다.
> - 선택 영역이 지정된 상태에서 [Select]〉[Save Selection] 메뉴를 선택하면 채널을 생성할 수 있다.

따라하기 01 선택 영역을 알파 채널로 저장하기

'챕터8_샘플\반지.jpg' 파일을 불러온 후 반지와 반지알을 알파 채널로 저장하여 보자.

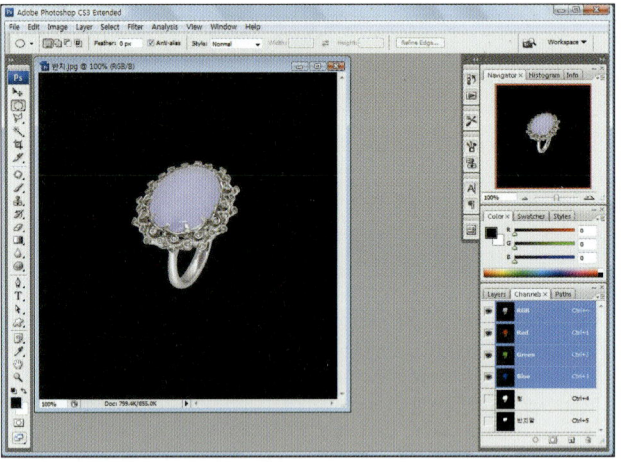

❶ 툴박스에서 마술봉 툴( )을 선택하고 옵션 바에서 [Add to selection](, 추가 선택)을 클릭한다. 배경과 반지 안의 검은 영역을 차례로 클릭하여 선택한 후 [Select]〉[Inverse] 메뉴를 실행하여 선택 영역을 반전한다.

❷ [Select]〉[Save Selection] 메뉴를 선택하여 대화상자가 나타나면 [Name]에 '링'이라고 입력하고 [OK] 버튼을 클릭한다.

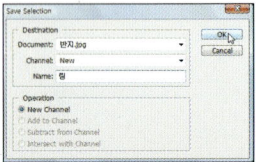

276 Chapter 8. 채널로 포토샵의 고수되기

❸ Ctrl+D를 눌러 선택 영역을 해제한다.

❹ Channels 팔레트를 살펴보면 'Alpha 1' 채널이 생성된 것을 확인할 수 있다.

❺ 같은 방법으로 마술봉 툴( )로 반지의 푸른색 알을 선택하고 [Select]>[Save Selection] 메뉴를 실행한다. 대화상자가 나타나면 [Name]에 '반지알'이라고 입력하고 [OK] 버튼을 클릭한다.

❻ Ctrl+D를 눌러 선택 영역을 해제하고 Channels 팔레트를 살펴보면 'Alpha 2' 채널이 생성된 것을 확인할 수 있다.

> **[Channel Options] 대화상자** tip ➕
>
> 알파 채널을 더블클릭하면 [Channel Options] 대화상자가 나타난다.
>
> ❶ **Name** : 채널의 이름을 저장하는 곳이다.
> ❷ **Color Indicates** : 마스크가 적용되는 부분을 표시한다.
> - **Masked Areas** : 마스크 범위는 검정, 선택 범위는 흰색으로 표현된다.
> - **Selected Areas** : 마스크 범위는 흰색, 선택 범위는 검정으로 표현된다.
> - **Spot Areas** : 알파 채널이 스폿 채널로 변경된다.
> ❸ **Color** : 색상을 더블클릭하면 [Color Picker] 대화상자가 나타나 마스크의 색상을 변경할 수 있다.

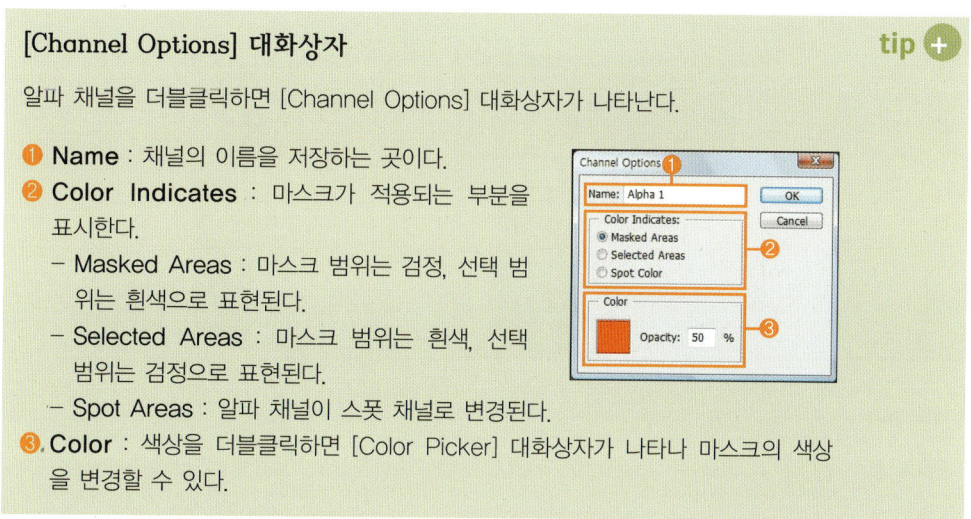

따라하기 02 알파 채널로 선택 영역 불러오기

'챕터8_샘플\반지2.psd' 파일을 불러온 후 알파 채널에 저장된 선택 영역을 불러와 보자.

Section 1. 알파 채널 사용하기 277

❶ [Select]>[Load Selection] 메뉴를 선택하여 대화상자가 나타나면 [Channel]에서 '링'을 선택한다. [Operation]은 기본값인 [New Selection]으로 설정하고 [OK] 버튼을 클릭한다.

❷ 이미지 창에 반지가 선택된 것을 확인할 수 있다.

❸ 선택 영역에서 반지알 부분을 제거해보자. [Select]>[Load Selection] 메뉴를 선택하여 대화상자가 나타나면 [Channel]에서 '반지알'을 선택한다. [Operation]은 [Subtract from Selection]으로 설정하고 [OK] 버튼을 클릭한다.

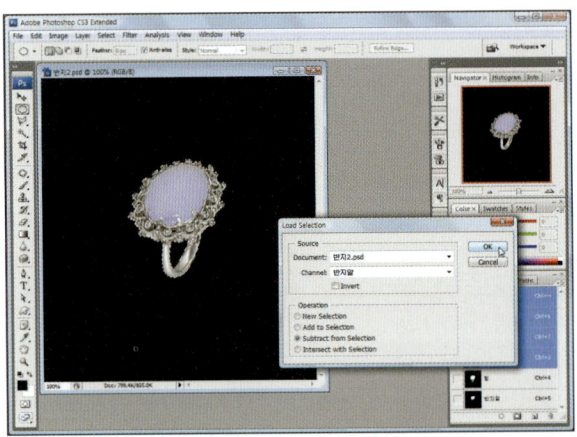

따라하기 03 알파 채널로 엠보싱 효과 만들기

'챕터8_샘플\단양.jpg' 파일을 불러온 후 알파 채널을 만들어 '단양팔경'이라고 입력하고 채널을 복제하여 엠보스 효과를 적용하여 보자.

❶ Channels 팔레트 하단의 [Create new Channel] 버튼(　)을 클릭하여 'Alpha 1' 채널을 만든다.

❷ 툴박스에서 가로 문자 툴(T)을 선택하고 옵션 바에서 글꼴은 '궁서체', 글꼴 크기는 '72pt'로 설정한다. 이미지에 '단양팔경'이라고 입력하고 동의 버튼(✓)을 클릭한다.

❸ 'Alpha 1' 채널을 [Create new Channel] 버튼(　)으로 드래그하여 'Alpha 1 copy' 채널을 생성한다.

❹ [Filter]>[Stylize]>[Emboss] 메뉴를 선택하여 대화상자가 나타나면 [Angle]을 '-45', [Height]를 '3', [Amount]를 '100'으로 설정하고 [OK] 버튼을 클릭한다.

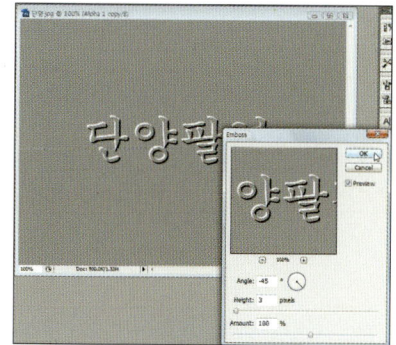

❺ Ctrl을 누른채 'Apha 1' 채널의 썸네일을 클릭하여 선택 영역으로 불러온다.

❻ Ctrl + C 를 눌러 선택 영역을 클립보드에 저장한 후 RGB 채널을 선택하고 Ctrl + V 를 눌러 저장한 것을 불러온다.

❼ 문자에 색상을 채우기 위해 [Image]>[Adjustments]>[Color Balance] 메뉴를 선택하여 대화상자가 나타나면 [Color Levels]를 '-100, +100, 0'으로 설정하고 [OK] 버튼을 클릭한다.

따라하기 04 알파 채널로 금속 느낌 만들기

'챕터8_샘플\액자.jpg' 파일을 불러온 후 알파 채널을 만들어 'FRAME'이라고 입력하고 채널을 복제하여 엠보스 효과를 적용하여 보자.

❶ Channels 팔레트 하단의 [Create new Channel] 버튼(□)을 클릭하여 'Alpha 1' 채널을 만든다.

❷ 툴박스에서 가로 문자 툴(T)을 선택하고 옵션 바에서 글꼴은 'Times New Roman', 글꼴 크기는 '72pt'로 설정한다. 이미지에 'FRAME'이라고 입력하고 동의 버튼(✓)을 클릭한다.

❸ 'Alpha 1' 채널을 [Create new Channel] 버튼(□)으로 드래그하여 'Alpha 1 copy' 채널을 생성한다. Ctrl+D를 눌러 선택 영역을 해제한다.

❹ [Filter]>[Blur]>[Gaussian Blur] 메뉴를 선택하여 대화상자가 나타나면 [Radius]를 '3'으로 설정하고 [OK] 버튼을 클릭한다.

❺ [Filter]>[Stylize]>[Emboss] 메뉴를 선택하여 대화상자가 나타나면 [Angle]을 '-45', [Height]을 '3', [Amount]을 '100'으로 설정하고 [OK] 버튼을 클릭한다.

❻ [Image]>[Adjustments]>[Curves] 메뉴를 선택하여 커브 곡선을 드래그하여 그림처럼 산 모양으로 만들고 [OK] 버튼을 클릭한다.

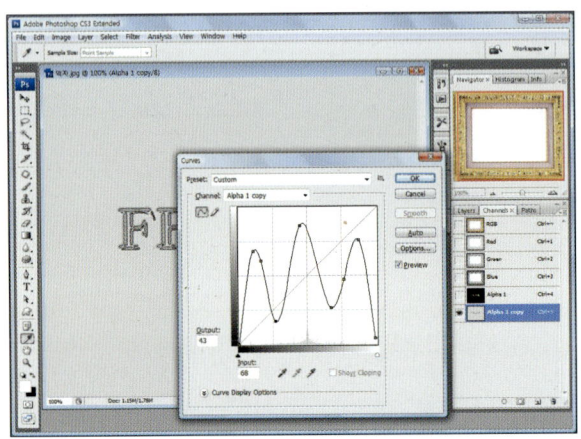

❼ Ctrl을 누른채 'Apha 1' 채널의 썸네일을 클릭하여 선택 영역으로 불러온다.

❽ [Select]>[Modify]>[Expand] 메뉴를 선택하여 대화상자가 나타나면 [Expand by]를 '2'로 설정하고 [OK] 버튼을 클릭한다.

❾ Ctrl+C를 눌러 선택 영역을 클립보드에 저장한 후 RGB 채널을 선택하고 Ctrl+V를 눌러 저장한 것을 불러온다.

❿ 문자에 색상을 채우기 위해 [Image]>[Adjustments]>[Hue/Saturation] 메뉴를 선택한다. 대화상자가 나타나면 [Colorize]를 체크하고 [Hue]를 '50', [Saturation]을 '80', [Lightness]를 '0'으로 설정한 후 [OK] 버튼을 클릭한다.

01 혼자해보기

'챕터8_샘플\케이쓰리.jpg' 파일을 불러온 후 푸른색 부분을 'Alpha 1'과 'Alpha 2' 알파 채널로 저장하고 선택 영역으로 불러와 보자.

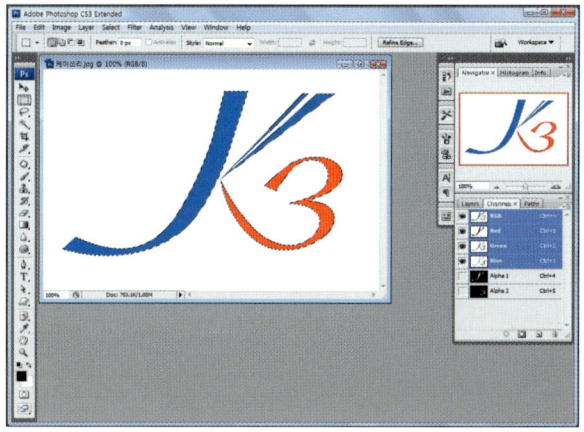

HINT | 마술봉 툴( )을 선택하고 옵션 바에서 [Add to selection](, 추가 선택)을 클릭한다. 파란색 이미지를 선택하고 [Select]〉[Save Selection] 메뉴를 클릭하여 'Alpha 1' 채널로 저장한다. 같은 방법으로 마술봉 툴로 빨간색 이미지를 선택하여 'Alpha 2' 채널로 저장한다. [Select]〉[Load Selection] 메뉴를 선택하고 'Alpha 1' 채널을 선택 영역으로 불러온 후 'Alpha 2' 채널을 추가 선택 영역으로 불러오기 위해 [Select]〉[Load Selection] 메뉴를 실행하고 [Operation]은 [Add to Selection]으로 설정한다.

02 혼자해보기

'챕터8_샘플\튜울립.jpg' 파일을 불러온 후 알파 채널을 만들어 'Tulip'이라고 입력하고 채널을 복제하여 엠보스 효과를 적용하여 보자.

HINT | 'Alpha 1' 채널을 만들고 가로 문자 툴( )을 선택한 후 옵션 바에서 글꼴을 'Times New Roman', 글꼴 크기를 '100pt'로 설정한다. 이미지에 'Tulip'이라고 입력하고 복제하여 'Alpha 1 copy' 채널을 생성한다. 'Alpha 1 copy' 채널에 [Emboss] 필터를 적용하고 'Alpha 1 copy' 채널에서 'Alpha 1' 채널을 선택 영역으로 불러온다. Ctrl+C를 눌러 선택 영역을 클립보드에 저장한 후 RGB 채널을 선택하고 Ctrl+V를 눌러 저장한 것을 불러온다. 문자에 색상을 채워 완성한다.

Section 2 색상 채널과 스폿 채널 사용하기

색상 채널은 채널마다 고유의 색상과 채도, 명도, 음영의 정보를 가지며 이 정보들을 이용, 변형하여 색에 대한 농도를 조절할 수 있다. 그리고 인쇄 시에 CMYK의 혼합 색상으로 표현하지 못하는 색상, 즉 금색, 은색, 형광색의 영역 등은 별도의 스폿 채널을 설정하여 필름을 따로 만들 수 있다.

> **알아두기**
> - 각각의 색상 채널을 선택한 후 보정 명령을 통하여 색상을 수정할 수 있다.
> - 스폿 채널(Spot channel)은 인쇄할 때 별도의 색상과 영역을 지정하는 채널이며 분판 출력 시에 필름이 따로 생성된다.

따라하기 01 색상 채널로 이미지 보정하기

'챕터8_샘플\원더걸스.jpg' 파일을 불러온 후 푸른 색상이 도는 이미지를 조절하기 위해 색상 채널에서 보정하여 보자.

❶ 이미지의 푸른색을 조절하기 위해 Channels 팔레트에서 'Blue' 채널을 선택한다.
❷ [Image]>[Adjustments]>[Levels] 메뉴를 선택하면 [Levels] 대화상자에서 [Channel]이 'Blue'로 설정되어 있는 것을 확인할 수 있다.
❸ [Input Levels]를 '0, 0.60, 255'로 설정하여 푸른색을 살짝 제거하고 [OK] 버튼을 클릭한다.
❹ Channels 팔레트에서 RGB 채널을 선택한다.

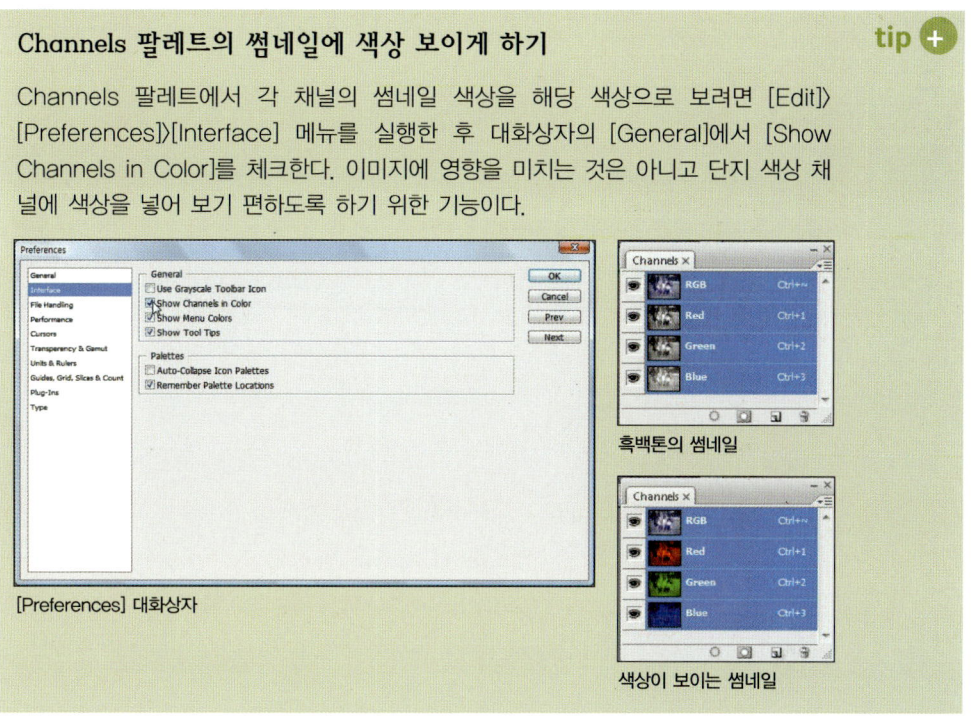

Channels 팔레트의 썸네일에 색상 보이게 하기 — tip

Channels 팔레트에서 각 채널의 썸네일 색상을 해당 색상으로 보려면 [Edit]〉[Preferences]〉[Interface] 메뉴를 실행한 후 대화상자의 [General]에서 [Show Channels in Color]를 체크한다. 이미지에 영향을 미치는 것은 아니고 단지 색상 채널에 색상을 넣어 보기 편하도록 하기 위한 기능이다.

[Preferences] 대화상자

흑백톤의 썸네일

색상이 보이는 썸네일

따라하기 02 스폿 채널로 별색 만들기

'챕터8_샘플\하우스.jpg' 파일을 불러온 후 별색을 설정하여 'LOVE HOUSE' 라고 문자를 입력하여 보자.

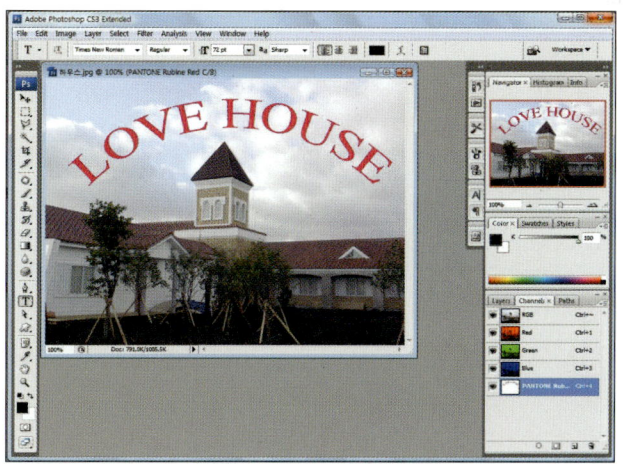

❶ Channels 팔레트에서 팝업 메뉴 버튼(▼≡)을 클릭하여 [New Spot Channel]을 선택한다.

Section 2. 색상 채널과 스폿 채널 사용하기

❷ [New Spot Channel] 대화상자가 나타나면 [Color]를 클릭한다.

❸ [Color Libraries] 대화상자가 나타나면 [Book]을 'PANTONE® sold coated'로 설정하고 색상을 'PANTONE Rubine Red C'로 선택한 후 [OK] 버튼을 클릭한다.

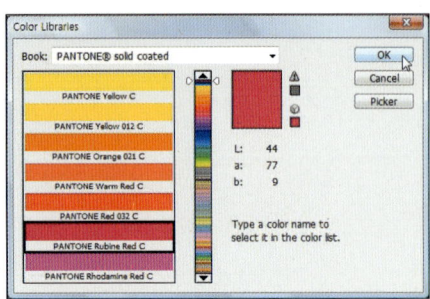
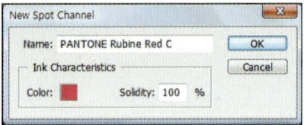

❹ 툴박스에서 가로 문자 툴(T)을 선택하고 옵션 바에서 글꼴을 'Times New Roman', 글꼴 크기를 '72pt'로 설정한다. 이미지에 'LOVE HOUSE'라고 입력하고 [Create Warped Text] 버튼(T)을 눌러 대화상자가 나타나면 [Style]을 'Arc'로 설정하고 [OK] 버튼을 클릭한다. 옵션 바의 동의 버튼(✓)을 클릭하여 실행한다.

❺ Channels 팔레트를 살펴보면 스폿 채널의 눈 아이콘이 켜져 있으며 색상 채널로 사용된 것을 확인할 수 있다.

01 혼자해보기 '챕터8_샘플\일몰.jpg' 파일을 불러온 후 별색을 설정하여 'SUNSET'이라고 문자를 입력하여 보자.

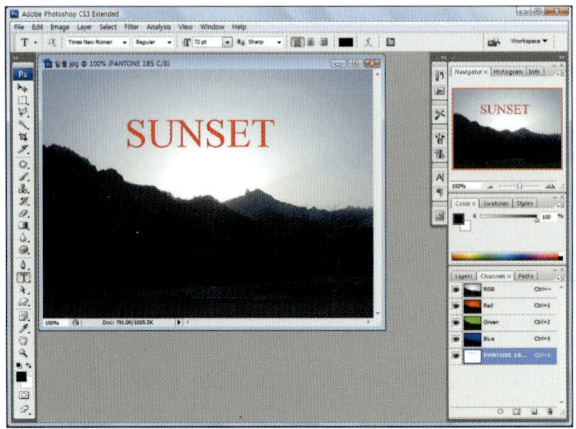

HINT | Channels 팔레트에서 팝업 메뉴 버튼(▼≡)을 눌러 [New Spot Channel]을 선택한 후 대화상자에서 [Color]를 클릭한다. [Color Libraries] 대화상자의 [Book]을 'PANTONE® sold coated'로 설정하고 'PANTONE 185 C'를 선택한다. 툴박스에서 가로 문자 툴(T)을 선택하고 옵션 바에서 글꼴을 'Times New Roman', 글꼴 크기를 '72pt'로 설정한 후 이미지에 'SUNSET'이라고 입력한다.

02 혼자해보기

'챕터8_샘플\아기재윤.jpg' 파일을 불러온 후 초록 색상이 도는 이미지를 조절하기 위해 색상 채널에서 보정하여 보자.

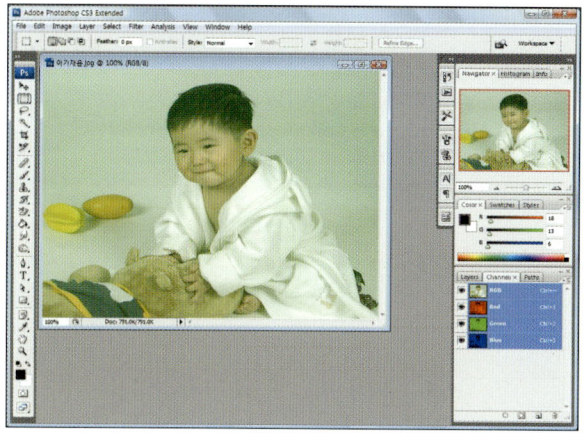

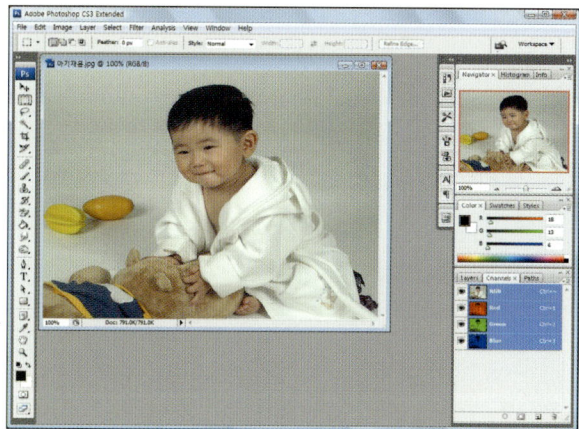

HINT | 이미지에서 푸른색을 조절하기 위해 Channels 팔레트에서 'Green' 채널을 선택한다. [Image]》[Adjustments]》[Levels] 메뉴를 선택한 후 대화상자에서 [Input Levels]를 '70, 0.82, 250'으로 설정하여 녹색을 살짝 제거한다.

핵심정리 summary

1. 채널이란?
- 이미지를 판화와 같은 개념으로 생각했을 때 채널은 각각의 색상을 찍어 내는 판이라 보면 된다. 주황색을 표현하기 위해서 노란 판과 빨간 판이 사용되듯이 채널은 각각의 색상정보를 판으로 구별해 놓은 것이다.
- 특별한 색이라는 의미의 별색은 스폿 채널이라는 판을 생성하여 표현할 수 있다.
- 출력되지는 않지만 별도의 채널을 만들어 선택 영역을 저장할 수 있다.

2. 채널의 세 가지 종류
- 채널은 색상 채널, 알파(Alpha) 채널, 스폿(Spot) 채널로 구분할 수 있다.
- 색상 채널 중 가장 대표적인 RGB 채널은 빛이 삼원색으로 구성된 것과 마찬가지로 Red 채널, Green 채널, Blue 채널과 이를 최종적으로 혼합하여 보여주는 RGB 색상 채널로 구성되어 이미지를 표현한다.
- 알파 채널은 임의의 채널로서 선택 범위를 저장하거나 불러오는 등의 역할을 담당한다. 알파 채널은 이미지에 직접적으로 보이는 것은 아니지만 여러 개의 알파 채널을 이용하면 특별한 효과를 만들 수 있다.
- 스폿 채널은 인쇄에서 별색을 사용하기 위한 용도로서 직접적으로 이미지에 영향을 미친다. 금색이나 은색, 원색처럼 CMYK로 혼합하여 만들어 낼 수 없는 색상을 별도로 스폿 채널로 만들어 저장하면 전문출력소나 인쇄소에서 별색 인쇄판을 따로 만들어 지정한 별색 잉크로 인쇄한다.

3. 알파 채널의 사용 용도
- 알파 채널은 이미지 합성이나 선택 영역을 저장하는 데 주로 사용한다.
- 선택한 영역을 알파 채널에 저장하면 필요할 때 불러와서 사용할 수 있다.
- 여러 개의 알파 채널을 사용하여 특수한 효과나 문자 효과를 만들어 낼 수 있다.
- 예전에는 채널을 이용하여 여러 가지 문자 효과를 만들어 사용했으나 지금은 레이어 스타일을 활용하여 더욱 손쉽게 만들 수 있다.

4. 알파 채널 저장하고 불러오기
- 선택 영역을 만든 후 [Select]>[Save Selection] 메뉴를 선택하면 알파 채널에 저장된다.
- 선택 영역을 저장한 후 [Select]>[Load Selection] 메뉴를 선택하면 저장한 알파 채널을 불러올 수 있다.

종합실습 e_x_e_r_c_i_s_e

1. 새 작업창을 만든 후 색을 채우고 '챕터8_샘플\홍선생.jpg' 파일을 불러온다. Channels 팔레트에서 여러 개의 알파 채널을 만들어 채널마다 선택 영역, 필터, 채색 등의 작업을 하여 다음과 같이 엠보싱 효과가 적용된 동전을 만들어 보자.

HINT
❶ 새 작업창 만들기 : [File]>[New]
❷ 작업창 전체 색 채우기 : Alt + Delete
❸ 파일 불러오기 : [File]>[Open]
❹ 인물 이미지 선택하고 복사하기 : 다각형 올가미 툴, Ctrl + C
❺ 알파 채널 만들고 원 그린 후 색 채우기 : Channels 팔레트에서 [Create new Channel] 버튼, 원형 선택 툴, Alt + Delete
❻ 알파 채널 만들고 원 그린 후 모양 줄이기 : Channels 팔레트에서 [Create new Channel] 버튼, Ctrl + T
❼ 선택 영역에 색 채우기 : Alt + Delete
❽ 채널 복사하여 필터 적용하기 : Channels 팔레트에서 'Alpha 2' 채널을 [Create new Channel] 버튼으로 드래그, [Filter]>[Noise]>[Add Noise]
❾ 복사한 이미지 선택 영역으로 붙여넣기 : [Edit]>[Paste into]
❿ 다른 채널의 선택 영역 불러오기 : 'Alpha 2 copy' 채널이 선택된 상태에서 Ctrl 를 누른 채 'Alpha 1' 채널의 썸네일을 클릭
⓫ 선택 영역에 테두리 그리기 : [Edit]>[Stroke]
⓬ RGB 채널 상태에서 특정 채널에만 조명 효과 적용하기 : 'RGB' 채널 클릭, [Filter]> [Render]>[Lighting Effects] 대화상자에서 [Texture Channel] 설정
⓭ 다른 채널의 선택 영역 불러오기 : Ctrl 을 누른 채 'Alpha 1' 채널의 썸네일을 클릭
⓮ 선택 영역 반전하고 색 채우기 : [Select]>[Inverse], Delete
⓯ 선택 영역 해제하기 : Ctrl + D

CHAPTER 9

Section 1 특수한 기능의
 필터 사용하기
Section 2 포토샵에서 제공하는
 기본 필터 알아보기 1
Section 3 포토샵에서 제공하는
 기본 필터 알아보기 2

화려한 필터로 포토샵의 재미 맛보기

원래 필터란 카메라의 렌즈에 부착하여 특수한 효과의 사진을 얻기 위해 사용하는 것인데 포토샵의 필터도 같은 의도로 만들어졌다고 할 수 있다. 가장 손쉬운 방법으로 이미지를 재미있게 변형시킬 수 있는 필터는 비슷한 효과끼리 메뉴로 묶여 있으며, 원하는 결과물을 얻기 위해서는 보통 여러 필터를 중복해서 사용한다. 이번 Chapter에서는 다양한 필터의 특성을 알아 본다.

다양한 필터 활용하기

Chapter

필터란 각 픽셀이 갖고 있는 색상 정보를 왜곡시키거나 픽셀을 조금씩 움직여 전체적으로 이미지를 변하게 하는 것이다. 따라서 간단한 실행만으로도 전혀 다른 이미지로 변하게 할 수 있다. 포토샵 CS3는 총 19개의 카테고리 안에 112개의 기본 필터를 제공하고 있으며 이외에도 외부 필터를 추가로 등록하여 사용할 수 있다.

01 독립적인 기능을 가지고 있는 필터 사용하기

이미지를 배경에서 분리하는 [Extract] 필터, 회화적인 느낌을 연출하는 [Filter Gallery] 필터, 이미지의 픽셀을 연장하는 [Liquify] 필터, 패턴을 만드는 [Pattern Maker] 필터, 소실점을 이어 이미지를 만드는 [Vanishing Point] 필터는 각자의 특성에 맞는 독특한 대화상자에서 추가 옵션을 다양하게 제공하는 별도의 필터 메뉴이다.

- **[Extract] 필터**

  이미지 추출 명령이다. 선택하기 까다로운 이미지를 배경에서 추출하는 기능으로 경계가 정확하지 않은 이미지를 선택할 때 편리하게 사용할 수 있다.

- **[Filter Gallery] 필터**

  회화적인 이미지를 만들 수 있도록 [Artistic], [Brush strokes], [Distort], [Sketch], [Stylize], [Texture]의 메뉴를 제공한다.

- **[Liquify] 필터**

  이미지 변형 명령으로 이미지의 픽셀을 연장하여 구부리거나 비틀면서 변형하는 기능이다.

- **[Pattern Maker] 필터**

  선택한 범위의 픽셀을 다양하게 조합하여 패턴을 만들어 주는 기능이다.

- **[Vanishing Point] 필터**

  소실점을 찾아 이미지를 연장하거나 패턴을 입체적으로 맵핑해준다.

02 기본적인 필터 사용하기

다음은 포토샵의 초창기 버전부터 제공되던 필터다. 같은 이미지에서 옵션 수치를 달리 하면서 적용하여 각 필터의 효과를 익혀 보도록 하자.

❶ [Artistic]은 예술 효과를 나타내는 필터로 구성되어 있다. 주로 회화적 느낌의 효과를 낼 때 사용한다.

Color Pencil　　　　Cutout　　　　Dry Brush　　　　Film Grain

❷ [Blur]는 이미지를 흐리게 하는 필터로 구성되어 있다. 이미지의 노이즈를 제거하거나 부드럽게 처리하고 이미지를 집중시키는 효과를 만들 때 사용한다.

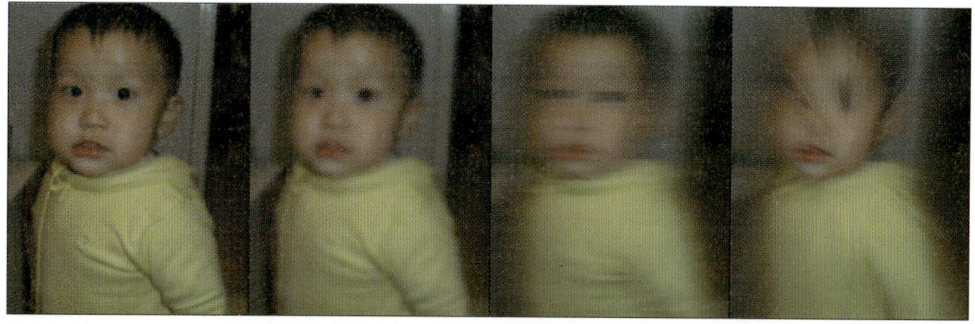

Blur　　　　Gaussian Blur　　　　Motion Blur　　　　Radial Blur

❸ [Brush Strokes]는 붓칠 효과 필터로 구성되어 있다. 다양한 브러시 터치 및 잉크 효과를 사용하여 회화나 순수 미술 작품 같은 느낌을 만들 때 사용한다.

Accented Edges　　　　Angled Strokes　　　　Crosshatch　　　　Dark Strokes

❹ [Distort]는 이미지를 왜곡하는 필터로 구성되어 있다. 이미지를 기하학적으로 변형하여 다른 형태로 만들 때 사용한다.

Diffuse Glow   Glass   Wave   Twirl

❺ [Noise] 필터는 잡티 또는 무작위로 분포된 노이즈를 만들거나 뭉개 없앤다.

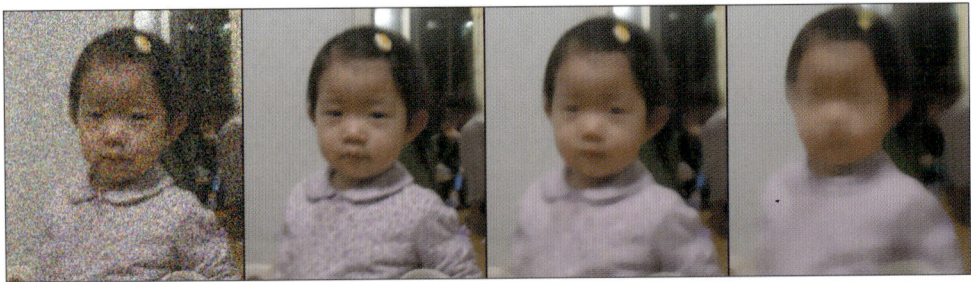

Add Noise   Despeckle   Dust & Scratches   Median

❻ [Pixelate]는 픽셀 응집 필터로 구성되어 있다. 픽셀들을 덩어리로 응집시켜 새로운 패턴의 모양을 만들 수 있다.

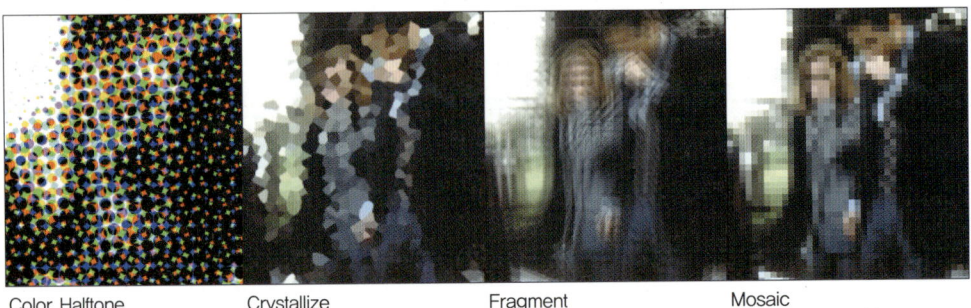

Color Halftone   Crystallize   Fragment   Mosaic

❼ [Render]는 구름 패턴 그리고 빛의 반사를 모방한 굴절 패턴을 묘사한다.

Clouds   Difference Clouds   Lens Flare   Lighting Effects

❽ [Sharpen]은 선명 효과 필터로 대비를 높여 흐릿한 이미지를 선명하게 만든다.

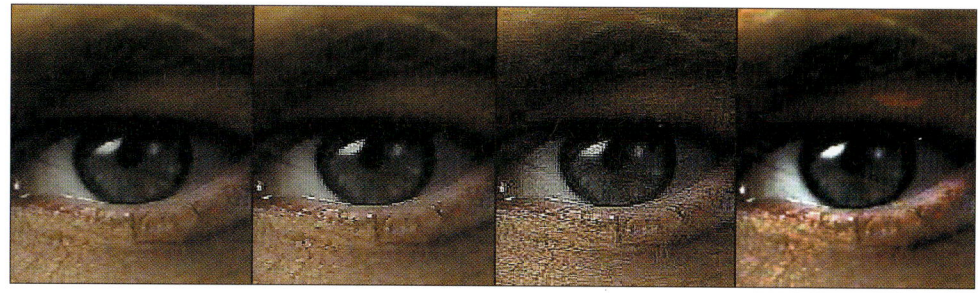

Sharpen　　　Sharpen Edges　　　Sharpen More　　　Unsharpen Mask

❾ [Sketch]는 스케치 효과 필터로 전경색과 배경색을 사용한다.

Bas Relief　　　Halftone Pattern　　　Photocopy　　　Conte Crayon

❿ [Stylize]는 이미지의 스타일 자체를 변화시키는 필터들로 구성되어 있다.

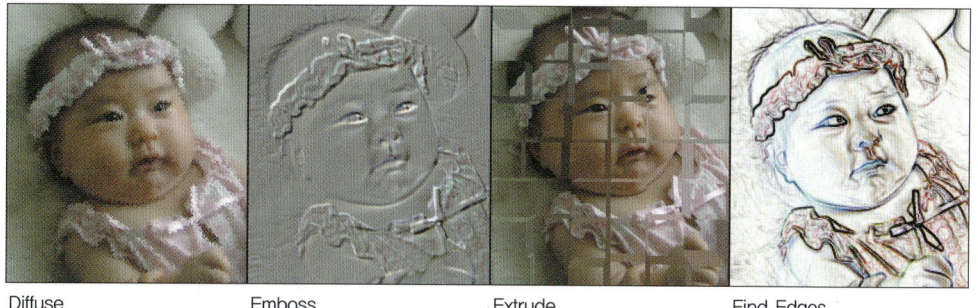

Diffuse　　　Emboss　　　Extrude　　　Find Edges

⓫ [Texture]는 이미지에 텍스추어의 질감 효과를 준다

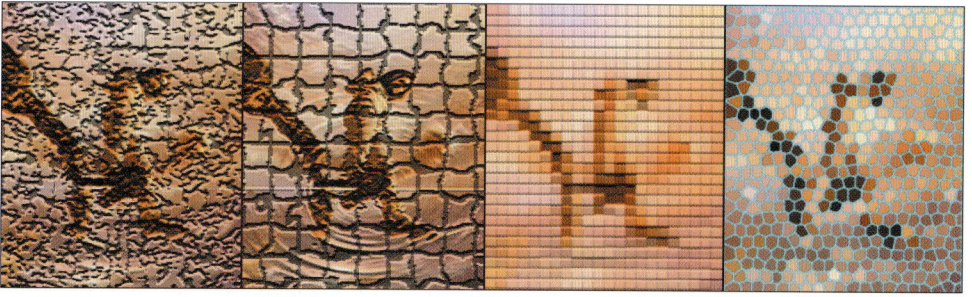

Craquelure　　　Mosaic Tiles　　　Patchwork　　　Stained Glass

Section 1. 특수한 기능의 필터 사용하기

이번 Section에서는 별도의 대화상자를 가지고 있으면서 특수한 목적으로 사용되는 필터들을 예제를 통하여 익혀 보도록 한다.

> **알아두기**
> - [Extract] 필터는 동물 털과 같이 섬세한 이미지에서 윤곽을 빠르게 추출할 수 있게 해준다.
> - [Filter Gallery] 필터는 회화적인 이미지를 만들 수 있도록 여러 가지 메뉴를 제공한다.
> - [Liquify] 필터는 이미지를 쉽게 왜곡할 수 있는 기능으로, 자연스럽게 이미지를 연장하거나 축소할 수 있다.
> - [Pattern Maker] 필터는 선택한 범위의 픽셀을 다양하게 조합하여 패턴을 만들어 준다.
> - [Vanishing Point] 필터는 소실점을 찾아 이미지를 연장하거나 패턴을 입체적으로 맵핑해 준다.

따라하기 01 [Extract] 필터로 배경에서 이미지를 추출하기

'챕터9_샘플\카미.jpg' 파일을 불러온 후 [Filter] 메뉴의 [Extract] 필터를 적용하여 배경에서 이미지를 추출하여 보자.

❶ [Filter]〉[Extract] 메뉴를 선택한다. 대화상자가 나타나면 Edges Highlighter 툴(🖊)을 선택한 후 [Brush Size]를 '20'으로 설정하고 강아지의 윤곽을 드래그한다.

❷ Fill 툴( )을 선택하고 초록색 테두리 안에서 클릭하여 색을 채운 후 [OK] 버튼을 클릭한다.

❸ 툴박스에서 히스토리 브러시 툴( )을 선택하고 수정할 곳을 드래그하여 복구한다.

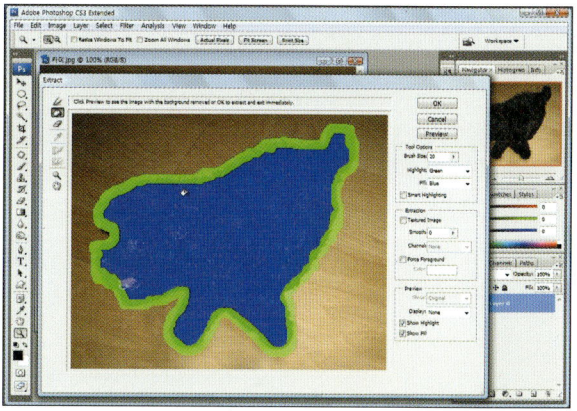

배경을 제외한 이미지 추출에 사용되는 [Extract] 필터의 대화상자   tip ➕

이미지 추출 명령은 이미지를 추출하여 배경을 투명하게 만드는 기능으로 경계가 정확하지 않은 이미지를 선택할 때 편리하게 사용할 수 있다. 테두리에서 색상의 변화나 빛, 대비를 기초로 판단하여 자동으로 이미지를 추출해 준다.

❶ **Edges Highlighter 툴** : 배경과 이미지를 분리하는 경계를 지정해 주는 역할을 한다.

❷ **Fill 툴** : 지워지지 않는 영역을 표시해준다. [Force Foreground]가 체크되어 있을 때는 사용할 수 없다.

❸ **Eraser 툴** : Edges Highlighter 툴로 선택한 경계를 정리해 주는 역할을 한다. 또한, Edges Highlighter 툴을 사용한 영역을 클릭하여 지워주는 역할도 한다.

❹ **Eyedropper 툴** : [Force Foreground] 체크 옵션과 관계되는 툴로서 분리하여 남기려는 색을 지정할 때 사용한다. Edges Highlighter 툴을 사용한 영역만 적용 대상이 된다.

❺ **Cleanup 툴** : [Preview] 버튼을 클릭하여 이미지를 배경과 분리한 후에 남은 이미지를 더욱 연하게 만든다. 또는 지저분하게 남은 픽셀들을 지워서 깔끔하게 정리해준다.

❻ **Edge Touchup 툴** : [Preview] 버튼을 클릭하여 이미지를 배경과 분리한 후에 남은 이미지의 경계가 불분명한 곳을 드래그하면 자동으로 명확한 경계를 만들어 준다.

❼ **Zoom 툴** : 이미지를 확대하거나 축소하여 볼 때 사용한다.

❽ **Hand 툴** : 이미지를 이동하여 볼 때 사용하는 도구이다.

❾ **Tool Options** : Edges Highlighter 툴의 브러시 크기, 색상 등의 세부 옵션을 조절한다.

⑩ **Extractions** : 추출되어 사라지는 이미지와 남게 될 이미지의 분리 방식을 색상
이나 채널 등으로 설정한다.
⑪ **Preview** : 미리 보기에 대한 세부 옵션을 설정한다.

따라하기 02 [Filter Gallery]로 회화적인 분위기를 연출하기

'챕터9_샘플\춘향.jpg' 파일을 불러온 후 [Filter Gallery] 대화상자에서 [Sketch] 폴더의 [Charcoal] 효과를 적용하고 수정하여 회화적인 분위기를 만들어 보자.

❶ [Filter]〉[Filter Gallery] 메뉴를 선택하여 대화상자가 나타나면 [Sketch] 폴더의 [Charcoal]을 선택한다. 오른쪽 옵션에서 [Charcoal Thickness]를 '1', [Detail]을 '2', [Light/Dark Balance]를 '70'으로 설정하고 [OK] 버튼을 클릭한다.

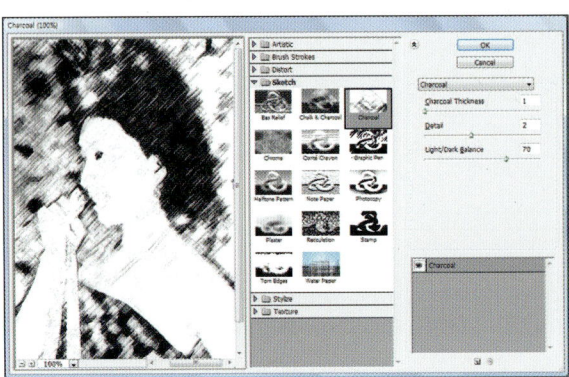

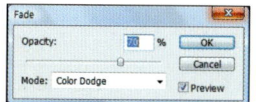

❷ [Edit]>[Fade Charcoal] 메뉴를 선택하여 대화상자가 나타나면 [Opacity]를 70%, [Mode]를 'Color Dodge'로 설정하고 [OK] 버튼을 클릭한다.

❸ 툴박스에서 히스토리 브러시 툴(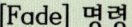)을 선택하고 옵션 바에서 브러시 모양을 'Spatter 59 pixels'로 선택한다. [Opacity]는 '30%'로 설정하고 이미지에서 얼굴과 몸이 보이도록 브러시 결을 내면서 드래그하여 칠한다.

[Fade] 명령   tip ➕

불투명도와 블렌딩 모드를 이용하여 바로 전 단계에 사용했던 필터의 적용 효과를 낮추거나 새롭게 변형할 수 있다.

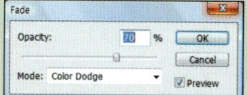

[Filter Gallery] 대화상자   tip ➕

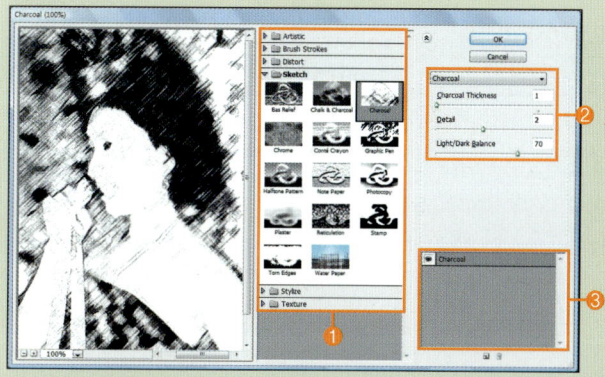

❶ Gallery 필터 목록과 썸네일 이미지가 보여지며 적용할 필터를 클릭하여 선택할 수 있다. 확장 축소 버튼으로 필터 목록을 가리거나 보이게 할 수 있다.
❷ 적용할 필터를 선택하고 옵션을 변경할 수 있다.
❸ 여러 개의 필터를 적용하거나 필터를 삭제한다. 눈 아이콘이 표시되면 미리 보기 창에 해당 필터가 표시되며, 눈 아이콘을 끄면 미리 보기 창에 적용된 결과가 표시되지 않는다.

| 따라하기 | 03 [Liquify] 필터로 이미지 변경하기 |

'**챕터9_샘플\현진.jpg**' 파일을 불러온 후 [Filter] 메뉴의 [Liquify] 필터를 실행하고 이미지를 수정하여 보자.

❶ [Filter]〉[Liquify] 메뉴를 선택하여 대화상자가 나타나면 Forward Warp 툴( )을 클릭하고 오른쪽 옵션에서 [Brush Size]를 '100'으로 설정한다. 볼은 통통해지도록 바깥쪽으로 드래그하고 입은 좀 더 커지도록 바깥쪽으로 드래그한다.

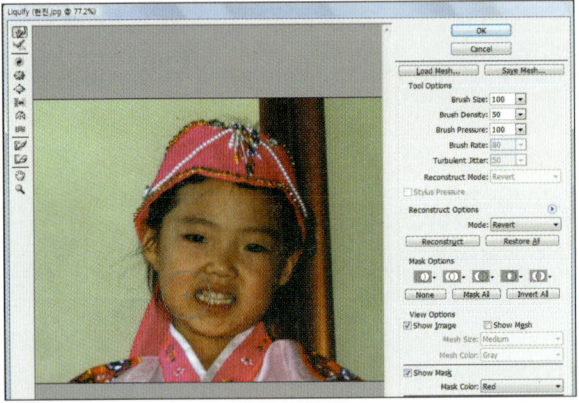

❷ Bloat 툴( )을 선택하고 [Brush Size]를 '50'으로 설정한 후 두 눈을 살짝 클릭하여 크게 만든다.

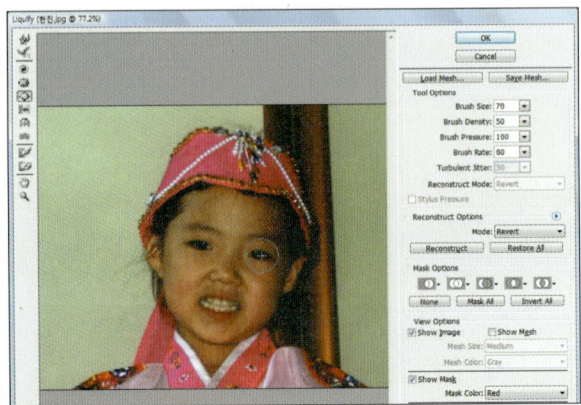

❸ 원래대로 되돌리고 싶은 곳은 Reconstruct 툴(☑)로 클릭/드래그하여 다시 수정한다. 이미지가 완성되면 [OK] 버튼을 클릭한다.

> **tip ➕**
>
> **연장된 픽셀을 이용한 이미지 변형의 귀재, [Liquify] 필터의 대화상자**
>
> 이미지의 픽셀을 연장시켜 구부리거나 비틀기 또는 확장, 축소, 반사시키는 기능으로 툴박스의 스머지 툴보다는 훨씬 더 디테일한 옵션을 가지고 있다. 옵션에서 Mesh(그물)를 이용하면 이미지가 어떻게 변형되었는지 쉽게 확인하면서 작업할 수 있다.

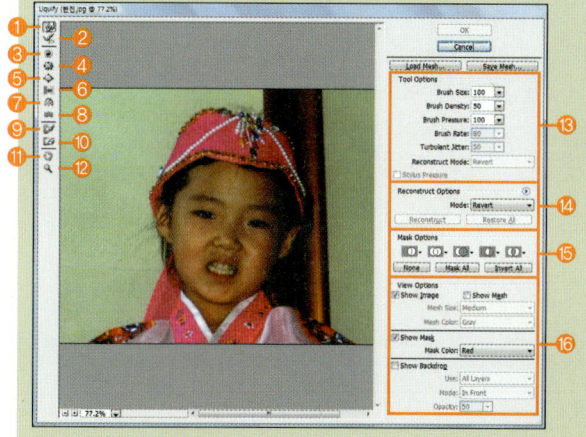

❶ ▧ **Forward Warp 툴** : 드래그하여 픽셀을 밀어낸다.
❷ ☑ **Reconstruct 툴** : 이미지를 원래대로 복구한다.
❸ ◉ **Twirl Clockwise 툴** : 마우스 버튼을 클릭하거나 드래그하면 시계방향으로 이미지가 돌아간다.
❹ ▧ **Pucker 툴** : 마우스 버튼을 클릭하거나 드래그하면 브러시의 가운데 영역으로 픽셀이 오므라들면서 이미지가 축소된다.
❺ ◉ **Bloat 툴** : 마우스 버튼을 클릭하거나 드래그하면 브러시의 가운데 영역으로 픽셀이 부풀려지면서 이미지가 확대된다.
❻ ▧ **Push Left 툴** : 마우스 커서를 움직일 때마다 왼쪽 픽셀이 오른쪽으로 연장되어 이동한다. Alt 를 누르면 반대로 연장된다.
❼ ▧ **Mirror 툴** : 드래그하는 지점을 기준 축으로 하여 이미지가 거울처럼 반사된다.
❽ ▧ **Turbulence 툴** : 마우스 버튼을 클릭하거나 드래그하면 웨이브를 만든다.
❾ ▧ **Freeze Mask 툴** : 변형이 일어나지 않게 붉은 영역으로 칠한다.
❿ ▧ **Thaw Mask 툴** : 붉은 영역을 지운다.
⓫ ▧ **Hand 툴** : 이미지를 이동하여 볼 때 사용한다.
⓬ 🔍 **Zoom 툴** : 이미지를 확대하거나 축소하여 볼 때 사용한다.
⓭ **Tool Options** : 브러시의 크기, 밀도, 압력 등을 조절할 수 있다.
⓮ **Reconstruction Options** : 사용자가 변형시킨 이미지를 복구하거나 모드 설정에 의해 다시 변형한다.
⓯ **Mask Options** : 마스크 영역을 변경할 수 있다.
⓰ **View Options** : 그물 모양의 메시(Mesh)를 설정하여 보거나 변형 전의 원래 이미지를 볼 수 있다.

Section 1. 특수한 기능의 필터 사용하기

따라하기 04 [Pattern Maker] 필터로 패턴 이미지 생성하기

'챕터9_샘플\조화.jpg' 파일을 불러온 후 [Filter] 메뉴의 [Pattern Maker] 필터를 적용하여 패턴을 새롭게 디자인하여 보자.

❶ [Filter]〉[Pattern Maker] 메뉴를 선택한 후 대화상자가 나타나면 Rectangular Marquee 툴(▢)을 선택하고 사과 화분을 선택한다.

❷ [Width]와 [Height]를 '200' 으로 설정하고 [Generate] 버튼을 클릭한다.

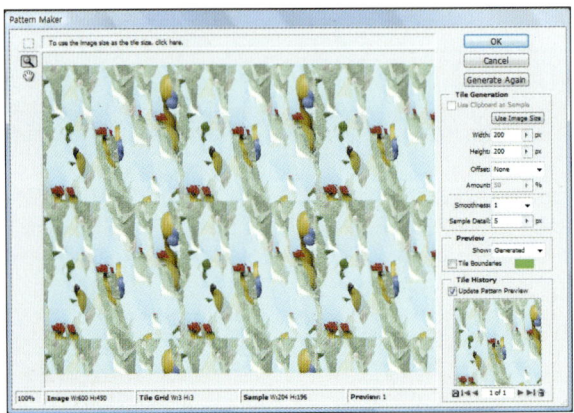

❸ 마음에 드는 패턴이 나올 때까지 [Generate Again] 버튼을 계속 클릭한다.

❹ 작업을 되돌리고 싶다면 [Tile History] 옵션에서 [Previous Tile] 버튼(◀)을 클릭한다.

[Pattern Maker] 필터의 대화상자   tip

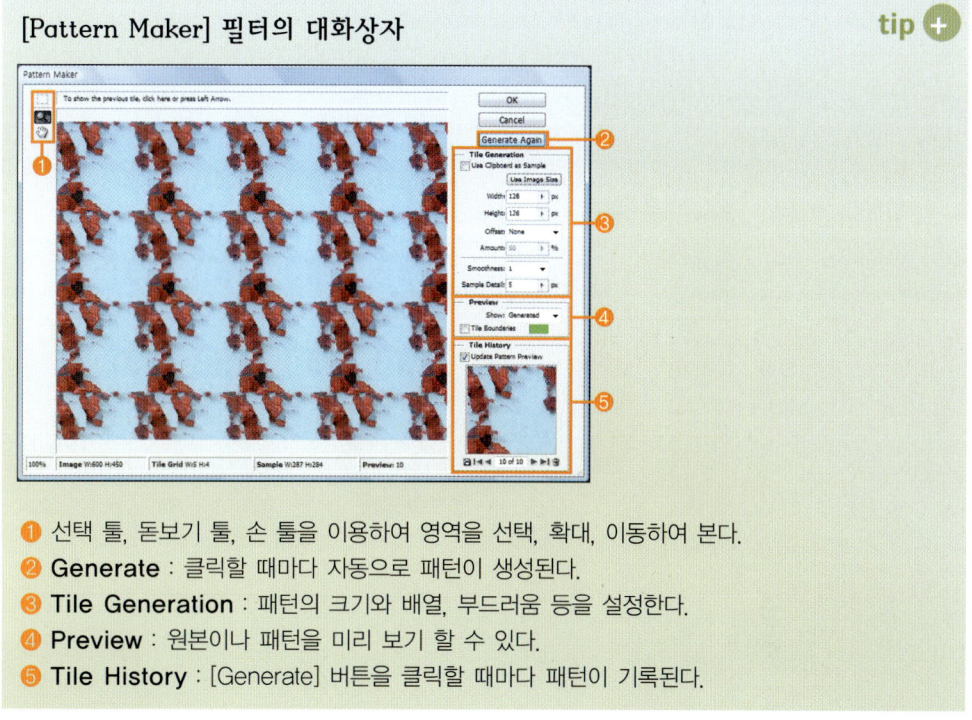

① 선택 툴, 돋보기 툴, 손 툴을 이용하여 영역을 선택, 확대, 이동하여 본다.
② Generate : 클릭할 때마다 자동으로 패턴이 생성된다.
③ Tile Generation : 패턴의 크기와 배열, 부드러움 등을 설정한다.
④ Preview : 원본이나 패턴을 미리 보기 할 수 있다.
⑤ Tile History : [Generate] 버튼을 클릭할 때마다 패턴이 기록된다.

따라하기 05 [Vanishing Point] 필터로 원근감 있는 이미지 만들기

'챕터9_샘플\마루바닥재.jpg, 성냥갑.jpg' 파일을 불러온 후 [Filter] 메뉴의 [Vanishing Point] 필터를 적용하여 구도에 맞추어 맵핑하여 보자.

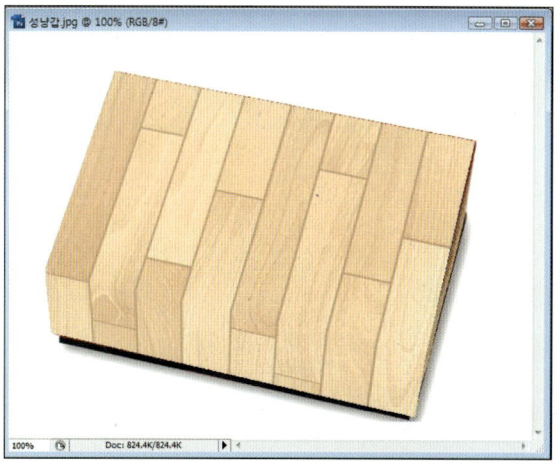

① '마루바닥재.jpg' 파일 전체를 선택하기 위해 Ctrl + A 를 누르고, 클립보드에 복사하기 위해 Ctrl + C 를 누른다.

Section 1. 특수한 기능의 필터 사용하기

❷ '성냥갑.jpg' 파일을 활성화하고 [Filter]>[Vanishing Point] 메뉴를 선택한다. 대화상자가 나타나면 Create Plane 툴( )이 선택된 상태에서 성냥갑 상단의 네 귀퉁이를 클릭하여 선택한다.

❸ 면을 추가하기 위해 Ctrl 를 누른 채 가운데 점을 밑으로 드래그한다.

❹ 모서리 점을 조정하여 면을 맞춘다.

❺ Ctrl + V 를 눌러 클립보드에 복사한 것을 붙인다.
❻ 마룻바닥 이미지를 성냥갑에 맞추어 이동하면 자동으로 변형되면서 맵핑이 된다. [OK] 버튼을 클릭한다.

> [Vanishing Point] 필터 대화상자의 중요 도구   tip ➕
>
> ❶ Edit Plane 툴 : 생성된 면을 수정하는 도구이다.
> ❷ Create Plane 툴 : 면을 생성하는 도구이다.

01 혼자해보기

'챕터9_샘플\풍뎅이.jpg' 파일을 불러온 후 필터를 이용하여 배경에서 이미지를 추출하여 보자.

HINT | [Filter]〉[Extract] 메뉴를 실행하여 대화상자가 나타나면 Edge Highlighter 툴(✎)을 선택하고 [Brush Size]를 '10'으로 설정한 후 풍뎅이의 윤곽을 그림처럼 드래그한다. Fill 툴(🪣)을 선택하고 초록색 테두리 안에 클릭하여 색을 채운 후 [OK] 버튼을 클릭한다. 툴박스에서 히스토리 브러시 툴(🖌)을 선택하고 수정할 곳을 드래그하여 복구한다.

02 혼자해보기

'챕터9_샘플\검은탁자.jpg, 컬러타일.jpg' 파일을 불러온 후 필터를 이용하여 구도에 맞추어 맵핑하여 보자.

HINT | '컬러타일.jpg' 파일에서 Ctrl+A를 눌러 전체를 선택한 후 Ctrl+C를 눌러 클립보드에 복사한다. '컬러탁자.jpg' 파일을 활성화하고 [Filter]〉[Vanishing Point] 메뉴를 선택한다. Create Plane 툴(▦)이 선택된 상태에서 상단의 네 귀퉁이를 클릭하여 선택하는데, 탁자 이미지가 잘렸으므로 소실점이 맞도록 중간에 맞추어 클릭한다. 면을 연장하기 위해 가운데 점을 바깥쪽으로 드래그한다. Ctrl+V를 눌러 클립보드에 복사한 것을 붙이고 탁자에 맞추어 이동한 후 [OK] 버튼을 클릭한다.

Section 2 포토샵에서 제공하는 기본 필터 알아보기 1

포토샵에서 제공하는 필터는 특수한 효과를 연출할 때 사용하는 기능으로 단번에 이미지를 극적으로 변화시킬 수 있어 매우 유용하다. 이번 Section에서는 픽셀 위주의 효과가 나타나는 기본 필터를 사용하여 이미지를 꾸며본다.

> **알아두기**
> - [Artistic] 필터는 회화 이미지를 만들고, [Brush Strokes]는 브러시 선 위주의 회화 이미지를 만든다.
> - [Blur] 필터는 픽셀을 흐리게 하고, [Sharpen] 필터는 반대로 픽셀을 선명하게 해준다. [Noise]는 이미지에 픽셀 잡티를 만드는 필터이다.
> - [Distort] 필터는 이미지를 왜곡하여 다른 형태로 변형시킨다.
> - [Pixelate] 필터는 픽셀들의 응집이나 조합으로 새로운 이미지를 만든다.

따라하기 01 [Artistic] 필터로 파스텔 이미지 만들기

'챕터9_샘플\재중이.jpg' 파일을 불러온 후 [Artistic] 메뉴의 [Smudge Stick], [Rough Pastels] 필터를 적용하여 파스텔 느낌의 회화적 이미지를 연출하여 보자.

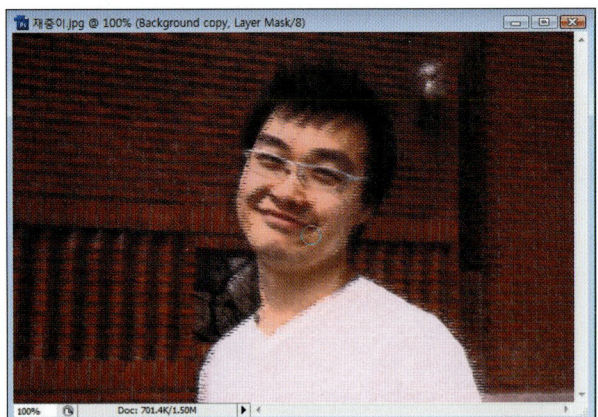

❶ Layers 팔레트에서 'Background' 레이어를 [Create a new layer] 버튼(□)으로 드래그하여 'Background copy' 레이어를 생성한다.

❷ 문지르는 느낌의 필터인 [Filter]〉[Artistic]〉[Smudge Stick] 메뉴를 선택하여 대화상자가 나타나면 [Stroke Length]를 '2', [Highlight Area]를 '0', [Intensity]를 '10' 으로 설정한다.

❸ 하단의 [New effect layer] 버튼(　)을 클릭하여 필터 레이어를 추가한다.

❹ 다른 필터 목록을 보기 위해 확장/축소 버튼(　)을 클릭하고 파스텔 초크로 그린 느낌의 필터인 [Rough Pastels] 메뉴를 선택한다. [Stroke Length]를 '5', [Stroke Detail]를 '5', [Scaling]을 '50', [Relief]를 '10' 으로 설정하고 [OK] 버튼을 클릭한다.

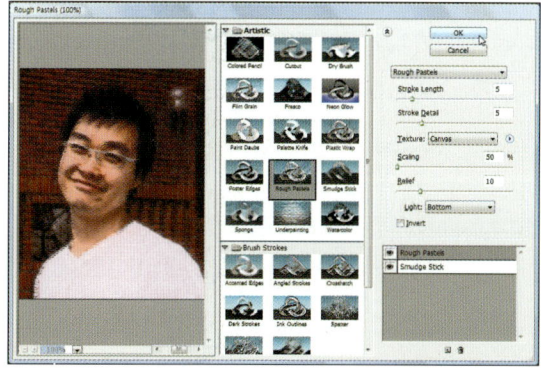

❺ Layers 팔레트의 [Add layer mask] 버튼(　)을 클릭하여 레이어 마스크를 생성한다.

❻ 이목구비가 뭉개진 것을 가려주기 위해 전경색을 검정으로 선택한다.

❼ 'Background' 레이어의 이미지가 보이게 하기 위해 브러시 툴(　)을 선택하고 옵션 바의 브러시 크기를 '27', [Opacity]를 '30' 으로 설정한 후 눈, 코 주위를 드래그한다.

[Filter]>[Artistic] 메뉴 tip +

이미지를 회화적인 느낌으로 표현하는 15개의 필터로 구성되어 있다.

- **Colored Pencil** : 연필로 터치를 준 느낌을 표현한다.
- **Cutout** : 이미지를 몇 가지의 색상으로 단순화하여 판화적인 느낌을 표현한다.
- **Dry Brush** : 유화로 그린 효과를 낸다.
- **Film Grain** : 노이즈 필터처럼 점들이 뿌려진 듯한 효과를 준다.
- **Fresco** : 르네상스 시대의 프레스코 벽화를 본뜬 기법이다.
- **Neon Glow** : 이미지나 글자에 네온 효과를 만들어준다.
- **Paint Daubs** : 페인팅 붓으로 덧칠한 효과를 만든다.
- **Palette Knife** : 캔버스에 나이프로 물감을 으깨면서 퍼지게 하여 엷게 번진 효과를 낸다.
- **Plastic Wrap** : 이미지 위에 투명 플라스틱이나 투명 랩을 씌운 것처럼 만든다.
- **Poster Edges** : 이미지에 포스터 효과를 적용하고 윤곽을 검정 테두리로 둘러싼 기법이다.
- **Rough Pastel** : 파스텔 초크로 그린 효과를 만든다.
- **Smudge Stick** : 물감이 마르기 전에 사선으로 문질러서 결을 만드는 기법이다.
- **Sponge** : 젖은 스펀지에 물감을 묻혀 이미지에 찍은 듯한 효과를 만든다.
- **Underpainting** : 질감이 있는 종이 위에 텍스추어를 적용하여 그린 효과를 만든다.
- **Watercolor** : 이미지에 불투명 수채화로 그린 효과를 만든다.

따라하기 02 [Blur] 필터로 이미지 줌인 효과 이미지 만들기

'챕터9_샘플\다섯레이디.psd' 파일을 불러온 후 [Blur] 메뉴의 [Radial Blur] 필터를 적용하여 중앙을 강조하는 집중적인 효과를 만들어 보자.

❶ Layers 팔레트에서 'Background' 레이어를 [Create a new layer] 버튼(□)으로 드래그하여 'Background copy' 레이어를 생성한다.

❷ 중앙으로 집중하여 흐려지는 필터인 [Filter]〉[Blur]〉[Radial Blur] 메뉴를 선택하여 대화상자가 나타나면 [Amount]를 '100', [Blur Method]를 'Zoom', [Quality]를 'Good'으로 설정하고 [OK] 버튼을 클릭한다.

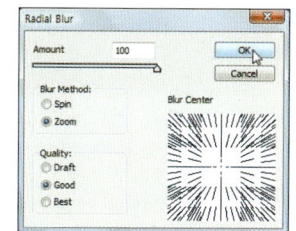

❸ Layers 팔레트의 [Add layer mask] 버튼(□)을 클릭하여 레이어 마스크를 생성한다.

❹ 중앙의 인물 이미지를 보이게 하기 위해 브러시 툴(✎)을 선택하고 옵션 바의 [Brush] 크기를 '100', [Opacity]를 '30'으로 설정한 후 인물 위주로 드래그한다.

❺ 'Layer 1' 레이어를 선택하고 눈 아이콘(◉)을 클릭하여 보이게 한다.

❻ 패턴을 이용하여 집중효과를 극대화하기 위해 [Filter]〉[Distort]〉[Polor Coordinates] 메뉴를 선택한다. 대화상자가 나타나면 [Rectangular to Polar]를 선택하고 [OK] 버튼을 클릭한다.

❼ Layers 팔레트에서 블렌딩 모드를 'Soft Light'로 선택하고 [Opacity]를 '30'으로 설정한다.

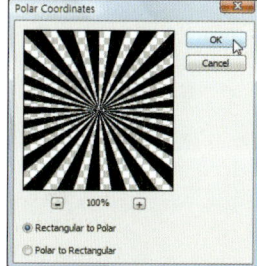

[Filter]〉[Blur] 메뉴 tip ➕

[Blur] 필터는 카메라의 초점이 맞지 않은 것처럼 이미지를 흐려 보이게 한다. 스캔된 이미지에 노이즈가 보이거나 모아레(Moire) 현상이 생겼을 때 [Blur] 필터를 이용하여 이미지를 보정하면 어느 정도 제거할 수 있다.

- **Blur** : 이미지의 도드라지는 픽셀들을 부드럽게 처리한다.
- **Blur More** : [Blur] 필터를 더욱 심하게 적용한다.
- **Gaussian Blur** : 수치 값에 의해 [Blur]를 적용할 수 있어 단계적으로 세밀한 효과가 가능하다. 얼룩진 부분이나 그림자 만들기, 안개 느낌의 효과에 유용하다.
- **Motion Blur** : 속도감을 주어 움직이는 듯한 효과를 낸다.
- **Radial Blur** : 카메라로 회전시켜 찍은 효과나 줌 효과를 만든다.
- **Smart Blur** : 이름 그대로 똑똑한 불러라는 뜻으로 전체적인 윤곽을 유지하면서 [Blur]를 실행한다.

> **[Filter]>[Sharpen] 메뉴**　　　　　　　　　　　　　　tip +
>
> [Blur] 메뉴와 정반대로 흐릿한 이미지를 선명하고 날카롭게 만드는 필터들로 구성되어 있다.
>
> - **Sharpen** : 픽셀의 색상과 채도 대비를 높여 주기 때문에 흐릿한 이미지를 선명하게 만들 때 주로 사용한다.
> - **Sharpen Edges** : 이미지의 경계 부분을 차이 나게 하여 더욱 뚜렷하게 한다.
> - **Sharpen More** : [Sharpen] 필터를 두 번 더 적용한 것과 같다.
> - **Unsharpen Mask** : [Sharpen]의 정도를 사용자가 세밀하게 설정하여 사용할 수 있다.

따라하기 03 [Brush Stroke] 필터와 액션으로 붓터치 이미지 생성하기

'챕터9_샘플\선글라스.jpg' 파일을 불러온 후 [Brush Strokes] 메뉴의 [Dark Strokes], [Angled Strokes] 필터를 적용하여 브러시의 선이 느낌이 살아있는 회화적인 느낌을 만들고 프레임 액션을 이용하여 테두리까지 마무리하여 보자.

❶ Layers 팔레트에서 'Background' 레이어를 [Create a new layer] 버튼(　)으로 드래그하여 'Background copy' 레이어를 생성한다.

❷ 어두운 선 효과를 주는 필터인 [Filter]>[Brush Strokes]>[Dark Strokes] 메뉴를 선택하여 대화상자가 나타나면 [Balance]를 '3', [Black Intensity]를 '2', [White Intensity]를 '6' 으로 설정한다.

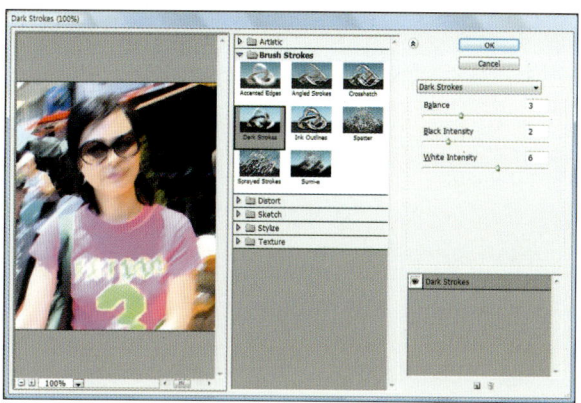

❸ 선의 느낌을 더 강하게 하기 위해 [New effect layer] 버튼(▣)을 클릭하고 [Angled Strokes]를 선택한다. [Direction Balance]를 '100', [Stroke Length]를 '3', [Sharpness]를 '3' 으로 설정하고 [OK] 버튼을 클릭한다.

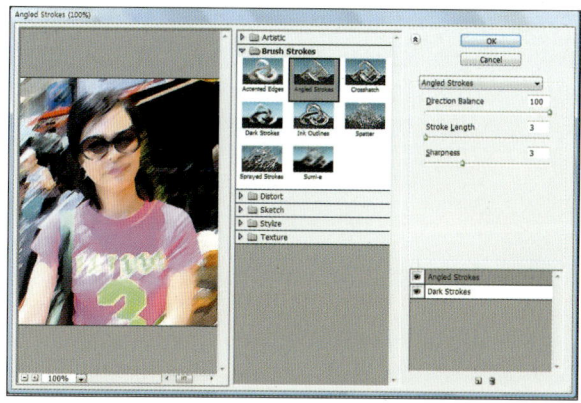

❹ [Window]>[Actions] 메뉴를 클릭하여 Actions 팔레트를 불러온다. 팝업 메뉴 버튼(▼≡)을 클릭하고 [Frames] 메뉴를 선택하여 팔레트 목록에 추가한다. 'Frames' 목록에서 'Strokes Frame'을 선택하고 [Play Selection] 버튼(▶)을 눌러 액션을 실행한다.

❺ 이미지의 윤곽이 브러시 선의 느낌으로 채워진 것을 확인할 수 있다.

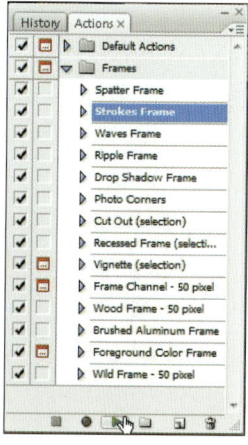

> **[Filter]>[Brush Strokes] 메뉴** tip ➕
>
> [Artistic] 필터처럼 회화적인 분위기를 내지만 좀더 붓 터치 위주의 이미지를 만든다.
>
> - Accented Edges : 경계를 강조하는 필터이다.
> - Angled Strokes : 붓터치가 교차되면서 그림을 그린 듯한 효과를 준다.
> - Crosshatch : 물감이 마르기 전에 교차되는 터치를 준 것처럼 거친 질감의 효과를 만든다.
> - Dark Strokes : 이미지의 어두운 부분은 짧은 검은색 브러시로, 밝은 부분은 긴 흰색의 브러시로 그린 효과를 만든다.
> - Ink Outlines : 이미지의 외곽을 펜으로 덧칠한 느낌을 만든다.
> - Spatter : 이미지에 스프레이로 뿌린 듯한 효과가 나고 경계 부분이 흩어지는 효과를 만든다.
> - Sprayed Strokes : 이미지의 경계부분을 스프레이로 뿌린 듯한 효과를 준다.
> - Sumi-e : 화선지 위에 먹을 묻힌 붓으로 그린 듯한 효과를 낸다.

따라하기 04 [Distort] 필터로 동심원 만들기

'챕터9_샘플\라면.jpg' 파일을 불러온 후 [Distort] 메뉴의 [ZigZag] 필터와 [Fade] 명령을 적용하여 물이 퍼지는 모양의 효과를 만들어 보자.

❶ 먼저 툴박스에서 원형 선택 툴(◯)로 라면을 둥글게 선택한다.
❷ 다각형 올가미 툴(▽)을 선택하고 Alt 를 누른 채 수저와 포크 이미지를 라면의 둥근 선택 영역에서 제외한다.

❸ 동심원을 만드는 [Filter]>[Distort]>[ZigZag] 메뉴를 선택하여 대화상자가 나타나면 [Amount]를 '70', [Ridges]를 '10', [Style]을 'Around center'로 설정하고 [OK] 버튼을 클릭한다.

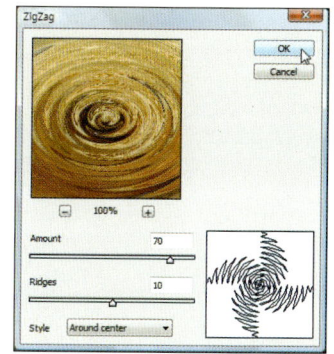

❹ 방금 전에 적용한 효과의 정도를 조정하기 위해 [Edit]>[Fade ZigZag] 메뉴를 선택하고 대화상자가 나타나면 [Opacity]를 '50'으로 설정한 후 [OK] 버튼을 클릭한다.

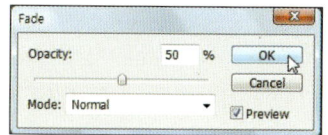

❺ Ctrl + D 를 눌러 선택 영역을 해제한다.

[Edit]>[Fade] 메뉴 — tip

마지막에 적용한 필터 효과의 정도를 낮추거나 원본에 효과를 준 블렌딩 모드와 합성하고 싶을 경우 사용한다.

[Filter]>[Distort] 메뉴 — tip

이미지의 형태를 변형, 왜곡시키는 필터로 구성되어 있다.

- **Diffuse Glow** : 작은 점들이 뿌려져 밝은 부분이 발광(發光)되는 효과를 만든다. 배경색을 흰색으로 설정하고 이 효과를 주면 안개가 낀 듯한 효과를 얻을 수 있다.
- **Displace** : *.psd 파일을 불러들여 이미지의 형태를 변형하는 필터이다.
- **Glass** : 유리를 얹어서 본 듯한 효과를 만든다.
- **Ocean Ripple** : 잔잔한 물결에 이미지가 잠긴 듯한 표현을 한다.
- **Pinch** : 볼록렌즈나 오목렌즈를 통해 이미지를 보는 효과를 만든다.
- **Polar Coordinates** : 이미지를 둥글게 말리게 하거나 M 모양의 이미지로 전환하여 준다.
- **Ripple** : 물결 모양의 파동이 일어난 듯하게 만들어 준다.
- **Shear** : 대화상자에서 설정한 곡선의 형태로 왜곡한다.
- **Spherize** : 볼록이나 오목렌즈를 통해 본 듯한 효과를 내고, 수평이나 수직 방향의 원기둥의 형태로 변형한다.
- **Twirl** : 소용돌이처럼 회전하는 효과를 만든다.
- **Wave** : 물결의 모양을 만드는 필터로, 대화상자의 여러 옵션을 통해 다양한 형태의 물결을 만들 수 있다.

따라하기 05 [Noise] 필터로 잡티 제거하기

'챕터9_샘플\아주머니.jpg' 파일을 불러온 후 [Noise] 메뉴의 [Dust & Scratches] 필터와 [Gaussian Blur] 필터를 적용하여 얼굴의 잡티를 제거하여 보자.

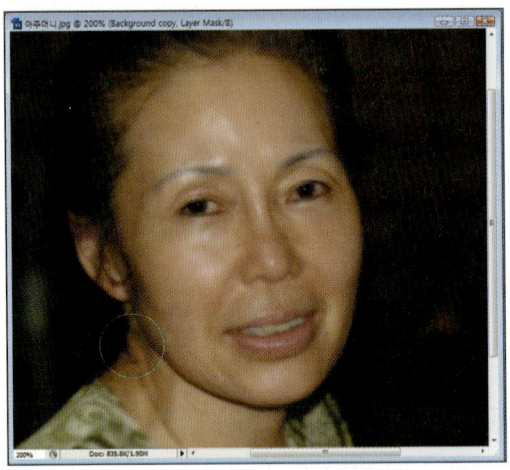

❶ Layers 팔레트에서 'Background' 레이어를 [Create a new layer] 버튼(🔲)으로 드래그하여 'Background copy' 레이어를 생성한다.

❷ 잡티를 제거하는 필터인 [Filter]>[Noise]>[Dust & Scratches] 메뉴를 선택하여 대화상자가 나타나면 [Radius]를 '2', [Threshold]를 '2'로 설정하고 [OK] 버튼을 클릭한다.

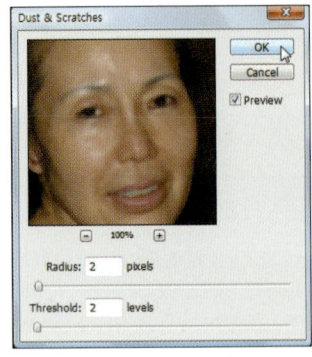

❸ [Filter]>[Blur]>[Gaussian Blur] 메뉴를 선택하여 [Radius]를 '1'로 설정하고 [OK] 버튼을 클릭한다.

❹ Layers 팔레트의 [Add layer mask] 버튼(🔲)을 클릭하여 레이어 마스크를 생성한다.

❺ 피부를 제외하고 뭉개진 눈, 코, 입을 보이게 하기 위해 브러시 툴(🖌)을 선택하고 옵션 바의 [Brush] 크기를 '60', [Opacity]를 '30'으로 설정한 후 눈, 코 주위를 드래그한다.

> **[Filter]〉[Noise] 메뉴** tip
>
> 인위적으로 잡티를 만들거나 이미지에 이미 생긴 잡티나 노이즈를 제거하는 필터로 구성되어 있다.
>
> - **Add Noise** : 이미지에 색상과 명도가 다른 픽셀들을 불규칙적으로 뿌려준다.
> - **Despeckle** : 이미지에 노이즈가 있을 경우에 제거하는 필터다.
> - **Dust & Scratches** : 이미지의 잡티나 노이즈를 제거하는 명령으로 설정 범위의 중심이 되는 색상을 평균화하여 이미지를 뭉개지게 한다.
> - **Median** : 설정한 범위 안의 픽셀을 종합하여 평균 색상을 만든 후 노이즈를 제거한다.

따라하기 06 [Pixelate] 필터로 망점 이미지 만들기

'챕터9_샘플\아이보리드레스.jpg' 파일을 불러온다. [Pixelate] 메뉴의 [Crystallize] 필터와 [Artistic] 메뉴의 [Paint Daubs] 필터를 적용하여 배경을 픽셀화하는 방식으로 변형하여 화려하게 만들어 보자.

❶ Layers 팔레트에서 'Background' 레이어를 [Create a new layer] 버튼()으로 드래그하여 'Background copy' 레이어를 생성한다.

❷ 픽셀을 단면화하는 필터인 [Filter]〉[Pixelate]〉[Crystallize] 메뉴를 선택하여 대화상자가 나타나면 [Cell Size]를 '10'으로 설정하고 [OK] 버튼을 클릭한다.

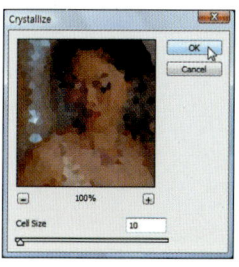

❸ Layers 팔레트의 [Add layer mask] 버튼(▢)을 클릭하여 레이어 마스크를 생성한다.

❹ 브러시 툴(✎)을 선택하고 옵션 바의 [Brush] 크기를 '60', [Opacity]를 '100'으로 설정한다. 전경색은 검정으로 설정하고 인물이 있는 부분을 드래그하여 'Background' 레이어의 이미지가 보이게 한다.

❺ 'Background copy' 레이어 이미지를 선택하고 마스크의 선택 영역을 불러오기 위해 Ctrl를 누른 채 레이어 마스크를 클릭한다.

❻ [Filter]〉[Artistic]〉[Paint Daubs] 메뉴를 선택하여 [Brush Size]를 '8', [Sharpness]를 '7', [Brush Type]을 'Simple'로 설정하고 [OK] 버튼을 클릭한다.

❼ Ctrl + D를 눌러 선택 영역을 해제한다.

[Filter]〉[Pixelate] 메뉴   tip ➕

픽셀을 변형하여 이미지를 만드는 필터로 구성되어 있다.

- **Color Halftone** : 인쇄물을 고배율로 보았을 때 나타나는 하프톤 모양의 망점을 만든다. 각 색상별로 망점을 만드는데, CMYK의 경우 4가지 색의 망점효과가 난다.
- **Crystallize** : 이미지의 픽셀을 다각형의 모양으로 묶어서 색상을 평균화시켜 마치 크리스탈의 표면과 같은 효과를 낸다.
- **Facet** : 픽셀을 균등화함으로 색상을 단순하고 부드럽게 만든다.
- **Fragment** : 이미지가 흔들리거나 진동하는 느낌을 줄 때 사용하면 효과적이다.
- **Mezzotint** : 동판화의 일종으로 점을 찍은 느낌이나 선을 그은 모양을 표현한다.
- **Mosaic** : 이미지의 픽셀을 사각의 형태로 바꿔 모자이크 효과를 만든다.
- **Pointillize** : 후기 인상파의 쇠라나 쇠냑처럼 점묘화 느낌을 준다.

01 혼자해보기 '챕터9_샘플\흰드레스.jpg' 파일을 불러온 후 필터를 이용하여 이미지를 그림과 같이 수정하고 Actions 팔레트의 Wood Frame 효과를 주어 완성하여 보자.

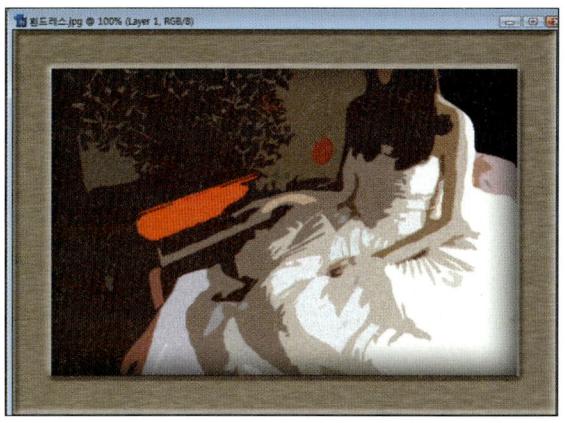

HINT | [Filter]>[Artistic]>[Cutout] 메뉴를 선택하여 이미지를 단순화하고, [New effect layer] 버튼(▣)을 클릭하여 필터 레이어를 생성한다. [Filter]>[Artistic]>[Film Grain] 메뉴를 선택하여 노이즈를 주어 오래 된 듯한 느낌을 연출한다. [Window]>[Actions] 메뉴를 실행하여 Actions 팔레트를 불러온 후 팝업 메뉴 버튼(▼≡)을 클릭하고 [Frames] 메뉴를 선택한다. 목록에서 'Frames' 폴더를 클릭하여 'Wood Frame'을 선택하고 [Play Selection] 버튼(▶)을 눌러 액션을 실행한다.

02 혼자해보기 '챕터9_샘플\강.jpg' 파일을 불러온 후 필터를 적용하여 수묵화 느낌의 이미지를 만들어 보자.

HINT | [Filter]>[Brush Strokes]>[Sumi-e] 메뉴를 선택하여 이미지를 수묵화 느낌으로 만들고, [Filter]>[Sharpen]>[Sharpen Edges] 메뉴를 선택하여 붓터치의 경계를 도드라지게 한다. Ctrl+F를 눌러 한 번 더 [Sharpen Edges] 필터를 적용한다.

Section 3. 포토샵에서 제공하는 기본 필터 알아보기 2

포토샵이 자체적으로 제공하는 단일 필터를 사용하여 사용자가 이미지를 표현하는 데는 한계가 있기 마련이다. 이럴 때는 필터를 중복하여 사용해보기도 하고 선택 영역을 지정하거나 효과 정도를 낮추기 또는 부분적으로 되돌리기 하는 방법 등을 사용하여 실험적으로 연습해 보는 것이 좋다.

> ● 알아두기
> - [Sketch] 필터는 페인팅보다는 드로잉 위주의 효과로 구성되어 있으며, 전경색과 배경색을 사용하여 스케치 효과를 낸다.
> - [Stylize] 필터는 이미지의 스타일 자체를 변화시키는 필터들로 구성되어 있다.
> - [Texture] 필터는 이미지의 질감이나 텍스추어 효과를 주는 필터로 구성되어 있다.
> - [Render] 필터는 구름이나 조명, 렌즈의 반사광과 같은 효과를 만들 수 있다.

따라하기 01 [Render] 필터로 구름 이미지 만들기

'챕터9_샘플\홍유란.jpg' 파일을 불러온 후 [Render] 메뉴의 [Clouds] 필터와 [Lighting Effects] 필터를 적용하여 배경을 멋진 구름과 조명으로 채워 보자.

❶ 툴박스에서 올가미 툴(◯)을 클릭하고 옵션 바의 [Feather]를 '10px'로 설정한 후 아기를 드래그하여 선택한다.

❷ [Layer]>[New]>[Layer via Cut] 메뉴를 선택하여 아기 이미지를 'Layer 1' 레이어로 생성한다.

❸ 전경색을 파란색, 배경색을 흰색으로 설정한다. Layers 팔레트에서 'Background' 레이어를 선택하고 [Filter]>[Render]>[Clouds] 메뉴를 선택한다.

❹ [Layer]>[Flatten Images] 메뉴를 선택하여 'Layer 1' 레이어를 'Background' 레이어로 합친다.

❺ [Filter]>[Rander]>[Lighting Effects] 메뉴를 선택하여 대화상자가 나타나면 [Style]을 'Triple Spotlight'로 설정하고 미리 보기 화면의 조명 각도를 드래그하여 그림처럼 만든 후 [OK] 버튼을 클릭한다.

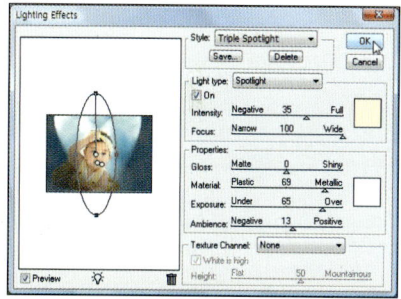

> **[Filter]>[Render] 메뉴** tip ➕
>
> 조명이나 구름 효과처럼 배경에 특별한 분위기를 나타내는 필터로 구성되어 있다.
>
> - **Clouds** : 전경색과 배경색의 색상을 섞어 구름 모양을 만든다. Alt 를 누른 채 명령을 실행하면 대비가 강한 구름을 만들 수 있다.
> - **Difference Clouds** : 이미지를 구름 모양으로 만들면서 Difference 모드로 합성되어 나타난다.
> - **Lens Flare** : 사진을 찍을 때 카메라의 렌즈에 태양광이나 조명이 반사될 때 생기는 반사광을 표현한다.
> - **Lighting Effects** : 이미지 위에 다양한 조명을 설치하고 색상, 밝기, 각도를 설정하여 인위적인 조명 효과를 연출한다.

Section 3 . 포토샵에서 제공하는 기본 필터 알아보기 2

| 따라하기 02 | [Sketch] 필터로 도장 이미지 만들기 |

'챕터9_샘플\박정현.jpg' 파일을 불러온 후 [Sketch] 메뉴의 [Stamp] 필터를 적용하여 도장 이미지를 만들어 보자.

❶ 툴박스에서 원형 선택 툴(◯)을 선택하고 Alt 를 누른 채 중심에서 드래그하여 원을 만든다.

❷ [Layer]>[New]>[Layer via Cut] 메뉴를 선택하여 'Layer 1' 레이어를 생성한다.

❸ [Filter]>[Sketch]>[Stamp] 메뉴를 선택하여 대화상자가 나타나면 [Light/Dark Balance]를 '1', [Smoothness]를 '1'로 설정하고 [OK] 버튼을 클릭한다.

❹ 가로 문자 툴(T)을 선택하고 옵션 바에서 글꼴을 '궁서', 글꼴 크기는 '14pt', 글꼴 색상은 '검정'으로 설정한 후 이미지에 '참! 잘했어요~'라고 입력한다. [Create Warped Text] 버튼(⬚)을 선택하여 대화상자가 나타나면 [Style]을 'Arc', 'Horizontal', [Bend]를 '-50'으로 설정하고 [OK] 버튼을 클릭한 후 옵션 바에서 동의 버튼(✓)을 누른다.

❺ Layers 팔레트에서 'Layer 1' 레이어를 선택하고 [Add a layer style] 버튼(fx)을 클릭하여 [Stroke]를 선택한다. 대화상자가 나타나면 [Size]를 '10', [Position]을 'Inside', [Color]는 '검정'으로 설정하고 [OK] 버튼을 클릭한다.

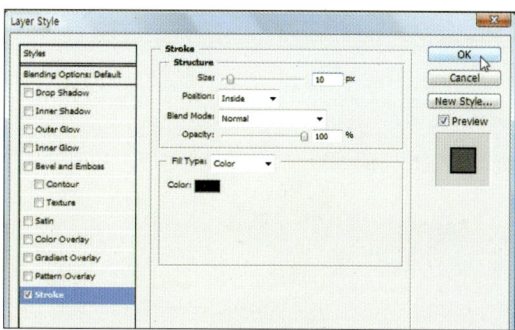

❻ 'Background' 레이어를 선택하고 흰색으로 채운다.

[Filter]>[Sketch] 메뉴 tip

페인팅보다는 스케치나 드로잉 위주의 회화적인 분위기를 내는 필터로 구성되어 있다. 툴박스의 전경색과 배경색만을 이용하여 스케치 효과를 만든다.

- **Bas Relief** : 입체적인 분위기로 돌에 조각한 듯한 이미지를 만든다.
- **Chalk & Charcoal** : 초크와 목탄으로 그린 효과를 만든다. 밝은 부분에는 배경색을 사용하여 초크로 그린 거친 효과를 내고, 어두운 부분에는 전경색을 사용하여 목탄으로 부드럽게 그린 효과를 만든다.
- **Charcoal** : 배경색의 종이에 전경색의 목탄을 이용하여 사선으로 그린 효과를 만든다.
- **Chrome** : 이미지를 그레이스케일의 색상으로 바꾸면서 금속 질감의 효과를 만들어 준다.
- **Conte Crayon** : 결이 있는 종이 위에 크레용으로 그린 효과를 낸다. 전경색은 이미지의 어두운 부분에 적용되고, 배경색은 밝은 부분에 적용된다.
- **Graphic Pen** : 가는 펜으로 이미지를 터치하는 효과를 만든다.
- **Halftone Pattern** : 이미지를 인쇄에서 사용되는 망점을 통해 보는 듯한 효과를 만든다. 전경색은 망점을 나타내고 종이색은 배경색을 만든다.
- **Note Paper** : 질감이 있는 종이 위에 이미지를 단순화하고 명도차에 의해 엠보싱 효과를 주는 필터이다.
- **Photocopy** : 복사기로 복사한 듯 대비가 심한 부분을 경계로 남기면서 이미지를 단순화한다.
- **Plaster** : Plaster란 석고나 회반죽을 뜻하는데, 석고를 이용한 것처럼 입체적인 느낌을 만든다.
- **Reticulation** : Reticulation이란 그물이나 망사조직을 뜻하는데, 마치 이미지 위에 둥근 망사를 대고 그 위에 물감으로 찍은 듯한 효과를 만든다.
- **Stamp** : 전경색의 물감으로 배경색의 종이 위에 스탬프를 찍은 듯한 효과를 만든다.
- **Torn Edges** : [Stamp] 필터와 비슷하지만 경계 부분은 찢긴 듯한 느낌으로 거칠게 표현한다.
- **Water Paper** : 젖은 종이 위에 그림을 그려 이미지가 번진 효과를 준다.

따라하기 03 [Stylize] 필터로 바람 효과 연출하기

'챕터9_샘플\보드.jpg' 파일을 불러온 후 [Stylize] 메뉴의 [Wind] 필터를 적용하여 바람 효과를 만들어 보자.

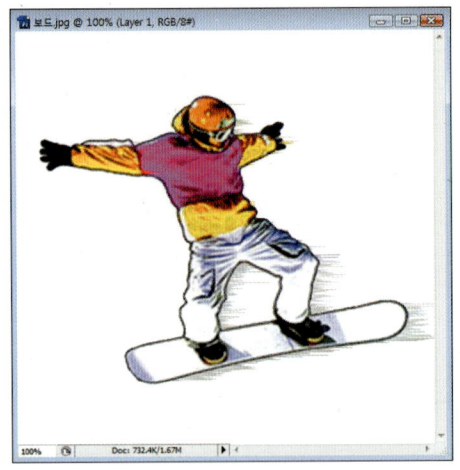

❶ 툴박스의 마술봉 툴( )로 배경을 선택한다. Shift + Ctrl + I 를 눌러 선택 영역을 반전하여 인물을 선택한다.

❷ [Layer]>[New]>[Layer via Copy] 메뉴를 선택하여 'Layer1' 레이어를 만든다.

❸ [Filter]>[Stylize]>[Wind] 메뉴를 선택하여 대화상자가 나타나면 [Method]를 'Wind', [Direction]을 'From the left'로 설정하고 [OK] 버튼을 클릭한다.

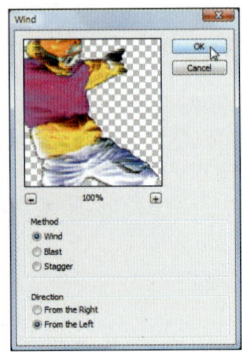

❹ Ctrl + F 를 누르면 바람 효과가 다시 한 번 실행된다.

❺ Layers 팔레트에서 'Layer 1' 레이어의 블렌딩 모드를 'Darken'으로 설정한다.

> **[Filter]>[Stylize] 메뉴**   tip
>
> 이미지의 스타일 자체를 변화시키는 필터들로 구성되어 있다.
>
> - **Diffuse** : 이미지 경계의 픽셀을 흩뿌려 거칠게 만든다.
> - **Emboss** : 이미지를 중화톤으로 만들면서 양각이나 음각의 입체감을 표현해 준다.
> - **Extrude** : 이미지를 직육면체나 피라미드 모양의 돌출한 형태로 표현하여 준다.
> - **Find Edges** : 이미지의 경계를 진한 선으로 만들고 나머지는 흰색으로 채운다.
> - **Glowing Edges** : 경계 부분을 밝은 선으로 만들고 그 선이 발광하는 효과를 만들어준다.
> - **Solarize** : Solarize는 사진 현상 기법중의 하나인데, 일부러 필름을 빛에 노출시켜 사진의 어두운 부분의 명도는 그대로 두고 밝은 부분을 반전시킨다.
> - **Tiles** : 타일 조각으로 분할하는 효과를 만든다.
> - **Trace Contour** : [Find Edges] 필터와 마찬가지로 경계 부분을 선의 형태로 만들어주지만 좀더 밝은 색상으로 만들어 준다. 그리고 나머지 부분은 흰색으로 단순화 한다.
> - **Wind** : 바람이 불어 이미지가 날리는 효과를 만든다.

따라하기 04 [Mosaic Tiles] 필터로 타일 만들기

'챕터9_샘플\동자.psd' 파일을 불러온 후 [Texture] 메뉴의 [Mosaic Tiles] 필터를 적용하여 타일 효과를 만들어 보자.

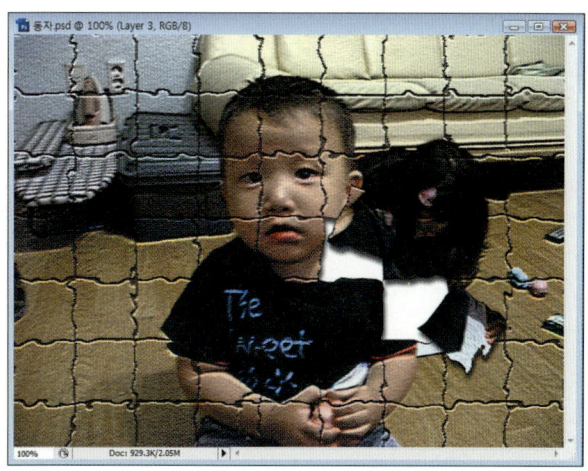

Section 3 . 포토샵에서 제공하는 기본 필터 알아보기 2

❶ Layers 팔레트에서 'Layer0' 레이어를 선택하고 [Filter]〉[Texture]〉[Mosaic Tiles] 메뉴를 실행한다. 대화상자가 나타나면 [Tile Size]를 '70', [Grout Width] 를 '2', [Lighten Grout]를 '0' 으로 설정하고 [OK] 버튼을 클릭한다.

❷ 툴박스의 다각형 올가미 툴( )로 타일 한 조각을 선택하고 [Layer]〉[New]〉 [Layer via Cut] 메뉴를 실행하여 'Layer 2' 레이어를 생성한다.

❸ [Edit]〉[Free Transform] 메뉴를 선택하여 바운딩 박스가 나타나면 모서리 점을 드래그하여 회전하고 동의 버튼( )을 클릭한다.

❹ Layers 팔레트에서 [Add a layer style] 버튼( )을 눌러 [Drop Shadow]를 선택 하고 대화상자가 나타나면 바로 [OK] 버튼을 클릭한다.

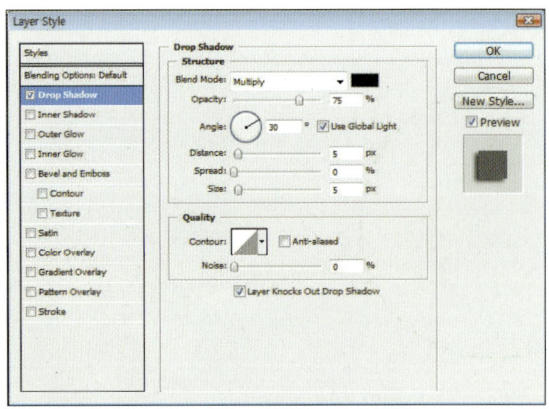

❺ 'Layer 2' 레이어가 선택된 상태에서 [Layer]〉[Layer Style]〉[Copy Layer Style] 메뉴를 실행한다.

❻ 'Layer 0' 레이어를 선택하고 [Layer]>[Layer Style]>[Paste Layer Style] 메뉴를 실행한다.

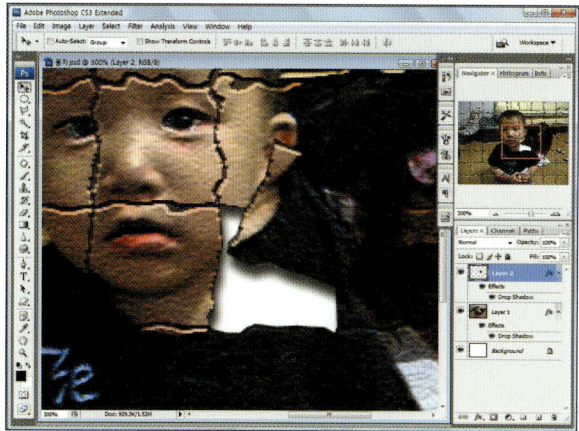

❼ 'Layer 0' 레이어가 선택된 상태에서 다각형 올가미 툴(☒)로 타일 한 조각을 더 선택하고 [Layer]>[New]>[Layer via Cut] 메뉴를 실행하면 자동으로 그림자가 생성된다.

❽ Ctrl + T 를 눌러 바운딩 박스가 나타나면 모서리 점을 드래그하여 회전하고 Enter 를 눌러 실행한다.

> **[Filter]>[Texture] 메뉴**   tip ➕
>
> 이미지에 질감이나 텍스추어를 적용하는 필터들로 구성되어 있다.
>
> - **Craquelure** : 벽면에 균열이 간 것처럼 이미지를 울퉁불퉁하게 만들어 준다. 이미지 명암이 단순한 것보다는 차이가 많이 나는 사진일수록 좋은 효과를 기대할 수 있다.
> - **Grain** : Grain이란 작은 점이나 알갱이를 뜻하는데, 이 필터는 이미지에 작은 점들이 다양하게 뿌려진 느낌을 만든다.
> - **Mosaic Tiles** : 불규칙한 입체 타일 위에 이미지를 그린 효과를 만든다.
> - **Patchwork** : 이미지를 작은 사각의 조각으로 분할하여 표현한다. 밝은 픽셀은 나오게 하고 어두운 픽셀은 들어가 보이게 하여 전체적으로 부드러운 입체적인 느낌의 타일 모양을 만든다.
> - **Stained Glass** : 성전의 유리를 장식하는 스테인드글라스 효과를 만들어 준다. 이미지를 다각형의 단위로 묶고 테두리는 전경색으로 채운다.
> - **Texturizer** : 이미지에 다양한 텍스추어 질감을 만들어준다.

> **tip**
>
> **그 외의 필터들**
>
> ❶ **[Filter]〉[Video] 메뉴**
> 주로 TV나 비디오에서 캡처 받은 이미지를 모니터로 가져올 때 이미지의 색상 보정에 관련된 필터로 구성되어 있다.
> - **De-interlace** : TV나 비디오의 동화상을 정지 이미지로 캡처 받을 때 생기는 주사선을 제거해주는 기능이다.
> - **NTSC Colors** : 이미지의 색상을 NTSC 방식의 TV 화면으로 구현할 수 있게 변환해주는 필터이다.
>
> ❷ **[Filter]〉[Other Filter] 메뉴**
> 그 밖의 기타 필터들로 구성되어 있다.
> - **Custom** : 복잡한 연산 과정을 거쳐 사용자가 임의대로 필터를 만들어 이용할 수 있으나 쉽게 결과를 예측할 수 없다.
> - **High Pass** : 명도차가 많이 나는 경계를 밝게 해주며 나머지 영역은 중화톤으로 만든다.
> - **Maximum** : 이미지 내에서 가장 밝은 픽셀을 확장한다.
> - **Minimum** : 이미지 내에서 가장 어두운 픽셀을 확장한다.
> - **Offset** : 대화상자에서 지정한 수치만큼 이미지를 이동시킨다.
>
> ❸ **[Filter]〉[Digimarc] 메뉴**
> 디지털 이미지가 불법으로 저작자의 허락 없이 도용되는 것을 막기 위해 만들어졌다.
> - **Embed Watermark** : 대화상자에서 [Personalize] 버튼을 클릭하면 [Personalizer Digimarc ID] 대화상자가 나타나고 회원 아이디를 입력할 수 있다. 아이디가 없는 경우 [Info]를 클릭하여 디지마크사 홈페이지로 이동하여 가입을 한 다음 유료 회원 아이디를 부여 받고 워터마크를 삽입할 수 있다.
> - **Read Watermark** : 이미지의 저작권과 관련된 사항을 대화상자를 통해 보여준다. 포토샵을 열 때 저작권이 있는 이미지는 파일 이름 앞에 'ⓒ'가 표시되어 있다.

01 혼자해보기 '챕터9_샘플\춤.jpg' 파일을 불러온 후 중화톤 이미지로 변환하고 노란 색상을 추가하여 고풍스러운 이미지를 만들어 보자.

HINT | [Filter]>[Other Filter]>[High Pass] 메뉴를 선택하여 [Radius]를 '10'으로 설정하고 중화톤 이미지를 만든다. [Images]>[Adjustments]>[Color Balance] 메뉴를 선택하여 [Color Levels]를 '0, 0, -50'으로 설정하고 [OK] 버튼을 클릭한다.

02 혼자해보기 '챕터9_샘플\보라색옷.jpg' 파일을 불러온 후 [Stamp] 필터를 적용하여 도장 이미지를 만들고 색상을 넣어 보자.

HINT | [Filter]>[Sketch]>[Stamp] 메뉴를 선택하여 대화상자가 나타나면 [Light/Dark Balance]를 '7', [Smoothness]를 '2'로 설정한다. [Images]>[Adjustments]>[Hue/Saturation] 메뉴를 선택하여 [Colorize]를 체크하고 [Hue]를 '330', [Saturation]을 '70', [Lightness]를 '50'으로 설정하고 [OK] 버튼을 클릭한다.

핵심정리 summary

1. 독립적인 기능의 필터 알아보기

- Extract(이미지 추출) : 선택하기 까다로운 이미지를 배경에서 추출하는 기능으로 경계가 정확하지 않은 이미지를 선택할 때 편리하게 사용할 수 있다.
- Filter Gallery(필터 갤러리) : 회화적인 이미지를 만들 수 있도록 메뉴를 제공한다.
- Liquify(이미지 변형) : 이미지의 픽셀을 연장하여 구부리거나 비틀면서 변형하는 기능이다.
- Pattern Maker(패턴 생성) : 선택한 범위의 픽셀을 다양하게 조합하여 패턴을 만들어 주는 기능이다.
- Vanishing Point(소실점) : 소실점을 찾아 이미지를 연장하거나 패턴을 입체적으로 맵핑해준다.

2. 기본 필터 알아보기

- Artistic(예술 효과 필터) : 회화적 느낌의 효과를 만들어준다.
- Blur(흐림 효과 필터) : 선택 영역이나 이미지를 부드럽게 처리한다.
- Brush Strokes(붓칠 효과 필터) : 다양한 브러시 및 잉크 효과를 사용하여 회화나 순수 미술 같은 느낌이 나도록 한다.
- Distort(왜곡 필터) : 이미지를 기하학적으로 왜곡하여 다른 형태로 변형시킨다.
- Noise(잡티 필터) : 잡티 또는 무작위로 분포된 컬러 픽셀을 더하거나 없앤다.
- Pixelate(픽셀 응집 필터) : 색상값이 비슷한 픽셀들을 덩어리로 응집시킨다.
- Render(묘사 필터) : 구름 패턴 그리고 빛의 반사를 모방한 굴절 패턴을 묘사한다.
- Sharpen(선명 효과 필터) : 대비를 높여 흐릿한 이미지를 선명하게 만든다.
- Sketch(스케치 효과 필터) : 전경색과 배경색을 사용하여 스케치 효과를 낸다.
- Stylize(스타일화 필터) : 이미지의 스타일 자체를 변화시키는 필터들로 구성되어 있다.
- Texture(텍스추어 필터) : 이미지에 텍스추어의 질감 효과를 준다.
- Video(비디오 필터) : TV나 비디오에서 캡처 받은 이미지의 색상 보정에 관련된 필터로 구성되어 있다.
- Other(기타 필터) : 그 밖의 기타 필터들로 구성되어 있다.
- Digimarc : 저작권 관련 정보를 저장하거나, 삽입된 워터마크를 읽는다.

종합실습 e_x_e_r_c_i_s_e

1. '챕터09_샘플\레고전시.jpg' 파일을 불러온 후 [Image]〉[Canvas Size] 메뉴를 이용하여 가로, 세로 2Cm를 늘려 흰 여백을 만든다. [Filter]〉[Texture]〉[Grain] 메뉴를 이용하여 오래된 느낌의 질감을 만들고 채도를 낮추어 색상이 바랜 느낌을 연출하여 보자.

HINT |
❶ 파일 열기 : [File]〉[Open]
❷ 흰 여백 만들기 : [Image]〉[Canvas Size]
❸ 오래된 질감 만들기 : [Filter]〉[Texture]〉[Grain]
❹ 채도 낮추기 : [Image]〉[Adjustments]〉[Hue/Saturation]
❺ 얼룩 만들기 : 브러시 툴

CHAPTER 10

Section 1 웹 이미지 만들기
Section 2 3D 모델링, 동영상 수정하기

포토샵 CS3 Extended의 웹&멀티미디어 기능 알아보기

포토샵 CS3는 일반 이미지를 웹에서 사용하기 적합하게 변환시켜 주는 기능을 가지고 있다. 그리고 3D 파일을 불러와서 포토샵에서 디자인한 텍스추어를 변경할 수 있으며 동영상 파일을 불러와서 편집을 할 수 있는 팔레트도 제공하고 있다. 단, 3D와 동영상 기능은 Extended 버전에만 해당된다.

웹용 이미지와 3D, 무비에 관련된 기능

Chapter 10

웹용 이미지는 일반적인 이미지와는 다르게 용량에 민감하다. 파일 용량이 작아야 이미지의 로딩 속도를 줄일 수 있는데 대개의 사진 이미지는 *.jpg 포맷으로 저장하면 용량을 대폭 줄일 수 있으며 이미지를 분할하여 파일을 여러 조각으로 불러와도 속도를 줄일 수 있다.

01 웹용 이미지 제작

웹용 이미지를 만들고 저장하려면 [File]>[Save for Web & Devices] 메뉴를 선택한다. 그러면 다음과 같은 대화상자가 나타나는데 이때 투명 이미지나 애니메이션 파일은 *.gif로 저장하여야 한다. *.jpg는 정지된 한 장의 이미지만 저장되어 주의하여야 한다.

● [Save For Web & Devices] 대화상자

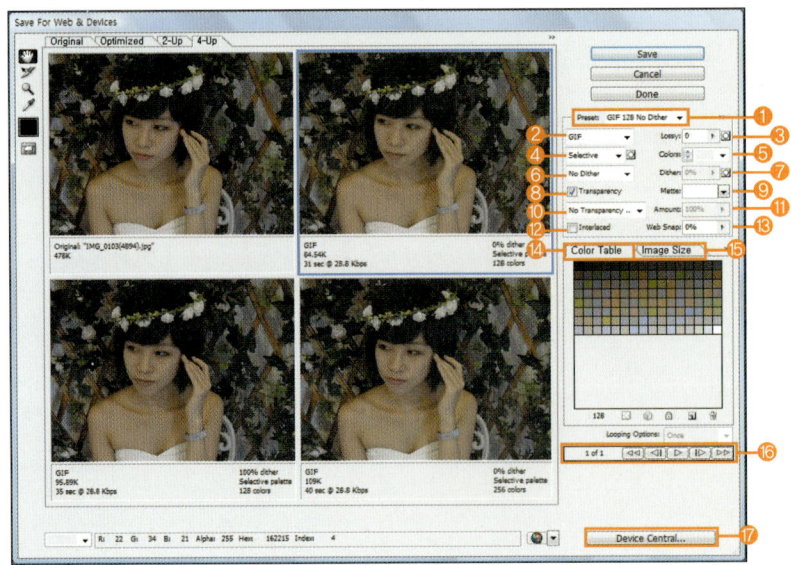

❶ Preset : GIF, JPEG, PNG 파일 포맷의 설정값을 지정할 수 있다.

❷ Optimized file format : 파일 포맷을 지정한다.

❸ Lossy : 알파 채널을 불러와서 이미지의 손실되는 양을 조절할 수 있다.

❹ Color reduction algorithm : GIF 파일 형식에서 색상이 배열되는 방식을 설정할 수 있다.

❺ Colors : 색상 수를 조절한다.

❻ Specify the dither algorithm : 이미지를 디더링으로 표현할 때의 패턴을 지정한다.

❼ Dither : 디더링의 정도를 적용한다.

❽ Transparency : 투명 이미지를 만들 때 체크한다.

❾ Matte : 투명 이미지를 만들 때, 안티 에일리어싱을 적용하여 부드럽게 처리한 이미지의 경계를 매트한 색상으로 채운다.

❿ Specify Transparency dither algorithm : 투명한 부분의 가장자리에 주는 디더링 옵션이다.

⓫ Amount : [Diffusion Transparency Dither] 옵션을 적용할 때 양을 설정한다.

⓬ Interlaced : 브라우저에서 용량이 큰 이미지를 읽어 들일 때 점차적으로 선명하게 보이게 하는 옵션이다.

⓭ Web Snap : 웹에서 안전한 색으로 입력한 수만큼 변환시켜 주며 색상에 손상이 따른다.

⓮ Color Table : 이미지에 사용된 색상을 보여준다.

⓯ Image Size : 이미지의 크기를 보여주며 변경할 수 있다.

⓰ 컨트롤 바 : 애니메이션인 경우 실행할 수 있다.

⓱ Device Central : 실시간 메모리 테스트, 기타 통신환경, CPU 점유율, 다국어 테스트가 아주 간단하게 에뮬레이팅 된다.

● [Slice Options] 대화상자

분할된 슬라이스가 선택된 상태에서 옵션 바의 [Set Options for the current Slice] 버튼(▤)을 클릭하면 나타나는 대화상자로 슬라이스의 속성을 설정할 수 있다.

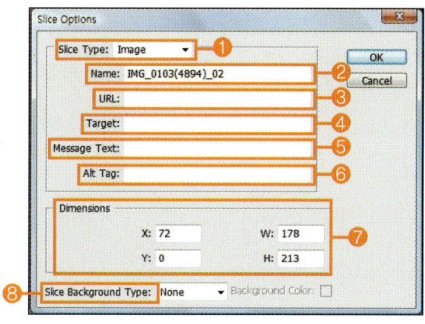

❶ Slice Type : 분할 영역에 이미지를 넣거나 넣지 않을 수 있다.

❷ Name : 저장할 때 파일명을 입력한다.

❸ URL : 이미지를 링크할 때 경로나 파일명을 입력한다.

❹ Target : 문서가 열릴 방식을 설정한다.

❺ Message Text : 브라우저의 상태 표시줄에 표시할 메시지를 입력한다.
❻ Alt Tag : 이미지에 마우스 커서를 위치시켰을 때 표시할 메시지를 입력한다.
❼ Dimensions : 분할 영역의 가로, 세로 좌표의 길이를 입력한다.
❽ Slice Background Type : 영역의 투명한 배경에 색상을 지정한다.

02 애니메이션 GIF 파일 만들기

움직임을 만들어주는 방식에는 여러 가지가 있는데 대표적으로 단순히 이미지를 배열하는 GIF 애니메이션과 여러 가지 효과를 만들 수 있는 프로그래밍 언어 Java가 있다. 플래시는 사운드 파일까지 포함하여 역동적인 애니메이션을 만들 수 있다. 그러나 Java로 만들어진 Applet(애플릿)들은 실행속도가 느리고 직접 프로그래밍을 해야하는 단점이 있고 플래시는 플러그인이 있어야만 실행이 된다. 반면, 연속적인 그림들이 삽입된 하나의 GIF 파일은 특별한 기술 없이 누구나 손쉽게 만들 수 있고 플러그인 없이도 브라우저에서 작동한다는 장점을 가지고 있다.

● Animation(Frames) 팔레트

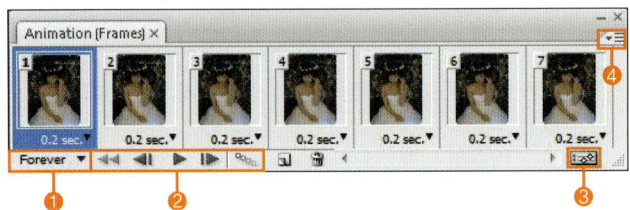

❶ 애니메이션 재생 횟수 조절 : 한 번(Once), 계속 반복(Forever) 중 선택할 수 있고 또는 사용자가 직접 지정(Other)할 수도 있다.

❷ 컨트롤 바 : 시작 프레임으로 이동(◀◀)/이전 프레임으로 이동(◀)/재생(▶)/다음 프레임으로 이동(▶▶)/Tween( )/프레임 복제( )/프레임 삭제( ) 버튼으로 구성되어 있다.

❸ Convert to timeline animation : Timeline 애니메이션 팔레트로 변환한다.

❹ 팝업 메뉴 버튼 : 프레임 생성, 복사, 제거, 선택, Tween 기능, 프레임의 순서를 바꾸는 메뉴 등이 있다.

● Animation(Timeline) 팔레트

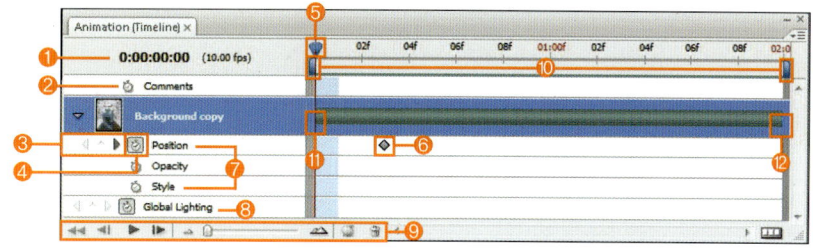

❶ **Current time** : 'Current Time Indicator' 아이콘( )이 위치한 현재 시간을 표시한다.

❷ **Comments** : 주석을 달 수 있다.

❸ **Keyframe Navigators** : 키프레임을 만들거나 현재 시간을 표시하는 'Current Time Indicator' 아이콘( )을 앞 프레임이나 뒤 프레임으로 이동한다.

　- Go to previous keyframe( ) : 전의 키프레임으로 이동한다.

　- Add or remove keyframe at current time( )( ) : 키프레임을 추가( ), 삭제( )할 때 클릭한다.

　- Go to next keyframe( ) : 다음 키프레임으로 이동한다.

❹ **Time-Vary stop watch** : 키프레임을 설정하거나 삭제한다.

❺ **Current Frame Indicator**( ) : 현재 프레임을 표시한다.

❻ **Keyframe** : 키프레임을 설정한다.

❼ **Position, Opacity, Style** : 위치, 불투명도, 스타일을 변경할 수 있다.

❽ **Global Lighting** : 조명을 설정한다.

❾ **애니메이션 컨트롤 바** : 시작 프레임으로 이동( )/이전 프레임으로 이동( )/재생( )/다음 프레임으로 이동( )/타임라인 길이 변경(,)/어니언 스킨 보기( )/프레임 삭제( ) 버튼으로 구성되어 있다.

❿ **Work Area** : 시작 작업 영역과 끝 작업 영역을 이동하여 미리 보기 하거나 저장할 애니메이션의 길이를 줄일 수 있다.

⓫ **Move in point** : 드래그하여 해당 프레임의 시작 지점을 설정한다.

⓬ **Move out point** : 드래그하여 해당 프레임의 끝 지점을 설정한다.

Section 1. 웹 이미지 만들기

이미지 작업 후 HTML and Image(*.html)로 저장하면 HTML 태그를 만들어 html 파일과 함께 images라는 폴더에 분할한 이미지를 저장하므로 바로 웹 브라우저상에 표시할 수 있다. 파일 형식을 Images Only(*.jpg)로 지정하면 images라는 폴더를 만들어 분할한 이미지를 저장한다. 따라서 홈페이지를 제작할 때 원하는 위치에 태그를 만들어 이미지를 표시할 수 있다.

> **알아두기**
> - 포토샵에서 제작한 용량이 큰 하나의 메인 이미지는 슬라이스 툴을 이용해 분할할 수 있다. 분할한 이미지에 링크를 설정해 다른 웹 사이트 및 내부 문서와도 연결시킬 수 있다.
> - 슬라이스 선택 툴을 이용하면 이미지의 분할 영역을 선택해 크기 및 위치를 변경할 수 있을 뿐만 아니라, 필요 없이 생성된 자동 분할 영역을 삭제할 수도 있다.

따라하기 01 슬라이스 툴로 이미지 조각내기

'챕터10_샘플\우먼.jpg' 파일을 불러온 후 슬라이스 툴을 이용하여 이미지를 3등분하여 보자.

❶ 툴박스에서 슬라이스 툴( )을 선택하고 왼쪽 상단 위에서부터 하단의 3분의 1이 되는 지점까지 드래그한다.

❷ 이번에는 오른쪽 상단 위에서부터 하단의 3분의 1이 되는 지점까지 드래그한다.

❸ 나눠진 이미지의 좌측 상단에 슬라이스 번호가 나타난다.

❹ [File]>[Save for Web & Devices] 메뉴를 선택한다. 대화상자의 [Preset]에서 'JPEG Medium'을 선택하고 하단의 [Image Size] 탭을 클릭한다. 여기서 [Percent]를 '50'으로 설정하면 이미지 사이즈가 반으로 줄어든다. [Apply]와

[Save] 버튼을 차례로 클릭한다.

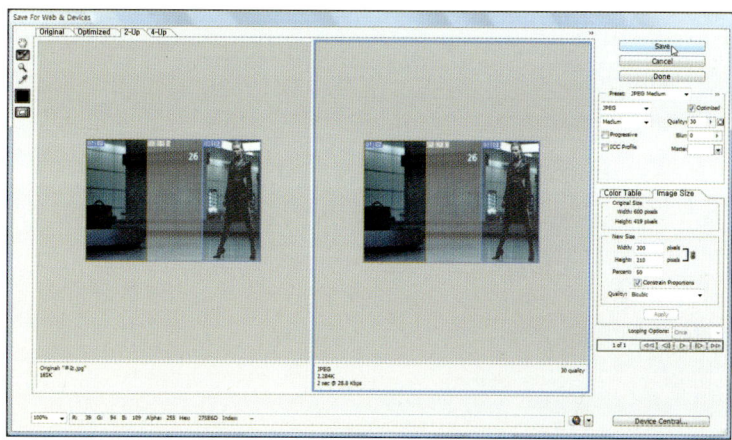

⑤ 저장되는 파일 형식을 'Images Only(*.jpg)'로 설정하고 파일명을 '우먼'으로 지정한 후 [저장] 버튼을 클릭한다.

⑥ 'Images' 폴더가 만들어지면서 '우먼_01.jpg', '우먼_02.jpg', '우먼_03.jpg' 파일이 포함된다.

슬라이스 툴의 옵션 바 tip ➕

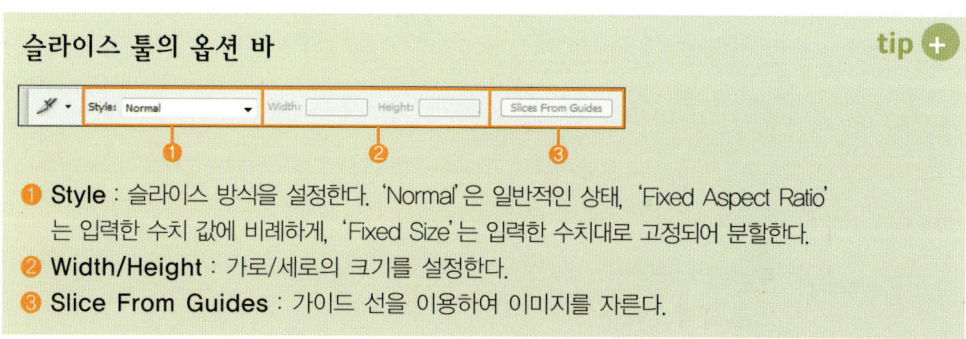

① **Style** : 슬라이스 방식을 설정한다. 'Normal'은 일반적인 상태, 'Fixed Aspect Ratio'는 입력한 수치 값에 비례하게, 'Fixed Size'는 입력한 수치대로 고정되어 분할한다.
② **Width/Height** : 가로/세로의 크기를 설정한다.
③ **Slice From Guides** : 가이드 선을 이용하여 이미지를 자른다.

슬라이스 선택 툴의 옵션 바 tip ➕

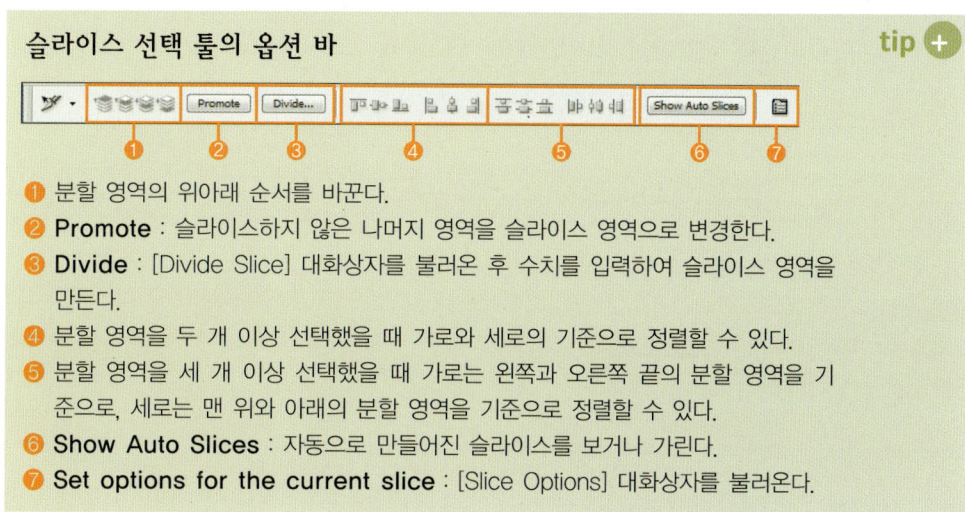

① 분할 영역의 위아래 순서를 바꾼다.
② **Promote** : 슬라이스하지 않은 나머지 영역을 슬라이스 영역으로 변경한다.
③ **Divide** : [Divide Slice] 대화상자를 불러온 후 수치를 입력하여 슬라이스 영역을 만든다.
④ 분할 영역을 두 개 이상 선택했을 때 가로와 세로의 기준으로 정렬할 수 있다.
⑤ 분할 영역을 세 개 이상 선택했을 때 가로는 왼쪽과 오른쪽 끝의 분할 영역을 기준으로, 세로는 맨 위와 아래의 분할 영역을 기준으로 정렬할 수 있다.
⑥ **Show Auto Slices** : 자동으로 만들어진 슬라이스를 보거나 가린다.
⑦ **Set options for the current slice** : [Slice Options] 대화상자를 불러온다.

> **슬라이스 아이콘** tip
>
> 파란색 슬라이스 번호는 슬라이스 툴로 직접 분할하여 편집이 가능한 유저 슬라이스 이며, 회색 번호로 보이는 오토 슬라이스는 자동으로 생성된 것으로 편집이 불가능하다.

따라하기 02 | 프레임 애니메이션 만들기

'챕터10_샘플\종이꽃.jpg' 파일을 불러온 후 두 프레임 분량의 반짝이는 별 애니메이션을 만들어 보자.

① [Layer]〉[New]〉[Layer] 메뉴를 선택하여 새로운 레이어 'Layer 1'을 생성한다.

② 툴박스에서 브러시 툴(✏)을 선택하고 전경색을 푸른색으로 설정한다. 옵션 바에서 별 모양의 브러시를 선택한 후 이미지의 여러 곳에 클릭한다.

③ [Layer]〉[New]〉[Layer] 메뉴를 선택하여 새로운 레이어 'Layer 2'를 생성한다.

④ 전경색을 분홍색으로 설정하고 별 모양의 브러시로 이미지의 빈곳을 여러 번 클릭한다.

⑤ [Windows]〉[Animation] 메뉴를 클릭하여 Animation 팔레트를 나타나게 한다.

❻ Animation 팔레트 하단의 [Convert to frame animation] 버튼(▭)을 클릭하여 Animation(Frames) 팔레트로 변경한다.

❼ 'Layer 2' 레이어의 눈 아이콘(◉)을 클릭하여 보이지 않게 한다.

❽ Animation 팔레트에서 [Duplicates selected frames] 버튼(▫)을 클릭하여 'Frame 2'를 생성한다.

❾ Layers 팔레트에서 'Layer 1' 레이어의 눈 아이콘(◉)을 클릭하여 보이지 않게 하고 'Layer 2' 레이어의 눈 아이콘을 클릭하여 보이게 한다.

❿ Animation 팔레트의 [Plays animations] 버튼(▶)을 클릭하여 확인하면 시간 설정을 하지 않았기 때문에 프레임이 빠르게 넘어가는 것을 알 수 있다.

따라하기 03 트윈 애니메이션 재생 방법 설정하고 저장하기

앞에서 만들어진 애니메이션 파일에 시간을 설정하고 중간 프레임을 더 생성한 후 계속해서 플레이되도록 설정하여 보자.

1프레임

2프레임

3프레임

4프레임

5프레임

❶ 앞의 작업이 완료되었으면 Shift 를 누른 채 Animation 팔레트의 'Frame 1'과 'Frame 2'를 선택한다.

❷ 프레임 위에서 마우스 오른쪽 버튼을 클릭하여 팝업 메뉴가 나타나면 '0.5'를 선택하여 프레임 지연 시간을 설정한다.

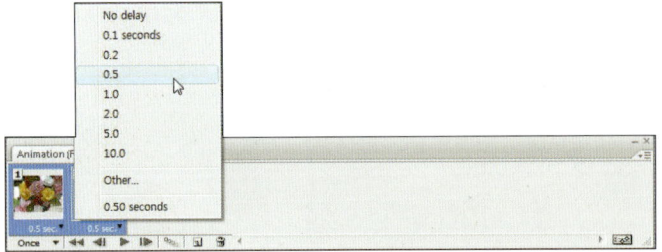

❸ Animation 팔레트의 왼쪽 하단에 'Once'를 'Forever'로 설정하여 프레임의 재생이 계속되도록 한다.

❹ 자연스럽게 나타나게 하기 위해 [Tweens animation frames] 버튼(　)을 클릭한다. 대화상자가 나타나면 [Frame to Add]를 '3'으로 설정하고 [OK] 버튼을 클릭하여 중간에 세 프레임이 생성되도록 한다.

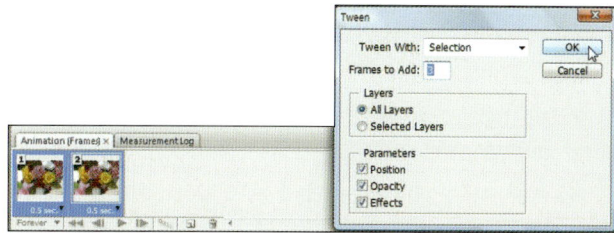

❺ [File]>[Save for Web & Devices] 메뉴를 실행한 후 대화상자의 [Preset]에서 'GIF 128 Dithered'를 선택하고 [Save] 버튼을 클릭한다.

❻ 저장되는 파일 형식을 'Images Only(*.gif)'로 설정하고 파일명을 '종이꽃'으로 지정한 후 [저장] 버튼을 클릭한다.

❼ 저장한 파일의 경로를 찾아서 '종이꽃.gif' 파일을 더블클릭하여 보면 움직이는 애니메이션 파일이 생성된 것을 확인할 수 있다.

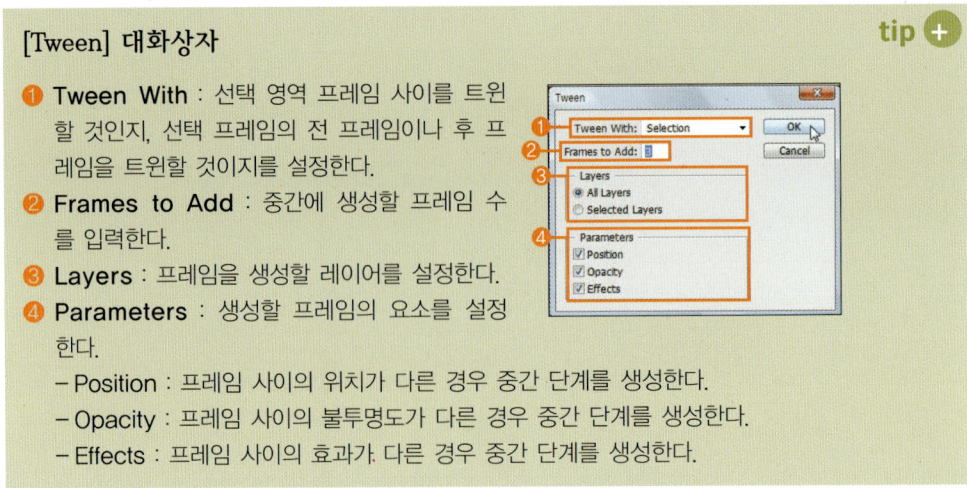

[Tween] 대화상자

① **Tween With** : 선택 영역 프레임 사이를 트윈할 것인지, 선택 프레임의 전 프레임이나 후 프레임을 트윈할 것이지를 설정한다.
② **Frames to Add** : 중간에 생성할 프레임 수를 입력한다.
③ **Layers** : 프레임을 생성할 레이어를 설정한다.
④ **Parameters** : 생성할 프레임의 요소를 설정한다.
   - Position : 프레임 사이의 위치가 다른 경우 중간 단계를 생성한다.
   - Opacity : 프레임 사이의 불투명도가 다른 경우 중간 단계를 생성한다.
   - Effects : 프레임 사이의 효과가 다른 경우 중간 단계를 생성한다.

따라하기 04 폰 배경 애니메이션 만들기

'챕터10_샘플\진이.psd' 파일을 불러온 후에 핸드폰 화면에 맞추어 애니메이션을 만들어 시뮬레이션 해보자.

❶ [File]>[New] 메뉴를 선택하여 대화상자가 나타나면 오른쪽 중앙 버튼에 [Device Central] 버튼을 클릭한다.

❷ [Adobe Device Central CS3] 창이 나타나면 원하는 모바일 폰을 클릭한다. 여기서는 [Motorola]를 선택하고 하단의 [Create] 버튼을 클릭한다.

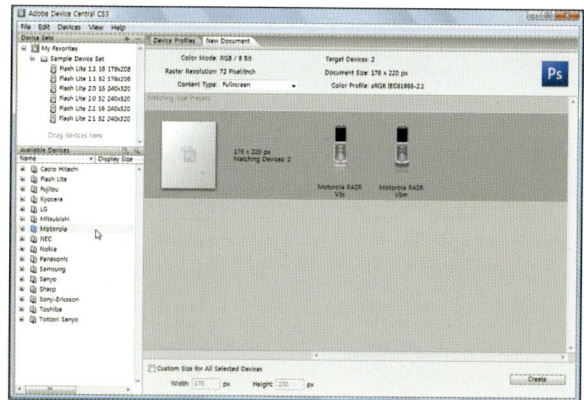

❸ 선택한 모델의 화면 크기에 맞는 창이 나타나면 '챕터10_샘플\진이.psd' 파일을 불러온다.

❹ Animation(Frames) 팔레트에서 Shift 를 이용하여 프레임 두 개를 선택하고 팝업 메뉴 버튼(▼≡)을 누른 후 [Copy Frames]를 클릭한다.

❺ 새로 만든 창을 선택하여 활성화하고 팝업 메뉴 버튼(▼≡)을 누른 후 [Paste Frames]를 클릭하여 복사한 것을 붙인다.

❻ 대화상자가 나타나면 [Replace Frames]를 선택하고 [OK] 버튼을 클릭한다.

❼ [File]>[Save for Web & Devices] 메뉴를 실행한 후 대화상자의 [Preset]에서 'GIF 128 Dithered'를 선택하고 [Device Central] 버튼을 클릭한다.

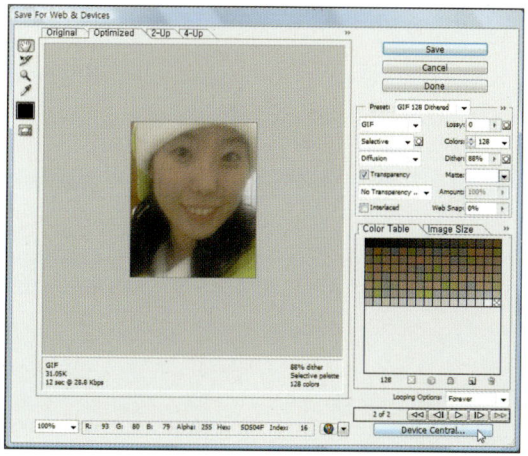

❽ 애니메이션이 시뮬레이션 되는 것을 확인하고 창을 닫는다.

❾ [Save for Web & Devices] 대화상자가 나타나면 [Save] 버튼을 클릭한다.

[Adobe Device Central CS3] 창

tip +

이미지와 동영상이 선택한 모바일 폰에 들어갔을 때의 시뮬레이션을 보여 준다.

❶ **Device Sets** : 기본 장치들이 표시되며 자주 사용하는 장치를 추가할 수 있다.
❷ **Avaliable Devices** : 제조사별로 그룹지어 있으며 Adobe Device Central에서 지원하는 모바일을 표시한다.
❸ **Devices Profiles** : 선택한 모바일의 유형, 사이즈, 사용 언어 등 세부정보를 표시한다.
❹ **Emulator** : 모바일에 디스플레이 되는 확대, 축소, 좌우 회전 옵션을 설정한다.
❺ **Test Panels** : 콘텐츠가 적용되는 여러 가지 타입을 시뮬레이션 한다.
 - **Contents Type** : 콘텐츠가 지원하는 타입을 적용해 시뮬레이션 한다.
 - **File Info** : 파일의 이름, 크기, 포맷명 등이 표시된다.
 - **Display** : 콘텐츠를 모바일에 적용했을 때 밝기, 실내, 실외, 강한 빛에 다른 반사광, 감마값과 대비를 조절해 볼 수 있다.
 - **Scaling** : 콘텐츠의 크기를 모바일 장치에 맞춰 확인할 수 있다.
 - **Alignment** : 디스플레이 되는 위치를 정렬할 수 있다.

01 혼자해보기

'챕터10_샘플\슬라이스.jpg' 파일을 불러온 후 가이드 선을 이용하여 이미지를 슬라이스하여 보자.

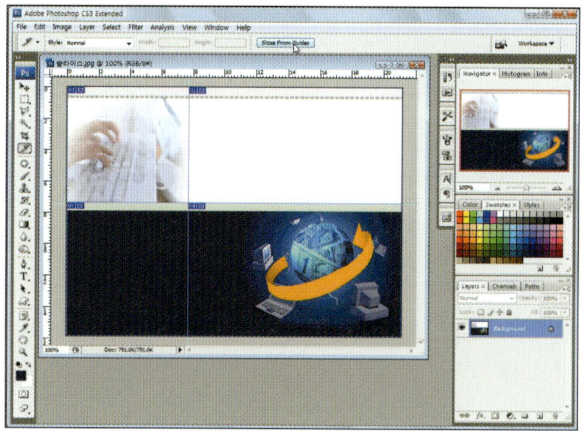

HINT | [View][Rulers] 메뉴를 선택하여 눈금자를 나타나게 한다. 툴박스에서 이동 툴(▶+)을 선택하고 가로와 세로 눈금자에서 드래그하여 가이드 선을 분할하려는 위치에 놓는다. 슬라이스 툴(✂)을 선택하고 옵션 바에서 [Slice from Guides] 버튼을 클릭하여 이미지를 분할한다.

02 혼자해보기

'챕터10_샘플\조나단.psd' 파일을 불러온 후 날아가는 새의 애니메이션을 만들어 보자.

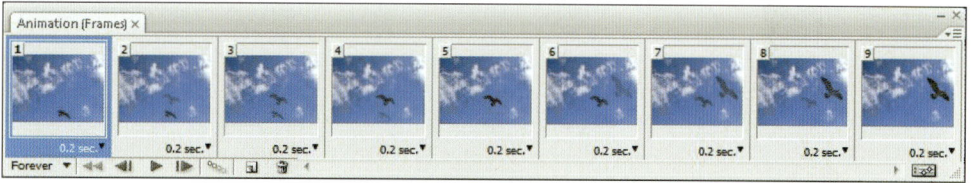

HINT | Animation 팔레트에서 [Duplicates selected frames] 버튼(🔲)을 클릭하여 'Frame 2' 프레임을 생성한다. Layers 팔레트에서 'Layer 1' 레이어의 눈 아이콘(👁)을 클릭하여 끄고 'Layer 2' 레이어의 눈 아이콘은 켠다. 다시 한번 [Duplicates selected frames] 버튼(🔲)을 클릭하여 'Frame 3' 프레임을 생성한 후 Layers 팔레트의 'Layer 2' 레이어의 눈 아이콘을 클릭하여 끄고 'Layer 3' 레이어의 눈 아이콘은 켠다. Shift 를 누른 채 Animation 팔레트의 'Frame 1' 프레임에서 'Frame 3' 프레임을 선택한 후 애니메이션 재생 횟수를 '0.2'로 설정한다. 'Frame 1' 프레임과 'Frame 2' 프레임을 선택하여 [Tweens animation frames] 버튼(⚙)을 클릭하여 대화상자가 나타나면 [Frame to Add]를 '3'으로 설정하여 중간에 3개의 프레임이 생성되도록 한다. 같은 방법으로 'Frame 2'와 'Frame 3' 프레임을 선택하고 트윈을 적용하여 중간에 3개의 프레임이 생성되도록 한다. 애니메이션 재생 횟수 조절을 'Forever'로 설정한 후 [File][Save for Web & Devices] 메뉴를 선택한다. 대화상자에서 [Preset]을 'GIF 128 Dithered'로 설정하고 [Save] 버튼을 클릭한다.

Section 2 · 3D 모델링, 동영상 수정하기

포토샵 CS3는 Extended와 Standard 두 가지 버전으로 제공되는데 Extended 버전은 3D와 동영상 편집을 포함하고 있다. 즉, 3D 오브젝트 포맷인 3ds, obj와 기타 포맷 등을 지원하므로 다양한 3D 콘텐츠를 쉽게 렌더링하여 2D 합성에 추가할 수 있다. 또한, Photoshop Extended 내에서 직접 기존 3D 모델의 텍스추어를 편집한 후 즉시 결과를 확인할 수도 있다.

> **알아두기**
> - [File]>[Open] 메뉴로 파일을 열면 3D 레이어가 생성된다. [Transform 3d model]이라는 명령을 통해서 디스플레이를 컨트롤할 수 있으며 새로운 텍스추어를 제작해서 적용할 수 있다.
> - Photoshop CS3 Extended는 3DS, OBJ, U3D, KMZ, COLLADA 등의 일반 3D 교환 형식을 지원하므로 대부분의 3D 모델을 불러와서 살펴보고 수정할 수 있다.
> - 동영상을 불러오려면 Apple사의 QuickTime 버전이 7.1 이상이어야 한다. 불러온 영상 파일은 프레임 단위로 수정이 가능하다.

따라하기 01 ― 3D 이미지 텍스추어 편집하기

'챕터10_샘플\teapot.psd' 파일을 불러온 후 텍스추어를 변경하여 보자.

❶ [Layer]>[3D Layers]>[Transform 3D Model] 메뉴를 클릭하고 옵션 바에서 [View]를 'Top'으로 설정한다.

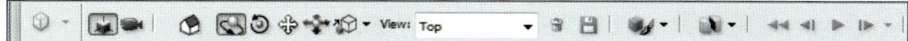

❷ Layers 팔레트의 'test' 레이어에 속해 있는 'd01'을 더블클릭하여 경고창이 나타나면 [Apply] 버튼을 클릭하고, 다시 'd01'을 클릭하면 텍스추어 파일이 자동으로 열린다.

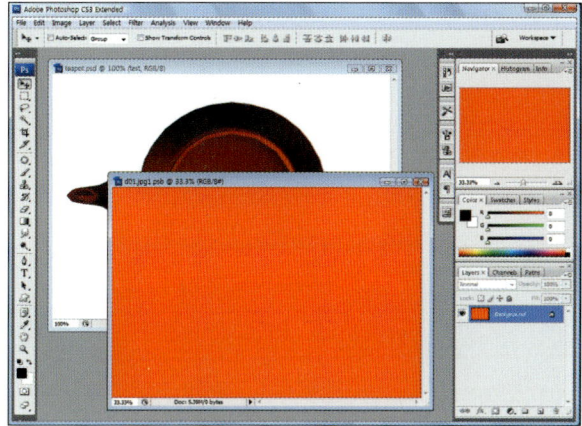

❸ 툴박스에서 그레이디언트 툴(■)을 선택하고 옵션 바에서 그레이디언트 피커(▼)를 클릭한다. 그레이디언트 목록에서 'Spectrum'을 선택하고 텍스추어 이미지 창의 위에서 아래로 드래그한다.

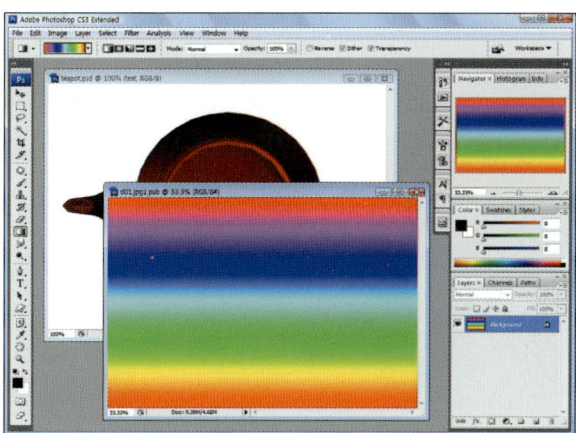

Section 2 . 3D 모델링, 동영상 수정하기

❹ [File]>[Save] 메뉴를 선택하면 매핑이 변경되는 것을 확인할 수 있다.

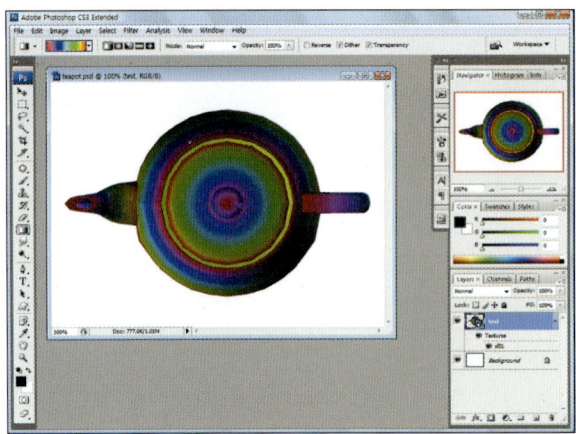

❺ Layers 팔레트에서 'Background' 레이어를 선택하고 전경색을 검정, 배경색을 흰색으로 설정한 후 [Filter]>[Render]>[Clouds] 메뉴를 선택한다.

❻ 'Test' 레이어를 선택하고 Layers 팔레트 하단의 [Add a layer style] 버튼()을 누른 후 [Drop Shadow]를 선택한다. 대화상자에서 [Size]를 '30'으로 설정하고 [OK] 버튼을 클릭한다.

❼ [Layer]>[3D Layers]>[Transform 3D Model] 메뉴를 선택하고 옵션 바에서 [Rotate the 3D Object] 버튼(	)을 클릭하여 주전자를 회전한다. 위치를 결과 그림처럼 설정하고 동의 버튼(	)을 클릭한다.

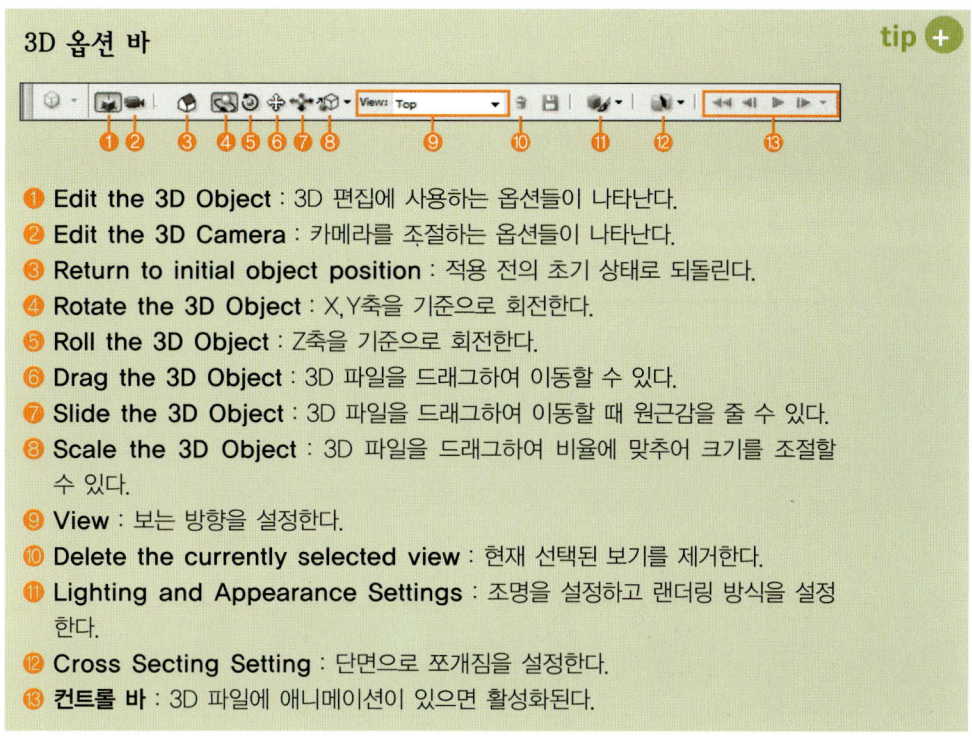

3D 옵션 바

❶ **Edit the 3D Object** : 3D 편집에 사용하는 옵션들이 나타난다.
❷ **Edit the 3D Camera** : 카메라를 조절하는 옵션들이 나타난다.
❸ **Return to initial object position** : 적용 전의 초기 상태로 되돌린다.
❹ **Rotate the 3D Object** : X,Y축을 기준으로 회전한다.
❺ **Roll the 3D Object** : Z축을 기준으로 회전한다.
❻ **Drag the 3D Object** : 3D 파일을 드래그하여 이동할 수 있다.
❼ **Slide the 3D Object** : 3D 파일을 드래그하여 이동할 때 원근감을 줄 수 있다.
❽ **Scale the 3D Object** : 3D 파일을 드래그하여 비율에 맞추어 크기를 조절할 수 있다.
❾ **View** : 보는 방향을 설정한다.
❿ **Delete the currently selected view** : 현재 선택된 보기를 제거한다.
⓫ **Lighting and Appearance Settings** : 조명을 설정하고 랜더링 방식을 설정한다.
⓬ **Cross Secting Setting** : 단면으로 쪼개짐을 설정한다.
⓭ **컨트롤 바** : 3D 파일에 애니메이션이 있으면 활성화된다.

따라하기 02 동영상 불러와서 편집하기

새 창을 만들고 '챕터10_샘플\돌잔치.mp4' 파일을 불러온 후 동영상에 문자를 입력하고 저장하여 보자.

❶ [File]>[New] 메뉴를 선택하여 [Width]와 [Height]를 '320,240pixels', [Resolution]을 '72pixels/inch', [Background Contents]를 '흰색'으로 설정하고 [OK] 버튼을 클릭한다.

❷ [Layer]〉[Video Layers]〉[New Video Layer from File] 메뉴를 선택한 후 대화상자가 나타나면 '챕터10_샘플/돌잔치.mp4' 파일을 불러온다.

❸ [Windows]〉[Animation] 메뉴를 클릭하여 Animation 팔레트를 나타나게 한다. Animation 팔레트의 팝업 메뉴 버튼(▼≡)을 클릭하여 [Document Settings]를 선택한다.

❹ 대화상자가 나타나면 [Duration]을 '0:00:2:00', [Frame Rate]을 'Custom', '10fps'로 설정하고 [OK] 버튼을 클릭한다.

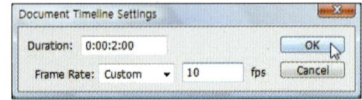

❺ 툴박스에서 가로 문자 툴(T)을 선택하고 옵션 바에서 글꼴을 '궁서체', 글꼴 크기를 '30pt', 글꼴 색상을 '흰색'으로 설정한 후 이미지에 '축하한다~유란아'라고 입력한다.

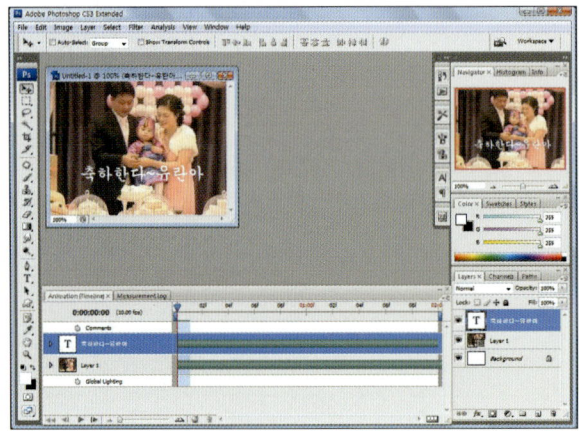

❻ Animation 팔레트에서 문자 레이어의 왼쪽에 있는 삼각 아이콘을 클릭하여 'Position'이 보이게 한 후 'Current Time Indicator' 아이콘( )의 위치가 0인 것을 확인한다. 'Position'의 'Time-Vary stop watch' 아이콘( )을 클릭한다.

❼ 툴박스의 이동 툴( )로 이미지 창의 문자 레이어를 그림처럼 이미지의 하단으로 이동한다.

❽ Animation 팔레트의 'Current Time Indicator' 아이콘( )을 '0.1:00f'로 이동하고 툴박스의 이동 툴( )로 이미지 창의 문자 레이어를 그림처럼 이미지의 중앙으로 이동한다.

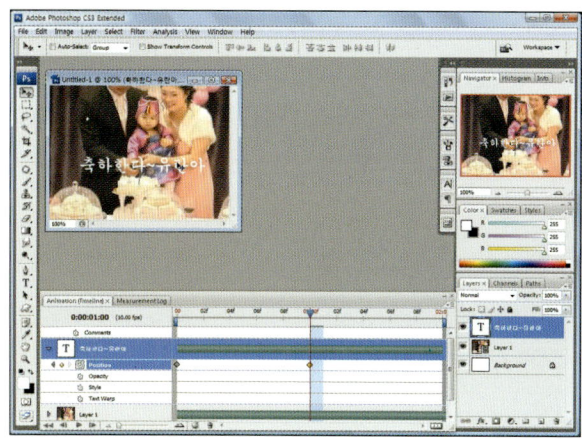

❾ 'Position'의 'Add or remove keyframe at current time' 아이콘( )을 클릭한다. Animation 팔레트의 재생 버튼( )을 클릭하면 문자가 아래에서 중앙으로 이동하는 것을 확인할 수 있다.

❿ 무비를 만들기 위해 [File]>[Export]>[Render Video] 메뉴를 선택한다.

⓫ 대화상자가 나타나면 [Name]을 입력하고 [Select Folder] 버튼을 클릭하여 파일 이름과 저장할 폴더를 설정한 후 [Render] 버튼을 누른다.

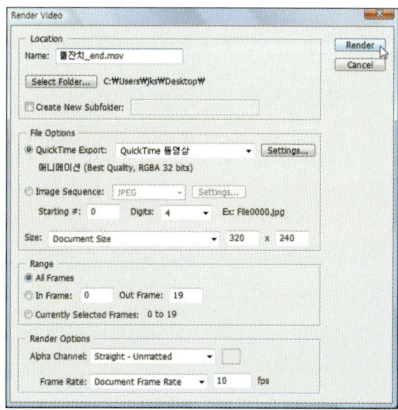

tip

[Render Video] 대화상자

❶ **Location** : 동영상을 저장할 이름과 위치를 설정한다.
❷ **File Options** : 저장할 동영상의 종류와 크기를 설정한다.
   - **QuickTime Export** : 퀵타임 동영상으로 내보낼 수 있으며 그외의 다양한 방식을 제공한다.
   - **Settings** : 선택한 동영상 종류의 코덱이나 화질을 조절한다.
   - **Image Sequence** : 동영상을 정지 이미지로 저장하는 데 저장할 이미지 포맷과 시작 이름(Starting) 및 몇 프레임 간격(Digits)으로 추출할지 설정한다.
❸ **Range** : 동영상을 저장할 범위를 선택할 수 있다.
❹ **Render Options** : 동영상의 옵션을 설정한다.
   - **Alpha Channel** : 알파채널이 있는 경우 활성화되어 적용할 수 있다.
   - **Frame Rate** : 초당 프레임을 설정할 수 있지만 기본적으로 Timeline 팔레트에서 설정한 Frame Rate가 입력된다.
❺ **Render** : 동영상 파일을 만든다.

01 혼자해보기

'챕터10_샘플\cha00.3ds' 파일을 불러온 후 배경색을 만들고 크기도 반으로 줄여 보자.

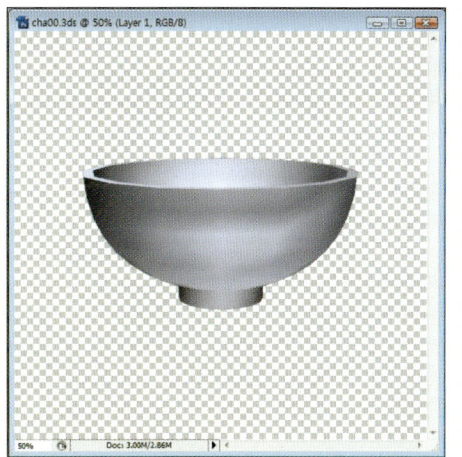
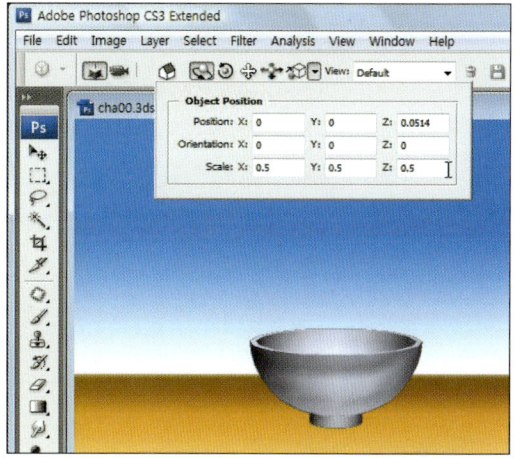

HINT | [Layer]〉[New]〉[Layer] 메뉴를 선택하여 'Layer 2' 레이어를 생성하고 레이어의 순서를 변경한다. 그레이디언트 툴(■)을 이용하여 배경색을 채운다. 'Layer 1' 레이어를 선택하고 [Layer]〉[3D Layers]〉[Transform 3D Model] 메뉴를 실행한다. 옵션 바에서 [Scale the 3D Object] 버튼(🔳)의 목록 버튼(▸)을 클릭한 후 [Scale]의 [X], [Y], [Z]를 각각 '0.5'로 설정하고 동의 버튼(✓)을 누른다.

02 혼자해보기

'챕터10_샘플\coco.psd' 파일을 불러온 후 두 개의 레이어를 이용하여 2초 동안 재생하는 동영상을 만들어 보자.

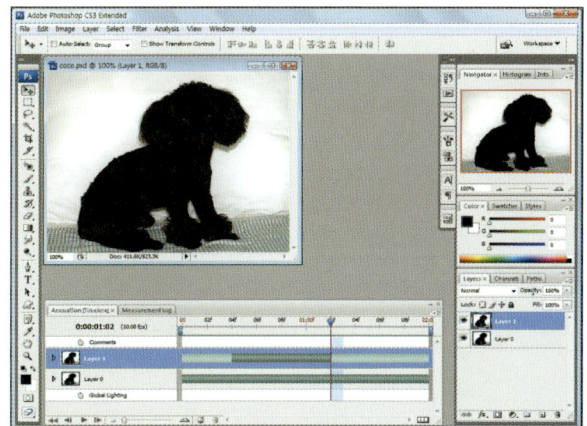

HINT | Animation 팔레트의 팝업 메뉴 버튼(▾≡)을 클릭하고 [Document Settings]를 선택하여 대화상자가 나타나면 [Duration]을 '0:00:2:00', [Frame Rate]를 'Custom', '10fps'로 설정한다. Animation 팔레트의 'Current Time Indicator' 아이콘(▼)을 '00:04f'로 이동하고 Animation 팔레트의 팝업 메뉴 버튼(▾≡)을 클릭하여 [Trim Layer Start to Current Time]을 선택하면 시작 지점이 설정된다. 'Current Time Indicator' 아이콘(▼)을 '01:02f'로 이동하고 팝업 메뉴의 [Trim Layer End to Current Time]을 선택하면 끝 지점이 설정된다. 무비를 만들기 위해 [File]〉[Export]〉[Render Video] 메뉴를 선택한다.

Section 2. 3D 모델링, 동영상 수정하기

핵심정리 s_u_m_m_a_r_y

1. 웹 이미지 만들기

- 파일 포맷을 HTML and Image(*.html)로 지정하면 html 파일로 만들어지고 image라는 폴더에 이미지가 저장된다.
- 파일 형식을 Images Only(*.jpg)로 지정하면 html 파일은 만들어지지 않고 이미지만 저장된다.
- 파일을 더블클릭하면 웹 브라우저인 익스플로러가 실행되면서 만들어진 웹 문서가 열리게 된다.
- 슬라이스 툴로 이미지를 분할할 수 있고, 슬라이스 선택 툴은 분할한 영역을 변경할 수 있다.
- 작업한 전체 이미지를 홈페이지로 사용하기 위해 여러 개의 이미지로 분할할 때 가장 중요한 것은 이미지 경계에 따라 정확히 이미지를 분할하는 작업이다.
- [File]>[Save for Web & Devices] 메뉴를 선택하고 대화상자의 [Device Central] 버튼을 클릭하면 모바일 폰에서 시뮬레이션 할 수 있는 [Adobe Device Central CS3] 창이 나타난다.

2. 3D 모델링 수정하기

- 다양한 3D 콘텐츠를 쉽게 렌더링하여 2D 합성에 추가할 수 있다. Photoshop Extended 내에서 직접 기존 3D 모델의 텍스추어를 편집한 후 즉시 결과를 확인할 수도 있다.
- [Open] 명령으로 파일을 열면 3D 레이어가 생성되며 [Transform 3d model]이라는 명령을 통해서 디스플레이를 컨트롤할 수 있으며 새로운 텍스추어를 제작해서 적용할 수 있다.
- Photoshop Extended는 3DS, OBJ, U3D, KMZ, COLLADA 등의 대부분의 3D 모델을 불러와서 살펴보고 수정할 수 있다.

핵심정리 summary

3. 동영상 수정하기

- 포토샵 Extended에서는 GIF 애니메이션의 주된 형식인 프레임 바이 프레임뿐만 아니라 트윈 방식의 애니메이션도 제작할 수 있다.
- 애니메이션으로 저장되는 파일 형식은 GIF 포맷이다.
- 프레임이란 동영상의 기본 단위로, 1초에 들어가는 프레임 수는 보통 24나 30을 사용한다. 초당 프레임 수는 FPS(Frame per second)라 하는데 숫자가 클수록 부드러운 동작이 나타나지만 용량이 커진다.
- 트윈 방식은 Position(위치), Opacity(불투명도), Effects(효과)의 중간단계를 설정하여 만들 수 있다.
- 윈도우즈에서 Mov 동영상을 불러오려면 Apple사의 QuickTime 버전 7.1 이상이 설치되어 있어야 한다.
- 무비를 만들기 위해 [File]>[Export]>[Render Video] 메뉴를 선택한다.

종합실습　e_x_e_r_c_i_s_e

1. '챕터10_샘플\유란의돌잔치.psd' 파일을 불러온 후 1초 동안 보여지는 '홍', '유', '란' '첫돌잔치에 초대합니다.'를 애니메이션 파일로 만들어 보자.

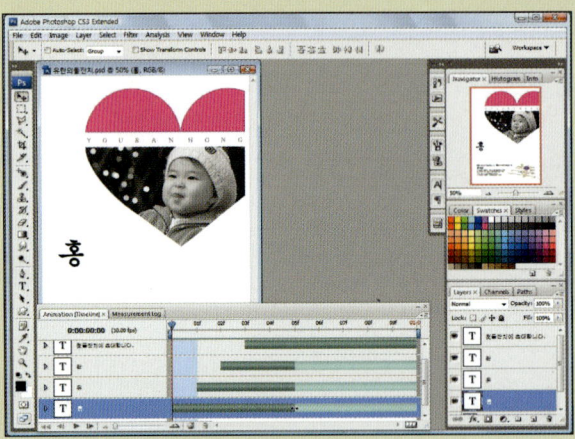

HINT |
❶ 파일 불러오기 : [File]〉[Open]
❷ Animation 팔레트 불러오기 : [Windows]〉[Animation]
❸ 도큐먼트 세팅하기 : Animation 팔레트의 팝업 메뉴에서 [Document Settings] 선택하고 [Duration]과 [Frame Rate]를 설정
❹ Animation 팔레트로 레이어 불러들이기 : 문자 레이어 모두 선택하고 Animation 팔레트의 팝업 메뉴에서 [Make Frames From Layers]
❺ '홍', '유', '란' 레이어의 'Move Out Point' 설정하기 : Animation 팔레트에서 '홍', '유', '란' 문자 레이어의 프레임을 05f까지 드래그
❻ '첫돌잔치에 초대합니다.' 레이어의 'Move Out Point' 설정하기 : [File]〉01:00f
❼ 재생 확인 : Animation 팔레트의 재생 버튼
❼ 무비 만들기 : [File]〉[Export]〉[Render Video]

YoungJin.com **Y.**
영진닷컴

속전속결 포토샵 CS3

1판 1쇄 발행 2008년 4월 14일
1판 8쇄 발행 2012년 10월 17일

저　자	장경숙, 고성민, 홍성대
발 행 인	김길수
발 행 처	(주)영진닷컴
주　소	서울특별시 금천구 가산동 664번지 대륭테크노타운 13차 10층 (우)153-803
대표전화	1588-0789
대표팩스	(02) 2105-2200
등　록	2007. 4. 27. 제 16-4189호

값 **14,800** 원

(부록 CD-ROM 포함)

ⓒ 2008, 2012. (주)영진닷컴

ISBN 978-89-314-3663-1

※ 본 도서의 내용 문의는 저자 e-mail(yeuwoo007@naver.com)로 해주시기 바랍니다.

http://www.youngjin.com